Wilhelm Schwartz

Die poetischen Naturanschauungen der Griechen, Römer und Deutschen

in ihrer Beziehung zur Mythologie

Wilhelm Schwartz

Die poetischen Naturanschauungen der Griechen, Römer und Deutschen
in ihrer Beziehung zur Mythologie

ISBN/EAN: 9783743463349

Hergestellt in Europa, USA, Kanada, Australien, Japan

Cover: Foto ©Thomas Meinert / pixelio.de

Manufactured and distributed by brebook publishing software (www.brebook.com)

Wilhelm Schwartz

Die poetischen Naturanschauungen der Griechen, Römer und Deutschen

SONNE, MOND UND STERNE.

EIN BEITRAG

ZUR

MYTHOLOGIE UND CULTURGESCHICHTE

DER URZEIT

VON

Dr. F. L. W. SCHWARTZ,

PROFESSOR UND DIRECTOR DES FRIEDRICH · WILHELMSGYMNASIUM
ZU NEU · RUPPIN.

BERLIN.

VERLAG VON WILHELM HERTZ.

(BESSER'SCHE BUCHHANDLUNG.)

1864.

VORREDE.

Das vorliegende Buch ist, wie das früher von mir herausgege-
bene über den Ursprung der Mythologie[1]), ein Beitrag zur Ur-
geschichte der Menschheit in religiöser und culturhistorischer Beziehung. Indem ich den Ursprung der mythologischen Vorstellungen im Anschluſs an die den Menschen umgebende Natur
darlegte, ergaben sich dieselben als eine, der menschlichen Eigenthümlichkeit gemäſse Form der Anschauung und des Glaubens
in paralleler Entwickelung mit der Sprache, als der Form des
menschlichen Denkens überhaupt. Ich konnte demgemäſs es
aussprechen, daſs in dieser oder einer ähnlichen Weise, jedenfalls aber in derselben Art, Vorstellungen sich entwickeln würden, wenn wieder eine Menschheit hinausgestellt würde in die
Schöpfung; wie sich derartige in unmittelbarer Anschauung bei
poetischen Gemüthern, wenn auch zunächst nur als poetische
Bilder, bei jeder neuen Generation immer wieder und wieder
produciren. Darin lag vor Allem die allgemein-menschliche Bedeutsamkeit der so gefaſsten mythologischen Wissenschaft[2]). Dabei ergab sich, daſs nicht bloſs die Formen, in welchen und an
welchen sich die religiösen Vorstellungen entwickelten, äuſserst
roh waren, sondern daſs der primitive Zustand der Menschen

---

[1]) Der Ursprung der Mythologie, dargelegt an griechischer und deutscher Sage. Berlin 1860.

[2]) Einleitung und Vorrede z. Urspr. d. Myth., namentlich p. 11 ff. und
XVIII. f. Vergl. auch H. F. Willer, Mythologie und Naturanschauung. Leipzig
1863. Cap. I. und aus dem III. Cap. besonders p. 103. 106 und 147; welche
Schrift überhaupt nicht bloſs die mythologischen, sondern auch die cultur-
historischen Resultate meines Buches mit denen von Kuhn's Buch über die
Herabkunft des Feuers und Lotze's Betrachtungen im Mikrokosmus, den
Hauptmomenten nach ganz geschickt zu einem Bilde zusammenstellt.

ursprünglich diejenigen Naturelemente, in welchen er später seine Götter fand, zuerst als etwas Objectives, aufser ihm Bestehendes, als eine für sich existirende himmlische Wunderwelt fafste, die nur in einzelnen Symptomen in diese Welt hineinragte, und die er sich demgemäfs analog der Welt, die ihn umgab und die er kannte, so gut als möglich deutete und zurechtlegte. Erst eine von Geschlecht zu Geschlecht aufsteigende und sich mehrende Naturbetrachtung, die immer mehr an Ordnung und Regelmäfsigkeit in der Natur entdeckte und zum Substrat ihrer poetischen Anschauungsweise nahm, so wie die Beobachtung der mannigfachen, mit jenen Elementen verbundenen oder wenigstens verbunden gedachten Wirkungen liefs allmählich die Himmelswesen als Himmelsmächte erscheinen, die der Mensch anzubeten und zu verehren habe[1]). Ebenso waren die meisten Gebräuche und Riten zunächst nur eine Nachahmung der analog gefafsten himmlischen Vorgänge, indem man die irdischen Verhältnisse zu ihrem eigenen Besten denselben anzupassen für fördersam hielt. Wie das Kind noch dasjenige, was es von den Eltern vorgenommen sieht, als Formen seines Handelns annimmt und im Spiel nachahmt, ahmten die Menschen die geglaubten himmlischen Vorgänge in derselben Weise nach in dem allmählich sich daran schliefsenden Glauben, dafs es so gut sei[2]). Wie im Frühjahr in den ersten Gewittern man die Wolkenrinder ausgetrieben wähnte und meinte, dafs im Blitzzickzack dann einem der Thiere ein Busch nachschleppe, lagerte sich eine derartige Vorstellung nicht blofs in Griechenland im Rinderraub des Hermes ab, sondern es ward dies im nördlichen Deutschland die Form des ersten Rinderaustreibens im Frühjahr, wie wir sie nach Jahrtausenden noch im Gebrauch festgehalten finden. In ähnlicher Weise schlofs sich an das dem Gewitterregen vorangehende Donnerrollen, das man als ein Rollen himmlischer Steine deutete, der Regenzauber der Römer in einfacher Nachahmung dieses Vorgangs. Feuer- oder Butterbereitung ward so vorgenommen, wie

---

[1]) Vergl. Schwartz, Der heutige Volksglaube und das alte Heidenthum. II. Aufl. Berlin 1862. p. 10 und Einleitung z. Urap. d. Myth.

[2]) Hierüber und über das Folgende vergl. Urspr. d. M. Einleit. p. 23 f. Vorrede XVI f.; Der heutige Volksgl. Anhang. I. und die betreffenden Stellen dieses Buches.

man es am Himmel im Gewitter vorgenommen wähnte. An die Behandlung der im Gewitter mit anderer Anschauung angeblich neu geborenen Himmelskinder schlossen sich die verschiedenen Formen der Wasser- und Feuertaufe, an die im Gewitter angeblich stattfindende Vermählung die Ehegebräuche. Die Beschwörung der Todten mit ihren eigenthümlichen Libationen war die Nachahmung dessen, wie man im Gewitter ein Wesen der Unterwelt am Himmel heraufbeschworen wähnte[1]), gerade ebenso wie man Apollo's Drachenkampf als heiliges Spiel nachahmte. Unendliche Mannigfaltigkeit in der Anschauung der selbst zunächst mannigfach erscheinenden Vorgänge erzeugte jenen unendlich mannigfachen Blumenteppich poetischer Traditionen und daran sich schliefsender Gebräuche, wie er über das Leben der Völker ausgebreitet liegt und selbst in den entwickeltsten Culturformen noch hindurchschimmert. In dieser Erkenntnifs der Anfänge des menschlichen Glaubens beruht vor Allem die religiöse Bedeutung der Mythologie der Urzeit, wodurch sie auch für die theologische Wissenschaft höchst bedeutsam wird. Potentia ist zwar die Möglichkeit religiöser Entwickelung mit menschlichem Empfinden, insofern einzelne, edlere Gefühle unter unmittelbaren Eindrücken in demselben hervorbrechen, mit der menschlichen Natur von Anfang an verbunden, essentia aber tritt uns in der Culturgeschichte der Menschheit eine vollständige tabula rasa entgegen. Von diesem Standpunkt aus erscheint nicht blofs die Offenbarung, sondern schon was man gewöhnlich Heidenthum nennt, namentlich das der historischen Völker, als ein Fortschritt im Leben der Menschheit der immensesten Art. Erst so erkennt man wahrhaft, welche Kluft eigentlich einen jeden Menschen bei seiner Geburt trennt von dem, was erst sittliche und religiöse Gewohnheit und Bildung besonders bei civilisirten Völkern aus ihm machen; erst so erscheint, wenn es herüberklingt aus jenen Urzeiten, der eigentliche alte Adam, der jedem Menschen innewohnt, in seinem ursprünglichen Gegensatz namentlich zu einem christlich-civilisirten Menschen.

Wenn dies im Allgemeinen ein Hauptresultat dieser For-

---

[1]) Das entsprechende rohe Gegenbild des deutschen Aberglaubens in dieser Hinsicht habe ich besprochen im Heutigen Volksgl. p. 122.

schungen auf religiösem Gebiete ist, so stellt sich ihm sofort
ein zweites zur Seite, daſs sie nämlich zugleich die Anfänge
der Naturbetrachtung darlegen, in diesem Sinne gleichsam einen
Ante-Kosmos bilden, von dem die Wissenschaft bisher noch
keine Ahnung hatte, weder von seiner Unbehülflichkeit in der
Ueberlegung, noch anderseits von seiner Groſsartigkeit in der
Anschauung, in der unbewuſsten Anwendung der poetischen Analogie und des poetischen Bildes. Dieser poetische Charakter
verleiht ihr einen wunderbaren Reiz, wenn gleich eine durch
Jahrtausende getrennte Bildung sie als Glaubenssätze, als Etwas,
das unsere Ahnen einst für wahr hielten, belächelt, bis sie sich
die mühevolle Arbeit des menschlichen Geistes in seiner begriff-
lichen Entwickelung klar gemacht, die vorangehen muſste, ehe
jene Vorstellungen allmählich richtiger Erkenntniſs Platz machen
konnten. Und dennoch behauptet die unmittelbare Anschauung
ihr Recht und wird es nicht bloſs in dichterischen Gemüthern
stets behaupten, sondern auch stellenweise im allgemeinen Gebrauch der Menschheit. Wenn gleich seit drei Jahrhunderten
eine andere Ansicht als früher über das Verhältniſs der Erde
zur Sonne Platz gegriffen, so zweifele ich dennoch, ob jemals
die unmittelbare, natürliche Ausdrucksweise „die Sonne geht auf,
geht unter," einer principiell richtigeren Platz machen dürfte. —
Wie aber jene Anfänge poetischer Naturbetrachtung und poetischen Glaubens mit jedem Geschlechte sich erneuen und nur
durch die Bildung der Zeit nicht mehr zur Entwickelung kommen, darauf habe ich schon in der Einleitung zum Ursprung
der Mythologie p. 4 f. hingewiesen und hatte noch jüngst davon
ein lebendiges Beispiel: „Weiſst du, Papa," sagte meine vierjährige
Tochter Trudchen zu mir, „was Gretchen sagt? der liebe Gott
sieht den Regen." — Dieselbe Anschauung hatte hier die Vorstellung producirt, welche wir in der Mythologie verschiedener Völker
für den in kleinen Tropfen herabkommenden Regen abgelagert
finden, und daſs derartiges unwillkürlich als eine Art Glaubenssatz haften bleibt, bestätigte die wiederholte Aeuſserung meines
erstgenannten Töchterchens bei einer anderen Gelegenheit, als
sie mich einige Zeit nachher im Garten Blumen begieſsen sah.
„Nicht wahr, Papa," sagte sie, „du begieſsest jetzt die Blumen,
und der liebe Gott schickt dann Siebwasser." Ebenso sagte ein

neunjähriger Knabe zu einem gleichaltrigen Mädchen bei heftigem
Winde: „Der singt mir einmal ein schönes Lied," und als jene
die Beziehung nicht verstand und fragte: „Wer denn?" antwortete er: „Nun, der Wind vor meinen Ohren." Da haben wir
den himmlischen Sänger und Spielmann, der in so vielen Mythen
uns in der mannigfachsten Beziehung entgegentritt. In dieser
Hinsicht gilt des Dichters Wort:

> Und singend einst und jubelnd
> Durch's alte Erdenhaus
> Zieht als der letzte Dichter
> Der letzte Mensch hinaus.

Wenn ich im „Ursprung der Mythologie" namentlich an
die charakteristisch hervortretenden Momente des Gewitters und
der mythischen Thierwelt anknüpfte und nachwies, wie an den
heulenden Sturm, den sich schlängelnden Blitz, den hallenden
oder brüllenden Donner sich die Vorstellung himmlischer Wölfe
oder Hunde, Schlangen, Donner-Rosse und -Stiere entwickelt
hat, und nun im Anschluſs an diese und ähnliche Bilder Schicht
auf Schicht mythologischer Productionen darlegte, so habe ich
in diesem Buche einen weiteren und umfassenderen Standpunkt
für die Untersuchung gewählt, indem ich sämmtliche Himmelserscheinungen nach den noch in den Dichtern der betreffenden
Völker wiederkehrenden Bildern behandele und überall die mythologischen Parallelen aufsuche. Sonne, Mond und Sterne sind
in diesem Bande enthalten[1]). Es treten sachliche, thierartige
und anthropomorphische Vorstellungen der mannigfachsten Art
hervor. Zu einem System geradezu schon erweitert sich fast
die Ansicht von dem Licht als einer Flüssigkeit, noch mehr die
von demselben als Abglanz eines Feuers. Ab und zu bot sich
Gelegenheit, auf den Einfluſs calendarischer Vorstellungen hinzuweisen, namentlich bei der den σύνοδοι von Sonne und Mond
zu Grunde liegenden Ansicht.

Wie aber im Allgemeinen diese Untersuchungen in eine Zeit
hinaufreichen, von der nur durch Combination sich eine Vor-

---

[1]) Der II. Band wird umfassen: Wolken, Regenbogen, Wind, Blitz
und Donner.

stellung gewinnen läfst, werden auch auf die so durch vergleichende Mythologie gewonnenen Resultate hin, im Verein namentlich mit vergleichender Sprachwissenschaft, sich noch weitere Schlüsse selbst über das geschichtliche Verhältnifs und Leben der Völker in jenen Urzeiten ziehen lassen. Mir kam es aber vor Allem zuerst nur darauf an, die Schöpfung der Mythologie als solcher so klar als möglich zu legen. Dabei habe ich natürlich nicht die durch die indogermanische Sprachvergleichung zunächst gezogenen Grenzen innegehalten. Darüber hinaus bieten sich dem Mythologen, ganz abgesehen von der Vergleichung im Einzelnen, höchst eigenthümliche, fast unabweisbare Beziehungen; selbst das alte Testament erscheint besonders unter dem Reflex volksthümlicher Tradition, in so weit sie noch im Talmud enthalten, mit Naturanschauungen der mannigfachsten Art durchzogen.

Die sich bietenden Parallelen in den Mythen verschiedener Völker können aber doppelter Art sein. Denn wenn auch a priori nach den von mir entwickelten Grundsätzen zugegeben werden mufs, dafs menschliche Anschauung zu den verschiedensten Zeiten, wie an den verschiedensten Orten dieselben Bilder produciren kann, so ziehen doch gewisse eigenthümlich combinirte Vorstellungen so besondere Kreise, dafs einen Urzusammenhang anzunehmen nahe liegt. Ich deute Einiges in dieser Beziehung an; späteren Untersuchungen wird es überlassen bleiben, Derartiges weiter durch Gruppirung des betreffenden, nun in seiner Bedeutung nachgewiesenen Materials darzulegen. Man wird in dieser Hinsicht im Allgemeinen dasselbe Verfahren anzuwenden haben, welches Kuhn in seiner Arbeit „Zur ältesten Geschichte der indogermanischen Völker" zur Gewinnung von Resultaten aus den Kreisen des häuslichen Lebens jener Völker so erfolgreich eingeschlagen hat. Möge dabei nur nicht jene äufserliche und unwissenschaftliche Methode Platz greifen, die auf mythologischem wie ethnographischem Gebiet schon so viel Unheil angerichtet hat, nämlich gleich bei jeder einzelnen Uebereinstimmung an Entlehnung zu denken. Wie nahe steht nicht z: B. in vielen Uranschauungen finnischer Volksglaube den Urgebilden griechischer Mythologie! Am Wunderbarsten stimmt zu dem finnischen Ukko, der vom Nabelstein des Himmels im Blitz seine glänzenden Pfeile entsendet, — worauf ich schon im Ur-

sprung der Mythologie p. 104 f. hingewiesen habe, — der Blitzgott Apollo, der auf dem Nabelstein zu Delphi thront und eben
solche Geschosse schickt. Früher hätte ein derartiges Factum
genügt, Delphi zu einer finnischen Colonie zu machen oder umgekehrt jenen Mythos aus dem Einfluſs griechischer Colonisten
herzuleiten; die heutige Wissenschaft fordert eine andere Behandlung und Lösung[1]).

Freilich übersehen wir zu derartigen ethnographischen Untersuchungen noch lange nicht genugsam das ganze mythologische
Material, um daraufhin schon irgendwelche endgültigen Schlüsse
bauen zu können, und leicht stürzt ein neu bekanntwerdendes
Factum die schönste Hypothese. Wie nahe lag es nicht z. B.,
die Sage von den untergegangenen Städten als eine specifisch
deutsche hinzustellen, und nun taucht sie plötzlich als ein alter
Mythos am Albaner-See auf in der deutlichsten Beziehung zum
Gewitter (s. p. 263). Und wie wichtig oft kleine Notizen selbst
werden können, habe ich bei Gelegenheit der Besprechung der
Geburt des Herakles an einer havelländischen Sage darthun
können, welche ich erst jüngst gehört habe (p. 256). Vom deutschen Volke haben wir ja allein aus allen Gauen Sammlungen,
welche einen wirklichen Einblick thun lassen in das Volksleben
mit seinen Anschauungen, Vorstellungen und daran sich schlieſsenden Gebräuchen und Aberglauben. Bei andern Völkern redet
meist die durch die Cultur getränkte und getrübte Tradition zu
uns. Muſs man nicht jedes Mal erst bei der griechischen Mythologie einen Salto mortale machen, um die traditionell gewordene Kunst- oder dichterische Form zu vergessen und die
plastisch-volksthümliche Gestalt des Mythos zu erfassen? Wie
nahe aber dann sich griechische und deutsche Sage oft in den
minutiösen Anschauungsformen berühren, zeigt die eben erwähnte
Partie von der Geburt des Herakles im Vergleich mit anderen ähnlichen und doch anders gewandten Anschauungen der wilden Jagd,
welche aber von denselben Prämissen ausgehen, daſs nämlich in

---

[1]) Eigenthümlich sind freilich derartige Sachen immer schon, wie die
eben angeführte, wo auch eine gleiche Verbindung gleichartiger Anschauungen stattfindet, nämlich hier der Blitze als Pfeile und der Sonne
als Nabel des Himmels, wie ich es fassen möchte, von dem jene im Gewitter
geschossen gedacht werden.

den gekreuzten Blitzen dort oben etwas gehemmt werde, in dem
weifslichen Blitzstreif aber ein weifsliches Thier sich dahin wir-
bele. Dasselbe, was von der griechischen, gilt auch von der
indischen Mythologie, bei der auch die Wissenschaft meist erst
den primitiven mythischen Gehalt herausschmelzen mufs. Je
mehr man hinaufsteigt in die roheren Regionen der Auffassung
und Anschauung, desto näher treten sich die mythologischen Elemente. Nehmen wir z. B. ein indisches Krähenorakel, auf welches ich noch zufällig jüngst aufmerksam wurde, so offenbart
sich uns eine Anschauungsweise, wie wir sie hundertfach in
den mythischen Ablagerungen unseres Volkes wiederklingend
finden. „Giebt eine Krähe,“ heifst es[1]), „nachdem sie eine rothe
Schnur erfafst und sich auf dem Dach eines Hauses nieder-
gelassen hat, einen Laut von sich, so wird das Haus nieder-
brennen.“ Die Scenerie mit dem schwarzen Gewittervogel, der
den rothen Blitzfaden im Munde trägt und den Donnerlaut hören
läfst, stellt sich ganz zu dem bekannten rothen Hahn oder dem
Feuerschröter (s. p. 69), der auch das Feuer in das himmlische
und resp. dann in das irdische Haus zu bringen schien.

Complicirt ausgebildete Vorstellungskreise sind es aber besonders, welche für ethnographische Schlüsse die Betrachtung
vor Allem auf sich ziehen, inwiefern z. B. in solchen Vorstel-
lungen, wie von den Lichtstrahlen als himmlischer, honig- oder
pflanzenartiger Flüssigkeit, Uebereinstimmung bei verschiedenen
Völkern herrscht. Namentlich aber dürfte die Verfolgung der
auf feurige Erscheinungen hinauslaufenden Vorstellungen von den
Himmelskörpern in Betreff ihrer Verbreitung von besonderem
Interesse sein. Als eine der ältesten und weitverzweigtesten
Ansichten tritt übrigens in den in diesem Buche behandelten
Mythen die vom Gewitterwolkenkopf und den im Blitz und
Donner leuchtenden und krachenden Kinnbacken auf. Von den
Inseln der Südsee über Indien bis nach Europa vibrirt diese Ur-
vorstellung mit überall eigenthümlichen Nüancen hindurch. Die
Simsonsage verleiht ihr einen besonders bedeutsamen Charakter,
und die ganze Vorstellung hat etwas so speciell Ausgeführtes

---

[1]) Schiefner im Bulletin de l'Acad. Impér. des sciences de St. Péters-
bourg. 1860. I. p. 445.

in ihrer ganzen Form, dafs es schwer wird, hier nicht einen gemeinsamen Urausgangspunkt anzunehmen. Ebenso eigenthümlich erscheint die Vorstellung des Sonnenherzens und das Ausweiden, Fressen oder Braten desselben im Gewitter über die alte und neue Welt verbreitet. Hier finden wir es im rohen Gebrauch sich wiederspiegelnd wieder, dort tritt es uns bald im rohen Aberglauben, bald an die höchsten Götterkreise sich anschliefsend entgegen. Ebenso verbreitet ist die kindlich rohe Vorstellung der Sonne als Ei; Celten und Aegypter theilen dabei die Beziehung dieser Himmelseier zu den Gewitterschlangen. Die Sterne als leuchtende Käfer zu fassen, zeigt sich auch als weitverbreitete Glaubensablagerung nicht blofs bei den indogermanischen Völkern; die Scarabeen der Aegypter zeigen noch damit verknüpft die Beziehung zu den Seelen, die sonst auch als ein selbstständiges Glaubensmoment an die Sterne sich schliefst.

Was nun speciell die neuen Resultate dieses Buches für die Fixirung des Ursprungs der historischen Göttergestalten der classischen Völker und der Deutschen anbetrifft, so werden sowohl die im Ursprung der Mythologie in dieser Hinsicht gewonnenen Gesichtspunkte auf's Mannigfachste erweitert, als neue hinzukommen, die auf bis dahin dunkele Partien ihr Licht werfen. So ist jetzt der goldhaarige Apollo ἀκερσοκόμης mit dem todsendenden Blitzpfeil und dem Regenbogen als der in das Gewitter einrückende Sonnengott ziemlich klar gelegt. In Betreff der Wirksamkeit seiner Geschosse, dafs eben der durch den Blitz oder in Uebertragung durch den Schlagflufs gesandte Tod als ein milder dann gefafst wurde, kann ich nachträglich noch zu dem im Ursprung der Mythologie Beigebrachten eine recht schlagende Parallele aus deutscher Mythologie anführen. „Gottes Schlag" ist ursprünglich auch Bezeichnung für den Schlagflufs, bezeichnet aber auch das Schnelle und Sanfte dieser Todesart (mors lenis repentina), im Gegensatz zu den auf schmerzensvolles Lager lange fesselnden Krankheiten (J. Grimm. Myth. p. 1110). — Ebenso ergiebt sich jetzt die Aphrodite in ihrer ganzen Gestaltung als die weiblich gedachte Sonne, gleichsam als die bräutliche Eos, während Athene die kriegerische, valkyrienartig im Gewitter kämpfende Himmelstochter ist. Anderseits zeigen sich die Göttinnen mit goldener Spindel, Artemis sowohl als Amphitrite, — die himmlische Wassergöttin, — in deutlicher Beziehung zur Sonne, nur diese als ihre goldene Spindel gedacht. Die griechische Mythologie dürfte sich den hier und im „Ursprung der Mythologie" gewonnenen Resultaten nicht lange mehr entziehen[1]), zumal, wie ich auch schon gelegentlich ausführlicher dargelegt habe, damit die verschiedenen Entwicklungsstufen der Tradition und des Glaubens in der historischen Zeit der Griechen nicht blofs nicht ausgeschlossen werden, sondern im Gegentheil noch prägnanter hervortreten[2]).

Um aber auch Einiges noch aus der deutschen Mythologie hervorzuheben, so glaube ich nun dem Ursprung der weifsen Frau, die umgeht und sich (im Gewitter) sehen läfst und dann Tod verkündet, nahe gekommen zu sein. Auch hier klingen in der Urvorstellung wunderbare, über die indogermanische Welt hinausreichende Berührungen mit jüdischer Vorstellung vom Engel des Herrn an. — Die Mahrtensagen zeigen rohe und doch wieder in die höchsten Götterkategorien deutscher und griechischer Sage auslaufende Vorstellungen, die in gleicher Weise an den Freyja- und Gunlöd-, wie an den Persephone-Mythos anknüpfen. Auch die Zagreus-Sage gewinnt dadurch schon allein volksthümlichen Charakter, und der Zug vom Herzen des Zagreus ergiebt sich dann dazu als eine uralte, wie schon erwähnt, auch in Amerika auftauchende Vorstellung vom Sonnenherzen. So webt überall die Familientradition der Menschheit ihr wunderbares Gewebe; der Mahrtenglaube zeigt noch in den einfachsten Formen dieselbe natürliche Grundlage wie vor Jahrtausenden und erklärt, weshalb die indischen Marutas auf Hirschen reiten; hier ist es der in der Gewitterwolke eingeschlossene, Beklemmung hervorrufende Geist, der im Blitz in und aus den Wolken schlüpft, dort ziehen die Marutas im Zickzack der Blitze auf den Wolkenhirschen einher.

---

[1]) Ein populäres Buch, die neueste Ausgabe der bekannten Götterlehre von Moritz, herausgegeben von Fredericks, hat, wie ich zufällig gesehen, schon einen Versuch gemacht, die Ergebnisse des „Urspr. der M." zu benutzen, freilich ohne die Quelle zu nennen.

[2]) S. meine Abhandl. in der Berliner Zeitschr. für Gymnasialwesen 1861. p. 839 ff.

SONNE, MOND UND STERNE.

Wenn aber die Mythologie der Urzeit die Welt der Anschauungen jener Zeit in ihren ersten, natürlichsten Formen dar-
legt, so erstattet sie der vergleichenden Sprachforschung, durch
die sie mit angeregt ward, und innerhalb der indogermanischen
Völker zunächst eine Basis empfangen hatte, so ihren Dank, indem sie ihr wiederum ein reichhaltiges Substrat und eine frische
Charakteristik für das geistige Leben der Völker der Urzeit
zuführt, aus deren Vorstellungen die Etymologien zu schöpfen
sind. Ebenso befruchtend wird dieselbe Wissenschaft aber auch
auf die Archäologie der ältesten Zeit, die meist aus Gräbern
zu uns redet, wirken; indem dieselbe bisher vielfach von den
künstlichen Vorstellungen einer späteren Zeit in ihren Deutungen
ausging. ₍An der Hand der vergleichenden Mythologie aber löst
sich das Räthsel der goldenen Bienen im Grabe des fränkischen
Königs Childerich, wie der ägyptischen Scarabeen₎ und wird sich
noch manches Andere lösen.

So wird die Mythologie nach allen Seiten hin zu einem
Faden durch das Labyrinth der Urzeit. Zwar sind die Bilder,
von welchen ich ausgegangen bin, meist gebildeten Kreisen entlehnt, aber nichts desto weniger führen auch sie durch Analogien zu den rohesten Anschauungen der Urzeit, in denen sich
die Vorfahren der Culturvölker mit Kamtschadalen und ähnlichen
Völkern berühren. Auch hierin zeigt sich gerade der Fortschritt
in dem Leben dieser Völker, wenn auch seine Entwickelung
jenseits aller Geschichte liegt. Bei den Griechen wie bei den
Deutschen treten uns noch die grobsinnlichsten, nach unserer
Empfindung unfläthigsten Vorstellungen über Regen, Donner und
Blitz entgegen; eine Ansicht, nach welcher die Sonne selbst als
Lingam galt, und woran sich dann geradezu mit den Sonnen-
strahlen das ganze, an das Gewitter sich anschliefsende, phallische
Element der Mythen knüpfte, habe ich auch schon gelegentlich
angedeutet, obgleich freilich gerade dieser Punkt noch weiterer
Ausführung bedarf.

Die vorliegenden Untersuchungen bestätigen übrigens den
auch schon im Ursprung der Mythologie ausgesprochenen Grund-
satz, dafs die Sonne und die Gestirne weit weniger selbstständig die Vorstellungen bedingten, als die Veränderungen,
welche mit ihnen vorzugehen schienen, die zunächst das Wunder-

bare auch deutlicher durch die Verwandlungen an sich trugen und dadurch die Aufmerksamkeit fesselten. Es bewährt sich hierin des Seneca Satz, den er in seinen quaest. nat. (lib. VII. init.) ausspricht: Quamdiu solita decurrunt, magnitudinem rerum consuetudo subducit. Ita enim compositi sumus, ut nos quotidiana, etiamsi admiratione digna sunt, transeant, contra minimarum quoque rerum, si insolitae prodierunt, spectaculum dulce fiat. Hic itaque coetus astrorum, quibus immensi corporis pulchritudo distinguitur, populum non convocat. At quum aliquid ex more mutatum est, omnium vultus in coelo est. Sol spectatorem, nisi cum deficit, non habet. Nemo observat Lunam nisi laborantem. Tunc urbes conclamant, tunc pro se quisque superstitione vana trepidat. So ist z. B. die Vorstellung der Sonne als Herz oder Krone des Gewitterdrachen doch ein sehr secundäres Moment; ebenso gilt dies auch, insofern Sonne und Mond als Augen der himmlischen Wesen gefaßt wurden, die man dann nach den übrigen Himmelserscheinungen ausstattete. Mächtiger erschien jedenfalls zunächst dem Naturmenschen, sobald er die Wesen in ihrer Beziehung zur Erde und sich faßte, der Sturm- und Gewittergott, wobei aber, wenn dieser in irgend welche Verbindung mit dem Sonnen- oder Mondwesen gebracht wurde, dieses Machtverhältniß sofort auf jenen übergehen konnte. Beides vereint tritt z. B. im Apollo in dieser Hinsicht hervor; aber mächtiger erscheint noch immer in den Mythen der gewaltige Drachentödter des Unwetters mit Regenbogen und Pfeil als der goldhaarige Sonnengott. Auch in den Mythen von Simson, wie ich sie in diesem Buche entwickelt habe, ist der Sonnengott der mehr leidende, der Gewittergott, über den der heilige Geist kommt, der gewaltige Held. Schließt sich doch ebenso die plastische Gestaltung und Umgebung selbst des Herrn Zebaoth, wie ich sie im Ursprung der Myth. entwickelt, vor Allem an das Gewitter, an dessen gewaltige und feurige Erscheinungen sich dann auch die Vorstellungen des Engels des Herrn so wie des heiligen Geistes knüpfen, wie auch in allen Offenbarungsscenen der Propheten bis zur Ausgießung des heiligen Geistes im neuen Testament derselbe äußere Hintergrund hindurchvibrirt. Es ist ein rother Faden der Tradition, der hier hindurchschimmert, gerade wie des Johannes Visionen äußerlich an die

alttestamentarischen Vorstellungen von den Seraphim sich anschliefsen[1]).

Dafs aber, wenn ich auch die Auffassungen von Sonne,
Mond und Sternen nach verschiedenen Gruppen, gemäfs dem
sachlichen, thier- und menschenartigen Charakter, zusammengestellt habe, ich nicht damit habe sagen wollen, dafs dies etwa
als eng eingehaltene Phasen oder Stufenleitern der Entwickelung
anzusehen, bedürfte keiner Erwähnung, wenn nicht gerade eine
ähnliche Ansicht aus der Anordnung meines Buches über den
Ursprung der Mythologie, trotzdem ich mich dagegen verwahrt,
herausgelesen worden wäre. Derartiges ist nur relativ zu fassen;
z. B. die Vorstellungen von den Gestirnen als Nägeln setzen eben
schon Schmiedearbeit voraus, liegen also, wenn man will, zeit-
lich uns näher als die von Käfern; wie auch nicht gesagt ist,
dafs nicht ebensofrüh neben diesen sich die Vorstellung leuchtender Augen von den Sternen könnte gebildet haben; nur im
Allgemeinen wird man den Fortschritt in der immer mehr
Platz greifenden Neigung zum Anthropomorphischen zu suchen
haben.

Schliefslich habe ich noch öffentlich in dankbarer Erinnerung der freundlichen Theilnahme zu gedenken, die mein lieber
College am Werderschen Gymnasium zu Berlin, Herr Dr. Lang-
kavel, fast täglich diesen meinen Studien von seinem natur-
historischen Standpunkt aus zeigte. Gerade der Verkehr mit
ihm überzeugte mich lebhaft von der Bedeutsamkeit derartiger
Untersuchungen auch für die Anfänge der Naturbetrachtung als
menschlicher Wissenschaft, ganz abgesehen davon, dafs ich von
ihm, im Einzelnen auch manche hübsche Notiz erhielt. So
theilte er mir noch zuletzt für die so mühsam von mir entwickelte Vorstellung des Sternenhimmels, als eines himmlischen
Bienenkorbs, folgende prächtige Bestätigung der ganzen Anschauung aus einem englischen Dichter mit[2]):

---

[1]) Vergl. aufser dem in diesem Buche Beigebrachten Urspr. d. Myth.
c. III. „Alttestamentarische Parallelen," deren Inhalt Willer in seiner Mythologie und Naturanschauung p. 126 f. in kurzer Darstellung anschaulich
zusammenfafst.

[2]) Shelley, in The rose, thistle and shamrok, a selection of english
poetry by Freiligrath. II. edit. Stuttg. 1857. p. 444 f.

That orbed maiden, with white fire laden,
  Whom mortals call the moon,
Glides glimmering o'er my fleece-like floor,
  By the midnight breezes strewn;
And wherever the beat of her únseen feet,
  Which only the angels hear,
May have broken the woof of my tent's thin roof,
  The stars peep behind her and peer;
And I laugh to see them whirl and flee
  Like a swarm of golden bees,
When I widen the rent in my wind-built tent
  Till the calm rivers, lakes and seas
Like strips of the sky fallen through me on high,
  Are each paved with the moon and these.

Neu-Ruppin
in den Sommerferien des Jahres 1864.

W. Schwartz.

INHALTSVERZEICHNISS.

Sonne, Mond und Sterne.

Eine der frühesten, in den Mythen noch öfter hindurch-
brechende Vorstellung von Sonne, Mond und Sternen ist die
als glänzender, leuchtender Steine. So bringt J. Grimm,
Myth. p. 665 aus dem Altn. die Bezeichnung für Sonne bei:
gimsteinn himins (gemma coeli), aus dem Ags. heofones gim,
vuldres gim. Dazu stimmt bei den Griechen, wenn Anaxagoras,
Demokritos, Metrodoros im Anschluſs an alte volksthümliche
Vorstellungen die Sonne für einen glühenden Stein oder
Klumpen ($\lambda i \vartheta o \nu$, $\pi \acute{\epsilon} \tau \varrho o \nu$ oder $\mu \acute{v} \delta \varrho o \nu$ $\delta i \acute{\alpha} \pi v \varrho o \nu$) erklärten,
cf. Xenoph. Memor. IV. 7, 7. Plut. plac. phil. II. 20. Ausführlich
schildert Orpheus Lith. 289 sqq. die zu Grunde liegende Anschauung, wenn er umgekehrt den Opal einen Sonnenstein
nennt:

$\varDelta o i \grave{\omega}$ δ' $\mathit{H} \epsilon \lambda i o v$ $\chi \varrho v \sigma \acute{o} \tau \varrho i \chi \epsilon$ $\lambda \bar{\alpha} \epsilon$ $\pi \acute{\epsilon} \lambda o \nu \tau \alpha i$,
$\check{\alpha} \mu \varphi \omega$ $\vartheta \epsilon \sigma \pi \epsilon \sigma i \omega \cdot$ $\vartheta \acute{\alpha} \mu \beta o \varsigma$ $\delta \acute{\epsilon}$ $\tau o i$ $\check{\epsilon} \sigma \sigma \epsilon \tau$' $i \delta \acute{o} \nu \tau i$.
$\grave{\alpha} \mu \varphi o \tau \acute{\epsilon} \varrho o i \varsigma$ $\grave{\alpha} \varkappa \tau \bar{\imath} \nu \epsilon \varsigma$ $\grave{\epsilon} \tau \acute{\eta} \tau v \mu o i$ $\grave{\epsilon} \mu \pi \epsilon \varphi \acute{v} \alpha \sigma i \nu$,
$\grave{o} \varrho \vartheta \alpha \grave{\imath}$, $\lambda \alpha \mu \pi \epsilon \tau \acute{o} \omega \sigma \alpha i \cdot$ $i \delta \epsilon \bar{\imath} \nu$ $\gamma \epsilon$ $\mu \grave{\epsilon} \nu$ $o i o \nu$ $\check{\epsilon} \vartheta \epsilon i \varrho \alpha i$,
$\epsilon i \delta o \varsigma$ $\delta \acute{\epsilon}$ $\sigma \varphi i$ $\lambda i \vartheta \omega \nu$ $\check{\alpha} \lambda \lambda \omega \nu$. $\tau \grave{o} \nu$ $\mu \acute{\epsilon} \nu$ $\tau \epsilon$ $\nu o \acute{\eta} \sigma \epsilon i \varsigma$
$\chi \varrho \acute{v} \sigma \tau \alpha \lambda \lambda o \nu$ $\gamma \epsilon \nu \epsilon \acute{\eta} \nu \cdot$ $\grave{o}$ $\delta \grave{\epsilon}$ $\chi \varrho v \sigma o \lambda i \vartheta \omega$ $\delta \acute{\epsilon} \mu \alpha \varsigma$ $\check{\alpha} \nu \tau \eta \nu$
$\epsilon \check{v} \varkappa \epsilon \lambda o \varsigma$ $\epsilon i \varsigma i \delta \acute{\epsilon} \epsilon i \nu \cdot$ ϵi δ' $o \grave{v} \varkappa$ $\check{\epsilon} \chi \epsilon \nu$ $o \grave{v} \delta$' $\check{o} \gamma$' $\grave{\epsilon} \vartheta \epsilon i \varrho \alpha \varsigma$
$\chi \varrho v \sigma \acute{o} \lambda i \vartheta \acute{o} \varsigma$ $\varkappa \epsilon \nu$ $\check{\epsilon} \eta \nu \cdot$ $\grave{\alpha} \tau \grave{\alpha} \varrho$ $\grave{\epsilon} \sigma \vartheta \lambda \grave{o} \nu$ $\varphi \eta \mu \grave{\imath}$ $\tau \epsilon \tau \acute{v} \chi \vartheta \alpha i$.
$\grave{\epsilon} \nu$ $\gamma \acute{\alpha} \varrho$ $\sigma \varphi i \nu$ $\mu \acute{\epsilon} \gamma \alpha$ $\delta \acute{\eta}$ τi $\varphi \epsilon \varrho \acute{\epsilon} \sigma \beta i o \varsigma$ $\check{\epsilon} \mu \beta \alpha \lambda \epsilon$ $\pi \nu \epsilon \tilde{v} \mu \alpha$
$\mathit{H} \acute{\epsilon} \lambda i o \varsigma$, $\varrho \acute{\epsilon} \xi \epsilon i \nu$ $\grave{\epsilon} \varrho i \varkappa v \delta \acute{\epsilon} \alpha \varsigma$ $\alpha \grave{v} \tau i \varkappa \alpha$ $\varphi \tilde{\omega} \tau \alpha \varsigma$,
$\sigma \epsilon \mu \nu o \tau \acute{\epsilon} \varrho o v \varsigma$ τ' $i \delta \acute{\epsilon} \epsilon i \nu \cdot$ $\varkappa \alpha i$ $\tau o i$ $\sigma \acute{\epsilon} \beta \alpha \varsigma$ $\check{\epsilon} \sigma \sigma \epsilon \tau \alpha i$ $\alpha \grave{v} \tau \tilde{\omega} \nu$.
$\alpha \check{\imath} \psi \alpha$ $\gamma \grave{\alpha} \varrho$ $\grave{\eta} \varrho \acute{\omega} \omega \nu$ $\sigma \varphi i \nu$ $\grave{\epsilon} \pi \acute{\epsilon} \varrho \chi \epsilon \tau \alpha i$ $\epsilon i \delta o \varsigma$ $\grave{\alpha} \gamma \alpha \nu \grave{o} \nu$,
$o i$ $\varkappa \epsilon$ $\vartheta \epsilon o \tilde{v}$ $\mu \acute{\epsilon} \gamma \alpha$ $\delta \tilde{\omega} \varrho o \nu$ $\grave{\epsilon} \pi i \sigma \tau \alpha \mu \acute{\epsilon} \nu \omega \varsigma$ $\varphi o \varrho \acute{\epsilon} \omega \sigma i \nu$.

Die Stelle ist lehrreich in jeder Beziehung. Sie bietet z. B., aufser der angezogenen allgemeinen Parallele der geraden, leuchtenden Strahlen der Steine mit den Sonnenstrahlen, für dieselben die Vorstellung des Goldhaarigen, Mähnenartigen, eine Anschauung, auf die wir öfter zurückkommen werden. Auf jene Vorstellung aber der Sonne als eines leuchtenden Steines habe ich schon Urspr. d. Myth. p. 27 f. den sog. Schlangenstein der deutschen und celtischen Sage bezogen, welchen die Gewitterschlangen tragen oder in den Frühlingswettern fabriciren. Mit diesem Schlangen-Sieg- oder Wunschstein, wie er auch wegen seiner angeblichen zauberhaften Wirkung genannt wird, hatte aber Grimm auch schon andererseits M. p. 1167 ff. den eirunden, milchweifsen Opal in Verbindung gebracht, der die deutsche Kaiserkrone schmückte, und der nach Albertus M. einst bei Nacht geglänzt haben soll. Das klingt an die letzten Verse des Orpheus an und führt in dieser Hinsicht auf die Grundanschauung, dafs der Stein, welcher den Himmel oder den himmlischen König oder Königin — denn das ist die Sonne dann in anthropomorphischer Fassung — schmückte, auch die schönste Zierde für seine irdischen Substitute sei; wurde doch auch, wie wir nachher sehen werden, die Sonne geradezu selbst als eine Krone angeschaut. — Bei den Indern wird die Sonne auch ähnlich wie im Altn. noch „der Edelstein des Tages" dinamani oder aharmani genannt, s. Justi in Benfey's Orient und Occident. Göttingen 1862. p. 61, welcher auch dazu den leuchtenden Karfunkel der deutschen Sage stellt, der in den Bergen der Zwerge, im Rosengarten des Laurin, d. h. in den Wolkenbergen und im Wolkengarten, Alles tageshell macht[1]). — Zu der orphischen Vorstellung vom Sonnenstein stimmt auch die römische Ansicht; solis gemma, sagt Plin. hist. nat. XXXVII. 10, 67, candida est et ad speciem sideris in orbem fulgentes sparsit radios. — Dieselbe Anschauung tritt nun auch beim Monde hervor, so redet Nonnus Dionys. V. v. 163 sqq. von dem weifsen Stein des Mondes (der candida luna), welcher je nach Umständen schwindet oder zunimmt, was demselben noch ganz einen mythischen Charakter verleiht:

---

[1]) Die betreffenden Stellen bei Mannhardt, Germanische Mythenf. Berlin 1858. p. 447 ff.

τῇ δὲ Σελήνης
εἶχε λίθον πάνλευκον, ὃς εὐκεράοιο θεαίνης
λειπομένης μινύθει καὶ ἀέξεται, ὁπότε Μήνη
ἀρτιφαὴς σέλας ἱγρὸν ἀποστίλβουσα κεραίης
Ἡελίου γενετῆρος ἀμέλγεται αὐτόγονον πῦρ.

Ebenso erklärte Demokritos die Sterne für *πέτρους*, Archelaos für *μύδρους* — *διαπύρους δέ*. Stob. ecl. phys. I. c. 25, 1. Wissenschaftlicher ausgebildet erscheint die ganze Vorstellung der Himmelskörper als himmlischer Steine aber dann ferner, wenn namentlich Mond und Sterne als bimsteinartig von den griechischen Philosophen bezeichnet wurden, d. h. als porös, indem sie sich von feuchten Ausdünstungen zu nähren schienen, eine Ansicht, welche wir nachher noch besonders besprechen werden. So heißt es Plut. de plac. phil. II. 13 vom Diogenes, *κισσηρώδη τὰ ἄστρα, διαπνοὰς δ' αὐτὰ νομίζει τοῦ κόσμου*, und nach Stob. ecl. phys. I. 27 von ebendems., *κισσηροσιδὲς ἄναμμα τὴν σελήνην (νομίζει)*.

Auch die jüdische Tradition kennt deutlich die entwickelten Anschauungen und weiß von daran sich schließenden Sagen. So soll Abraham, an den sich ja so vieles Mythische knüpft, einen zauberhaften Edelstein an seinem Halse getragen haben, der jeden Kranken, welcher ihn angesehen, gesund machte. Als Abraham aber gestorben, heißt es, hat Gott den Stein in die Kugel der Sonne gehängt (Eisenmenger, Entdecktes Judenthum. Königsberg i. Pr. 1711. p. 409). Wenn dies an die erwähnte Vorstellung eines Sonnensteins anknüpft, so tritt uns in einer anderen jüdischen Sage ein Schlangenstein entgegen, der sich einmal mit jenem in seiner Wirkung nahe berührt, dann aber sich in anderer Weise wieder dem vorhin erwähnten, in das Gewitter überspielenden Sonnenstein der celtischen Sage anschließt, welche ihre Parallelen auch im ehstnischen und deutschen Glauben hat. Derselbe soll nämlich zunächst die Kraft gehabt haben, durch seine Berührung wieder lebendig zu machen; daneben tritt dann aber auch in der Sage von ihm und in jener seiner speciellen Wirkung eine bedeutsame Analogie einmal zu dem im Gewitter von Schlangen umgebenen Sonnenstein, dann auch zu der von mir u. A. im Ursp. an der Glaukos- und Asklepios-Sage entwickelten Gewitterblume

hervor, welche sich an die aufblühende Wolke und den Blitz
als ein himmlisches Kraut, also unter anderer Anschauung
an denselben Naturkreis, anschliefst und dieselbe Kraft gehabt
haben soll. Wie nämlich nach ehstnischem Glauben z. B. die
Schlangen sich im Gewitter um die blitzende Krone ihres Königs,
d. h. ebenfalls die Sonnenkrone, ringeln, wie wir nachher es
noch bestimmter sehen werden, als ich es Urspr. p. 27 Anm.
schon angedeutet habe, und andererseits in der Glaukos-Sage
die Schlange im Gewitter ein Kraut herbeibringt, um durch
dasselbe ihre Genossin wieder lebendig zu machen, so dafs
Asklepios es von ihr lernt, kennt der Talmud folgende ebendahin
schlagende Sage. Der Rabbi Jehuda-Hindoa erzählte nämlich
(nach Eisenmenger p. 408 f.): „Wir fuhren einmal in einem
Schiff", — die Scenerie ist wie in der Odysseus- und Argonauten-
Sage auf dem Wolkenmeer des Himmels zu denken[1]), — „da
sahen wir einen Edelstein, welchen eine Schlange umrin-
gelte, und als Einer, der wohl rudern konnte, sich hinab (in das
Wasser) begab, denselbigen zu holen, da kam die Schlange
und wollte das Schiff verschlingen. Es kam aber eine Rabin
und bifs derselben den Kopf ab, und wurde das Wasser in Blut
verwandelt[2]). Als nun der Schlangen Gesellin kam, nahm sie
den Stein und hängte ihn ihr (der todten Schlange) an; da
wurde sie wieder lebendig, und sie kam wieder, das Schiff
zu verschlingen. Es kam aber wieder ein Vogel und bifs ihr
den Kopf ab. Da nahm (der Rudermeister) denselben Edelstein
und warf ihn in das Schiff. Wir hatten eingesalzene Vögel bei uns,
und als man den Edelstein auf dieselben gelegt hatte (um zu
probiren, ob sie auch wieder würden lebendig werden), nah-
men sie denselben und flogen damit weg." — Wenn
dieser Mythos uns den segenbringenden, Alles wieder lebendig machenden, von Gewitterschlangen gehüteten und

---

[1]) Wo auch Noah wie Deukalion bei der grofsen Fluth in seinem
Kasten fuhr, d. h. dem Wolkenschiff, welches Edelsteine und Perlen
statt der Sonne erleuchteten. (Ueber den letzteren Umstand s. Eisenmenger p. 394.)

[2]) Dieser Zug des Mythos erinnert an eine ähnliche Scenerie deutscher
Sage, wo der Taucher oder das Nixmädchen in den grundlosen Gewittersee
hinabsteigt, und ein Blutstrahl hervorkommt (s. Ursp. p. 250 u. 262).

von Wolkenvögeln, welche die Schlangen bekämpfen, geraubten Sonnenstein zeigt; so fügt eine andere Sage ebendas.
p. 393 f. noch eine neue schöne Anschauung ähnlicher Art in
Betreff der Sterne hinzu.   „Abraham", heißt es, „baute den
Söhnen seines zweiten Weibes Ketura (deren Genesis c. 25 gedacht wird) eine eiserne Stadt und setzte sie hinein. Die
Sonne aber ist niemals darein gekommen, weil sie sehr
hoch gewesen ist, und hat ihnen eine Schüssel voll Edelsteinen und Perlen gegeben (welche anstatt der Sonnen
darin geleuchtet haben), deren man sich in's Künftige bedienen
wird, wann Gott machen wird, daß die Sonne und der Mond
sich schämen werden, wie Jes. c. 24. v. 23 gesagt wird: „und
der Mond wird sich schämen, und die Sonne mit Schanden bestehen." — Wenn dieser mythische Abraham, mit dem wir es
hier zu thun haben, der größer war als alle Riesen und
meilenweite Schritte that (ebendas. p. 392), und der so dem Adam
ganz zur Seite tritt, dem Himmelsriesen, welcher von der
Erde bis in den Himmel ursprünglich geragt haben soll
(ebendas. p. 366), nun dadurch, daß er von Osten gekommen
und den Sonnenstein selbst am Halse trug, sein Weib Sarah
aber so geglänzt haben soll, daß, als er mit ihr einzog in
Aegypten und die Kiste öffnete, in der sie verborgen war, das
ganze Land vor ihrem Glanze erstrahlte (ebendas. p. 395),
in Bezug auf diesen seinen mythischen Charakter als eine Art
Sonnenriese wie die Kyklopen, und sein Weib, mit der er
einzieht, als die glänzende Morgenröthe, als eine φάεννα
Ἠώς neben dem μέγας Ἥλιος erscheint: so dürfte man nicht fehl-
greifen, wenn man den Mythos, daß er seinen Kindern mit der
Ketura oberhalb von Sonne und Mond eine eiserne Stadt
gebaut haben soll, welche durch eine Schaale von Edelsteinen
und Perlen erleuchtet wurde, auf den funkelnden Sternenhimmel (den ἀστερόεις πολύχαλκος Οὐρανός) bezöge, den ja auch
die Juden wie die Griechen sich von Metall und gewölbt dachten, so daß sich hierin eine den übrigen Vorstellungen sich anschließende Ansicht von den Sternen als leuchtender Edelsteine documentiren würde, wie wir sie nachher auch bei Griechen, Römern und Deutschen als funkelnde, dort oben einge-
schlagene Nägel wiederfinden werden. Diese Nachtkinder des

Abraham dürften ihre Ergänzung übrigens gewissermafsen darin finden, dafs er den Kindern seiner anderen Frauen Zauberei gelehrt haben soll, was diese auch trotz aller historischen Fixirung ursprünglich als mythische himmlische Wesen, etwa als böse Luftgeister, wie die Hexen, kennzeichnen möchte (ebendas. p. 438)[1]).

Weiter weckte nun die Gestalt, welche die Himmelskörper zu haben schienen, besondere Vorstellungen. Ich stehe ab, hier schon speciell darauf einzugehen, wenn bei den griechischen Philosophen Sonne, Mond und Sterne als $\sigma\kappa\alpha\varphi\omicron\epsilon\iota\delta\tilde{\eta}$ oder der Mond als $\kappa\upsilon\lambda\iota\nu\delta\rho\omicron\epsilon\iota\delta\acute{\eta}\varsigma$, die Sterne als $\kappa\omega\nu\omicron\epsilon\iota\delta\tilde{\eta}$ gedacht wurden, da es zunächst zweifelhaft sein könnte, ob hier volksthümliche Vorstellungen zu Grunde liegen, und halte mich zuvörderst an allgemeinere, sichtlich auf unmittelbarer Anschauung beruhende. Da läfst nun die runde Gestalt der Sonne diese zunächst bald als Scheibe, bald als Ball, Rad oder Schild erscheinen, und auch in dieser Beziehung berühren sich die Anschauungen der alten

---

[1]) Um überhaupt die an Abraham hervortretenden Mythen zu einer Art von Abschlufs zu bringen, bemerke ich noch, dafs, wenn Nimrod den Abraham in einen feurigen Ofen geworfen haben soll, aus dem er dann aber unversehrt hervorgegangen, dies auch auf den Sonnenriesen gehen dürfte, welchen der grofse Jäger Nimrod, d. h. der Sturmesjäger, welcher ja auch den Thurm zu Babel, d. h. ursprünglich den Wolkenthurm, gebaut haben soll, im Gewitterfeuer so zu behandeln schien, aus dem jener aber dann doch unversehrt wieder hervor kam. — Selbst das Opfer des Isaak dürfte sich bei näherer Betrachtung nicht frei von natürlicher, mythischer Grundlage erweisen. Die ethische Tiefe des jüdischen Geistes bekundet sich eben darin am wunderbarsten, dafs er in der Vermählung alter Naturmythen mit historischer Familien- oder Stammsage jene tiefsinnigen und doch so einfachen menschlichen Legenden schuf, welche zu Marksteinen eines sittlichen Lebens der Menschheit geworden sind. Denn ursprünglich repräsentirt die Scenerie wenigstens des aus dem Himmel mit dem Blitzschwert vertriebenen Adam, des im Wolkenschiff an dem höchsten Berge landenden Noah, so wie des von Osten einziehenden Sonnenriesen Abraham nur drei an Himmelserscheinungen in verschiedener Weise sich anknüpfende Menschenschöpfungen, drei $\kappa\alpha\tau\alpha\iota\beta\acute{\alpha}\tau\alpha\iota$, wie der Grieche sich ausdrückt, die nur durch besondere zu Grunde liegende mythische Auffassungen und die ethisch-historische Entwicklung und Anknüpfung sich von einander unterscheiden. (Ueber Adam, den Apfelbaum und die Schlange im Paradiese s. Ursp. d. M. p. 283.)

Völker mit den unsrigen[1]). Wie wir von der Sonnenscheibe oder dem Sonnenball reden, war stehender Ausdruck bei den Griechen für die Sonne Ἡλίου κύκλος, Aesch. Prom. v. 91. Pers. v. 496. Soph. Antig. v. 412. Eurip. Hec. v. 412; dann σφατρα oder δίσκος, Plut. plac. phil. II. 24; bei den Römern orbis, Virg. Georg. I. v. 459. Andererseits bot der Vollmond auch die Analogie mit einer Scheibe κύκλος oder orbis, z. B. Ὡς αὐγὴ τύψασα σεληναίης κύκλον εὐρύν, Plut. de facie lunae. XVI. cf. Eur. Iph. v. 717. Luna novum decies implerat cornibus orbem, Ovid. Fast. II. 17, 5. So galt er auch als Ball, pila; wie auch Anastasius Grün im „Schutt". Leipzig 1840, p. 16 sagt:

> Den Ball des Mondes sah ich leuchtend prangen.

Die wechselnde Gestalt desselben konnte dann leicht im Anschluſs an diese Vorstellung aus der wechselnden Art seiner Beleuchtung und Drehung erklärt werden. Lucretius, de rerum nat. V. v. 711 sqq.

> Ut faciunt, lunam qui fingunt esse pilai
> Consimilem . . . .
> Versarique potest, globus ut si forte pilai
> Dimidia ex parti candenti lumine tinctus,
> Versandoque globum variantes edere formas.

Gerade so haben auch griechische Philosophen die Annahme einer σκαφοειδίς-artigen Gestalt der Himmelskörper zur Erklärung ihrer verschiedenartigen Verfinsterungen dann benutzt. So meinten Heraklit und Hekataeos von der Sonne: γίγνεσθαι δὲ τὴν ἔκλειψιν κατὰ τὴν τοῦ σκαφοειδοῦς στροφὴν, ὥστε τὸ μὲν κοῖλον ἄνω γίγνεσθαι, τὸ δὲ κυρτὸν κάτω, Stob. ecl. phys. I. 26, 1; ebenso vom Monde, Plut. plac. phil. II. 29. — Das Scheibenartige in der Gestalt von Sonne und Mond werden wir übrigens noch bei manchen mythischen Auffassungen hindurchbrechen und sich auch mit anderen Momenten zu lebensvollerem Bilde vereinen sehen. Selbst bei anthropomorphischer Gestaltung beider

---

[1]) Mit diesen Vorstellungen dürfte auch unmittelbar für das rohere Alterthum die Vorstellung eines himmlischen Eies zusammengehangen haben, sobald man am Himmel in den Wolken Vögel zu erblicken wähnte, ein Glaube, den wir nachher als einen uralten und weitverzweigten werden kennen lernen. Ueber das himmlische Ei s. Urspr. im Register unter Ei und Eierschaale.

Himmelskörper erscheint es festgehalten, wenn z. B. in Amerika
bei den Azteken und in Peru beide gewöhnlich als Scheiben
abgebildet wurden, welche menschliche Angesichter darstellen.
Zwei kostbare Bilder dieser Art sandte z. B. Cortes an Karl V.
nach Flandern, wo sie noch Albrecht Dürer sah, die Sonne von
massivem Golde, der Mond von Silber, eine sonst auch hervortretende Charakteristik. s. J. G. Müller, Geschichte der amerikanischen Urreligionen. Basel 1855. p. 474.

An diese kreisförmige Gestalt von Sonne und Vollmond
schliefst sich ferner, wenn beide, namentlich aber die erstere,
als Rad gedacht wurden, wobei ursprünglich wohl an ein volles,
scheibenartiges Rad ohne Speichen zu denken ist. So heifst die
Sonne in der Edda fagrahvel, das schöne, lichte Rad. Grimm,
M. p. 664. Lucretius V. v. 433 sq. sagt ebenso:

Hic neque tum solis rota cerni lumine largo
Altivolans poterat, neque magni sidera mundi —

und dafs es auch mythische Vorstellung schon bei den Römern
gewesen, zeigt die von Kuhn, Herabkunft des Feuers u. s. w.
Berlin 1859. p. 68 aus Servius angeführte Stelle, nach welcher
Prometheus am Sonnenrade seine Fackel angezündet haben
sollte. Dieselbe Vorstellung tritt uns nun auch bei den Griechen
entgegen. So redet Soph. Antig. v. 1019 sq. von um die Wette
eilenden Sonnenrädern

ἀλλ' εὖ γέ τοι κάτισθι μὴ πολλοὺς ἔτι
τροχοὺς ἁμιλλητῆρας ἡλίου τελῶν.

Der Sonnengott selbst endlich rollt das Sonnenfeuer wie ein
Rad: Eurip. Phoen. init.

Ὦ τὴν ἐν ἄστροις οὐρανοῦ τέμνων ὁδὸν
καὶ χρυσοκολλήτοισιν ἐμβεβὼς δίφροις
Ἥλιε, θοαῖς ἵπποισιν εἱλίσσων φλόγα.

Wie bei der Anschauung der Sonne als eines glitzernden
Steines die leuchtenden Sonnenstrahlen dann in dies Bild
mit aufgenommen sind, so erscheinen sie auch beim Rade dann
als die glänzenden Speichen. Der Glaube der Mazdayaçnier
spricht diese Anschauung ausdrücklich aus, wenn es heifst:
Mithra, — dem wachsamen, dem falbe Renner am Wagen laufen,
der ein goldenes Rad hat und die Speichen ganz glänzend. s. Windischmann b. Kuhn p. 54.

Ebenso wird dem Monde in der Edda der Name hverfau di hvel, d. h. drehendes Rad, beigelegt, Grimm M. p. 664, und Schönwerth bringt in seinen Sagen und Sitten aus der Oberpfalz. Augsburg 1858. II. p. 66 aus dortiger Gegend die Redensart bei: Da Mauñ is full wai a Pflougradl. Wie hier der Vollmond einem Rade, oben einem weifsen Stein verglichen wurde, fafst ihn der Hirt von seinem Standpunkt aus als einen weifsen Käse. Im Glarner Sernftthale heifst der Vollmond noch jetzt Käslaib. Nach einer dänischen Sage ist er ein Käse, zusammengeronnen aus der Milch der Milchstrafse, gemäfs einem littauischen Räthsel ein Fladen. s. die betreffenden Stellen bei Rochholz, Naturmythen. Leipzig 1862. p. 252 f.

An die Vorstellung eines Rades schliefst sich nun weiter bei der Sonne die eines runden, leuchtenden Schildes, woran sich dann leicht die Vorstellung eines unsichtbar dahinter verborgenen „kämpfenden" Wesens reiht, wie auch Rückert (Ged. Frankf. a. M. 1847. p. 389) den Sonnenschild gleich mit einem Helden in Beziehung bringt, wenn er sagt:

Die Sonn' ist Gottes ew'ger Held,
Mit goldner Wehr im blauen Feld.

Diese Vorstellung der Sonne als eines Schildes entwickelte schon Grimm M. p. 665, indem er aus Notker anführt, wie dieser beim clypeus coruscans des Apollo bemerke, dafs die Sonne einem Schilde gleiche, und stellt dazu, wenn Opitz 2, 286 die Sonne den schönen Himmelsschild nennt. Diesen Sonnenschild finden wir auch in der Edda bei der volleren Ausbildung der Vorstellung von einem Sonnenwagen noch wieder, wenn es heifst, auf demselben stehe der Schild Swalin, welcher nicht verrückt werden dürfe. vergl. W. Müller, Geschichte und System der altdeutschen Religion. Göttingen 1844. p. 158. Dieselbe Vorstellung ist aber auch bei Ovid Metam. XV. v. 192 sq. ausdrücklich ausgesprochen, wenn es heifst:

Ipse Dei (Phoebi) clypeus, terra cum tollitur ima
Mane rubet, terraque rubet cum conditur ima:
Candidus in summo.

Vom Vollmonde habe ich eine derartige Vorstellung nicht gefunden, hingegen knüpfen sich an seine anderen Erscheinungen verschiedene sachliche Bilder, welche ich gleich hier anreihen will. Wie wir von Hörnern des Mondes reden, so auch Aratus von den κέρατα oder κεραῖαι des Mondes v. 779:

Σκέπτεο δὲ πρῶτον κεράων ἑκάτερθε σελήνην.

cf. 785 u. 790.

Selene oder Mene heifst κερόεσσα, χρυσόκερως, ταυρό-κερως. Nonnus Dionys. 47, 283. 48, 668. Marcus Argentarius bei Brunck, Analecten II. 268. Orpheus hymn. IX. 2. Ebenso sagt Horatius, C. Saec. 35:

> Siderum regina bicornis audi,
> Luna, puellas:

und verschiedene Dianenbilder, welche sich an die Identificirung der Diana und der Luna anschliefsen, legen ja noch dafür ein ausdrückliches Zeugnifs ab. Analog der Auffassung von Hörnern ist die deutsche Anschauung, welche von der Sichel des Mondes redet, indem sie einfach, wie umgekehrt das lat. lunatus, die Krümmung des ab- oder zunehmenden Mondes bezeichnet, doch ist das Bild von Hörnern lebensvoller. Ebenso wird dies wieder ein anderes Bild, welches die auch in nördlicheren Breiten zu Zeiten flacher daliegende Mondessichel einem Kahne vergleicht, der am nächtlichen Himmelsmeer, dem nocturnum mare des Horatius (Od. II, 5, 19 sq.), durch dünnen Wolkenflor dahin-gleitet. So redet zunächst F. L. v. Stolberg im Abendliede:

> Sieh, wie der edle schöne Schwan
> Mit hohlem Fittig prahlt,
> Es schimmert, wie der Silberkahn,
> Der dort am Himmel strahlt;

ebenso heifst es bei Anastasius Grün, Schutt. Leipzig 1840. p. 20:

> Seh' ziehn die Wolke mit der Brust voll Segen,
> Des Mondes Kahn im Meer der Nächte prangen.

S. Zirndorfer sagt (bei Wander, Poetische Jugendwelt. Grimma 1846. p. 108):

> Lieblich ist die Nacht. —
> Feierliche Stille
> Deckt den Wiesenplan,
> Drüber schiffet Luna
> In dem goldnen Kahn.

und G. C. Dieffenbach (in Schenkels Blüthen deutscher Dichter. Darmstadt 1846. p. 36) führt dies Bild weiter aus in dem Gedicht „das Schifflein ":

Ein Silberschifflein gleitet
Der Mond so hell und klar
Durch Fluthen ausgebreitet
So still und wunderbar.

Viel Meeresrosen blühen
Wohl in der blauen Fluth,
Die leuchten und strahlen und glühen,
Wie Gold und Feuersgluth.

Wenn der Sonne Glanz geschieden,
Beginnt das Schifflein den Lauf;
Wenn Dunkel herrscht und Frieden,
Dann blühen die Blumen auf.

Ich sehe das Schifflein gleiten
Durch blaue Fluthen dahin;
Wer mag es wohl steuern und leiten?
Wer fährt wohl so stille darin? u. s. w.

Dafs die Vorstellung des Dahingleitens durch den dünnen
Wolkenflor zur Ergänzung des Bildes gehört, bestätigen Darstellungen, welche von einem Schwimmen des Mondes reden.
So sagt Geibel, Gedichte. Berlin 1840. p. 129:
„Und wenn der Mond im Blau heraufgeschwommen."
Mythische Ausführung findet dies Letztere dann in dem Glauben
der Californier, nach welchem Sonne, Mond, Morgenstern, Abendstern Männer und Weiber sind, die sich alle Abend in das
Meer eintauchen und des Morgens wieder auf der andern Seite
zum Vorschein kommen, nachdem sie während der Nacht durch
das Meer geschwommen sind. J. G. Müller, Geschichte der
amerikanischen Urreligionen. Basel 1855. p. 53. Vom Monde
ist auch noch analog der isländische Ausdruck, wenn es heifst
„er watet durch die Wolken." s. Maurer, Isländische Sagen.
Leipzig 1860. p. 73.
Dafs die vom Monde hier zunächst ausgeführte Vorstellung
eines Kahnes in der Mythologie vielfach allgemeinere Geltung
hatte, dies macht nicht blofs die Sage vom Sonnenkahn bei
den Griechen und Aegyptern, wovon nachher noch besonders die
Rede sein wird, und die auch bei den griechischen Philosophen
noch festgehaltene Vorstellung von einer kahnartigen Gestalt
(σκαφοειδής) beider Himmelskörper überhaupt wahrscheinlich,

sondern aufser in anderen hierhergehörenden Bildern, wie z. B.
in dem einer goldenen Wiege oder eines derartigen Lagers, treten
uns jene Anschauungen am Klarsten noch in der Mythologie der
Völker der Südsee entgegen. Eines der characteristischsten Beispiele aus den betreffenden Sagenmassen, welche Schirren in s.
Wandersagen der Neuseeländer. Riga 1856. p. 150 zusammenstellt, ist folgendes. Nach Tahitischer Tradition sind Sonne und
Mond ein gröfserer und ein kleinerer Kahn, die tanzend am
Himmel dahinsegeln, und höchst bezeichnend gilt der Mondkahn
als aus weifsem, der Sonnenkahn aus rothem (brennendem)
Sande geformt. So treten sie überall dann auch in den neusee-
ländischen Sagen auf, und die Fahrten und Schicksale der betreffenden Wesen bilden den Ausgangspunkt für gar viele Mythen
bei diesen Völkern.

Um aber zur Sonne speciell zurückzukehren, so stelle ich
der kriegerischen Bedeutung derselben als eines Schildes eine
andere gegenüber, die ich zwar nur bei den Finnen belegen
kann, welche aber entschieden auch einmal bei Griechen und
Deutschen vorhanden gewesen sein mufs, est ist die einer himmlischen Spindel, bei der die Sonne als die Scheibe am un-
teren Ende der Spindel, die Sonnenstrahlen als die Fäden
des Gespinstes erschienen, gerade wie beim Rade sie auch als
die glänzenden Speichen oder nach anderen Bildern als goldene
Haare galten. Im Kalewala 33, 20 heifst es nämlich:

> Scheine du, o Gottes Sonne,
> Leuchte du, des Schöpfers Spindel,
> Auf den armen Hirtenknaben.

Demgemäfs stellten auch die Lappen neben dem Bilde des
Baiwe oder der Sonne einen Spinnrocken auf. Klemm, Allgemeine Culturgeschichte. Leipzig 1844. III. p. 82. Es wird
nachher bei der daran sich schliefsenden anthropomorphischen
Auffassung der Sonne als einer himmlischen Spinnerin
von den hierher schlagenden mythischen Vorstellungen noch besonders die Rede sein, wie auch andererseits die Wolken als
die himmlischen Gewebe und Gewänder als ein Hauptmoment bei der Entwicklung des ganzen Bildes zu betrachten
sind, wenn sie nicht geradezu überhaupt den Ausgangspunkt
der ganzen Vorstellung abgegeben haben, in der dann nur Sonnen-

scheibe und Sonnenstrahlen entsprechend verwendet worden sind.
Daselbst werde ich auch auf die Beziehungen hinweisen, welche
das griechische und deutsche Alterthum für dieselbe Anschauung
eines Spinnens und Webens am Himmel und namentlich der
Sonne als einer goldenen Himmelsspindel bietet; hier reihe
ich noch einige andere sachliche Auffassungen der Sonne an.
Zuerst notire ich eine, welche sich beim Tertullian adv. Valen-
tinian. 3 findet. Dort heifst es nämlich: nonne tale aliquid da-
bitur, te in infantia inter somni difficultates a nutricula audisse
lamiae turres et pectines solis? Die zu Grunde liegende Anschauung ist nicht ganz klar. Sicherlich spielten aber bei derselben auch die Sonnenstrahlen eine Rolle. Galten sie als die
Haare, welche gekämmt wurden, wie auch J. Grimm geneigt zu
sein schien, es zu fassen, dessen Freundlichkeit ich den Hinweis auf diese Stelle und die obige von der Sonne als Spindel
noch verdanke, oder erschienen sie etwa selbst als die „Zähne"
der pectines solis, in der Bedeutung von Kamm oder gar von
Kammmuschel, gerade wieder wie sie oben als die glänzenden Speichen des Sonnenrades galten?[1]) Wenn es nicht als eine
Reminiscenz aus einem Kindermährchen aufträte, könnte man
sogar, nach anderen bei der Sonne hervortretenden Beziehungen
und Deutungen, an pectines in der Bedeutung von vulva denken,
wo wieder die Strahlen als Haare hineingezogen wären, gerade
wie in der oben beim Opal angeführten Stelle aus Orpheus. Die
Sache mufs noch späteren Untersuchungen vorbehalten bleiben.

An die Vorstellung der Sonne aber als eines Himmelsschildes dürfte sich nun ferner auch die eines glitzernden Spie-
gels in secundärer Weise angereiht haben, wenigstens will ich,
da ein solcher in den Mythen von dem Kampf mit der Gorgo
und dem Basilisken eine Rolle spielt (s. Ursp. p. 53 Anm.), nicht
unerwähnt lassen, dafs griechische Philosophen nicht blofs bei
der Sonne, sondern auch bei dem Monde von einem solchen
ausgingen, also auch hier möglicher Weise eine Anknüpfung an
schon vorhandene volksthümliche Vorstellungen stattfand. Der

---

[1]) Aus einer Parallele der Sonnenstrahlen mit den Stacheln
erklärt sich auch, warum bei den Persern der Igel dem Mithra geheiligt
galt. Friedrich, Symbolik und Mythologie der Natur. Würzburg 1859.
p. 385.

Pythagoreer Philolaos erklärte nämlich in entwickelter Vorstellung die Sonne für einen δίσκος ὑαλοειδής. Stob. ecl. phys. I. 26, 3. cf. Euseb. Praep. 15, 23. Dasselbe wurde auch vom Monde angenommen. cf. Stob. ib. 27.

Ebenso nannten Philosophen die Sonne das Herz des Weltalls, was auch bei Griechen und Deutschen, wie wir sehen werden, seine volksthümliche Parallele gehabt haben dürfte. Ἥλιος δὲ, sagt Plut. de facie in orbe lunae c. XV, καρδίας ἔχων δύναμιν, ὥςπερ αἷμα καὶ πνεῦμα διαπέμπει καὶ διασκεδάννυσιν ἐξ ἑαυτοῦ θερμότητα καὶ φῶς. So heifst es auch in dem Hymnus des Proclus auf den Helios (bei Brunck, Analecten II. 441):

μεσσατίην γὰρ ἔχων ὑπὲρ αἰθέρος ἑδρην
καὶ κόσμου κραδιατον ἔχων ἐριφεγγέα κύκλον.

In Verbindung mit dieser Vorstellung deutete man den Mond auch dann als die Leber oder ein anderes Stück Eingeweide. σελήνη δὲ ἡλίου μεταξὺ καὶ γῆς, ὥςπερ καρδίας καὶ κοιλίας ἧπαρ ἤ τι μαλθακὸν ἄλλο σπλάγχνον, ἐγκειμένη u. s. w. Plut. l. l. Ebenso sagt Macrobius von der Sonne Somn. Scip. I. 20: Ita solis vis et potestas motus reliquorum luminum constituta dimensione moderatur, mens mundi ita appellatur, ut physici eum cor coeli vocaverunt. In unmittelbarer Anschauung wäre die Sonne etwa parallel dem Angeführten das Herz des Himmelsriesen gewesen, z. B. eines Kyklopen oder eines Orion, wie ihn die griechische Sage schildert, wenn er von der Erde bis in den Himmel gereicht haben sollte. Ein solches Bild reproducirt z. B. H. Heine auf Christus, als den himmlischen Heiland, übertragen in eigenthümlicher Anschauung in dem Gedicht „Frieden" (bei Schenckel, Blüthen deutscher Dichter. Darmstadt 1846. ·p. 75):

Hoch am Himmel stand die Sonne
Von weifsen Wolken umwogt,
Das Meer war still,
Und sinnend lag ich am Steuer des Schiffes,
Träumerisch sinnend, — und halb im Wachen
Und halb im Schlummer, schaute ich Christus,
Den Heiland der Welt.
In wallend weifsem Gewande
Wandelt er riesengrofs
Ueber Land und Meer;

> Es ragte sein Haupt in den Himmel,
> Die Hände streckte er segnend
> Ueber Land und Meer;
> Und als ein Herz in der Brust
> Trug er die Sonne,
> Die rothe, flammende Sonne,
> „ Und das rothe, flammende Sonnenherz
> Goſs seine Gnadenstrahlen
> Und sein holdes, liebseliges Licht
> Erleuchtend und wärmend
> Ueber Land und Meer.

Und die Menschen schauten hinauf, heiſst es weiter, nach des
Heilands Sonnenherzen, das freudig versöhnend sein rothes
Blut herunterstrahlte u. s. w. Aehnlich wie der Dichter, konnte
die gläubige Anschauung, welche sich an dem Wunderbaren nicht
weiter stiefs, dieselbe Vorstellung fassen, mag sie auch immerhin
in anthropomorphische Beziehung gebracht roher sein, als wenn
die Menschen sich die Sonne z. B. als das Auge eines im
Uebrigen auch unsichtbaren Wesens dachten. Daſs aber
dieselbe auch wirklich mythisch so von Völkern als ein Herz
gefaſst worden ist, zeigt zunächst die Bezeichnung des Sonnengottes in Guatemala als Huracan, d. h. Herz des Himmels,
s. J. G. Müller, Geschichte der amerikan. Urreligionen. p. 475.
Ja diese Beziehung tritt noch in roherer Weise hervor, wenn
bei den dort üblichen Menschenopfern das Herz des Schlacht-
opfers dem Sonnengotte selbst dargereicht oder dem Götzen-
bilde in den Rachen geworfen wurde. Müller p. 476 f. Dasselbe
geschieht auch wohl gegenüber dem Monde (ebendas. p. 590).
    In deutscher und griechischer Mythe scheinen aber vor
Allem folgende Züge auf die angedeutete Anschauung zu gehen,
in denen dieselbe zunächst in der Form eines mehr blofs sachlichen Elements verwendet auftritt, weſshalb ich es auch hier
schon und nicht erst bei den anthropomorphischen Vorstellungen
eingereiht habe. Was zunächst die erstere anbetrifft, so habe
ich schon Urspr. p. 55 darauf aufmerksam gemacht, daſs die
prophetische Stimme, welche im Donner aus dem Innern der Wolke zu tönen schien, und demgemäſs auch das
Verständnifs derselben, mit den Blitzesschlangen in den
Mythen in Verbindung gebracht wurde, von diesen jenes

beides mittelbar in irgend einer Weise ausgehend und so die Prophetie überhaupt mit Schlangen verknüpft gedacht wurde. Ich stellte dazu als eine besondere Version, wenn Sigurd das Herz des Gewitterdrachen Fafnir, nachdem er ihn bezwungen, im Feuer, d. h. im Gewitterfeuer, brät, und durch den Genuſs von demselben jene Gabe erlangt. Dieser Mythos führt ebenso auf die Sonne als das Herz des himmlischen Drachen, der im Gewitter bekämpft wird, als wir nachher in ihr nach anderer Auffassung die Krone desselben wiederfinden werden und schon oben p. 2 in derselben den leuchtenden Stein der himmlischen Schlangen erblickten. Wie der letztere in den Frühlingswettern angeblich fabricirt wurde, konnte umgekehrt in anderer Auffassung das himmlische Herz im Gewitterfeuer dem Glauben nach gebraten werden, gerade wie die himmlischen Wolkenrinder nach anderer Anschauung (s. mein Buch „der heutige Volksglaube u. das alte Heidenthum u. s. w. Berlin 1862." p. 128).

Als eine Art Analogon, welches andererseits die Vorstellung noch ergänzt, möchte ich auf die Prometheussage hinweisen. Wie nämlich der Himmels- und Sturmesriese in den Blitzfäden gefesselt zu werden schien, habe ich schon bei der entsprechenden Sage von der Fesselung des Zeus erwähnt (s. Ursp. p. 151. 100). Diese Fesselung bringt die Sage nun beim Prometheus mit dem Raube des himmlischen Feuers in Verbindung, was gleichfalls, wie Kuhn des Ausführlicheren nachgewiesen hat, mit dem Gewitter zusammenhängt. In eiserne Ketten, heiſst es nun, wurde Prometheus geschlagen, was noch besonders wieder auf die leuchtende Blitzesfessel hinweist. Damit scheint sich nun also eine andere Anschauung verbunden zu haben, der zu Folge die Sonne als das Herz oder die Leber dieses Himmelsriesen galt, zu dessen Ausweidung dann der himmlische Adler, d. h. der schwarze Wolkenvogel, im Gewitter geflogen kam, wie uns die Sirenen nach urgriechischer Vorstellung auch noch ganz speciell derartige Leichenvögel im Wolkentreiben und den leuchtenden Blitzen mit den Häuten und Gebeinen der gefressenen Wesen dort oben ihr Wesen treibend zeigen[1]). Es würde sich also dieses Herz des Himmels-

---

[1]) Ipsum autem Prometheum, sagt der Mythogr. II. 64 bei Bode, per Mercurium iu monte Scythiae Caucaso ferrea catena XXX millia annorum

riesen Prometheus einmal zu dem des Fafnir stellen, dann würde sich auch erklären und jene Vorstellung gleichsam ergänzen, wenn es über Nacht immer wieder gewachsen sein sollte; „immer wieder strahlt das Herz des Himmels, so oft es auch im Gewitter geschädigt zu sein schien", und was ursprünglich blofs von dieser Wiedererneuerung galt, übertrug die Vorstellung, wie wir dies in ähnlichen Fällen überall werden wiederkehren sehen, auf die täglich neu erscheinende Sonne. Zu dem colossalen Gewitterbilde, auf welches ich so diese Seite der Prometheussage als ihren Urquell zurückführe, stimmt auch noch ganz das grofsartige Bild, welches Apoll. Rhodius II. v. 1247 sqq. von der betreffenden Scenerie giebt:

Καὶ δὴ Καυκασίων ὀρέων ἀνέτελλον ἐρίπναι
ἠλίβατοι, τόϑι γυῖα περὶ στυφελοῖσι πάγοισιν
ἰλλόμενος χαλκέῃσιν ἀλυκτοπέδῃσι Προμηϑεὺς
αἰετὸν ἧπατι φέρβε παλιμπετὲς ἀΐσσοντα.
τὸν μὲν ἀπ᾽ ἀκροτάτης ἴδον ἕσπερον ὀξέι ῥοίζῳ
νηὸς ὑπερπτάμενον νεφέων σχεδόν· ἀλλὰ καὶ ἔμπης
λαίφεα πάντ᾽ ἐτίναξε παραιϑύξας πτερύγεσσιν.
οὐ γὰρ ὅγ᾽ αἰϑερίοιο φυὴν ἔχεν οἰωνοῖο,
ἴσα δ᾽ ἐϋξέστοις ὠκύπτερα πάλλεν ἐρετμοῖς.
δηρὸν δ᾽ οὐ μετέπειτα πολύστονον ἄϊον αὐδὴν
ἧπαρ ἀνελκομένοιο Προμηϑέως· ἔκτυπε δ᾽ αἰϑὴρ
οἰμωγῇ, μέσφ᾽ αὖτις ἐπ᾽ οὔρεος ἀΐσσοντα
αἰετὸν ὠμηστὴν αὐτὴν ὁδὸν εἰςενόησαν.

Wie die Sage sich meist in typischen Formen fortpflanzt, erinnert speciell der Flügelschlag des Adlers, der dem Ruderschlage gleicht und alle Segel erschüttert, noch an die Windstöfse, wie auch der nordische den Sirenen entsprechende Leichenvogel Hraesvelgr, der als Adler am Nordrand der Erde sitzt, durch das Bewegen seiner Flügel solche hervorbringt; und das donnerartige Stöhnen des Prometheus stellt sich zu der auch sonst sich findenden Auffassung des Donners als das Stöhnen eines himmlischen Wesens. So glauben z. B. die nordamerikanischen Wilden im Gewitter das Stöhnen eines Gottes

vinxit Juppiter ad saxum, adhibens ei aquilam, quae cor ejus exederet. Ueber die Sirenen als Leichenvögel im Gewitter s. meine Abhandl. in der Berlin. Zeitschrift f. d. Gymnasialw. Berlin 1863. p. 465 ff.

zu vernehmen, der eine verschluckte Schlange (natürlich die Blitzschlange) wieder auswürgen wolle. (Meiners im Götting. histor. Magazin. Hannover 1787. I. p. 123.)

Aber die Prometheussage steht in dieser Beziehung nicht allein da in der griechischen Mythologie. Als Analogon stellt sich zu ihr zuerst die vom gewaltigen Riesen Tityos, welchem im Todtenreich, also auch ursprünglich am Himmel im Unwetter (s. Ursp. u. A. p. 13. 67 ff.), zwei Geier oder Schlangen das Herz aushacken sollten. κολάζεται δὲ καὶ μετὰ θάνατον, γῦπες γὰρ αὐτοῦ τὴν καρδίαν ἐν Ἀιδου ἐσθίουσιν. Apollod. I. 4, 1[1]). — Vor Allem dürfte aber hierher auch der Zagreus-Mythos gehören. Ich werde nachher Gelegenheit haben nachzuweisen, wie die sogen. orphische Sage von seiner Empfängnifs sich ganz zu dem nordischen Mythos von der Vermischung des Odhin und der Gunlöd stellt und aus der Gewitterscenerie sich entwickelt hat. So ist nun andererseits Zagreus selbst das himmlische Sonnen- und Wolkenwesen, welches von den Titanen, den Gewitterdämonen, im Unwetter zerrissen wird, eine Vorstellung, die ich schon im Heutigen Volksgl. p. 49 als ein Analogon zu der im Gewitter z. B. geglaubten Verstümmlung des Uranos, Kronos u. A. gestellt und speciell auf das Zerreifsen der Wolken in Blitz und Sturm bezogen habe, wie es gleichsam in schwächerer Fassung noch auftritt, wenn der rothe Blitzkerl Porphyrion der Hera Gewand zerreifst (Ursp. p. 82). Vom Zagreus bleibt nun aus diesem Gewitterkampf, heifst es, nur das Herz übrig, welches dann in irgend einer Weise das Mittel zu seiner Wiedergeburt wird, indem es z. B. Hera oder Athene rettet und dem Zeus bringt, der es in sich aufnimmt und einen anderen Zagreus aus sich gebiert, ähnlich wie die Sage es bei der Metis und Athene berichtet, was ich schon Ursp. p. 55. Anm. vergl. p. 86. 89 auf die himmlischen Vorgänge, von denen ich hier rede, bezogen habe. Das Herz des Zagreus wäre hiernach speciell das Sonnenherz, das aus dem Gewitterkampf übrig bleibt und an das sich wieder die Verjüngung des himmlischen neuen Sonnenwesens in irgend einer Weise zu knüpfen

---

[1]) Ueber die Schlangen, in welchen die Blitzesschlangen dem Gewitterwolkenvogel substituirt werden, s. die Stellen bei Jacobi, Myth. Wörterb. p. 870.

schien. Wenn die Titanen übrigens die Glieder des Zagreus über dem Feuer gebraten haben sollen, wobei Zeus sie dann mit dem Wetterstrahl züchtigt, so stellt sich dies zu der ganz analogen Scenerie der oben erwähnten Fafnirsage, wo mit einer Modification speciell das Sonnenherz dieses himmlischen Drachen im Gewitterfeuer gebraten wurde und in anderer Weise, wie wir gesehen, eine significante Rolle spielte[1]).

Wenn übrigens Herz und Leber in den hierherschlagenden Sagen öfter wechseln, ja bei den Griechen die letztere dann meist überwiegend genannt wird, so dürfte das nicht etwa blofs eine Substituirung derselben sein, weil die Leber bei den Griechen meist die Rolle übernimmt, welche wir dem Herz zuschreiben (s. Bötticher, Ideen zur Kunst-Myth. 1836. II. 464); ebensowenig möchte ich darin etwa eine Beziehung auf den Mond finden, den eine systematisch-philosophische Deutung der Himmelskörper, wie wir oben gesehen, neben dem Sonnenherzen als die Leber bezeichnete; sondern es dürfte darin auch eine etwas modificirte ursprüngliche Anschauung zu suchen sein. Wie nämlich so vielfach die Sonnenstrahlen bei der Auffassung dieses Himmelskörpers mitgewirkt haben, so dürften sie auch hier in specieller Beziehung zur Sonne als einer Leber, dann als das mit derselben verbundene sogen. Sonnengeflecht (plexus solaris) aufgefafst sein, das in dieser Bezeichnung, welche Römer ihm schon gaben, die Anschauung, auf die ich hinziele, deutlich reproducirt.

Aber nicht in einzelnen Heroen- und Göttermythen blofs tritt jene Anschauung von der Sonne auf, mit ihr scheint ein ganz allgemeiner, roher Volksglaube, ein Glaube der primitivsten Art zusammengehangen zu haben, der sich noch in dem Aberglauben wiederspiegelt, nach welchem überhaupt griechische, römische, serbische und deutsche Hexen anderen Wesen das Herz aus dem Leibe essen sollten. Es sind nämlich ursprünglich die bösen-Wolken- und Windwesen des Unwetters, welche die Sonnenherzen fressen, und die Sache ist dann nur, wie der

---

[1]) Ueber das Sachliche der Zagreussage cf. Lobeck, Aglaophamus. p. 547 sqq., der freilich von der Sache nach seinem Standpunkt ganz anders urtheilt.

ganze Hexenglaube, irdisch localisirt[1]). Est ist dieselbe, nur
etwas anthropomorphischer und allgemeiner gehaltene
Anschauung, wie wenn man an Sonnen- und Mondfinsternissen
noch den Glauben hervortreten sieht, dafs ursprünglich im Gewitter das betreffende Himmelswesen vom Blitzesdrachen oder
dem Sturmeswolf als gefressen gedacht wurde (Ursp. p. 78 f.),
dem analog die Bewohner von Sumatra noch bis in die neueste
Zeit bei Sonnen- und Mondfinsternissen durch Lärm (d. h. durch
Nachahmung des Donnerlärms) verhindern wollen, dafs nicht ein
Gestirn das andere verzehre (Meiners, Götting. hist. Magazin. I.
p. 113). Die verschiedenen Mythen von jenem „das Herz aus dem
Leibe Essen" deuten noch in einzelnen kleinen Zügen significant
auf die behauptete Urscenerie hin. Bei Griechen und Römern tritt
daneben nämlich, dafs die Strigen ganz wie unsere Hexen als alte
Weiber gelten, auch noch die Vogelgestalt derselben in einer
Weise hervor, welche sie ganz zu den den Prometheus oder Tityos
ausweidenden Vögeln oder den sogen. menschenfressenden stymphalischen Vögeln oder Sirenen stellt. In der Nacht —
d. h. ursprünglich der Gewitternacht — treiben sie ihr Wesen;
es sind garstige Flügelgestalten mit grofsem Kopf, starrenden
Augen, dem Schnabel eines Raubvogels, aschgrauem Gefieder und scharfen Krallen[2]). Wenn die starrenden Augen
uns an den aus der Wolke hervorstechenden, blitzenden
Augenschlag des Gewittervogels erinnern, mit dem daher z. B.
auch die Eule in Verbindung gebracht worden ist[3]), die Krallen
an den in den Wolken reifsenden Blitz anknüpfen[4]), so malt

[1]) s. Heutiger Volksgl. p. 93 Anm. Ursp. d. M. p. 221 ff.
[2]) Preller, Römische Mythologie. Berlin 1858. p. 603 ff.
[3]) Ursp. d. M. p. 212 f.
[4]) Bei allen Gewitterthieren, wie dem Drachen und den Wolkenvögeln, werden immer, wie bei dem Gewitterteufel des Mittelalters, mit
Nachdruck ihre Krallen hervorgehoben. Wie nämlich Porphyrion der
Sturmesriese im rothen Blitz das Wolkengewand der Here zerreifst
(Ursp. p. 82), in den Werwolfssagen auch derselbe Zug des Zerreifsens
von Gewändern characteristisch hervortritt (ebendas. p. 119), so hat diese
Anschauung einmal bei jenen oben erwähnten Thieren besonders die Kralle
hervortreten lassen, dann aber — und dies hole ich zu Ursp. p. 230 f.
nach — im Verein mit den angeblichen grellen Blitzaugen dahin geführt, auch Katzen in den Gewitterhimmel zu versetzen. Die Kralle

uns das aschgraue Gefieder recht deutlich die grauen Wolkenvögel, welche am Himmel dahergeflogen gekommen, als das
Unwetter sich nahte¹). So fressen die Strigen dann in irdischer
Localisirung Herz und Eingeweide dem Menschen aus, namentlich aber den Kindern, die man vor Allem vor bösem
Zauber behüten zu müssen glaubte; wenn nicht auch hierin
schon vom Himmel entlehnte Anschauung zu Grunde liegt, indem diese himmlischen Plagegeister natürlich nicht blofs unter
Umständen die Sonne, sondern auch Mond und Sterne so
heimzusuchen schienen, die letzteren aber vom anthropomorphischen Standpunkt aus, wie wir sehen werden, ganz gewöhnlich als die Kleinen angeschaut wurden. Die Natur von Aas-
vögeln, wie die stymphalischen Vögel oder die Sirenen, ist auch
in der Beziehung an den Strigen haften geblieben, dafs sie
sich an Todte machen und diesen statt des Herzens und
der Eingeweide dann Stroh einstopfen sollten. Wenn nach
serbischer Volksansicht die Vjeschtitza besonders zur Fastenzeit,
d. h. im Frühjahr, ausgeht und den Leuten das Herz aus dem
Leibe ifst, es brät u. dergl., so erinnerte das schon Grimm (M.
p. 1034) an die deutsche Berhta, welche auch als zürnende Gottheit dem, welchem sie zürnt, den Leib aufschneidet und
mit Heckerling füllt, nur dafs Grimm nach seiner Theorie
hinzusetzt: „aus der Göttin wurde das schreckende Scheusal.“
Nach meiner in der ersten Auflage des Volksglaubens schon
begründeten Ansicht halte ich die letztere Gestalt für die frühere, an die Natur sich anschliefsende und sah schon Ursp.
p. 211 f. die Göttin am Gewitterhimmel thätig, wenn sie, zumal
in ungeheuerlicher Weise mit einer Pflugschaar statt der Nadel
und einer eisernen Kette statt des Zwirnes, den mit Heckerling gefüllten Leib wieder zunähen sollte. Die deutschen Hexen
fressen nun aber auch das Herz aus dem Leibe (Grimm a. a. O.)

---

ist gleichsam das dem Thier angefügte trisulcum fulmen. Mit ähnlicher Anschauung werden auch dem anbrechenden Tage Klauen beigelegt, welche er durch die Nacht oder die Wolken schlägt. Grimm
M. p. 705.

¹) So erscheinen die Gewitterwesen häufig, z. B. bei den Griechen
die demselben Naturelement angehörigen schwangestaltigen Graeen,
welche auch Hesiod von Geburt an als πολιάς bezeichnet. s. Ursp. p. 193.

und füllen die Stelle dann wie die griechischen und römischen Strigen mit Stroh; eine bedeutsame Uebereinstimmung! Im Anschluſs an die Ursp. p. 212 und Heutiger Volksglaube p. 130 behandelten Anschauungen kann ich darin nur eine Bestätigung meiner Ansicht finden, indem der Glaube so das feindliche Gewitterwesen im Zickzack der Blitze Stroh statt der ausgefressenen Sonne in die Wolken bergen lieſs, eine Anschauung, welche sich ganz zu der von den Blitzen als Reisig oder Strauchwerk stellt, eine Vorstellung, die wir auch nachher gerade zu einer Dornhecke sich werden ausbilden sehen. — Wenn übrigens nach griechischem und römischem Aberglauben andererseits der Weiſsdorn gegen die Strigen helfen sollte, so haben wir auch hier wieder den Blitz, nur nicht gleichsam mechanisch, bloſs der Scenerie angehörig verwandt, sondern in seiner averruncirenden Bedeutung, wie ich ihn so oft im Ursp. unter den verschiedensten Formen, und Kuhn in s. Buche über die Herabk. des Blitzes ihn speciell in so vielen Beispielen unter der Form eines Dornstabes nachgewiesen hat.

Wenn schlieſslich deutscher Aberglaube nun noch von Hexen erzählt, die selbst weiſse Lebern haben und ihre Männer tödten (Grimm M. p. 1034), so werden wir ebenfalls weiter unten bei Betrachtung des „ehelichen" Verhältnisses von Sonne und Mond sehen, daſs ursprünglich auch dies auf den besprochenen Naturkreis gehen dürfte, nur daſs hier nicht von einem Ausweiden des einen oder anderen Gestirns die Rede ist, sondern nur in der Eigenthümlichkeit der Sonnenleber der Grund gefunden wurde, weſshalb die ihr verbundenen Monde oder mythisch geredet „Mondmänner" beständig hinschwänden, d. h. hinstürben.

Wie aber in jener aus Heine citirten Stelle das Sonnenherz seine Gnadenstrahlen herabgieſst, heiſst es in anderer Wendung der Anschauung bei L. v. Stollberg in seinem Hymnus an die Sonne:

Sonne, lächle der Erd', und geuſs aus strahlender Urne
Leben auf die Natur. Du hast die Fülle des Lebens.

An dieses Bild reihen sich uralte, weitverbreitete Vorstellungen von der Sonne und dem Sonnenlicht, nach welchen die erstere als eine glänzende Urne, ein Becher, überhaupt ein Gefäfs erscheint, aus welchem die Lichtstrahlen gleichsam als eine Flüssigkeit herabgeschüttet werden oder in welchem das Sonnenwesen am Himmel einherfährt. Bedeutsam ist in letzterer Beziehung zunächst die griechische Sage von der goldenen Sonnenschaale und dem goldenen Sonnenbecher, in welchem Helios den Okeanos, d. h. ursprünglich die Wolkenwasser (s. Ursprung d. Myth. p. 186), durchschifft oder überhaupt am Himmel einherfahren sollte. Stesichoros und Mimnermos schildern dies δέπας χρυσοῦν oder εὐνήν und die Fahrt folgendermafsen, wie Athenaeus XI. (C.) 469 sq. berichtet.

> Ἀέλιος δ' Ὑπεριονίδας δέπας ἐςκατέβαινε
> χρύσεον, ὄφρα δι' Ὠκεανοῖο περάσας
> ἀφίκοιθ' ἱερᾶς ποτὶ βένθεα νυκτὸς ἐρεμνᾶς
> ποτὶ ματέρα κουριδίαν τ' ἄλοχον
> παῖδάς τε φίλους. —

sagt Stesichoros, und weiter heifst es:

> Μίμνερμος δ' ἐν Ναννοῖ ἐν εὐνῇ φησι χρυσῇ, κατεσκευα-
> σμένῃ πρὸς τὴν χρείαν ταύτην ὑπὸ Ἡφαίστου, τὸν Ἥλιον καθ-
> εύδοντα, περαιοῦσθαι πρὸς τὰς ἀνατολὰς αἰνισσόμενος τὸ
> κοῖλον τοῦ ποτηρίου. λέγει δ' οὕτως.
>
> Ἥλιος μὲν γὰρ ἔλαχεν πόνον ἤματα πάντα.
> Οὐδέ ποτ' ἄμπαυσις γίγνεται οὐδεμία
> ἵπποισίν τε καὶ αὐτῷ, ἐπὴν ῥοδοδάκτυλος Ἠὼς
> Ὠκεανὸν προλιποῦσ' οὐρανὸν εἰσαναβῇ.
> Τὸν μὲν γὰρ διὰ κῦμα φέρει πολυήρατος εὐνὴ
> κοίλη, Ἡφαίστου χερσὶν ἐληλαμένη
> χρυσοῦ τιμήεντος, ὑπόπτερος ἄκρον ἐφ' ὕδωρ
> εὕδονθ' ἁρπαλέως, χώρου ἀφ' Ἑσπερίδων,
> γαῖαν ἐς Αἰθιόπων, ἵνα οἱ θόον ἄρμα καὶ ἵπποι
> ἑστᾶσ', ὄφρ' Ἠὼς ἠριγένεια μόλῃ.
> Ἔνθ' ἐπέβη ἑτέρων ὀχέων Ὑπερίονος υἱός.

Die in diesen Stellen hervortretende Einschränkung dieser Fahrt des Helios auf die nächtliche Zeit ist natürlich nur die Folge des Anschlusses an die irdische Localisirung des Okeanos am Erdrande, die sich um so leichter machte, als es überhaupt die einzige Form war, unter welcher der alte Mythos von der Sonnenfahrt sich dann den anderen entwickelteren Vorstellungen vom Helios einfügen und überhaupt festgehalten werden konnte, gerade wie in der oben aus der Edda citirten Stelle der Sonnenschild neben dem Sonnenwagen seinen Platz behauptet, aber sich ihm angepaſst hat. Allgemeiner aber faſst diesen Mythos von der Fahrt und dem Becher des Helios auch schon indirect Preller (Griech. Myth. 1854. I. p. 294), wenn er zu demselben bemerkt: „Auf ägyptischen Denkmälern erscheint der Sonnengott oft auf einer Barke schiffend" und in Betreff des Becherartigen hinzufügt: „Die assyrischen Denkmäler zeigen oft becherartige Fahrzeuge, die zur Schifffahrt auf dem Tigris stromabwärts dienten." Das in der Sonnenschaale oder dem Sonnenbecher am Himmel dahinfahrende Wesen ist ein einfaches Analogon zu dem oben erwähnten Mondschiffer in seinem Gold- oder Silberkahn, von dem wir vorhin geredet, und daſs auch andere Völker die Vorstellung einer Kahnfahrt ausdrücklich an beide Himmelskörper geknüpft und mythisch ausgebildet, haben wir schon oben gesehen. Es berührt sich aber die erwähnte griechische Vorstellung speciell von der Sonne als eines becherartigen Fahrzeugs auch andererseits noch mit anderen, an dieselbe sich anknüpfenden, und rückt uns dabei das Bild eines solchen Gefäſses noch näher. Denn einmal schlieſst sich an das κοίλη εὐνή des Sonnengottes also die σκαφοειδής-artige Gestalt der Sonne, welche, wie vorher bemerkt, griechische Philosophen annahmen, während andererseits der Ansicht eines radartigen Schlundes, aus dem, wie wir gleich sehen werden, nach Anderen der Feuerstrom der Sonne hervorquoll, die Vorstellung eines feurigen Ringes oder Feuerbeckens auch nicht fern lag, so daſs es ziemlich auf Eins herauskam, ob man den Sonnenglanz aus dem Feuer des Ringes oder Beckens oder aus dem Glanz des auf goldener Schaale ruhenden Gottes ableitete, welcher am Himmel hinglitt. Die so gewonnene allgemeine Vorstellung eines in der Sonne dahinfahrenden, schlafenden, glänzenden Wesens wird nicht bloſs durch ihre weite Verzweigung in griechischer, deutscher und indischer Mythe besonders interessant, sondern auch durch die Glaubenssätze, die sich durch das Hineinwachsen desselben, wie bei den anderen Elementen, in die Gewitterscenerie ergeben. Denn nicht allein, daſs sich der so gewöhnlich unthätig und schlafend daliegende

Sonnengott nun mit dem „Windgott" in der Art des Characters
berührt, indem auch dieser zu ruhen und zu schlafen scheint,
bis er im Kampf der Elemente erwacht: der Sonnengott konnte
selbst mit ihm auf diese gemeinsame Grundanschauung hin leicht
identificirt werden, der beginnende Kampf als sein Erwachen
gelten, wie ja auch vielfach sonst in den Mythen die Sonne als
das Auge des Gewitterriesen, z. B. eines Polyphem, oder in deutscher Sage des Sturmesgottes Wodan galt, andere Sagen geradezu
von den Kämpfen des Sonnenhelden reden[1]). So bin ich geneigt,
den schon Ursprung u. s. w. p. 145 in Bezug auf das Gewitter
besprochenen hesiodeischen Glaubenssatz von der neunjährigen
Verweisung eines Gottes aus dem Himmel unter Streit
und Zank, seinem neunjährigen matten Daliegen, seinen
Kämpfen, durch die er erst wieder Eingang in den oberen
Himmel findet, in dieser Hinsicht noch specieller auf eine Deutung vom Wandel und den scheinbaren Schicksalen der
Sonnenwesen in jenen Himmelserscheinungen zurückzuführen.
In den Frühlingswettern wird nämlich, wie ich Ursprung a. a. O.
und im Heutigen Volksgl. u. s. w. 1862. p. 99 ff. ausgeführt, aus
dem über den Wolken liegenden oberen Himmel ein göttliches
Wesen herausgestofsen, ἀνάπνευστος und ἄναυδος liegt es neun
Jahre auf seinem Lager da; es ist der jedesmalige neue Sonnengott, der nach den ersten Frühlingswettern auf seinem goldenen Lager gleichsam schlafend sichtbar wird und die neun
Sommermonate — denn das sind die mythischen neun Jahre[2]),
— vor der Menschen Augen am Himmel ruhig dahingleitet,
bis er in den Kämpfen der Herbstgewitter wieder sich
den Eingang in den oberen Himmel erkämpft und für den Winter
— verschwindet. Diese ganze Vorstellung eines Verstofsen-
seins der Sonne aus einem oberen Himmel und einer Wieder-
aufnahme in denselben reproducirt, wie ich schon an der betreffenden Stelle des Volksgl. erwähnt habe, zwar in allgemeinerer
Weise, doch in der Grundanschauung mit der entwickelten Anschauung übereinstimmend, Tegnér in s. Gesang an die Sonne
(s. T. ausgewählte Werke, übers. von Lobedanz. Leipzig 1862.

---

[1]) Ueber diese Bezichung der Sonnen- und Gewitterwesen vergl. zunächst Heutigen Volksgl. u. s. w. 1862. p. 94 ff. u. Einl. p. VIII.

[2]) s. Ursp. u. s. w. p. 147.

p. 240 ff.). Ich gebe die zweite Hälfte des Gedichts hier vollständig, da sie, aufser dem erwähnten Bilde, noch zwei für die
späteren Untersuchungen bedeutsame Anschauungen bietet, nämlich die der Sonne als einer goldhaarigen Maid und eines
goldbefiederten Schwans, Vorstellungen, die, wie wir
weiter unten sehen werden, die reichsten mythologischen Gebilde geschaffen haben.

> O du himmlische Maid,
> Woher kommst du so weit?
> Sag' mir an, gabst du Rath,
> Als des Ewigen Macht
> In der leuchtenden Nacht
> Sä'te flammende Saat?
> Oder warst du, o red',
> An dem Himmelsthron hehr
> (Ueber Welten steht der)
> Bei der Engel Gebet?
> Bis dich Trotz überkam,
> Der gehorchen nicht wollt',
> Und er zornig dich nahm
> Bei dem Glanzhaar von Gold,
> Und, den er veracht't,
> Warf durch's Blau, einen Ball,
> Um zu zeugen üb'rall
> Von verleugneter Macht?
> Darum eilst du dahin
> Mit unruhigem Sinn!
> Ohne Ruh', stets allein,
> Kannst du glücklich nicht sein!
> Darum zieht deine Hand
> Dichter Wolken Tuch
> Ueber Wangen entbrannt;
> Du beklagst ja dein Loos:
> Dafs des Rächers Fluch
> Aus dem himmlischen Schoofs,
> Von den Knien so lieb,
> Dich in Wüsten vertrieb!
> Wird dein Fufs denn nicht müd'
> Auf dem einsamen Gang?
> Wird der Weg ihm nicht lang,

Den so häufig er zieht?
Schon viel tausend Jahr'
Kamst du wieder den Pfad,
Nicht die Ewigkeit hat
Dein goldgelbes Haar
Gebleicht! Wie ein Held
Auf dem glänzenden Feld —
Es umgiebt dich dein Heer
Zur sicheren Wehr!
Doch es kommt die Stund',
Wo dein goldnes Rund
Zerspringt, und sein Knall
Mahnt die Welt an den Fall.
Gleich fallendem Haus
Stürzt die Welt, sonst so klar,
In nächtliches Graus.
Daneben, nicht weit,
Gleich verwundetem Aar,
Stürzt die eilende Zeit, —
Kommt ein Engel dann her,
Wo du schwammst, wie im Meer
Goldbefiederter Schwan,
Und alle dich sah'n,
Da schaut er sich stumm
Im Raume ringsum;
Und er findet dich nicht!
Deiner Prüfungen Bahn
Ist geschlossen, und nah'n
Darfst du ewigem Licht!
Versöhnet und warm,
Wie ein Kind in den Arm,
Nahm der Ewige nun
Dich, fürder zu ruh'n.
Wohlan denn, so roll'
Mit lichtvollem Blick,
Und der Hoffnung voll,
Zur Versöhnung Glück!
Einst nach langer Nacht
Schau' auch ich deinen Strahl
In noch schönerer Pracht
Und noch hellerem Saal.

Dann begrüfst dich mein Sang
Auch mit schönerem Klang.

Was in diesem Gedichte fast auf die Ewigkeit übertragen ist
und erst im Weltuntergang sein Ende erreichen soll, schien
sich also, wie oben erwähnt, nach mythischer Vorstellung im
Wechsel der Jahreszeiten in jedem Jahr zu wiederholen. Unter
Zank und Streit, wie Hesiod sagt, schien des Rächers
Fluch ein meineidiges himmlisches Wesen in den Frühlingswettern aus den oberen Regionen verstofsen zu haben, bis
seiner Prüfungen Bahn wieder geschlossen, es wieder in den
Herbstwettern verschwunden war. Wie reiche Mythenmassen sich
bei den Griechen aus diesem Glauben entwickelt haben, darauf
habe ich auch schon Ursp. u. s. w. p. 147 ff. hingewiesen.

Um aber zu dem Sonnenbecher zurückzukehren, so
konnte, wie schon oben angedeutet, die Vorstellung der Sonne
als eines derartigen Gefäfses nicht blofs aus der scheinbaren
Gestalt derselben. selbst hervorgehen, sondern sich auch schon
an den Lichtstrom, der aus demselben ergossen zu werden
schien, anlehnen. Denn wenn schon die Erscheinung des Regens
und der Glaube, es würde dort oben dann Wasser herabgegossen
oder ströme herab, den himmlischen Wassergottheiten Becher
und Urnen verlieh[1]), so mufste, wenn auch nicht die Anschauung
der Sonne selbst die eines bestimmten runden Gefäfses ausdrücklich begünstigt hätte, schon die Wahrnehmung, dafs der
Lichtstrom immer von einem bestimmten Punkte aus sich er-
gofs, eben dieselbe Vorstellung um so wahrscheinlicher machen.
Die Vorstellung aber des Sonnenlichts als einer himmlischen
Quelle, die sich zauberhaft ergiefst, tritt bei Dichtern uns noch
sehr häufig aufser in der oben von Stolberg angeführten Stelle
entgegen, wie wir ja auch ganz gewöhnlich sagen: „Die Sonne
ergiefst ihre Strahlen." —

z. B. Wo sprudelt deine heil'ge Quelle,
Wo ist dein Urborn, süfses Licht?

sagt F. Krummacher (bei Grube, Buch der Naturlieder. Leipzig
1851. p. 6) und nachher:

---

[1]) s. Ursp. u. s. w. p. 7. 200.

> Das Heer der Sterne jauchzt' und lobte
> Den Herrn; da quoll des Lichtes Born.

Ebenso steht bei Rückert (s. Grube. p. 4):

> Durch die Himmel jüngst mit Flügelschnelle
> Stieg ich, suchend nach des Lichtes Quelle.

Aehnlich redet Klopstock in der Frühlingsfeier „Die Ströme des Lichts rauschten," Rückert „Laſs die Welt in deinen goldnen Strömen baden, ewiges Licht!" (Gedichte 1847. p. 400); bei Herder (Carlsruhe 1821. XVI. 36) heiſst es:

> „Noch sendet sie (die Sonne) ihr Strahlenmeer,
> Das weite Weltall um sich her
> Mit Leben zu entzünden."

Das Licht ist immer etwas Flieſsendes, Triefendes, gerade zu fast ein himmlischer Trank noch in poetischer Anschauung:

> Aus allen Höh'n, zu allen Tiefen
> Sah ich die Strahlen des Lichtes triefen.
>
> > (Rückert bei Grube. p. 3.)
>
> Und ich schweifte durch den Glanz und sahe,
> Daſs unendlich mich umfloſs die Helle.
>
> > (Rückert bei Grube. p. 4.)
>
> Ja dir entquillt jedes Leben,
> O Licht, dich preist des Himmels Chor,
> Der Adler und die Lerche schweben
> Zu deinem stillen Sitz empor.
> Die Lämmerheerd' am bunten Hügel
> Trinkt ruhend deinen milden Strahl.
>
> > (F. Krummacher a. a. O.)

Die Vorstellung des Lichtes als eines himmlischen Trankes schwebt deutlich auch Hölderlin vor, wenn er in einem Hymnus an den Aether sagt:

> Treu und freundlich wie du, erzog der Götter und Menschen
> Keiner, o Vater Aether! mich auf, noch ehe die Mutter
> In die Arme mich nahm, und ihre Brüste mich tränkten,
> Faſstest du zärtlich mich an, und gossest himmlischen Trank mir,
> Mir den heiligen Odem zuerst in den keimenden Busen.
> Nicht von irdischer Kost gedeihen einzig die Wesen,
> Aber du nährest sie all mit deinem Nectar, o Vater!
> Und es drängt sich und rinnt aus deiner ewigen Fülle

Die beseelende Luft durch alle Röhren des Lebens.
Darum lieben die Wesen dich auch und ringen und streben
Unaufhörlich hinauf nach dir in freudigem Wachsthum.
Himmlischer! Sucht nicht dich mit ihren Augen die Pflanze,
Streckt nach dir die schüchternen Arme der niedrige Strauch nicht?
Daſs er dich finde, zerbricht der gefangene Same die Hülse,
Daſs er belebt von dir in deiner Welle sich bade,
Schüttelt der Wald den Schnee, wie ein überlästig Gewand ab.
(bei Grube. p. 14 f.)

Wenn aber die ganze Schilderung, auch ohne, daſs der Dichter
es gerade so ausdrückt, das Licht als den himmlischen Trank bezeichnet, der dem Menschen Odem in die Brust gieſst, so stellt sich
dazu zunächst der antike Mythos, dem zufolge Prometheus, als er
den Menschen geformt, Sonnenstrahlen in ein Gefäſs aufgefangen, ihm unter die Nase gehalten und denselben so belebt haben
soll. Den entwickelten deutschen Anschauungen aber entsprechend
nannte auch Heraclit die Sonne fontem coelestis oder aetherei
luminis (Macrobius in somn. Scip. I. c. 20). Proclos sagt in
seinem Hymnus auf den Helios (bei Brunck, Analekten II. 441):

κλῦθι φάους ταμία, ζωαρκέος, ὦ ἄνα πηγῆς,
αὐτὸς ἔχων κληῖδα καὶ ὑλαίοις ἐνὶ κόσμοις
ὑψόθεν ἁρμονίης ῥύμα πλούσιον ἐξοχετεύων.

und Lucretius V. v. 282 redet vom:

largus liquidi fons luminis, aetherius sol, mit dem fons
und liquidum lumen sich ganz zu den entwickelten Vorstellungen stellend.

Ich werde nachher auf die Mythen hinweisen, in denen der
Sonnenbecher mit seinem Zaubertranke eine Rolle spielt,
indem er in die Scenerie der Gewitterhandlung einrückt; hier
will ich nur darauf aufmerksam machen, daſs nicht bloſs deutsche
und lateinische Ausdrücke, wie schon Grimm anführt, an die
aufsteigende Sonne die Vorstellung eines Flieſsens knüpfen[1]),

---

[1]) M. p. 700. goth. sunna urrinniþ; ahd. arrinnit; mhd. si was ûf er-
runnen; altn. þarann dagr upp. Rinnan bedeutet eigentlich laufen und
flieſsen, hier zeigt sich entschiedene Analogie des altrömischen Sprach-
gebrauchs, der ebenso manare von der aufsteigenden Sonne verwendet:
diei principium mane, quod tum manat dies ab oriente. Varro 6, 4
(O. Müller p. 74). manare solem antiqui dicebant, cum solis orientis radii

sondern auch die Sonnenquelle, welche die Griechen an den Ostrand der Erde zu dem Sonnenvolke der Aethiopen versetzten, wohl nur eine uralte, mit den entwickelten Anschauungen zusammenhangende Vorstellung von der Morgenröthe, als dem Quell des Sonnenlichtes, sei, welches dort im Osten dann in irgend einer Weise aufgefangen über die Erde getragen würde[1]). Eine Parallele hätte diese Vorstellung zunächst vollständig in dem Umstand, daſs, wenn die Sonne als Feuermasse galt, sie sich täglich dann im Osten, wie wir sehen werden, wieder zu bilden schien. Zu dem Lichtquell oder Lichtstrom würde es aber als eine Ausführung dieses Bildes passen, wenn z. B. ein Paar Greife am Ocean sich aufhalten und die Strahlen des Morgenroths mit ausgebreiteten Flügeln auffangen und über die Erde tragen sollten[2]).

Die eben entwickelte Vorstellung eines Sonnenquells oder Strahlenmeeres, wie Herder sagt, wäre dann auch noch haften geblieben in dem Sonnenteich des Homer, sowie in dem allnährenden, d. h. lebenspendenden, funkelnden See im Osten, in welchem Helios sich und seine Rosse täglich nach Aeschylus baden sollte[3]), daſs er neu strahlend über die

splendorem jacere coepissent (Festus s. v.). urreisan (surgere) sagt Ulfilas nicht von der Sonne.

[1]) Die sogen. Sonnenquelle bei den Hammoniern, von der Herodot IV. 181 erzählt, welche, bei Tage kalt, des Nachts sich erwärmt, hat mit dem „ursprünglichen" Sonnenquell der Griechen, von dem Aeschylus z. B. redet, sicherlich nichts zu thun, am allerwenigsten die Sage gar veranlaſst.

[2]) Darauf kommt doch die Sage hinaus, welche Völcker, Myth. Geogr. Leipzig 1832. I. p. 186 aus A. Mustoxyd und D. Schinac. Anecdott. graec. Venet. 1817. p. 13 anführt, „daſs nämlich ein Paar Greife sich in einer Bucht am Ocean aufhielten, und der eine von ihnen die Strahlen der aufgehenden Sonne auf den ausgebreiteten Flügeln auffange, der andere sie bis zu ihrem Untergange begleite." Der hier auftretende Dualismus knüpft sich am Einfachsten zunächst an eine Sonderung des Vogels der Morgenröthe von dem eigentlichen Sonnenvogel, gerade wie neben dem anthropomorphisch gedachten Ἥλιος eine Ἠώς, ihn begleitend, auftritt. s. nachher unter Sonne als Vogel. (Leider konnte ich die oben aus Völcker citirte Stelle selbst nicht einsehen, da auf der hiesigen Königl. Bibliothek das betreffende Heft nicht vorhanden ist.)

[3]) Dem παντοτρόφος λίμνα in der betreffenden Stelle des Aeschylos (s. Ursp. p. 72) entspräche dann ganz genau die ζωπρκής πηγή des Proclos in der oben aus Brunck angeführten Stelle.

Erde ginge, was wieder auf die Vorstellung zurückführt, dafs
das Licht an einem solchen Sonnenquell oder Teich täglich
neu geschöpft werde. Die Beziehung aber eines Bades der
Sonne überhaupt habe ich schon Ursp. p. 72 aus dem Gewitterbade, aus dem sie sichtbarlich in plastischem Bilde
neu strahlend hervorgeht, nachgewiesen, so dafs die Uebertragung
der daran sich knüpfenden Formen der Anschauung auf das
Strahlenmeer der Morgenröthe, aus dem die Sonne täglich
auch neu hervorzukommen schien, leicht war; ein Umstand, der
bei der Erklärung der an das letztere sich knüpfenden mythischen Momente von Gewicht ist. — Diese ganze Vorstellung aber
der aus einem Licht- oder Gluthmeer täglich auftauchenden
Sonne kommt auch noch bei unsern Dichtern als sich reprodu-
cirende Anschauung vor. So sagt Pyrker (bei Grube. p. 274):

> Denn jetzt aus den Fluthen
> Der rosigen Gluthen
>   Auffleugt sie (die Sonne), wie schwebend im Tanz. —

Anklingend daran heifst es bei Christine Westphalen, geb. v. Axen
(bei Wander. p. 88):

> Und ja er kam! (der Morgenstrahl) Die Sonne stieg mit Prangen
> Und siegreich aus der Purpurgluth hervor.

Ebenso sagt Joh. Heinr. Vofs (ebendas. p. 91):

> Empor, o Wunder! tauchet
> Die Sonn' in rothem Strahl.

und wenn es weiter heifst:

> Mein Geist auch strebt, gebadet
> In dieser Strahlenfluth —

so steht gleichsam im Hintergrunde noch die Vorstellung selbst,
dafs die Sonne auch so gebadet dem Lichtmeer entsteigt.
Dem ganzen Bilde entspricht auch u. A. noch eine Stelle aus
Neuffers Morgen (bei Wander. p. 93):

> Jetzt verklärt sich die Luft am östlichen Rande des Himmels,
> Und die riesengestaltigen Berg' und bewaldeten Anhöh'n
> Tauchen das glänzende Haupt in die purpurnen Wellen des
>   Frühroths.
> Schimmernde Wölkchen, mit Golde besäumt, durchschwimmen den
>   Luftraum,
> Und stets heller und heller ergiefsen sich Ströme des Lichtes.

Endlich steiget sie selbst, die funkelnde Sonn', in der reinsten
Glorie flammend, empor, mit ringsausstrahlendem Tage
Schwebt sie dahin im azurnen Weltraum, und auf die Erde
Fließt ein wallendes Meer von Glanz und Leben herunter.

Einen Nachklang übrigens an das röthliche Lichtmeer
im Morgen, „an die purpurnen Wellen des Frühroths," wie
es in einem eben citirten Gedicht hiefs, möchte ich auch noch
in der Localisirung des Erythräischen Meeres, des ἐρυϑρᾶς
ἱερὸν χεῦμα ϑαλάσσης, wie Aeschylos sagt, im Osten finden.
Das Gegenstück zu demselben wäre dann die immer mehr mythisch gebliebene Insel Erytheia im Westen, die sich als Insel
des Helios dort zur Sonneninsel seiner Tochter Kirke stellen
dürfte, indem die Sonne dort im Westen häufiger hinter rothen
Wolkeninseln ihrer Heimath zuzueilen schien; denn, wie wir
nachher noch in anderen Mythen sehen werden, Ost und West
galten beide, wenn auch in verschiedener Ausführung zum
Sonnenauf- und -untergang, als der Sonnenwesen Heimath.

Zwei mythische Vorstellungen reihen sich aber der entwickelten Glaubensansicht des Lichts als einer Flüssigkeit noch
gleich an. Galt nämlich die Sonne als die strahlende Urne,
aus welcher in den Lichtstrahlen der Lebensbronnen,
wie Rückert sagt, oder der himmlische Trank, der Nectar,
wie Hölderlin sich ausdrückt, gegossen wurde, so dürften wir
damit zunächst in Wirklichkeit dem Ursprung des ind. Amṛta,
des Somatrankes und des wirklichen Nectar nahe gekommen
sein, wie auch die daran sich schliefsenden Mythen bestätigen
werden. Rückert reproducirt fast noch diesen Glaubenssatz, auf
den Vollmond und sein Licht übertragen, in dem Liede an
den Vollmond (p. 540), wenn er sagt:

Der Vollmond ist die volle Schaale,
Die von den Göttern bei dem Mahle
Wird nectarleer getrunken;
Und ist das goldne Nafs entfeuchtet,
Das die krystallne hat durchleuchtet,
Scheint sie in Nacht versunken.
Dann füllt die Götterschenkin Sonne
Allmählich mit dem Lebensbronne
Die dunkle Schaale wieder;
Und wieder zecht ein durst'ger Orden

Unsterblicher an vollen Borden
Beim Schall der Himmelslieder.
Seht, heute randvoll glänzt die Schaale!
Die Götter sitzen dort beim Mahle,
Wie wir beim unsern sitzen[1]).

Kuhn bezieht in seinem Buche über die Herabkunft des Feuers
und des Göttertrankes den himmlischen Göttertrank zwar auf
das himmlische Naſs des Regens, und mich hatten meine Untersuchungen über den himmlischen Mundschenk (Ursp. p. 200 ff.)
auch zunächst dahin geführt; indessen drängt sich in den Mythen
die eben entwickelte Beziehung speciell auf das Sonnenlicht
doch so bedeutsam hervor, daſs nicht bloſs ein Nebeneinander-
gehen beider Vorstellungen von Hause aus und ein Uebergang der
einen dann in die andere anzunehmen sein dürfte, sondern stellenweise die letztere an Bedeutsamkeit zu überwiegen und am
reichhaltigsten ausgebildet zu sein scheint. Einen Uebergang zeigt
mir schon zunächst das sogenannte peruanische Regenlied, welches von der Sonnenjungfrau und der Sonnenurne, wie
ich nach dem Bisherigen behaupten möchte, ausgehend, diese
im Gewitter zerschlagen werden und den Regen dann herab-
strömen läſst, wenn es heiſst:

> Schöne Fürstin,
> Deine Urne
> Schlägt dein Bruder
> Jetzt in Stücke,
> Von dem Schlage
> Donnert's, blitzt's und
> Wetterleuchtet's.
> Doch du Fürstin
> Dein Gewässer
> Gieſsend regnest.
> Und mitunter
> Hagel oder
> Schnee entsendest.
>
> (J. G. Müller, Amerik. Urrel. p. 369.)

[1]) Auch sonst redet man, namentlich beim Vollmond, gern vom Mondlicht als einer Flüssigkeit, die sich ergieſst, so Lenau (Gcd. Stuttg.
1857. II. p. 251):

> Der Sturm verstummte, die Gewitter schwiegen,
> Das volle Mondlicht hatte sich ergossen.

Der Sonnenbecher konnte eben als Mittelpunkt der himmlischen
Erscheinungen selbst leicht, wie dieses Gedicht zeigt, zu dem
Zauberbecher werden, aus dem Alles, was vom Himmel
fliefst, bald der goldige Lichtquell, bald der Regen, zu
strömen schien, so dafs sich in dieser Hinsicht das Füllhorn
ebenso wie all die goldnen Urnen und Becher griechischer Sage,
die dann in die Gewitterscenerie übergehen, wo ich sie schon
Ursp. p. 201 ff. nachgewiesen habe, hier anreihen dürften. Dazu
kommt noch, dafs auch eine andere mit dem Gewitter oft verbundene Naturerscheinung den Glauben an ein dort oben vor-
handenes Gefäfs, wenn auch meist in der modificirten Gestalt
speciell eines Hornes, nährte, welches ebenfalls goldig sich
zeigte und theils mit dem Regen, theils mit der durch die Wolken wieder hindurchblickenden Sonne in Beziehung zu stehen
schien. Ich habe nämlich schon im Heutigen Volksgl. p. 134
darauf hingewiesen, dafs wie „der durch eine Wolke unterbrochene
Regenbogen" die Vorstellung eines Stierkopfes mit zwei nach
unten gewandten Hörnern bei Griechen und Deutschen weckte, so
eine unvollständige Hälfte desselben den Glauben eines abgebrochenen Horns producirt hat, das im abgebrochenen
Horn des Regenbogenstiers Acheloos als Füllhorn fortlebt, von
dem aller Segen kommt[1]), und auch im deutschen Mythos in
dem an ihm haften gebliebenen Character des Abgebrochenen
bald als himmlisches Trinkhorn, bald als Schlachthorn
in der mannigfachsten Weise auftritt (s. Ursp. p. 201 ff.)[2]). —
Wenn Letzteres sich speciell an unvollständige Regenbogen anschlofs, blickt eine analoge Ansicht, an den ganzen Regenbogen
sich anknüpfend, auch in dem deutschen Aberglauben noch her-

---

[1]) Aus der Wolke Quillt der Regen, Strömt der Segen. Schiller.

[2]) Aus den entwickelten Anschauungen kommt es nun wohl auch,
wenn der himmlische Retter, Asklepios sowohl als der indische Götter-
arzt Dhanvantari, auch eine Schaale der Becher führt, s. Kuhn, Herabkunft des Feuers p. 254 f. Wenn Kuhn dabei bemerkt „der Name Dhanvantari (dhanvan heifst der Bogen) scheint auf den Regenbogen zu weisen,
wie ja auch die heilkundigen Kentauren (und Chiron war ja der Pfleger
des Asklepios) mit dem Bogen ausgerüstet erscheinen," so dürfte das die
oben nachgewiesene zwiefache Beziehung auf Sonnenschaale und Regenbogen noch besonders in neuer Gestaltung bestätigen. Ueber Asklepios
übrigens als Gewitterwesen s. Ursp. an vielen Stellen.

vor, der dieses Phänomen mit einer goldenen Schüssel in Verbindung bringt, indem man meint, wo er aufsteht, sei eine goldene Schüssel verborgen, oder aus ihm goldene Münzen herabfallen läfst, die man Regenbogenschüsselein nennt. Grimm M. p. 695[1]).

Wenn nun aber in deutscher Sage der Sonnenbecher oder die Wolkenschaale oder das Wolkenhorn, welches Wolkenjungfrauen einem Helden, dem Sturmeshelden etwa, reichen, geraubt und dabei von seinem Inhalt verschüttet wird, dann aber das heruntertriefende Nafs, wie es heifst, feurig herabfliefst, so deutet das andererseits wieder entschieden mehr auf den goldigen Lichttrank, welcher aus dem Sonnenbecher in dem Kampf, der im Gewitter um ihn stattfindet, im leuchtenden Blitz herabtrieft, als auf den Regen (s. Ursp. a. a. O.). Ebenso stimmt auch zu dem Lichttrank mehr die Vorstellung der Goldfarbe, die jenem Wundertranke ausdrücklich beigelegt wird, womit auch die Substituirung des gelben Soma sowohl als des Honigsaftes bei den Indogermanen zusammenhängt, ferner die zauberhafte Bedeutung jenes himmlischen Trankes als eines Unsterblichkeitstrankes, Amṛta oder Ambrosia, oder eines berauschenden oder Vergessenheitstrankes, eines Trankes endlich, welcher im Gewitter andererseits neu bereitet wird, wie diese Erscheinung auch sonst als ein Procefs zur Fabricirung der Sonne aufgefafst wurde (s. Ursp. p. 27). Dies sind aber alles Vorstellungen, die, wie Kuhn des Ausführlicheren dargelegt hat, sich gerade an jenen himmlischen Trank, um den es sich handelt, knüpfen. Mit derselben Beziehung übrigens von Sonne und Licht auf einen himmlischen Born ergiebt sich dann ebenfalls als parallele Gestaltung neben dem himmlischen Wolkenbade im Osten, in dem das Sonnenwesen sich täglich erquickt und erneut, auch die Beziehung des sogenannten Jugendbrunnens, welcher Alles verjüngt, zu der Sonnenquelle, von der wir oben den Ursprung und die Bedeutung auseinandergesetzt haben. Ebenso ist auch die Ambrosiaquelle am Welträude ein nur im Westen localisirtes Gegenbild zur Sonnen-

---

[1]) Von diesem Sonnenbecher resp. Regenbogenschaale kommt auch wohl der mythische Kern der Sage vom heiligen Graal, welche dann eben nur eine christliche Umbildung erfuhr.

quelle im Osten, so wie auch das fabelhafte zinoberartige
Meer bei den Aethiopen, das ich schon Ursp. p. 72 in diesen
Kreis mythischer Elemente hineingezogen habe, die Beziehung
zu dem mythischen rothen Sonnenmeer im Morgenlande der
Aethiopen durch seine berauschende, ja Wahnsinn erzeu-
gende Kraft nur bestätigt. Denn um das Letztere beides gleich
zu erklären, denken wir uns im Gewitter, neben dem Kampf
um den Sonnentrank, die Vorstellung eines Götterfestes
und Mahles, wie es Rückert in dem oben citirten Gedicht z. B.
andeutet, so weckt die Erregtheit der Natur, das Rasen
des Sturmes u. A. ganz natürlich die Vorstellung, dafs der
Göttertrank es sei, der diese Wirkung auf die Unsterblichen haben müsse, wie er andererseits als Himmels-
trank Vergessenheit des Irdischen zu gewähren schien[1]).

Ein anderer, zu der Vorstellung des Lichts als einer Flüssigkeit gehöriger Anschauungskreis bricht aber noch im griechischen
und deutschen Alterthum in modificirter Weise hervor, und der
weiteren Entwickelung der Untersuchung halber reihe ich ihn
gleich hier an. Es ist das Melken des Lichtes in den Lichtstrahlen, — eine Vorstellung, welche einem Hirtenvolke besonders bei den durch Wolken hindurchschimmernden, mehr
weifslich gefärbten Strahlen, in Parallele mit den Milchstrahlen überhaupt, nahe lag, sobald man nur bei jenen an
eine Flüssigkeit dachte. So sagt Nonnus Dionys. V. v. 164 sqq.
von dem sein Licht von der Sonne entlehnenden Monde:

$$— \; \dot{o}\pi\pi\dot{o}\tau\varepsilon \; M\acute{\eta}\nu\eta$$
$$\dot{\alpha}\varrho\tau\iota\varphi\alpha\acute{\eta}\varsigma \; \sigma\acute{\varepsilon}\lambda\alpha\varsigma \; \dot{v}\gamma\varrho\grave{o}\nu \; \dot{\alpha}\pi o\sigma\tau\acute{\iota}\lambda\beta o\upsilon\sigma\alpha \; \varkappa\varepsilon\varrho\alpha\acute{\eta}\varsigma$$
$$\text{'}H\varepsilon\lambda\acute{\iota}o\upsilon \; \gamma\varepsilon\nu\varepsilon\tau\tilde{\eta}\varrho o\varsigma \; \dot{\alpha}\mu\acute{\varepsilon}\lambda\gamma\varepsilon\tau\alpha\iota \; \alpha\dot{\upsilon}\tau o\gamma\acute{o}\nu o\nu \; \pi\tilde{\upsilon}\varrho.$$

und XL. v. 376 sqq.:

$$— \; \ddot{o}\tau\varepsilon \; \delta\varrho o\sigma\acute{o}\varepsilon\sigma\sigma\alpha \; \Sigma\varepsilon\lambda\acute{\eta}\nu\eta$$
$$\sigma\tilde{\eta}\varsigma \; \lambda o\chi\acute{\iota}\eta\varsigma \; \dot{\alpha}\varkappa\tilde{\iota}\nu o\varsigma \; \dot{\alpha}\mu\acute{\varepsilon}\lambda\gamma\varepsilon\tau\alpha\iota \; \dot{\alpha}\nu\tau\acute{\iota}\tau\upsilon\pi o\nu \; \pi\tilde{\upsilon}\varrho,$$
$$\tau\alpha\upsilon\varrho\varepsilon\acute{\iota}\eta\nu \; \dot{\varepsilon}\pi\acute{\iota}\varkappa\upsilon\varrho\tau o\nu \; \dot{\alpha} o\lambda\lambda\acute{\iota}\zeta o\upsilon\sigma\alpha \; \varkappa\varepsilon\varrho\alpha\acute{\eta}\nu.$$

Umgekehrt melkt bei ihm auch die Sonne die Dünste, dafs
sie sich verdicken zu Wolken; II. v. 499 sqq.:

$$\ddot{\alpha}\lambda\lambda\eta\nu \; \delta\text{'} \; \dot{\varepsilon}\xi \; \dot{v}\delta\acute{\alpha}\tau\omega\nu \; \mu\varepsilon\tau\alpha\nu\acute{\alpha}\sigma\tau\iota o\nu \; \dot{\alpha}\tau\mu\acute{\iota}\delta\alpha \; \gamma\alpha\acute{\iota}\eta\varsigma$$
$$\text{'}H\acute{\varepsilon}\lambda\iota o\varsigma \; \varphi\lambda o\gamma\varepsilon\varrho\tilde{\eta}\sigma\iota \; \beta o\lambda\alpha\tilde{\iota}\varsigma \; \dot{\alpha}\nu\tau\omega\pi\grave{o}\nu \; \dot{\alpha}\mu\acute{\varepsilon}\lambda\gamma\omega\nu$$

---

[1]) Vergl. auch meine Abhandlung über die Sirenen in der Berliner
Zeitschrift für Gymnasialwesen. Berlin 1863. p. 465 ff.

τινθαλέῳ νοτέουσαν ἀνείρυσεν αἰθέρος ὁλκῷ,
ᾗ δὲ παχυνομένη νεφέων ὦδινε καλύπτρην,
σεισαμένη δὲ πάχιστον ἀραιοτέρῳ δέμας ἀιμῷ
ἂψ ἀναλυσαμένη μαλακὸν νέφος εἰς χύσιν ὄμβρου
ὑδρηλὴν προτέρην μετεκλαθεν ἔμφυτον ὕλην.

Andererseits erscheint ebenso auch der Regen wegen seines
strehnigen Characters als ein Melken der Wolken. Rochholz
hat in s. Naturmythen. Leipzig 1862. p. 220 eine Stelle von
Hebel abgedruckt, welche diese Anschauung klar macht. Scherz-
haft, sagt R., fordert Hebel seinen im Briefschreiben lässigen
Freund Hitzig auf, ihm mit all den Schreibfedern zu antworten,
welche die Schneeschwäne des Schwarzwaldes aus den Schwingen
fallen lassen, und mit all der Tinte, die den schwarzen Wetter-
wolken am Belchen ausgemolken wird:

> Jetzt stell Bögen und Bütten und Züber, so viel in dem Pfarrhof
> Dicht sich reihen mögen und vor den Fenstern im Garten:
> Siehst du nicht das Gewitter, das schwere, vom Belchen daherziehn?
> Siehst du die schwarzen Wolken mit Tintengase geschwängert?
> Auf und melke die Wolken in alle Bütten und Bögen.

Vergegenwärtigen wir uns aber diese verschiedenen Vorstellungen
des Melkens von Regen, Licht und Dunst, so lag es einem die
Sache so ansehenden Volke nahe, nicht blofs in den Wolken,
sondern auch irgendwie hinter Sonne und Mond, von dem ja
auch solche Milchstrahlen ausgingen, rinderartige Geschöpfe zu suchen, und andere Erscheinungen, wie z. B. das
Brüllen des Donners oder die Hörner des Regenbogens
damit in Verbindung zu bringen, dann aber auch im Anschlufs
an die erst erwähnte Vorstellung andere Himmelswesen, wie
z. B. Windgottheiten als bemüht anzusehen, jene zu melken.
So melkt denn z. B. der indische Indra mit dem Donnerkeil
im Regen die Wolkenkühe, wie auch unsere Hexen, die ich schon
in der ersten Ausgabe des Heutigen Volksglauben u. s. w. p. 30
als Windgottheiten bezeichnet habe, derartiges treiben. Ebenso
gehört hierher, wenn Thessalische Zauberinnen nicht blofs in
Mondfinsternissen den Mond herabziehen, sondern ihn auch zu
ihren Zauberkünsten melken sollten; wie u. A. Nonnus auch die
Σελήνη andererseits noch βοῶπις nennt, also auch eine hieran
sich knüpfende Anschauung jene Vorstellung noch erweitert haben

und geradezu auf eine Mondkuh geführt haben dürfte[1]). — Jener erwähnte griechische Glaube aber des Melkens des Mondes durch Zauberinnen ist wieder ein einfaches Analogon zu dem schon oft von mir nachgewiesenen Satze, daſs, was man ursprünglich in der Natur selbst zu sehen glaubte, man, wie auch bei unsern deutschen Hexen und ihrem Treiben, in irdische Verhältnisse zog und auf menschliche Wesen übertrug (s. Ursprung p. 224).

Wenn aber nicht bloſs Licht, sondern auch Dunst, d. h. Finsterniſs, so gemolken wurde, wie auch andererseits der Sonnenquelle eine Quelle der Nacht nach griechischem Glauben gegenüberstand (cf. u. A. Völcker, Myth. geogr. p. 155), so liegt die Versuchung nahe, an das vielbesprochene und noch unerklärte νυκτὸς ἀμολγῷ zu denken und darin eine einfache Umschreibung für „Dunkel der Nacht“ zu suchen, gerade wie umgekehrt Μήνης ἀμολγός „den Mondschein“ hätte bezeichnen können. Wie die Nacht die Dunkelheit einfach heraufführt, würde sie nach dieser Vorstellung sie eben melken, daſs sie sich aus dem Erebos ergieſst über die Welt, und namentlich dürfte ursprünglich bei jenem Ausdruck an ganz licht-, d. h. mondlose Nächte, wo die Dunkelheit gleichsam ihren Höhenpunkt erreicht, gedacht sein, was Ovid Met. XV. v. 31 mit densissima nox bezeichnet. Es stände der griechische Ausdruck in seinem Gebrauch in Parallele zu dem nord. niðamyrkr, was völlige Dunkelheit heiſst, nur eben von der Abwesenheit des Mondes (luna silens bedeutet es eigentlich) hergenommen ist (Grimm M. p. 673). Wenn andererseits sich das ἀμολγός bei den Achäern zu der Bedeutung von ἀκμή erweitert hat, so hat dies auch eine gewisse, wenn auch modificirte Parallele darin, daſs das ahd. duruhnaht nicht allein pernox, totam noctem durans bedeutet, sondern gewöhnlich perfectus, consummatus, vollkräftig, mhd. durnehte, durnehtec, wobei man gar nicht mehr an Nacht dachte, vergl. Grimm M. p. 699; und wenn dieser daselbst hinzufügt: „woher weiſs Stieler 1322 sein durchnacht nox illunis? jenes nid (s. p. 673), der Nacht Gipfel,“ so rückt dies eher die angezogene Parallele näher als ferner.

---

[1]) Ueber den sich zu einer solchen Mondkuh stellenden Sonnenstier s. weiter unten, wo ich von der Sonne als einem Auge handele.

Kehren wir aber nach dieser Abschweifung zu dem himmlischen Trank überhaupt wieder zurück, so kommt durch die entwickelte Vorstellung des Melkens und der auch an weiſsliche Wolken sich anschlieſsenden von himmlischer Milch, worauf ich Ursprung p. 44 schon hingewiesen habe, noch ein drittes Moment bei demselben zur Sprache und stellt sich zu dem goldigen Sonnentrank und dem himmlischen Naſs.

Die irdischen Substitute nämlich, welche dann wieder sich auf die himmlischen Verhältnisse, wie immer, übertrugen, waren einmal so wegen seiner goldigen Farbe der Honig, dann Wasser und endlich Milch, oder vom Standpunkt eines berauschenden, aus Pflanzen gepreſsten Getränkes, was wiederum man in selbstständiger Anschauung in den Blitzesranken sich glaubte entwickeln zu sehen, jenen gegenüber neben dem Soma der Wein. Gerade diese Parallelen und Entwickelungen aber bestätigen wieder entschieden meine Ansicht von dem himmlischen Goldtrank in seiner Besonderheit als eines Sonnentrankes. Die Nachweise übrigens von dem Auftreten der erwähnten Substitute in Mythos und Gebräuchen bei den Indogermanen überhaupt finden sich so reichhaltig bei Kuhn, daſs es unnöthig ist, hier weiter darauf einzugehen. Für das Griechische mag in Betreff der Mythen als Beispiel dienen, daſs Dionysos und die Bacchantinnen, in deren Thyrsosstab Kuhn und ich den Blitz erkennen, deren wilden Zug ich überhaupt als eine eigenthümliche griechische Art von Gewitterjagd gedeutet habe (Ursp. p. 134), mit ihrem Blitzstab Quellen von allen drei Dingen am Himmel wecken, wie ja den gegebenen Ausführungen gemäſs Wasser, Milch und der goldene Sonnentrank, also auch sein Substitut, der Honig, im Gewitter am Himmel zwischen den Wolken sichtbar zu werden, oder vom Himmel zu triefen schien. Das Letztere, welches schon in dem im goldenen Blitz verschütteten Sonnentrank oben hervortrat, tritt dann in die unmittelbarste Parallele zu dem in den Blitzen herniedertriefenden Goldregen, wovon ich Ursp. p. 68 gehandelt habe; welcher Vorstellung des Blitzes als tropfender Funken sich auch Kuhn p. 29 für das Indische in der Hauptsache angeschlossen hat. In Betreff des vorhin angezogenen Beispiels mit den Bacchantinnen mag als Beleg Eurip. Bacch. v. 705 sqq. dienen:

θύρσον δέ τις λαβοῦσ᾽ ἔπαισεν εἰς πέτραν,
ὅθεν δροσώδης ὕδατος ἐκπηδᾷ νοτίς·
ἄλλη δὲ νάρθηκ᾽ εἰς πέδον καθῆκε γῆς,
καὶ τῇ δὲ κρήνην ἐξανῆκ᾽ οἴνου θεός·
ὅσαις δὲ λευκοῦ πώματος πόθος παρῆν,
ἄκροισι δακτύλοισι διαμῶσαι χθόνα
γάλακτος ἐσμοὺς εἶχον· ἐκ δὲ κισσίνων
θύρσων γλυκεῖαι μέλιτος ἔσταζον ῥοαί.

Was aber das Vorkommen dieses Trankes in den Gebräuchen
anbetrifft, so tritt die verschiedenartige Mischung des Himmels-
trankes, von der wir reden, characteristisch z. B. bei den Todten-
beschwörungen auf, und durch unsere Deutung wird die Sache
gleich erklärt. Odysseus spendet (Od. X. v. 519) den Schatten
Honig, Milch, Wasser und Wein, das ist die Speise der
Himmlischen, und da die Todtenwelt auch ursprünglich im
Himmel spielte (s. Ursp. u. s. w. unter Unterwelt), auch dasjenige, von dem das Leben oder eventualiter die momentane
Wiederbelebung der Geister dort oben abzuhangen schien.

Ehe ich aber die Untersuchung weiter führe, muſs ich noch
einmal auf die irdischen Substitute des himmlischen Lichttrankes zurückkommen, insofern entweder einestheils der gelbe
Soma oder ein ihm entsprechender anderer Pflanzensaft, wie
der Wein, oder anderntheils der Honigsaft dabei eine Rolle
spielt. Kuhn faſst in Betreff des ersteren p. 118 Windischmanns
Untersuchungen folgendermaſsen zusammen: „Bei Indern und
Iraniern wird der Trank (der Soma) aus einer Pflanze gepreſst
und durch Zusatz noch anderer Stoffe in Gährung gebracht; die
Namen, der ind. soma und der iran. haoma, sind identisch, die
Pflanzen wahrscheinlich nicht, sondern scheinen sich nur in ihrer
äuſseren Gestalt zu gleichen, indem die Stengel, aus denen der
Saft gepreſst wird, bei beiden knotig sind; die haomapflanze
gleicht dem Weinstocke, und ihre Blätter sind jasminartig,
der indische soma dagegen wird aus der asclepias acida gewonnen.
Wie bei den Indern der Soma aber auch als Gott erscheint, so
ist der Haoma im Zendavesta nicht allein die Pflanze, sondern
auch ein vergötterter Genius, — — beide verleihen Kraft und
Unsterblichkeit und erscheinen als der Zeugung waltende Genien.“
Andererseits hat Kuhn nun die Erzeugung des mit dem Soma

vielfach sich berührenden Amṛta oder Unsterblichkeitstrankes im Gewitter nachgewiesen. Ebenso stimmen seine
sonstigen hierherschlagenden Untersuchungen zu den von mir
Ursprung u. s. w. nachgewiesenen Auffassungen der Wolken als
Wetterbäume und Wolkenblumen, wobei dann der Blitz,
wie ich p. 181. 200. 247. 276 angedeutet, die Vorstellung des
rankenartigen eines solchen himmlischen Gewächses hinein-
gebracht hat, so daſs ich schon p. 200. auf dieses Blitzgewächs
mit seinen goldenen, tropfenförmigen Beeren den goldenen Weinstock der griechischen Sage bezog, der statt des
entführten Ganymed dem Laomedon vom Zeus neben den unsterblichen Donnerrossen als Entgelt geschenkt sein sollte.
Die jetzt von mir gewonnenen Resultate über den himmlischen
Trank können jene Deutungen nur bestätigen, indem nach ihnen
Ganymed offenbar der himmlische Mundschenk mit der
Sonnenschaale und dem Lichttrank der Unsterblichen ist,
wie in dem vorhin citirten Rückert'schen Gedicht die Sonne „die
Sonnenschenkin mit dem Lebensbronne" genannt wurde. Der
Raub des Ganymed durch Zeus Adler oder Zeus selbst ist
dann die vollständigste Parallele zu den von Kuhn entwickelten
Vorstellungen des Raubes des himmlischen Trankes; er
wird also vom dunklen Wolkenvogel vorgenommen, worauf dann
die Gewitterscenerie sich in der vorhin angegebenen Weise mit
dem himmlischen Weinstock und Donnerrossen in den leuchtenden Blitzen und hallenden Donnern zu entwickeln schien.
Aber selbst wenn wir davon absehen, so führt uns ein anderer
Ideengang auch auf dasselbe Resultat in Betreff einer solchen
Anschauung der Blitze. Es wird nämlich der Blitz nicht bloſs
als ein Zauberstab überhaupt dargestellt (Ursp. p. 125), sondern
dieser Zauberstab heiſst auch andererseits wohl noch im Anschluſs
an die ursprüngliche Anschauung significant Hom. Od. X. v. 293
περιμήκης, während im Samaveda II. 8, 1, 13 (nach Benfey) der
Donnerkeil der hundertknotige genannt wird, offenbar in
Bezug auf die zackenartigen Absätze des Blitzzickzacks,
wie auch Kuhn, Herabkunft u. s. w. p. 123, eine Stelle anführt,
wo vom tausendzinkigen Donnerkeil die Rede ist. „Selbst
Vritra, des erschütternden, Haupt spaltet er mit dem segnenden
hundertknotigen Donnerkeil," heiſst es in der oben aus dem

Samaveda citirten Stelle. Uebertragen wir diese Vorstellung auf das **aufblühende Gewitter**, so ist also der **hundertknotige Blitzesstengel** mit seinen **Wolkenblättern** oder dem **Dreiblatt**, welches man auch im Blitz wahrnahm[1]), die himmlische **Soma- oder Haomapflanze, die sich über den ganzen Horizont ausbreitet**, von der dann in den **fallenden Blitzen** die **goldigen Tropfen** kommen (s. vorher), welche im Gewitter in den **Wolkenkufen** ausgepreſst zu werden schienen; gerade wie man dann auf Erden aus Gewächsen mit **knotigen Stengeln**, die einen **gelben Saft** gaben, den irdischen Soma preſste[2]). Nach dieser Auffassung erklären sich denn auch die bei der Zubereitung des Soma stets wiederkehrenden Vorstellungsformen, indem jene nun hiernach auch, wie Kuhn von der Bereitung des Amṛta nachgewiesen, in die **Gewitterscenerie**, nur mit anderen, von uns eben entwickelten Anschauungen einrückt. Nicht allein, daſs, wie schon angedeutet, die Kufe, in die der Soma tropft, mit den Wolken, **den Kufen des Regens**, identificirt wird (s. Benfey a. a. O. Anm. z. I. 2, 1, 3), auch das **Tönende**

---

[1]) Diese Anschauung tritt auch im goldenen τριπέτηλος ῥάβδος ιες Hermes hervor, der auch der Blitz ist, s. Ursp. p. 127. Kuhn, Herabk. d. F. p. 238.

[2]) Mit diesem am Himmel in den Blitzen sichtbar werdenden knoten- oder **zackenartigen Gewächs** ergiebt sich nun bei den mythischen Beziehungen, welche Kuhn zwischen dem **Kreuzdorn** und dem **Blitz** anderweitig begründet hat, die **Erklärung der Dornhecke** in dem bekannten Märchen von **Dornröschen**. Die **Dornhecke** stellt sich nämlich so als eine nur modificirte Anschauung zu dem im Gewitter sichtbar werdenden, über den ganzen Himmel sich hinrankenden **Weinstock**, und **Dornröschen** ist nun, wie auch schon neben Grimm Schott in s. Wallachischen Märchen. Stuttg. u. Tübingen 1845. p. 309 und Mannhardt in den Germ. Mythenf. p. 613 es aussprachen, die **vollständigste Parallele** zu der von der **Gewitterwaberlohe** umgebenen **Brunhild**, die auch im Gewitter erlöst wird, wie jene. (Ueber Brunhild s. Ursp. p. 80. 207. 245. Ueber die **Erlösung im Gewitter** Heutigen Volksgl. und weiter unten.) Der **Schlafdorn** der deutschen Sage ist nun deutlich ebenso der **Blitz** und stellt sich nun, nach seiner Bedeutung sowohl als nach dem Ursprung, ganz zu dem **Blitzstab des Hermes**, dem ῥάβδος — τῆι ἀνδρῶν ὄμματα θέλγει, Ὧν ἐθέλει, τοὺς δ' αὖτε καὶ ὑπνώοντας ἐγείρει, dessen ursprüngliche Wirkung ich schon Ursp. p. 126 auf das **Verzaubern und Erwecken** der himmlischen Wesen im Gewitter bezogen habe. (Ueber den Schlafdorn s. Beispiele bei Mannhardt, Germ. Mythenf. p. 613.)

des hunderttropfigen Soma, das Rauschen, der Gesang, unter dem er geboren, das Herbeieilen der Kühe (d. h. der Himmelskühe) zu seinem Born, das Pressen zwischen den Steinen, alles dies sind Vorstellungen, welche ursprünglich auf das himmlische Terrain hinweisen und in den unter Wind und Sturm, unter Brüllen der Wolken- und Donnerkühe, unter dem Schall der im Donner krachenden Steine, dann vom Himmel hverniedertropfenden, goldenen Blitzesfunken oder Lichtströmen und Flammenmeeren (s. oben und Ursp. im Index) ihre Lösung finden dürften, gerade wie die daran sich schliefsende Beziehung zum himmlischen Nafs und der Wolkenmilch. Fast alle die Hymnen von der Bereitung des Soma empfangen bei dieser Deutung noch einen besonderen Hintergrund; ich setze des Beweises halber ein Paar Stellen statt vieler her: Samaveda I. 5, 2, 5 (nach Benfey) „Ein Segner bist durch Strahlen du, wir rufen dich, den leuchtenden Reiniger! himmelstrahlenden. I. 6, 1, 1. Wie auf Wagen schiefst er dahin, brettergeprefst dem Durchschlag zu; auf dem Schlachtfeld eilet das Rofs. — Wie wuthentbrannte Stiere nahn die flammenden, die stürmischen, und verjagen die schwarze Haut. (Die Maruts [Winde], die Wolken. So Benfey; sind es aber hier nicht die Somatropfen selbst?) Feind entfernend strömst, Soma! du opferkundig, erfreuender Trank; verdirb der Götterfeinde Schaar. Mit diesem Strome fluthe rein, mit welchem du die Sonn' erleucht'st, entsendend menschenliebe Fluth. Rein ströme du, der Beistand gab dem Indra, dafs er Vritra schlug, der die grofsen Wasser verhüllt." — I. 6, 1, 2. Der Falbe (Subst.?), tropfende erklingt, der grofs wie Mitra wunderbar, glänzend wie die Sonne erstrahlt. — Deine Kraft, die freudespendende, die stürmische erflehen wir heut, die rings herrschende, viel begehrt. Den steingeprefsten Soma lafs, o Priester! durch den Durchschlag ziehen; dem Indra reinige ihn zum Trank. Der Retter, der Besel'ger träuft, des ausgeprefsten Trankes Strom. Rein ströme tausendfältiges, o Soma! kräftereiches Gut; bring Nahrung uns herbei. — Ströme, Soma! im vollsten Glanz brüllend zu den Gefäfsen hin, im Schoofse sitzend ob der Fluth." — Alle von mir als Gewitterthiere erklärten Wesen scheinen endlich fast sich in einem Bilde zu vereinen, wenn es II. 5, 2, 6 heifst: Er, der Stier, zum Trank geprefst, Soma träufelt zum Durchschlag hin, die Bösen tödtend, der Götter Freund. Er, der Allsehende, tragende, goldne, strömt zum Durchschlag hin, zu dem Schoofse laut wiehernd. Er, der Starke, der Reiniger, eilet hin durch des Himmels Licht, Rakscha tödtend, durch Widderschweif. Er, der Rein'ger, erleuchtete über des Trita Opferplatz die Sonne mit den Schwestern. (?) — Wie Indra durch diesen himmlischen Trank, d. h. wie ich also meine, durch den neu bereiteten Licht- oder Sonnentrank, gestärkt, den Vritra schlägt, „der die grofsen Wasser verhüllt," diese also entschieden hier von ihm gesondert werden, so erscheint andererseits dann auch der Regengott Parjanya (die donnernde Regenwolke) als Vater des Soma, und der Regen selbst (das himmlische Wasser), sagt Benfey a. a. O. in der Anm. zu II. 5, 2, 9, sind seine Schwestern. Wenn es weiter dann bei ihm heifst, „die Felsen, in denen er haust," sind die Prefssteine, so dürften jene wohl eher auf die ihn bergenden Wolkenberge gehen, während die Prefssteine erst im Donner krachen.

Im Gewitter wuchs also der himmlische Soma (oder Weinstock) und wurde bereitet der himmlische Trank, soma wie amrta, welcher in den verschiedensten Variationen der Mittelpunkt wurde von so vielen Mythen der Indogermanen, wie Kuhn des Eingehenderen entwickelt hat. Indra trinkt ihn zur Stärkung im Kampf mit den Dämonen, wie in der deutschen Heldensage die Wolkenjungfrau aus dem Wolkenberge tritt, in dem ja auch der Soma ruht, und den Goldbecher mit feurigem Trunk den Helden reicht, Ursp. p. 202 f. Zeus Adler raubt den Sonnenganymed, wie in nordischer Sage dann wieder Odhin in Adlers Gestalt Suttungs Meth entführt; durch diesen Trank oder sein Substitut, den Honig, werden die im Gewitter gefesselten Wesen erst trunken gemacht, wie Picus und Kronos nach römischer und griechischer Sage, deren Fesselung im Uebrigen sich ganz zu der von mir entwickelten des Proteus oder Nereus stellt (vergl. Kuhn H. d. F. unter Picus und Ursp. d. M. p. 100. 151). Beim Picus erwähnt Ovid, wie Kuhn a. a. O. des Ausführlicheren behandelt hat, den Honig; in der Kronossage, welche in dieser Form höchst alterthümlich klingt, hebt ihn Porphyr. de antro nymph. XVI in bezeichnender Weise folgendermafsen hervor: ὅταν δὲ τῷ Πέρσῃ (i. e. Mithrae) προςάγωσι μέλι ὡς φύλακι καρπῶν, τὸ φυλακτικὸν ἐν συμβόλῳ τίθενται, ὅθεν τινὲς ἠξίουν τὸ νέκταρ καὶ τὴν ἀμβροσίαν, ἣν κατὰ ῥινῶν στάζει ὁ ποιητὴς εἰς τὸ μὴ σαπῆναι τοὺς τεθνηκότας, τὸ μέλι ἐκδέχεσθαι, θεῶν τροφῆς ὄντος τοῦ μέλιτος· διὸ καί φησί που, νέκταρ ἐρυθρὸν, τοιοῦτον γὰρ εἶναι τῇ χροιᾷ τὸ μέλι· ἀλλὰ περὶ μὲν τοῦ νέκταρος εἰ χρὴ ἀκούειν ἐπὶ τοῦ μέλιτος, ἐν ἄλλοις ἀκριβέστατον ἐξετάσομεν· παρὰ δὲ τῷ Ὀρφεῖ ὁ Κρόνος μέλιτι ὑπὸ Διὸς ἐνεδρεύεται, πλησθεὶς γὰρ μέλιτος μεθύει καὶ σκοτοῦται ὡς ἀπὸ οἴνου καὶ ὕπνου· ὡς παρὰ Πλάτωνι ὁ Πόρος τοῦ νέκταρος πλησθείς· οὔπω γὰρ οἶνος ἦν. φησὶ γὰρ παρ' Ὀρφεῖ ἡ Νὺξ τῷ Διὶ ὑποτιθεμένη τὸν διὰ μέλιτος δόλον·

> Εὖτ' ἂν δή μιν ἴδηαι ὑπὸ δρυσὶν ὑψικόμοισιν
> ἔργοισιν μεθύοντα μελισσάων ἐριβόμβων,
> δῆσον αὐτὸν· --

ὃ καὶ πάσχει ὁ Κρόνος καὶ δεθεὶς ἐκτέμνεται. Diesen Trank finde ich auch wieder in dem Wein, mit dem Odysseus den Kyklopen berauscht, ehe er den Himmelsriesen blendet, wozu ich entschieden als verwandten und nur anders entwickelten Mythos stelle, wenn der wilde Jäger Orion, nachdem er in Trunkenheit der Tochter des Oinopion Gewalt angethan hat, von diesem, der significant noch obenein der Weinschwelg heifst, geblendet wird, sein Auge aber im Morgen wieder erhält (ἐλθὼν δ' ἐπὶ τὰς ἀνατολὰς καὶ Ἡλίῳ συμμίξας δοκεῖ ὑγιασθῆναι. Eratosth. Catast. XXXII).[1])

Es ist aber, wie gezeigt, der himmlische Trank ursprünglich das himmlische Licht, namentlich das Sonnenlicht, die Sonne selbst, und so wurde die im Gewitter geglaubte Wiederbereitung desselben, nachdem er in der Gewitternacht verschwunden war, mit Allem, was sich daran entwickelt hatte, gerade wie wir oben es beim Gewitterbade der Sonne gesehen haben, übertragen auf die tägliche Erneuerung des Sonnenlichtes. Kuhn hat schon an vielen Stellen auf die nahe Beziehung des Indra und Agni, ebenso wie auf die zwischen der Bereitung des

---

[1]) Damit wäre wieder ein Stück mehr des Mythos, welcher der Odysseussage zu Grunde liegt, erklärt. s. meine Abhandlung über die Sirenen in Berl. Zeitschrift f. Gymn. 1863. p. 465 ff.

Feuers und des Somatrankes hingewiesen; wie aber beide nun im Gewitter ursprünglich stattzufinden schienen, so liegt gerade in den parallel laufenden Morgenopfern an beide Götter, in denen eine deutliche Nachahmung der täglichen Erneuerung der Sonne, beim Indra vom Standpunkt des Trankes, beim Agni von dem des Feuers, auftritt, eine entschiedene Bestätigung meiner Ansicht von der ursprünglichen Bedeutung dieses Trankes überhaupt. Vom Indra und Soma heifst es z. B. Samaveda II. 3, 1, 13: „Der schöne Somatrank, der dir gebührt (am Morgen nämlich, in der Dämmerung ist der Soma zugerüstet, beim Aufgang der Sonne beginnt die Mischung. Benfey in Anm. zu Samaveda II. 8, 1, 6), durch den die Feinde du erschlägst, Falbrofs'ger! der mag dich, Indra, Schätzeherr erfreuen;" und II. 5, 2, 5: „Dieser erleuchtete die Sonn' an dem Himmel, der Reiniger, der freudevolle Trank im Netz." Parallel dem heifst es vom Agni Samaveda I. 1, 1, 3: „Agni entzündend frommen Sinns vollzieht der Mensch den Opferbrauch; Agni entzünd ich mit Leuchtendem. Darauf erblicken den leuchtenden Glanz des ewigen Samens sie, welcher vorn am Himmel steht (d. h. die Sonne. Benfey in Anm. das.). Und ebenso wie Indra kämpft ja Agni dann auch gegen die Zaubergeister u. s. w. — Dieselbe Analogie zwischen beiden Göttern tritt auch hervor, wenn die Sonne als Rad des Indra erscheint, wenn es im Samaveda heifst: „Sein Rad ist eingesetzt in die Wolken, und wahret ihm wahrhaftig diesen Honig," und im Sonnenrade andererseits das Gewitter und Sonnenfeuer des Agni dann, wie Kuhn nachgewiesen hat, erzeugt wurde. Aehnlich treten diese parallel laufenden Grundanschauungen auch noch im Griechischen hervor, nur als einfache mythische Vorstellung, während sie bei den Indern durch entwickelten rituellen Gebrauch getragen wurden. So steht auf der einen Seite neben Indra, der mit seinem Falben zum Somaopfer des Morgens eilt, welches ihm dann in den Strahlen der Morgenröthe himmlische Finger (Mädchen des Trita oder auch Schwestern der Sonne genannt; Benfey a. a. O.) zu pressen schienen, Helios, der seine Rosse in der Sonnenquelle allmorgentlich badet, wie auf der anderen Seite dem Agni, dem täglich neu entzündet werdenden Sonnenfeuer, wiederum Helios als πυρὸς ταμίης, dem die rosenfingrige Tochter (ῥοδοδάκτυλος Ἠώς) die himmlischen Thore öffnet, gegenübersteht; wie ja auch noch griechische Philosophen, mit ähnlicher Anschauung wie beim Agni, an eine täglich vor sich gehende Erzeugung des Sonnenfeuers (aus feurigen Dünsten) im Osten glaubten.

Neben dem gelben Pflanzensaft aber, der uns mit seinen Spuren selbstständig wieder auf das im Gewitter entstehende himmlische Licht leitete, spielt nun bei allen hierher gehörigen Mythen der Indogermanen auch der Honig, wie Kuhn nachgewiesen, und wie oben auch bei den Picus- und Kronosmythen hervorgehoben wurde, eine bedeutende Rolle, und namentlich tritt dies dann bei dem europäischen Zweige der Indogermanen hervor, vor allem bei den Griechen. Ein Beispiel der Uebereinstimmung, das Kuhn p. 137 anführt, ist zunächst folgendes: Wie nach deutschem Gebrauch den Neugebornen zuerst Milch und Honig gereicht wurde, geschieht es in der rituellsten Weise bei den Indern, und ebenso sollte bei den Griechen des Zeus wie des Bacchus erste Nahrung Milch und Honig gewesen sein. Vom Zeus heiſst es z. B. bei Callim. h. in Jovem v. 48 sq. σὺ δ' ἐθήσαο πίονα μαζὸν Αἰγὸς Ἀμαλθείης, ἐπὶ δὲ γλυκὺ κηρίον ἔβρως; vom Bacchus b. Apollon. Rhod. IV. 1136. καὶ μέλιτι ξηρὸν περὶ χεῖλος ἔδευσεν (Macris).
(cf. Spannh. ann. ad Callim. 1.)

Wenn nun schon der gelbe oder goldrothe Honig (ἐρυθρὸν μέλι) durch seine Farbe ein irdisches Substitut des goldigen Lichttrankes werden konnte, wie auch Sol deſshalb, neben dem Schmelzen des Goldes, das Heilen mit Honig erfunden haben sollte (Plin. hist. nat. VII. 56), gerade wie der himmlische Arzt Asklepios oder der indische Dhanvantari mit der Sonnenschaale, wie wir oben gesehen, erscheint; dann aber auch der Honig ausdrücklich noch im Meth einen erregenden, berauschenden Trank gewährte, dies also wiederum zur Wirkung des himmlischen Trankes, wie die Picussage zeigte, stimmt; so scheint mir doch noch eine selbstständig, neben der vom Licht als gelbem Wolkensaft, ausgebildete Vorstellung hier zu Grunde zu liegen. Ueberall tritt es nämlich bei der Auffassung der himmlischen Erscheinungen in den Mythen hervor, daſs bestimmte Lebensverhältnisse des Volks die Naturanschauungen in dem Sinne beherrschten, dafs wo möglich Alles, was irgend dazu pafste, darauf bezogen und demnach gefafst wurde. Ganze Anschauungskreise treten uns entgegen, wo Alles auf Viehzucht, Austreiben der Rinder, Melken der Kühe und Buttern bezogen wird; andere wieder, in denen alle dieselben Erscheinungen, wie ich im Ursprung der Mythologie nachgewiesen habe, als Momente einer Jagd oder eines Fischfangs in den himmlischen Gefilden oder Wassern gedacht wurden u. dergl. m., — es ist das, wovon ich Ursprung p. 19 geredet und dabei bemerkt habe, dafs die Mythologie so gleichsam das Spiegelbild des Lebens der Völker in vorhistorischer Zeit selbst gebe. Ebenso scheinen mir nun jene Beziehungen des himmlischen Lichts zum Honig, verbunden mit den an die Bienen sich knüpfenden mythischen Momenten, auf einer besonderen, nicht blofs die Sonne, sondern auch den Mond und die Sterne, also das ganze Firmament, umfassenden Anschauung zu beruhen, von der in den vorliegenden Mythenmassen freilich nur einige Zweige wie Senkreben sich erstreckt und erhalten haben. Da dürfte denn auch die Combination etwas kühner sein, und ich gebe sie, wie sie sich mir bei Erwägung der dabei zur Sprache kommenden Umstände aufgedrängt hat, und schliefslich durch andere sich daran schliefsende Momente nicht wenig, wie ich denke, unterstützt werden wird.

Ich mufs dabei aber erst noch einmal auf den Soma oder Haoma zurückkommen und bei demselben noch ausführen, dafs nicht blofs, wie es nach dem bisherigen Gange der Untersuchung scheinen könnte, die Sonne und das Sonnenlicht, sondern entschieden auch das Mondlicht bei diesem himmlischen Trank ursprünglich mit hineinspielte. Es ist nämlich erstens oft direct die Rede von dem hunderttausendstrahligen Kaltstrahler Soma als dem Monde (vergl. Kuhn p. 248), ferner wird beim Haoma (ebendas. p. 119) unterschieden zwischen dem gelben und dem weifsen, welcher letztere mit einem oder zwei Himmelsbäumen in Verbindung gebracht wird, welche Vögel (d. h. wohl auch hier Wolken) umgeben, und von denen oder in deren Nähe dann der Saft in wunderbarer Weise gewonnen wird. Kuhn vergleicht hiermit die Esche Yggdrasil, den nordischen Weltbaum. Ich habe im Ursprung d. Myth. in gleicher Weise, wie Kuhn es in Betreff dieses thut, die Vorstellung eines solchen himmlischen

4

Baumes abgeleitet aus einer Anschauung von Wolkenbildungen, die zweigartig sich über den Himmel verbreiten,
und dieselbe, wenn auch im beschränkten Kreise, noch fort-
lebend gefunden in dem von uns in den Norddeutschen Sagen
erwähnten Wetterbaum. Diese Anschauung spielt jetzt allerdings namentlich des Abends (s. Norddeutsche Sagen), aber
ebenso konnte sie sich auch bei ihrer entschieden weiteren Ausdehnung in alter mythischen Zeit anlehnen an Streifwolken des
Nachts, zumal da die sogenannte Milchstraße, welche auch
umgekehrt an die Windstreifen des Wetterbaumes anklingend
Windstrêk heißt, die Vorstellung einer Wurzel ihrer Seits,
wie ich glaube, hinzugebracht haben dürfte, wie der Wetterbaum
auch selbst noch andererseits den Namen Windwurzel führt
(s. Heinsius, Wörterbuch der deutsch. Sprache unter Wetterbaum).
Zunächst nämlich erscheint die sogenannte Milchstraße geradezu
selbst als Wetterbaum; s. Kuhn, Westphälische Sagen II. 86,
der dabei die Bemerkung macht: „Wetterbaum und Milchstraße werden mehrfach vollkommen gleich gesetzt," und auf
die Wetterprophezeihungen hinweist, die aus der Milchstraße,
wie aus dem Wetterbaum, gemacht werden. Dann aber geht es
doch entschieden mehr auf einen Nachtwetterbaum, wenn
es von den Nornen, d. h. den himmlischen Wolken- oder Wasser-
jungfrauen in ihrer ursprünglichen, natürlichen, noch nicht ethischen Gestalt, heißt, jeden Tag schöpften sie Wasser aus ihrem
Brunnen und begössen damit der Esche Aeste, und so
heilig sei das Wasser, daß es allen Dingen, die in den Brunnen
kommen, eiweiße Farbe gebe, davon komme der Thau, welcher in die Thäler fällt.

> Begossen wird die Esche, die Yggdrasil heißt,
> Der geweihte Baum mit weißem Nebel,
> Davon kommt der Thau, der in die Thäler fällt,
> Immergrün steht er über Urds Brunnen.
> (vergl. Grimm M. p. 756. Simrock M. p. 38. Kuhn, H. d. F. p. 129.)

Wenn die eiweiße Farbe mir noch deutlich neben dem herab-
triefenden Thau auf weiße Thauwolken, die am Himmel
sichtbar werden, zu gehen scheint, so finde ich endlich neben
den angedeuteten Beziehungen auf die Nacht und die Milchstraße einen speciellen Hinweis auf die letztere noch darin, daß

von den Wurzeln der Esche, deren Zweige und Blätter oder
auch Wurzeln man ab und zu also einmal in den Windstreifen
und Wolken erblickte, eine dann nach der Edda in den Himmel
zu den Asen, die andere zu den Hrimthursen zu gehen, die dritte
aber über Niflheim zu stehen schien, während nach einer anderen
Version die Wurzeln sich ebenfalls nach drei Seiten erstrecken,
nämlich unter der einen Hel, unter der andern Hrimthursen, unter
der dritten Menschen wohnten. Simrock macht dazu die
Bemerkung, „daſs die Meldung, nach welcher die erste Wurzel zu
den Asen reiche, auf einem Irrthum beruhen müsse, denn da
die Zweige des Weltbaums hinaufreichen sollten über den Himmel,
so könne nicht auch eine seiner Wurzeln zu den Asen gehen.“
Eine derartige, verstandesgemäſs kritische Zurechtlegung der Dinge
ist aber für die mythenschaffende Zeit ganz unanwendbar, wo
das Wunder überall Alles erklärte, und aus den verschiedensten,
zu einander in der Sache passenden Wahrnehmungen sich eine
solche mythische Vorstellung zusammensetzte und entwickelte,
wie dies z. B. auch bei der verschiedenen Localisirung des
Todtenreichs bei den Griechen, die dann auch vor dem historischen Standpunkt voll Widerspruchs war, hervortritt. Ich finde
nämlich in den beiden erwähnten Versionen von den Wurzeln
des Weltbaums nach meinem Standpunkt dieselbe Anschauung
wieder. Glaubte man nämlich den Wolkenwetterbaum oder
seine Wurzel, wie er selbst ja noch Windwurzel daneben
heiſst, in die Gewitterscenerie eingewachsen wahrzunehmen
(s. Ursp. p. 130 Anm.), so erklärt sich einmal, daſs, wie die beiden
oben erwähnten Versionen übereinstimmend melden, eine seiner
Wurzeln zu den Gewitterriesen oder Hrimthursen, eine zur
dunklen Hel oder nach Niflheim zu gehen schien, deren beider-
seitiger Ursprung ebenfalls in anderer Anschauung im Gewitterhimmel wurzelt (s. Ursp. p. 66), während für die dritte der Wurzeln, unter der entweder die Menschen wohnen oder die in
den Himmel zu den Asen führen sollte, passend die Milchstraſse, welche entschieden, wie wir gesehen, mit dem Wetterbaum zusammenhängt, sich einfügen würde. Ich kann zwar die
Vorstellung derselben als einer Wurzel nicht direct belegen, aber
bei den colossalen, nur an gewisse Analogien anknüpfenden Ur-
vorstellungen scheint mir die Verzweigung derselben eine solche

4*

nicht unwahrscheinlich zu machen, zumal die Vorstellung, nach welcher sie u. A. als Seelenweg oder als eine Strafse galt, die von der Erde, d. h. von den Menschen, zum Himmel führt, einmal an die doppelte Beziehung jener Wurzel wieder erinnert, dann aber, abgesehen davon, dafs sie von etwas cultivirteren Lebensverhältnissen ausgeht, in ihrer sonstigen Auffassung „des Langgestreckten" sich andererseits mit jener Vorstellung einer Wurzel doch eigentlich berührt. Von dieser himmlischen Esche träufelte nun aber endlich auch noch nach der Edda der Honigthau, der sich des Morgens auf den Bäumen erzeugt findet, was wiederum auf einen Nachtwetterbaum hinweist.

Auf das letztere Moment werde ich nachher noch zurückkommen, ich habe zunächst nur diese Eigenthümlichkeiten der Esche Yggdrasil angeführt, um einmal zu zeigen, wie weit verzweigt die ganze Vorstellung des Himmelsbaumes ist, von welcher auch der Haoma stammt, dann aber auch, um es natürlicher erscheinen zu lassen, dafs auch die Nacht mit dem Mondlicht hineingezogen wurde in diesen ganzen Kreis der Anschauungen vom himmlischen Lichttrank und den sich daran schliefsenden Vorstellungen. Ich stehe davon ab, darauf näher einzugehen, dafs sich, wenn man die Vorstellung selbst weiter ausbildete, ziemlich von selbst der Dualismus in Betreff dieser himmlischen Bäume ergäbe, wie er bei den Iraniern hervortritt, dafs also nach unserer Deutung der eine gleichsam als Tages-, der andere als Nachtwetterbaum gegolten habe, und begnüge mich hier nur damit, darauf hingewiesen zu haben, dafs, wie an Sonnen- und Mondstrahlen sich, wie wir gesehen, gleichmäfsig die Vorstellung des Melkens vom Standpunkt des Hirten aus knüpfte, und das Sonnenlicht dann andererseits als ein zauberhaft gewonnener Saft galt, ebenso auch an das Mondlicht die Vorstellung eines etwa vom Nachtwetterbaum irgendwie herstammenden Trankes sich in gleicher Weise knüpfen konnte. So würde sich also der weifse Haoma, mehr an das silberne Mondlicht anknüpfend, neben dem gelben erklären, indem bei dieser Sonderung für den letzteren mehr eine Anlehnung an das goldigere Tages- und Sonnenlicht anzunehmen wäre, wie andererseits auch vielleicht daraus sich ergäbe, dafs Soma die Bezeichnung für Mond geblieben ist.

Dies dürfte ebenso zu erklären sein, wie bei uns die Vorstellung der wilden Jagd, welche ursprünglich das Gewitter in allen seinen Theilen umfaßte, zuletzt nur an dem Sturm noch haften geblieben ist, welcher noch am meisten diesen Glauben festhalten ließ, während er bei den andern Theilen des Unwetters durch andere Vorstellungen leichter verdrängt wurde[1]). Denn ebenso dürfte gerade in Indien bei der gleichmäßigeren Intensivität des sich ergießenden Mondlichts, an das auch das Rückertsche Gedicht, welches ich oben citirt, besonders appellirt, am leichtesten diese Vorstellung und auch der Name gerade hieran sich noch länger realiter gehalten haben, als beim Sonnenlicht und der Sonne, die im fortschreitenden Proceß mythologischer Schöpfungen Anschauung auf Anschauung anderer, namentlich feuriger Art an sich knüpfte, oder wenigstens in solche Mythenkreise hineingezogen wurde. Natürlich wäre dann etwa der Mond, bei einer solchen Anschauung des Mondlichts als eines Trankes, selbst als eine himmlische Schaale angesehen worden, wie ihn auch Rückert in seinem Gedicht faßt, und er dann auch in dem Sonnenbecher des Ganymed z. B. Analogie und Gegenbild zugleich hat.

Aber wo bleiben bei solchen Anschauungen denn die Sterne? Sind es etwa in diesem Bilde die Früchte des Nachtwetterbaums, die jenen indischen Wunderbaum zu einem Feigenbaum gestempelt haben, und haben sie vielleicht gar auch andererseits den ·Uranstoß zu den goldenen Aepfeln am himmlischen Wolkenbaum bei den Griechen gegeben, dessen Hineinwachsen in die Gewitternacht ich schon Ursp. p. 130 u. 136 besprochen habe, und der sich vom Standpunkt eines Baumes auch in diesem Naturkreise ganz gut dem goldigen Weinstock zur Seite stellt? Doch dies zunächst noch dahin gestellt; der von der Esche Yggdrasil am Morgen triefende Honigthau und die himmlischen Bienen führen uns nämlich zunächst in anderer Weise auf das Sternen- und Mondlicht zurück. Analog dem ersteren war nämlich noch zur historischen Zeit bei den Griechen der Glaube, dem selbst ein Aristoteles huldigt, der Honig

---

[1]) Ueber diese Entwicklung oder eigentlich Abwicklung, d. h. allmähliche Beschränkung, der Vorstellung der wilden Jagd s. Heutigen Volksglauben u. s. w.

stamme von den Gestirnen des Himmels, die irdischen Bienen selbst holten von den Blumen nur das Wachs: μέλι δὲ τὸ πῖπτον ἐκ τοῦ ἀέρος. καὶ μάλιστα ἐν ταῖς τῶν ἄστρων ἐπιτολαῖς καὶ ὅταν κατασκήψῃ ἡ ἶρις. Aristoteles hist. anim. V. 22. Aehnlich Plin. hist. nat. XI. 12. § 30, welcher den Honig geradezu caeli sudor, sive quaedam siderum saliva nennt. cf. Vofs zu Vergil Georg. IV. 1. Wenn der Regenbogen dabei auch hineingezogen wird, so verdankt er wohl dies nur seiner dem Honig analogen gelben Farbe, die honiggebenden Sterne aber stellen sich in Parallele zu den himmlischen Bienen, welche dem Zeuskinde als erste Nahrung ihren Honig gebracht haben sollen. Wir finden nämlich auch hier jene oben berührte Dreiheit des Trankes oder der himmlischen Nahrung wieder, nämlich die von Wasser, Milch und Honig, und in dieser Parallele möchte ich auch die Lösung der von Kuhn, H. d. F. p. 157 aufgeworfenen Frage finden, wefshalb Odhin von der Gunnlöd die Erlaubnifs bekommt, drei Trünke des Meths zu thun, Indra drei Kufen Soma vor dem Kampf mit dem Vṛtra trinkt, die Dreizahl dann überhaupt bei Indern und Griechen bei Libationen so oft wiederkehrt. Was nun den berührten Zeusmythos anbetrifft, so sollten in der zu Dodona localisirten Mythe die Hyaden, also die Regennymphen, das Zeuskind genährt haben; in Kreta hingegen spielen neben der Milch der Amaltheia, also neben der Wolkenmilch, der Honig und die Bienen eine significante Rolle, von denen man sich dann noch allerhand Wunderbares erzählte. Ἐν Κρήτῃ, sagt Antoninus Lib. XIX, λέγεται εἶναι ἱερὸν ἄντρον μελισσῶν, ἐν ᾧ μυθολογοῦσι τεκεῖν Ῥέαν τὸν Δία, καὶ ἐστιν ὅσιον οὐδένα παρελθεῖν οὔτε θεὸν οὔτε θνητόν. ἐν δὲ χρόνῳ ἀφωρισμένῳ ὁρᾶται καθ᾽ ἕκαστον ἔτος πλεῖστον ἔκλαμπον ἐκ τοῦ σπηλαίου πῦρ. τοῦτο δὲ γενέσθαι μυθολογοῦσιν, ὅτ᾽ ἂν ἐκζέῃ τὸ τοῦ Διὸς ἐκ τῆς γενέσεως αἷμα. κατέχουσι δὲ τὸ ἄντρον ἱεραὶ μέλισσαι, τροφοὶ τοῦ Διός. εἰς τοῦτο παρελθεῖν ἐθάῤῥησαν cet. — Von diesen Bienen heifst es bei Diodor V. 70: τὸ δὲ πάντων παραδοξότατον καὶ μυθολογούμενον περὶ τῶν μελιττῶν οὐκ ἄξιον παραλιπεῖν. τὸν γὰρ θεόν φασιν ἀθάνατον μνήμην τῆς πρὸς αὐτὰς οἰκειότητος διαφυλάξαι βουλόμενον ἀλλάξαι μὲν τὴν χρόαν αὐτῶν καὶ ποιῆσαι χαλκῷ χρυσοειδεῖ παραπλησίαν· τοῦ τόπου

δ' ὄντος ὑψηλοῦ καϑ' ὑπερβολὴν καὶ πνευμάτων τε μεγάλων ἐν αὐτῷ γινομένων καὶ χιόνος πολλῆς πιπτούσης,
ἀνεπαισϑήτους αὐτὰς καὶ ἀπαϑεῖς ποιῆσαι, δυσχειμερωτά-
τους τόπους νεμομένας. Erwägt man Alles, namentlich, daſs also
auch noch in historischer Zeit der Honig von den Sternen zu
stammen schien, so dürften die erzgoldigen Biënen, von deren
Honig das Himmelskind — d. h. der neue Sonnengott,
was Zeus ja in so vielfacher Beziehung ist, wie sich deutlich
schon daraus ergiebt, daſs die Sonne auch als sein Auge galt,
— bei seiner Geburt genährt wird, gerade wie Indra sich allmorgentlich am Soma labt, nichts Anderes sein als eben die
goldigen Sterne, von denen ja alle Morgen auch noch
später der Honig kommen sollte. Nach dieser Auffassung wäre
also der Sternenhimmel als ein goldiger Bienenschwarm
gefaſst worden, von dem auch der irdische Honig zu
stammen schien, gerade wie nach nordischer Mythe der
Honigthau vom Nachtwetterbaum. Auf diese heiligen,
himmlischen, erzgoldigen Bienen deutet, meine ich, auch
noch besonders die Sage hin, wenn selbige sie hoch oben in der
Höhe, wo Zeus geboren, von diesem ausdrücklich unempfind-
lich gegen Sturm und Schnee gemacht werden lieſs, eine
Eigenschaft, welche sonst eben nicht den Bienen einwohnt. —
Wie aber die mannigfachsten Naturerscheinungen sich, wie oben
hervorgehoben, einem bestimmten Anschauungskreise einfügten
und von seinem Standpunkt aus gedeutet wurden, und die Mythen meist nicht zwischen der täglich eintretenden Nacht und der
Gewitternacht unterschieden, so könnte auch, wenn, wie ich
Ursp. p. 131 Anm. ausgeführt habe, Zeus andererseits wieder in
der Gewitternacht geboren und unter dem Lärm der Kureten
groſs gezogen sein sollte, dabei das Gewitter auch in secundärer Weise mit als das Schwärmen der himmlischen
Bienen, die dem dann der Sage nach geboren geglaubten
Kinde seine Nahrung zutrugen, aufgefaſst sein. Darauf scheinen
mir andere mythische, an die Bienen sich knüpfende Züge hinzudeuten, wie sie sich namentlich in den Mythen des Dionysos
finden, der ja ebenso wie Zeus im Gewitter geboren, und
ebenso von den Hyaden oder, wie ich oben erwähnt, mit der
Bienen Honig genährt sein sollte (Ueber seine Geburt s. Ursp.

p. 121. 122. 123. Kuhn, H. d. F. p. 244 f.). „Ein wunderbarer
Zusammenhang, eine merkwürdige Uebereinstimmung herrscht
in allen diesen Mythen (von den Bienen)," sagt Keferstein in
seiner Abhandlung über „die Bienen in den Mythen" (in Okens
Isis. Jahrg. 1837. p. 873), „damit Kronos, der Vater des Zeus,
das Wimmern ˙seines auf Creta gebornen Knaben nicht höre,
schlagen die Kureten nach dem Takte Speer an Schild,
Erz an Erz und bewegen sich im reifsenden Tanzschritt.
Bacchus erzeugt die Bienen durch Zusammenschlagen des
Erzes." Vergil verstärkt die Berechtigung dieser Gegenüber-
stellung noch, indem er Georg. IV. 149 sqq. auch der Kureten
Lärm mit den Bienen in Verbindung bringt:

> Nunc age, naturas apibus quas Juppiter ipse
> Addidit, expediam: pro qua mercede, canoros
> Curetum sonitus crepitantiaque aera secutae,
> Dictaeo coeli regem pavere sub antro.

Die Schilderung des Ovid (Fast. III. 735 sqq.) giebt aber den angedeuteten Parallelen und Anschauungen noch mehr Anknüpfungspunkte:

> Liba Deo fiunt: succis quia dulcibus ille
>   Gaudet, et a Baccho mella reperta ferunt.
> Ibat arenoso Satyris comitatus ab Hebro:
>   Non habet ingratos fabula nostra jocos:
> Jamque erat ad Rhodopen, Pangaeaque florida ventum:
>   Aeriferae comitum concrepuere manus.
> Ecce novae coëunt volucres tinnitibus actae:
>   Quaque movent sonitus aera, sequuntur apes.
> Colligit errantes, et in arbore claudit inani
>   Liber: et inventi praemia mellis habet.
> Ut Satyri levisque senex tetigere saporem:
>   Quaerebant flavos per nemus omne favos.
> Audit in exesa stridorem examinis ulmo:
>   Adspicit et ceras, dissimulatque senex:
> Utque piger pandi tergo residebat aselli;
>   Applicat hunc ulmo corticibusque cavis.
> Constitit ipse super ramoso stipite nixus:
>   Atque avide trunco condita mella petit.
> Millia crabronum coëunt et vertice nudo
>   Spicula defigunt, oraque summa notant.

Ille cadit praeceps, et calce feritur aselli:
Inclamatque suos, auxiliumque rogat.
Concurrunt Satyri, turgentiaque ora parentis
Rident. Percusso claudicat ille genu.
Ridet et ipse deus: limumque inducere monstrat.
Hic paret monitis et linit ora luto.
Melle pater fruitur: liboque infusa calenti
Jure repertori candida mella damus.

Wie hier Dionysos als eine Art Bienenvater auftritt, so galten nach anderen Sagen des Apollo Söhne als solche, vor Allen Aristäos; s. Schol. z. Apoll. Rhod. II. v. 498: ὅτι ἐτησίαι ἔπνευσαν Ἀρισταίου αἰτησαμίνου, ὃς ἦν Κυρήνης τῆς Ὑψέως καὶ Ἀπόλλωνος, ἀδελφὸς δὲ Αὐτούχου. Ἀλλ' ὁ μὲν ἐν Λιβύῃ, Ἀρισταῖος δὲ ἐν τῇ Κέῳ εὑρὼν τὰ μελισσουργικὰ πρῶτος cet. Ebenso erscheint Vischnu als Biene, die Römer kannten eine Bienengöttin Mellona oder Mellonia, den Litthauern hiefs sie Austheia neben einem Bienengott Bybulus, den Letten Uhsinsch (Grimm M. p. 660), alles Umstände, welche nicht etwa erst diese Gottheiten als Personificationen der Bienenzucht erscheinen lassen, sondern wie bei den andern Thiergottheiten· auf ein Naturobject hindeuten.

Die oben aus Ovid angeführte Mythe und Scenerie ist aber noch, wie gesagt, voll specieller, an das Gewitter anknüpfender Bezüge. Wenn schon des Dionysos Satyr-Schwarm auf das Gewitter hinweist, wird dies durch das eherne Geklapper seiner Begleiter nur noch verstärkt; denn gerade wie z. B. mit diesem ehernen Klappern die Bienen hier gejagt werden oder ihm folgen, was auch als Aberglaube auf die irdischen Bienen übertragen sich hielt, so werden auch in den Heraklesmythen die stymphalischen Wolkenvögel im Gewitter mit ehernen Klappern gescheucht (s. Ursp. p. 196). Des Dionysos Zug aber mit dem Silen in die Rhodopäischen Gebirge, wo der eine unter Erzgeklapper seiner Begleiter die Bienen findet, der andere an ein Nest von Hornissen geräth, die seinen Esel wild machen, dafs er ausschlägt, und Silenus lahm wird, erinnern an ähnliche mythische Genrebilder, wo z. B. Wodan und Baldr zu Holze fahren (in den Wolkenwald), und Baldrs Pferd lahm wird, wie andererseits die verschiedenen Gewitterwesen

oft selbst in irgend einer Weise gelähmt erscheinen (über diesen
Glaubenssatz s. Ursp. p. 224). Die Motivirung jenes Factum
beim Silen ergiebt sich hier aus der Scenerie und dem sonstigen,
etwas tölpischen Character des Silen leicht, der überhaupt im
gewissen Sinne an den „dummen Teufel“ der christlichen Mythologie erinnert, wie er ja auch vom himmlischen Trank fast immer
trunken erscheint. Das Herabgestürztwerden von seinem
Esel, d. h. dem Wolkengrauschimmel im Gewitter (s. Ursp.
p. 163), und das Wüthendwerden desselben durch den Stich
einer Hornisse stellt sich aber auf griechischem Boden als
Parallele zu dem Herabgestürztwerden des Bellerophon
vom Donnerrofs Pegasos, das auch eine Brémse rasend
gemacht haben soll, gerade wie die Gewitterkuh, welche in
so vielen Mythen als rasend erscheint, in der Josage auch durch
eine Bremse gepeinigt wird, oder des Herakles Rinder von
einer Bremse, die Hera unter sie schickt, toll werden und sich
zerstreuen (Ursp. p. 182. 183. 186). Dies Alles sind Bezüge,
welche im Verein mit den oben erwähnten von den Bienen auf
die Vorstellung hinzudeuten scheinen, dafs nach einer Anschauung Bienen oder Bremsen im Gewitter und namentlich
in den Blitzen ihr Wesen trieben, und wer je in der Nähe
die plötzlich eintretende Unruhe, das Summen und Brummen
eines ausziehenden Bienenschwarms, dabei das Hin-
und Herschiefsen einzelner Bienen mit angesehen oder an
Vergilische Schilderungen von den Bienen denkt[1]), wird die Vorstellung nicht für unmöglich halten, dafs man die zur selbigen
Zeit, wo die Bienen schwärmen, nämlich bei der gröfsten

---

[1]) z. B. Georg. IV. 58 sqq. heifst es vom Auszug der Bienen:

> Hinc ubi iam emissum caveis ad sidera caeli
> Nare per aestatem liquidam suspexeris agmen,
> Obscuramque trahi vento mirabere nubem;
> Contemplator cet.

oder 67 sqq. von ihren Kämpfen:

> Sin autem ad pugnam exierint: [nam saepe duobus
> Regibus incessit magno discordia motu.
> Continuoque animos volgi et trepidantia bello
> Corda licet longe praesciscere: namque morantes
> Martius ille aeris rauci canor increpat, et vox
> Auditur fractos sonitus imitata tubarum.
> Tum trepidae inter se coëunt, pennisque coruscant cet.

Hitze, plötzlich entstehende Unruhe, welche beim aufblü-
henden Gewitter im himmlischen Wolkengarten sich zu
entwickeln schien, gleichfalls als ein Losbrechen eines himmlischen Bienenschwarms deutete, wo dann in dem Zickzack der Blitze die erzgoldigen Bienen (oder andere Insecten, wie Bremsen) hin- und herschwirrten und
zischten, bis sie z. B. im Donnergeräusch mit ehernen
Klappern gejagt und eingeschlagen wurden. Wie man das
entstehende Wetter nach anderem Ausgangspunkt, nämlich
von dem des Feurigen aus, als ein Kochen und Brauen
z. B. der Hexen faßte, konnte sich die angedeutete andere
Parallele, wenn nur das Folgende dazu paßte, ebenso bieten,
gerade wie Kuhn und ich bei Schöppenstädt eine humoristische
Geschichte hörten, in der auch ein losbrechender Bienenschwarm einem Gewitter gleichsam substituirt wurde. Es
ist die in unsern Norddeutschen Sagen p. 150 abgedruckte Geschichte, wie sich die Schöppenstädter ein Gewitter verschrie-
ben, statt dessen die Botenfrau einen Bienenschwarm
heimbringt[1]). Natürlich ist bei solchen Parallelen immer der

---

[1]) Der Anschauung im Einzelnen halber drucke ich die Geschichte ab.
„In einem Sommer hatte es, heißt es, gar lange nicht in Schöppenstädt
geregnet, so daß den Bürgern bange wurde, die Ernte möchte mißrathen,
und sie beschlossen daher, nach Braunschweig zu schicken, denn da wüßte
man doch Rath für Alles, um sich ein Gewitter zu verschreiben. Zu
dem Ende schickten sie eine alte Frau ab, die auch glücklich nach Braunschweig kam, und dort von den Braunschweigern, die ihre Leute kannten,
eine Schachtel erhielt, in welcher, wie sie ihr sagten, das Gewitter wäre.
In dieser Schachtel aber, die ziemlich groß war, befand sich ein ganzer
Bienenschwarm, und als sie nun mit derselben nach Schöppenstädt
zurückging, fingen die Bienen, da es sehr heiß war, in der Schachtel
gewaltig an zu summen, und der Frau wurde ganz angst und bange, denn
sie hatte oft genug gehört, daß das Gewitter auch zuweilen einschlage,
und sie fürchtete jetzt, daß es auf einmal losbrechen und sie erschlagen
könnte. Als sie daher auf die Höhe vor der Stadt kam, öffnete sie die
Schachtel ein wenig, um dem Gewitter, dem es, wie sie dachte, drinnen
zu heiß sei, etwas Luft zu machen; denn sie meinte, es wird ja wohl für
Schöppenstädt genug übrig bleiben, wir sind ja dicht davor. Aber kaum
hatte sie den Deckel etwas gehoben, da flog der ganze Schwarm heraus
und zurück nach Braunschweig, und so viel sie auch rufen mochte: „Gewitter! Gewitter! hierher nach Groß-Schöppenstädt!“ das Gewitter flog
fort und kam nicht wieder.“

auch von mir Ursp. p. 110 bei der Bezeichnung des Knistern des Feuers als das Lachen des Donnergottes citirte Zusatz des Aristoteles zu diesem Ἡφαίστον γελᾶν nämlich ὡς παρεικάσαι μείζονι μικρὸν πάϑος sehr zu berücksichtigen. Eine Bestätigung empfängt übrigens diese Ansicht noch dadurch, daſs der im Gewitter dahinziehende Todtenzug nicht bloſs in der Odyssee „dahinschwirrenden Fledermäusen" verglichen wird, sondern in andern Sagen ausdrücklich als Bienenschwarm auftritt; es ist die kochende Gewitterwolke, die deutlich so als ein summender Schwarm — eine obscura nubes, quae trahitur vento, nannte ja Vergil in der oben citirten Stelle schon den Bienenschwarm, — angesehen wurde. So sagt Sophocles (bei Porphyrius de antro nymph. c. XVIII) βομβεῖ δὲ νεκρῶν σμῆνος· ἔρχεται δ' ἄλλη· dabei ausdrücklich an den Bienenschwarm, wie σμῆνος zeigt, denkend. So sieht in Graubünden ein Mann das „Wuodisch" (Wodans Heer) vorüberziehen „wie eine Menge dunkler Gestalten, gleich einem Bienschwarm," und das sonderbare Geräusch wurde allmählich zu einem wahren Teufelslärm. Vonbun, Beiträge zur deutschen Mythologie, gesammelt in Churrhätien. Chur 1862. p. 11. Im Praetigäu hört einer ein sonderbares Gemurmel, wie Bienengesumme, es ist der Todtenzug, der vorüberzieht. ebendas. p. 13.

Was aber die weitere Parallele der hin- und herschieſsenden Blitze als das Hin- und Herfliegen goldiger Bienen oder anderer Insecten anbetrifft, so habe ich schon in meinem Buche über den Ursp. u. s. w. so mannigfache ähnliche Anschauungen nachgewiesen, daſs auch eine derartige unbedenklich ist. Wenn man z. B. im Blitz einen geflügelten Phallus oder die geflügelten goldigen Schuhe der hierhin und dorthin eilenden himmlischen Wesen oder einen dahinschieſsenden glänzenden Fisch oder eine dahinhuschende blitzrothe Maus oder dergl. zu erblicken meinte (Ursp. p. 275), so stellen sich als gar nicht unpassende Gegenstücke dazu geflügelte, glänzende Insecten wie die Bienen, die pennis coruscantes volucres des Vergil und Ovid. Grohmann hat in seiner inzwischen erschienenen Schrift über „Apollo Smintheus und die Bedeutung der Mäuse in der Mythologie der Indogermanen"

(Prag 1862) die Rolle der Mäuse im Gewitter so ausführlich
dargelegt, daß damit nicht nur· ein Niederschlag einer ganzen
Glaubensschicht der rohesten Form gewonnen ist (welche übrigens nicht bloß bei den Indogermanen auftritt), sondern auch
eine für unsere Gewitterbienen vorzüglich passende Analogie
bietet. Denn, was das Erstere anbetrifft, so kann ich es nun
ganz kurz nach Grohmanns Resultaten aussprechen, daß der
so roh natürliche, aber darum mythologisch nicht unwichtige
kamtschadalische Kutka (s. Ursp. p. 197), wenn die Mythe von
seinen steten Kämpfen mit den Mäusen berichtet, welche er
mit seinem Bogen verfolgt, sich ganz zu dem Rudra oder
Apollo Smintheus, wie Grohmann ihn entwickelt, in Betreff der
natürlichen Basis und ersten Auffassung stellt, alle drei den
Regenbogengott mit den Gewittermäusen aufzeigen (vergl.
über die Sagen von Kutka Klemm, Culturgesch. II. 318 ff.).[1]
Dann aber möchte ich das bekannte Mäusemachen der Hexen,
was Grohmann p. 25, wie es scheint, aus dem Elbe- und Wichte-
glauben ableiten will, ganz natürlich und bloß als eine andere
Form für das gewöhnliche Gewittermachen nehmen, so daß sich zu
diesem plötzlichen Auftreten der himmlischen, glänzenden
Mäuse in den Blitzen unsere beim Donnerlärm gejagten, hin-
und herfliegenden (goldenen) Bienen recht als einfaches
Gegenstück jenes Gewitterbildes stellen. Wenn so aber die Blitze
den Mittelpunkt der betreffenden Vorstellung abgegeben, wie auch

---

[1] Die Hauptmomente des Kutka oder Kutga sind außer dem Ursp.
a. a. O. erwähnten Teufelsdreck, der ihm ebenfalls als Gewittergott anhaftet, seine Beziehung also zu den Mäusen als Regenbogengott,
dann seine phallische Neigung, wobei er auch gelegentlich castrirt
wird, wie Uranos und andere Gewitterwesen (s. Ursp. unter Entmannung).
Sein Weib Chachy scheint eine Art Windsbraut zu sein. „Es haben
auch die Itälmenen, fährt Klemm a. a. O. fort, eine sehr artige und pos-
sierliche Erzählung von der schönen Tochter des Kutka und von seinem schönen Sohne Deselkut und des Kutka Heirath mit allen Creaturen,
auch wie eine Creatur alle anderen betrogen, um die schöne Braut zu erhalten, welche endlich dem Monde zu Theil geworden.“ Die schöne
Tochter, die dem Monde zu Theil wird, ist wohl die Sonne, und wenn
dies richtig, dann wären einige der hauptsächlichsten anthropomorphischen
Glaubenssätze der Indogermanen auch bei den Kamtschadalen, nur natürlich in der vollsten Unfläthigkeit jenes rohen Naturmenschentypus, nachgewiesen.

beim Gewitter als einer himmlischen Eberjagd sie als die leuchtenden Zähne dieses Thieres eine Hauptrolle gespielt, dann würde auch die Vorstellung einer Hornisse und Bremse, welche das Gewitterrofs oder die Gewitterkuh wild macht, oder die von anderen Insecten, wie wir nachher sehen werden, sich im gewissen Sinne als die frühere ergeben, die Substituirung und Ausbildung der Vorstellung der himmlischen Bienen sich erst daran gereiht haben, so dafs im goldigen Bienenschwarm der Nacht für diese entwickelte Vorstellung noch speciell ein Anknüpfungspunkt zu suchen wäre, gerade wie ich auch neben den in den Blitzen hin- und herlaufenden und sich so documentirenden Gewitterzwergen ebenso die Sterne als die himmlischen Zwerge mit ihren Wolkennebelkappen gegenüber den Sonnen- und Mondriesen gefafst habe (Ursp. p. 247). Die Parallele der himmlischen Bienen mit den Zwergen, welche ich hier nur beispielsweise angeführt habe, greift aber weiter wirklich in die Mythen ein, wie auch J. Grimm von einem ganz anderen Ausgangspunkte schon darauf gekommen ist, indem er auf die Sagen von der Schöpfung beider Rücksicht nimmt. Er sucht freilich mehr eine begriffliche Vermittelung, wenn er sagt: „Es liegt nahe, diese geschäftigen, geflügelten Wesen (d. h. die Bienen) dem stillen Volk der Elbe oder Zwerge an die Seite zu setzen, das gleich ihnen einer Königin gehorcht. Aus verwesendem Fleisch des Urriesen gingen als Maden die Zwerge hervor; gerade so sollen die Bienen aus der Fäulnifs eines Stierleibes entstanden sein: apes nascuntur ex bubulo corpore putrefacto. Varro de re rust. 3, 16.“ Halten wir nämlich nur die sachliche Parallele fest, so läfst sich diese noch vermehren, indem analog dem letzteren aus der Fäulnifs eines Pferdeleibes Hornissen und Wespen, aus der eines Esels Mistkäfer entstanden sein sollten. Die Mythen zeigen uns aber Vorstellungen, nach welchen im Unwetter der Gewitterstier geschlachtet und verzehrt, die himmlischen Grauschimmel von dem Basilisken oder den Gewitterschlangen ebenfalls verzehrt gedacht wurden, der himmlische Urriese gefesselt und überwältigt wurde, ja, die Sage erwähnt ausdrücklich das Verwesen des qualmenden Gewitterdrachen Python, so dafs alle jene

wunderbaren Aberglaubenssätze von dem Entstehen der himmlischen Insecten und Zwerge nichts Anderes wären, als
der Glaube, daſs die neue Schöpfung eines so ausgestatteten
Nachthimmels in der Gewitternacht vor sich gegangen
sei, eine Ansicht, die, falls die übrigen Prämissen richtig, sich
eigentlich schon von selbst versteht, und auch im Persischen
noch ihre specielle Analogie findet, wo aus dem durch Ahriman getödteten Urstier überhaupt eine ganz neue himmlische
Schöpfung hervorgeht.

Ehe ich aber noch weiter die Beziehung der Bienen nach
griechischer Sage zu den Sternen und dem himmlischen Honig
verfolge, kann ich nicht unterlassen, im Anschluſs an die entwickelten Vorstellungen von den Sternenbienen einen Blick auf
den bei den Deutschen hervortretenden mythischen Character
glänzender Käfer zu thun, die demselben Naturkreise anzu-
gehören scheinen, ebenso wie auch die ägyptischen Scarabeen
bei einfacher, natürlicher Betrachtung denselben Ursprung als
mythologisches Element zeigen dürften.

Was die deutschen Käfer anbetrifft, so theilt J. Grimm M.
p. 657 als characteristisch in dieser Hinsicht folgende Sage mit,
welche ich auch auf den Nachthimmel beziehen möchte.
„Oberdeutsche Volkssagen berichten“, sagt J. Grimm, „unerwach-
sene Mädchen begaben sich Sonntags in einen wüsten Berg-
thurm, fanden die Stiege mit Sand bestreut und kamen
zu einer früher nie gesehenen schönen Stube, worin ein
Bett mit einem Umhang stand. Als sie diesen zurück-
schlugen, wimmelte das Bett von Goldkäfern, und hüpfte
von selbst auf und nieder. Voll Erstaunen sahen die Mädchen
eine Weile zu, plötzlich überfiel sie Schrecken, daſs sie aus der
Stube und Stiege hinabflohen, während ihnen Geheul und
Gepolter nachtönte.“ Diese Sage schlieſst sich eng an die
von Mannhardt in seinen Germanischen Mythenforschungen so
reich entwickelten Vorstellungen von der himmlischen Kammer,
aus der die Sonne herausgelassen wird, die dann als eine verschlossene, sogenannte verbotene Kammer in einem Schlosse
oder dergl. gilt, in welcher sich dann u. A. ein goldener
Wagen mit einem goldenen Bocke davor und eine goldene Peitsche befindet, oder Sonne, Mond und Sterne

(ebendas. p. 177. 438). Wenn das Erstere auf den Donner-
wagen und die Blitzpeitsche mit Recht von Mannhardt bezogen ist, so hat diese Scenerie ihr vollständiges Analogon zunächst im griechischen Glauben, wenn es von der Athene heifst,
sie wisse allein, wo der Schlüssel zu Donner und Blitz liege:

καὶ κλῇδας οἶδα δωμάτων μόνη θεῶν,

ἐν ᾧ κεραυνός ἐστιν ἐσφραγισμένος· Aesch. Eum. v. 790 sq.
sie lagen also auch nach griechischem Glauben in einer heimlichen Kammer[1]). Ebenso weifs auch die griechische Mythe
von einer goldigen Kemenate, wo des Helios Strahlenkrone,
also Helios selbst, ruht (s. nachher), und wenn derartige Locale
von Mannhardt auf die Wolke bezogen sind, aus der die himmlischen Lichter hervorzugehen, Blitz und Donner hervor-
zubrechen scheinen, so gelten diese Räume andererseits als ein
ἄδυτον, was nicht ohne Gefahr betreten wird. An die verbotene Wolkenkammer erinnert zunächst der Wolkenberg,
der sich nur dem Glücklichen einmal öffnet, und wo die Thür doch
noch demselben beim Hinausgehen die Ferse abschlägt, ebenso
wie den, welcher den himmlischen (Wolken-) See versucht,
oder, wie die Sage es ausdrückt, ihn ausmessen will, das Ver-
hängnifs ereilt (s. Ursp. p. 177. 261). Derartige aus der Naturanschauung entnommene Glaubenssätze, wie ich sie an den angeführten Stellen entwickelt habe, liefsen das himmlische Haus
und dann auch theilweise in irdischer Uebertragung den irdischen
Tempel, die irdische Stiftshütte gleichsam des Gottes, als ein
ἄδυτον erscheinen, wobei aber noch oft der natürliche Hintergrund
hindurchbricht. Wie der, welcher unbefugt dem Allerheilig-
sten zu nahe kam, nach jüdischem Glauben vom Schlage getroffen wurde, in Analogie zu den tödtenden Blitzen, welche
das himmlische Wolkenhaus Jehovahs zu schützen schienen
(s. Ursp. p. 280), so wurde nach griechischem Glauben derjenige
z. B., welcher das Heiligthum des Zeus Lykaios betrat, gestei-
nigt, wenn er sich nicht durch schleunige Flucht rettete. Wenn
ich dies Ursp. p. 101 auch als eine aus dem himmlischen Local

---

[1]) Aehnlich ist der Hera θάλαμος mit dem κλῇδι κρυπτῇ, τὴν δ' οὐ
θεὸς ἄλλος ἀνῷγεν, wovon Hom. Il. XIV. 165 sqq. berichtet, und wozu der
Freyja unzugängliches Gemach stimmt, in das Loki nur durch List ein-
drang. Grimm M. p. 284.

zunächst entnommene Vorstellung dargestellt und auf das Werfen mit Steinen, welches man im Donner wahrzunehmen glaubte, und mit welchem der Eindringling beim Gewitter wieder aus den himmlischen Räumen gescheucht wurde, gedeutet habe, so haben wir also dasselbe Element in ähnlicher Form in dem Schluſs der oben citirten Sage von der heimlichen Kammer mit dem Bett voller Goldkäfer, wo den Wesen, welche in den Veränderungen und der Bewegung, die in den Himmelserscheinungen vor sich zu gehen schien, den Himmel dem Glauben nach betreten hatten, Sturmesgeheul und Donnergepolter bei ihrem Verschwinden, d. h. bei ihrem Weichen aus jenen Räumen, nachtönte. Die Stiege „mit Sand bestreut" erinnert auch an eine ähnliche Vorstellung von der Milchstraſse, die im Saterlande noch de ssûnpât (Sandpfad) heiſst[1]), so daſs also beim Zurückschlagen der Vorhänge, d. h. wie die Wolken sich öffnen, die wimmelnden Goldkäfer auch hier nichts Anderes als die Sterne sein dürften, die, wie vorhin erwähnt, auch sonst jene Stube birgt. Es steht diese Anschauung in einer gewissen Analogie zu jener schwäbischen, von der Birlinger und Buck (Volksthümliches aus Schwaben. Freiburg im Breisgau 1861. I. p. 189) berichten, daſs viele die Sterne für die Köpfe silberner Nägel halten, welche das Himmelsgewölbe zusammenhalten. Denn denken wir uns diese einfach nur belebt, so haben wir jene wimmelnden, glänzenden Käfer. Und diese Annahme wird, ganz abgesehen von den analogen Bienenanschauungen der Griechen, noch verstärkt

---

[1]) Norddeutsche Sagen. G. No. 425. Kuhn meint zwar in den Anmerk. dazu: „ssûnpäd soll Sandpfad heiſsen, aber Sonnenpfad scheint näher zu liegen." Ich bin nicht der Meinung. Der „Sandpfad" ist vielmehr eine ganz analoge Anschauung zu den vielen Bezeichnungen der Milchstraſse, die Grimm M. p. 331 beibringt, und die alle mit Bezug auf Farbe und Gestalt der Milchstraſse an verzettelte Spreu anknüpfen. Wenn die bei Grimm angeführten hierherschlagenden Namen übrigens bloſs dem Orient angehören, heiſst es bei Schott in den Wallachischen Märchen. Stuttg. 1845. I. 285 von ihr: „Die Milchstraſse, welche sich am Nachthimmel wie ein Nebelstreif mitten durch die Sternbilder hinzieht, ist nichts anderes, als zerstreutes Stroh." Ja noch näher fast steht dem erwähnten Sandpfad die siebenbürgische Bezeichnung „Mehlweg." (F. Müller, Siebenbürgische Sagen. Kronstadt. 1857. p. 343).

durch einen andern Umstand. Es finden sich nämlich bei den germanischen Stämmen eine Menge volksthümlicher Bezeichnungen für glänzende Käfer, meist die sogenannten Marien- oder Goldkäfer, welche sie mit Sonne und Mond in Verbindung bringen. Ich fasse die Zusammensetzung mit Hühnchen, Kälbchen, Lämmchen u. s. w. anders als Mannhardt in seinen Germ. Mythenf. und finde darin nur die volksthümliche Vorstellung von „Junges" überhaupt. Nun werden wir nachher auf die Vorstellung kommen, dafs die Sterne als Sonnenkinder, junge Sonnen gelten; wir hätten also in diesen Goldkäfern gemäfs ihrer Bezeichnung die irdischen Substitute der himmlischen Sonnenkäfer, d. h. die Sterne eben als Kinder, Junge der Sonne (event. des Mondes), dann aber auch, warum es sich für uns handelt, die dem Ganzen zu Grunde liegende Anschauung der Sterne als glänzender Käfer. Wie es z. B. noch in einem Wiegenliede (bei Menzel, die Gesänge der Völker. Leipzig 1851. No. 517) heifst, „Die Sternlein sind die Lämmerlein, der Mond, der ist das Schäferlein," erklären sich nun nach diesen Grundanschauungen alle die Käfernamen, wie Gotteslämmchen, Herrgottsschäflein, Lievenbeerslämken, Muttergotteslämmchen, dann Sünnenkind, Sonnenkalb, Mânkalf, Himmelsthierchen, Sunnekiken oder Herrgottshühnchen, Unserer lieben Frauen Küchlein, Marienwürmchen u. s. w. Die Beziehung zum Herrgott als Himmelsherrn und zu der Jungfrau Maria, der himmlischen Frau, welche das christliche Mittelalter ja so vielfach mit der Sonne in Verbindung brachte, zeigen, wie sich die angezogenen, in die Urzeit hinaufreichenden Vorstellungen immer wieder — wie auch in dem angeführten Wiegenliede — reproducirt haben. Wenn es aber für die entwickelten Anschauungen noch weiterer Unterstützung bedarf, so ist vor Allem bestätigend folgende Parallele. Mannhardt, der so reiches mythologisches Material aus den Kinderliedern zu Tage gefördert hat, welche sich den herrschenden, mythologischen Standpunkten anschlossen, und der nur bei seinem Bestreben, die Beziehungen der Naturelemente zu den Seelen und Elben zu verfolgen, das natürliche Element nicht immer als Ausgangspunkt für den Glauben fixirt, sonst sicherlich auch schon auf diesen Ursprung des Käferglaubens gekommen wäre, weist p. 251 auf die Bezüge hin, welche man

unseren **Himmelskäfern** auf das Wetter zuschrieb, dann aber
erscheinen sie auch in den von ihm beigebrachten Liedern als
diejenigen, welche die Sonne am Morgen heraufführen, was
nach anderen Analogien sie unbedenklich wieder als die Sterne
charakterisirt. So heifst es z. B. in Niederbayern (Mannhardt.
p. 254):

> Sunwendkäfer, flieg in'n brunn,
> bring uns morgög eine schöne sunn.

Wie bei den Griechen die Morgenröthe aus einer Höhle
hervorkommt, wobei auch die Vorstellung des Hervortretens
der Sonne aus der hohlen Wolke, als ihrem Hause, auf den
Morgen übertragen wurde, bringt die deutsche Anschauung die
Sonne gern mit der Regenwolke, dem Wolkenbrunnen,
aus dem sie, wie bei den Griechen aus dem Gewitterbade (s. oben
p. 32), erfrischt hervorgeht, in Verbindung. Dies vorausgeschickt,
soll also der Sunnwendkäfer dafür sorgen, dafs morgen die
Sonne schön aufgeht, sie heraufbringen, gerade wie nach
ähnlicher und doch anderer Vorstellung bei den Griechen (s.
weiter unten) der Morgenstern speciell das Nahen der
Morgenröthe verkündet. Wie jenes oben citirte Lied in Niederbayern zu Hause, heifst es analog in Wien:

> Käferl, käferl,
> flieg nach Mariabrunn
> und bring uns ä schöne sunn.

Den Untergang aber der Sterne beim Erscheinen der Sonne
deutet ein ähnliches Lied bei Prefsburg noch an, das sich an
ein Kinderspiel anschliefst, statt der Käfer aber die lieben
Engel, auch eine Auffassung der Sterne, substituirt und somit
die aufgestellte Deutung der Käfer als Sterne durch diese Parallele wieder bestätigt. Die gelegentliche Erwähnung des Regens
läfst es als Regenlied erscheinen, es scheint mir aber nach
Allem in seiner Uranschauung mehr auf den Morgen zu gehen,
und, wie so oft, erst auf das Verschwinden der Sonne und das
Wiederhervorkommen derselben nach dem Regen besonders zur
Frühlingszeit übertragen zu sein. Die Kinder singen zuerst:
(s. Mannhardt. p. 255.)

5*

> Liabi Frau, mach's türl auf,
> lâfs di liabi sunn herauf,
> lâfs in reg'n drîna,
> lâfs in sohnê verbrîna,
> d'Engeln sitzen hintern brunn,
> wart'n auf di liabi sunn.

Nachher heifst es:

> Sunn, sunn kummt,
> d'engarln fall'n in'n brunn.

d. h. die Sternengel warten auf die hervorkommende Sonne, erscheint sie, so sinken sie hinab, wie es auch Schönwerth aus der Oberpfalz II, 81 noch geradezu als besondere Anschauung mit Hineinziehung der Sonne als Jungfrau Maria berichtet: „Wenn U. L. Frau vom Schlafe aufsteht, gehen die Nachtsterne unter, und der Morgenstern geht auf." Wunderbar stimmt übrigens mit dieser ganzen Anschauung griechische Vorstellung überein, indem Ottfried Müller (Handbuch der Archäologie der Kunst. Breslau 1835. p. 610) folgende Schilderung des Sonnenaufgangs nach einem alten griechischen Vasengemälde giebt: „Helios auf der Quadriga, Eros vorausgehend und den Orion verfolgend, die Sterne in Knabengestalt versinkend u. s. w."

Um aber zu dem Glauben an himmlische Käfer zurückzukehren, so läuft parallel mit der Beziehung der Käfer zu den Sternen, wie sie bei Griechen und Deutschen hervortrat, im deutschen Volksglauben dann auch das als griechische Vorstellung ebenfalls schon erwähnte Hineinspielen derartiger Thiere in das Gewitter und ihr Auftreten im Blitz. Zunächst gehört hierher, wenn die Seele des himmlischen Wesens, welches in der dem Gewitter oft vorangehenden Stille als eingeschlummert galt, — eine Vorstellung, von der gleich ausführlicher bei den Sagen vom Alp die Rede sein wird — im rothen Blitz nicht blofs als rothe Maus dahinzuhuschen schien (Ursp. p. 276), sondern in ganz der Uranschauung nach ähnlichen Sagen dafür eine Wespe oder Hummel eintritt (Vonbun, Beiträge zu d. Myth. p. 83). Vor Allem möchte ich aus einer derartigen Anschauung die Erscheinung erklären, dafs gewisse Käfer ausdrücklich mit dem Donnergott in Beziehung gebracht werden, von ihm den Namen entlehnen. Namentlich ist charakteristisch der Hirsch- oder Feuer-

schröter, von dem J. Grimm M. p. 167 anführt, daſs er donner-
gueg, donnerguge, donnerpuppe von gueg, guegi (Käfer)
heiſst, vielleicht, wie er hinzusetzt, weil er sich gern auf Eichen,
dem Donner heiligen Bäumen, findet? — Die Lösung bietet sich
aber nach unserer Entwickelung in Folgendem, wenn J. Grimm
weiter anführt: „Er hiefs aber auch feuerschröter, fürböter
(feueranzünder), bausbrönner, was seinen Bezug auf Donner
und Blitz andeutet. Das Volk sagt, er trage auf seinen Hörnern
glühende Kohlen in die Dächer und stecke sie an; bestimmter ist die, Aberglaube. p. XCVI. Nr. 705 angeführte Meinung, daſs „das Wetter in die Häuser schlage, worin
man den Schröter getragen hat." Ich denke, das ist eine
bedeutsame Bestätigung der aufgestellten Ansicht von dem im
Blitz dahinschwirrenden Gewitterkäfer, der Bremse,
welche die Gewitterkuh, das Donnerrofs bei den Griechen, wild
macht u. s. w. Dies wird noch dadurch bestätigt, daſs dieser
Feuerbringer so in die bestimmteste Parallele tritt zu dem
im Blitz falkenartig niederschieſsenden Gewittervogel,
der gleichsam als eine Art Prometheus im Blitz das Feuer
niederbringt, eine Vorstellung, die bis in die entferntesten Gebiete
deutscher Sage und deutschen Aberglaubens Kuhn nachgewiesen
hat; vergl. namentlich u. A. Herabkunft d. F. p. 106 in Betreff
der Beziehungen, welche sich zwischen dem mit den Gewittern im
Sommer kommenden rothbeinigen Storche und dem rothen
Blitz entwickelt haben, indem der himmlische, rothe Blitzvogel,
wie öfter 'eines dieser Gewitterelemente, die Abwehr der bösen
Seite der betr. Naturerscheinung dem Glauben gemäſs zu übernehmen, und so auch sein irdisches Substitut vor Gewitter zu
behüten schien[1]).

Wenn aber so der Blitz als ein dahinfliegendes oder
schlüpfendes himmlisches Insect gefaſst wurde, wie ich ihn
andererseits auch im Urspr. als eine derartige kleine Schlange
nachgewiesen habe, so ergiebt sich nun die Berührung zweier eddi-
scher Mythen im Naturelement des Gewitters. Wenn Odhin nämlich

---

[1]) Aehnliche Beispiele einer derartigen Entwickelung s. im Urspr.
Gerade so bekam der Esels- oder Stierkopf oder ein Pferdehaupt eine
averruncirende Bedeutung. s. z. B. Ursp. p. 169. Anm.

als Wurm (ormr = serpens) durch ein Bohrloch in den Berg zur Gunnlöd schlüpft, um von dem himmlischen, in der Wolke eingeschlossenen Lichttrank zu trinken, so ist das im Grunde nun identisch mit dem, wenn Loki als Fliege durch ein gebohrtes Loch in das heimliche Gemach der Freyja schlüpft und ihr ihren Halsschmuck, den Regenbogen, wie ich es Urspr. p. 117 ausgeführt habe, stiehlt. Es sind verschiedene Variationen gleichsam auf den im Gewitter vollzogen gedachten Raub des einen oder anderen himmlischen Schatzes, wozu sich dann in Parallele zum Halsschmuck wieder das abgeschnittene Haar der Sif stellt. Urspr. p. 144. Das phallische Element des Gewitters, was in anderen Mythen von mir und Kuhn vielfach dargelegt ist, bricht aber auch in diesen Mythen durch; denn, wie Gunnlöd dem Odhin erst vom Trunke zu trinken erlaubt, nachdem er bei ihr geschlafen, hatten 4 Zwerge der Freyja umgekehrt in anderer Sage den Halsschmuck Brisingamen als Dank für den Genufs ihrer Liebe geschmiedet. Mit dem Letzteren bestätigt sich nun zunächst die ursprüngliche Identität des Windgottes Odhin und der 4 Zwerge als der vier Windgottheiten nach den vier Haupthimmelsgegenden gefafst, wie ich es Urspr. p. 117 behauptet habe. Gleichzeitig erweitert sich aber mit den angezogenen Mythen noch durch einige andere, mit denselben übereinstimmende charakteristische Momente der Naturanschauungskreis, mit dem wir es hier zu thun haben. Ehe ich aber weiter hierauf eingehe, will ich auf eine schlagende Uebereinstimmung der vorhin erwähnten Odhin- und Loki-Mythen mit griechischer Sage hinweisen, welche sowohl für vergleichende Mythologie bedeutsam ist, als auch zeigt, dafs, wie ich schon oben beim Zagreus-Herzen angedeutet habe, die sogenannten Orphiker höchst alterthümliche Volksmythen verarbeitet haben. Nach denselben verbarg bekanntlich Demeter die Persephone in steinerner Höhle Siciliens, dort weilt sie wie Gunlöd im Wolkenberge. Wie nun Odhin durch ein Bohrloch zu dieser in den Wolkenberg als Schlange schlüpft, schlüpft Zeus gerade in derselben Gestalt, die wachehaltenden Drachen täuschend, hinein zur Buhlschaft mit der Persephone. Am Ausführlichsten erzählt dies Nonnus Dionys. VI. v. 155 sqq., wo es heifst:

παρθένε Περσεφόνεια, σὺ δ᾽ οὐ γάμον εὖρες ἀλύξαι,
ἀλλὰ δρακοντείοισιν ἐνυμφεύθης ὑμεναίοις,
Ζεὺς ὅτε πουλυέλικτος ἀμειβομένοιο προςώπου
νυμφίος ἱμερόεντι δράκων κυκλούμενος ὁλκῷ
εἰς μυχὸν ὀρφναίοιο διέστιχε παρθενεῶνος,
σείων δαυλὰ γένεια· παρισταμένων δὲ θυρέτρῳ
εὔνασεν ἰσοτύπων πεφορημένος ὄμμα δρακόντων.

Wenn diese Mythen sich schon fast vollständig decken,
wird die griechische Sage auch noch dadurch charakteristisch,
dafs Persephone während ihrer Einsamkeit sich die Zeit mit
Weben vertrieben haben soll, indem sie entweder ihrer Mutter
oder dem Zeus, ihrem Vater, ein Gewand fertigte. (Lobeck,
Aglaophamus. p. 550 sqq.) So stellt sie sich nämlich einmal
zu den deutschen spinnenden Sonnenjungfrauen, die verzaubert ihres Befreiers und Gatten warten (s. weiter unten unter
Sonne als Jungfrau); dann aber erinnert sie mit diesem Weben
eines Gewandes für die Eltern an die Penelope, welche die
Sage erst recht des Gatten warten läfst, und die während
dessen dem greisen Laertes ein Gewand webt, das sie jede
Nacht wieder auftrennt, um die Zeit hinzuziehen.

Wenn so trotz aller poetischen Ausbildung dieser Verhältnisse in der Odysseus-Sage wieder eine Hauptscene derselben,
analog den übrigen in Naturanschauungen wurzelnd, nachgewiesen
sein dürfte, — denn über die endliche Erlösung und den Bogenkampf des Odysseus habe ich mich schon anderweitig in ähnlichem Sinne ausgesprochen[1]), — so gehen die angezogenen Parallelen noch weiter und bestätigen meine Behauptung auf das
Vollständigste. Denn nun erklärt es sich, warum diese in die
Gewitterscenerie einrückende Persephone im Zagreus ein κερόεν
βρέφος (Lobeck. p. 552) geboren haben, Penelope anderseits, von
Hermes oder von Odysseus oder von allgemeiner Buhlschaft mit den
Freiern, die Mutter des gehörnten Pan geworden sein sollte[2]);

---

[1]) Vergl. Ursp. p. 105. 150. 208—210. Ueber die übrigen Abenteuer
des Odysseus s. meine Abhandlung über die Sirenen in der Berlin. Zeitschr.
f. Gymnasialw. XVII. Berlin. 1863.

[2]) Lauer ‚System d. griech. Myth. herausgegeben v. Herm. Wichmann.
Berlin 1853, giebt p. 234 die verschiedenen Genealogien des Pan nebst
den betr. Stellen.

ein Zug, der zu ihrem heroischen Charakter wahrlich nicht paſst, aber als Gegenbild jenes Persephone-Zagreus-Mythos uns einen mannigfach gefaſsten Naturmythos im Hintergrund zeigt, dem zufolge von beiden himmlischen Müttern das gehörnte Blitzwesen geboren zu sein schien[1]).

Doch kehren wir zu den vorhin erwähnten deutschen Mythen von Loki und Odhin zurück, so ergeben sich, wie schon angedeutet, aus denselben noch andere Gesichtspunkte. Wie nämlich Loki zur schlafenden Freyja als Fliege kriecht, und sie sticht, daſs sie den Halsschmuck ablegt, und in analoger Scenerie wir uns auch Gunnlöd zu denken haben, beim Brunhild-Mythos es endlich wieder entschiedener auftritt, daſs sie schlafend gefunden wird, so führt uns dies zunächst auf die in der Wolke bei der Gewitterschwüle und der dem Unwetter vorangehenden Stille schlummernd gedachte himmlische Göttin, unter der wir in diesen Mythen meist die Sonnengöttin zu verstehen haben dürften, welche in den Wolken verborgen ruht, zu der der Windgott dann dringt. A priori könnte es freilich auch umgekehrt die Gewittergöttin oder die ruhende Sturmesgöttin sein, zu der der Sonnengott in die Wolke dringt, wie unsere Redensart „die Sonne verkriecht sich in den Wolken" nicht blos an ein Fliehen des betreffenden Wesens, sondern auch an das berührte Hineinschlüpfen in die Wolke erinnern könnte; gerade wie man im Aargau sagt „d'Sunne schlüeft in e Sack," wenn die untergehende Sonne hinter eine Wolkenbank tritt (Rochholtz, Naturmythen. Leipzig 1862. p. 219). — Im Zusammenhang aber nun mit der berührten Anschauung des im Blitz in die Wolke hineinschlüpfenden Wesens, mag dies nun selbstständig gefaſst oder wie angedeutet, mit der Sonne in Verbindung gebracht sein, erklärt sich nun noch ein ganz anderer Mythenkreis, nämlich das Mârten- oder Alpdrücken, sowie der überhaupt bei den Indogermanen hervortretende Glaube, der nun auch vom Himmel seinen Ursprung empfangen haben dürfte, daſs die Geister durch das Schlüsselloch ziehen (s. Urspr. p. 1). Ich führe das Erstere wenigstens etwas aus. Die ganze Vorstellung nämlich, die an Beklem-

---

[1]) Ursp. p. 219. 222. 254.

mungen im Schlaf sich erhalten hat, erscheint entlehnt aus der den Athem benehmenden Gewitterschwüle, von der man auch noch ganz gewöhnlich sagt, „sie drücke den Menschen." Die ganze Scenerie aber, wie sie der Glaube gestaltete, ergiebt sich aus den entsprechenden himmlischen Vorgängen mit dieser so oft eintretenden wunderbaren Mischung des Himmlischen und des Irdischen. Wie in dem Freyja-Loki-Mythos hervortrat, und es andererseits der Brunhild- oder Dornröschen-Mythos zeigt, erschien also in der dem Gewitter vorangehenden Stille und Ruhe ein Wesen in den Wolken in Schlaf versunken oder verzaubert (z. B. durch den Schlafdorn). Da wirft sich die dicke Gewitterwolke auf dasselbe, — wie ein Sack ist die fast stereotype Form in der Sage, — beklemmend, athem- raubend empfindet es die ganze Natur, bis dies Gespenst der Gewitternacht im Blitz durch das Schlüsselloch wieder entschlüpft, das Alpdrücken verschwunden ist. Auf diese himmlische Scenerie bezieht sich dann auch der Glaube, daſs man den in die Wolken eingeschlichenen Geist fangen könne, wenn man das Loch, durch das er hineingekommen, verkeile, eine Vorstellung, die, wie wir gelegentlich sehen wer- den, ebenso in etwas modificirter Weise auf den Blitz geht und in vielen Mythenmassen uns deutlich in dieser Beziehung ent- gegentreten wird. Denn was zunächst die Identität des Ein- und Ausfahrens des betreffenden Wesens betrifft, so blieb es alter Glaube vom Blitz, wie auch Seneca noch ausdrücklich berichtet, daſs wie er hineingekommen, er wieder ausfahre: „Itaque illud fulmen per id foramen, quod ingressum est, redit et evadit (Seneca nat. quaest. II. 40). Ebenso paſst es aber auch zu der himmlischen Scenerie, mit allen ihren Ver- änderungen, daſs die gefangene Mahrt wieder verschwindet, wenn das Astloch einmal wieder sich öffnet, der Keil her- ausgenommen wird, d. h. im Blitz umgekehrt auch aus der Wolke herausfährt. Und wenn der bis dahin gefangene, dann aber wieder frei gewordene Geist mit einem Klageruf verschwindet, der ge- wöhnlich lautet „wie läuten die Glocken in England so schön," so dürfte das nach anderen Analogien (s. Urspr. unter Donner, hallender Nachruf, Aufschrei) ebenso auf den den ausfahren- den Blitz begleitenden Donnerklageruf gehen. — In den verschiedensten Formen erscheint aber das Gespenst selbst, immer an die himmlische Scenerie erinnernd. Wenn die Mahre oder der Alp sich z. B. als Sack auf den Schlafenden wirft, so dürfte dies nicht blofs, in irdischer Localisirung, auf die beklemmende Empfindung des Menschen im Schlaf zu schieben sein, sondern darin noch die Erinnerung an die Gewitterwolke nachspuken, die ja auch als Windsack erscheint; wenn ferner er im sächsischen Erzgebirge, wie ich gehört, als ein langer, grauer, gespenstischer Mann ohne Knochen auftritt, so finde ich auch darin den grauen Mummelack, nur in anderer Fassung, wieder. Auch die von Mannhardt, G. M. p. 79, schon hervorgehobene Beziehung des littauischen Alp als schwarzer Kuh in der Redensart „die schwarze Kuh hat ihn gedrückt" auf die Wolke, reiht sich bestätigend an mit der speciellen Beziehung auf die dunkle Gewitterwolke als eine schwarze Kuh (s. Heutigen Volksgl. p. 128 f.). Der ganze Glaube tritt überhaupt in eine gewisse Beziehung zu den vorhin p. 20 entwickelten Ansichten von den Strigen, als den bösen, fast thierischen Plagegeistern im Gewitter dort oben; nur ist der Mahrten-Glaube schon menschlicher gedacht und auch die Betrachtung der Natur selbst etwas entwickelter. — Neben jenen Beziehungen erscheint aber die gefangene Mahrt, d. h. das in der Wolke verborgene, durch das Blitzschlüsselloch ziehende Wesen, wenn, als der Tag graut, d. h. das Gewitter vorüber ist, es nun als eine schöne Jungfrau erscheint, wie oben schon angedeutet, als die Sonnenjungfrau, im Anschlufs woran dann der Zug, dafs sie sieben Jahr bei dem bleibt, der sie gefangen, auf die winterliche Zeit gehen dürfte, in der die Sonne verschwunden, wie nach meiner Deutung der sieben Monate in der Wodanssage so viele Mythen von Kuhn, Simrock, Mannhardt u. A. gedeutet sind (s. Heutigen Volksglauben u. s. w. p. 66). Wenn aber das Letztere auch die Deutung auf das Verschwinden speciell des Gewitterwesens zuliefse, so scheint dies zunächst fast noch bestimmter in einer bei Liebrecht (Gervasii Otia Imper. Hannover 1856. p. 5) mitgetheilten Form der Melusinensage hervorzutreten, wo das betr. analoge Wesen als die schlangenartige Gewittergöttin selbst erscheint. Sie wird zwar dort nicht ausdrücklich als Mahre genannt, auch

fehlt der Fang, die Sage selbst ist aber ganz wie die Mahrten-
sage in jeglicher Beziehung, so daſs auch Kuhn, H. d. F. p. 92,
sie zu denselben stellt. Die Bedingung des Bleibens ist aber
hier nun, daſs sie nicht nackt gesehen werde. Es geschieht
doch, und sie wird im Bade überrascht und verschwindet;
erepto linteo, quo balneum operitur, miles ut uxorem nudam
videat, accedit, statimque domina in serpentem conversa,
misso sub aqua balnei capite, disparuit, nunquam visa impo-
sterum nec audita, nisi quandoque de nocte, cum ad infan-
tulos suos visitandos veniebat, nutricibus audientibus, sed
ab eius aspectu semper arctatis. Die Alterthümlichkeit der Vorstellung des Nicht-nackt-gesehen-werden-dürfens hat
Kuhn a. a. O. schon aus dem Indischen nachgewiesen, und durch
mehrere Analogien aus anderen, deutschen Sagen als einen alten,
gemeinsamen, indogermanischen Glaubenssatz bestätigt. Ich beziehe diesen Zug des Mythos auf die verhängniſsvolle Ueber-
raschung der Wolkengöttin im Wolkenbade, wovon ja
auch griechische Mythen ausdrücklich berichten, welche Störung
dann namentlich in einem Blitz, der die Wolkenhülle wegrei-
ſsend plötzlich Alles mit grellem Licht erhellte, so vor sich
zu gehen, dann auch aber in anders gestalteten Blitzen mit anderen,
jene Unterbrechung begleitenden Accidenzien sich zu bekunden
schien. Teiresias wird z. B. geblendet, weil er die Athene nackt
gesehen, gerade wie der, welcher nach deutschem Glauben die
weiſse Frau im leuchtenden Blitzgewand erblickt, oder der
nach jüdischer Vorstellung den Engel des Herrn gesehen,
vom Schlage getroffen wird, d. h. ursprünglich den Blitztod
stirbt (s. Heutigen Volksgl. p. 107). Desgleichen wird Aktaeon,
eine Art wilder Jäger, weil er die Artemis nackt im Bade gesehen, in einen Hirsch verwandelt und von seinen eigenen Hunden
zerrissen, ein Vorgang, der auch seine Analogien im Gewitter
hat, indem die Mythe uns hier den himmlischen Hirsch mit dem
im Blitzzickzack leuchtenden Geweih vorführt, der von
den Sturmeshunden gehetzt und zerrissen wird[1]). So er-

---

[1]) Ueber das Sachliche cf. Jacobi's myth. Wörterbuch unter Teiresias und
Aktaeon. Ueber den Hirsch mit dem Blitzgeweih s. Zacher, Die Historie
v. d. Genovefa. Königsberg 1860. p. 49 und über das Zerrissenwerden
eines Wesens im Gewitter u. A. Heutig. Volksgl. p. 49 und oben p. 18.

scheint also in unserer Sage diese im Gewitterbade eintretende Störung, welche dem Sturm oder dem Blitz zu-
zuschreiben ist, der das Wolkengewand zerreifst, wie der
rothe Blitzkerl Porphyrion an dem der Hera reifst (s. Urspr.
p. 82), als die Veranlassung des Verschwindens des Gewitterwesens überhaupt, wie umgekehrt bei der anderen, schon
oben erwähnten Beziehung auf die im Gewitter gefangene Sonnenjungfrau es auch als die Veranlassung des Gefangen-
seins derselben gelten konnte (vergl. die Beispiele zu diesen Sagen
bei Kuhn a. a. O.). Dieselbe Bedeutung, glaube ich, hat auch
noch die Redensart „die Hexe blank machen," die Kuhn, Westph.
Sagen II, 31, als üblich anführt, wenn man z. B. über einen Werwolf oder ein ähnliches, verzaubertes Thier Eisen oder Stahl
wirft, was nach meiner Deutung wieder auf den Blitz geht,
und das die Folge haben soll, dafs die Wolkenhülle platzt, und
das betreffende Wesen nackt dasteht, der Zauber gebrochen, es
gleichsam entdeckt und gefangen ist. — Wenn so die erwähnten
Sagenkreise aber auch zunächst auf das Gewitter führten, und somit
das betreffende Wesen in ihm sich als selbstständig zu bekunden
schien, ist damit doch keineswegs ausgeschlossen, dafs, wo dasselbe
als schöne Jungfrau daneben geschildert wird, auch hier im
Hintergrunde ein weibliches Sonnenwesen als der eigentliche Ausgangspunkt anzunehmen sei, welches nur eben in die
Gewitterscenerie überging. Es wäre auch hier die Sonnenjungfrau, die nur eben nicht im Bade überrascht sein will, wo ihr
Schlangenleib dann sichtbar wird, die nicht nackt gesehen sein
will und dergl. Namentlich dürfte dies auch von den angezogenen griechischen Mythen gelten und ebenso die schon von
mir im Heutigen Volksgl. p. 107 angeführte Vermuthung von
der weifsen Frau dahin auszuführen sein, dafs es eben die
Sonnenfrau ist, von der im Anschlufs an die entwickelten
Vorstellungen dann geglaubt wäre, sie ginge speciell im Gewitter um und liefse sich (dort oben in den Alles erhellenden Blitzen) sehen. Wenn dieser letztere Ausdruck dann recht
eigentlich als eine alte, prägnante Form des Mythos zu fassen,
würde sich so auch ihr ganzer Charakter als Ahnmutter, Kinder-
wärterin wie Demeter, als Todverkünderin u. s. w. aus diesem
Naturkreise ebenso leicht erklären.

Aber nicht diese Mahrten-Sagen allein, auch eine Menge anderer alterthümlicher Vorstellungen erklären sich aus der für den Blitz in dem oben erwähnten Odhin- und Loki-Mythos gewonnenen Anschauung. Mit derselben finden nämlich nun auch die von Kuhn H. d. F. p. 214 ff. beigebrachten Mythen volle Bestätigung und Abschlufs, in denen geschildert wird, wie man von dem Gewittervogel nach deutschem Aberglauben die Springwurzel, Wünschelruthe, d. h. die Blitzruthe, gewinnen kann. „Man mufs ihm sein Nest zuspünden mit einem Keil", sagt Kuhn a. a. O., „dann kommt er geflogen mit der Springwurzel im Schnabel und hält sie vor denselben, der alsbald, wie vom stärksten Schlage getroffen, herausfährt. Hat man sich nun versteckt und erhebt bei des Spechtes Annäherung grofsen Lärm, so erschrickt er und läfst die Wurzel fallen. Einige breiten auch ein weifses oder rothes Tuch unter das Nest, dann wirft er sie darauf, nachdem er sie gebraucht." Nachdem Kuhn Aehnliches dann aus Plinius X, 18 berichtet, fährt er fort: „dadurch gewinnt die oben ausgesprochene Vermuthung, dafs der Specht, — denn von dem wird es gewöhnlich erzählt, — auch unter die Blitzträger aufzunehmen sei, festen Halt, denn dafs der cum crepitu arboris (bei Plinius) herausfahrende Keil vom Donnerkeil getrieben werde, kann kaum noch einem Bedenken unterliegen." — So Kuhn. Nach unserer Deutung ist der herausfahrende Keil der Donnerkeil selbst, mit welchem dem Gewittervogel in der himmlischen Scenerie das Nest zugespündet war, und ich bin geneigt, dieselbe überhaupt im Einzelnen so zu fassen: Im Gewitter wird dem himmlischen Vogel sein Nest im Wolkenwetterbaum verkeilt, oder, wie wir gleich sehen werden, mit einer Art von Wolken-Glasberge zugedeckt, woraus sich ergäbe, dafs die Sonne hier als das Nest des himmlischen Vogels gegolten, wie auch im Glauben vom Phoenix sowohl das Ei, in welchem er seinen Vater im Heiligthume des Helios begräbt, als das Nest, dem er Zeugungskraft mittheilt, und aus dem der neue Phoenix hervorkommt, auf die Sonne gehen dürfte, eine Vorstellung, die übrigens von derjenigen, nach welcher die Sonne als eine hoch am Himmel schwebende Krone gefafst wurde, auch nicht weit abliegt, oder nur als eine Variation sich zu der eines flach am Himmel zur Mittagszeit etwa daliegenden Sonnenrades stellt. (Ueber den Phoenix s. Urspr. p. 216, über sein Ei und Nest Jacobi's Mythol. Wörterbuch unter Phoenix.) Wenn jenes also geschehen, das Nest durch eine Wolke verdeckt ist, so erscheint der Vogel plötzlich mit der Blitzsprengwurzel, öffnet den Wolkenbaum und der Donnerkeil fährt geräuschvoll heraus oder sprengt den Wolkenberg. Der in der weiteren Entwickelung des Unwetters vor sich gehend gedachte Raub der Blitzesspringwurzel stellt sich dann ganz analog zu dem von mir im Urspr. der Myth. dargelegten Raub der Schlangen- oder, wie ich jetzt auch bestimmter noch sagen kann, der Sonnenkrone, des Sonnenei's, der Gewittermistelblume u. s. w., wo auch der betreffende Gegenstand, wie hier bei der Springwurzel, durch ein untergehaltenes Tuch, d. h. eine Wolke, aufgefangen wird.

Die entsprechende talmudische Darstellung, auf die auch Kuhn. p. 216 kurz hinweist, ist aber zu interessant, als dafs ich mich nicht etwas bei derselben aufhalten sollte. Kuhn sagt: „In der Sage vom Schamir — der hier die Stelle der Springwurzel vertritt — ist noch besonders der Zug von Wichtigkeit, dafs es heifst, der Auerhahn bedürfe desselben, wenn er Berge spalte, den Samen von Bäumen dahin trage, um dort neue Vegetation hervorzurufen (s. Cassel, Schamir. p. 62 ff.). Das schliefst sich ganz an die in Felsenritzen oder auf Bäumen wachsende Eberesche und den açvattha u. s. w. an, und Cassel hat, ohne dieselben zu kennen, wohl schon mit Recht geschlossen, dafs diese Erzählung nicht jüdischen Ursprungs, sondern von den Juden wahrscheinlich erst aus dem babylonischen Exil mitgebracht sei." — Ich lasse das Letztere dahingestellt, obgleich ich nach den alttestamentarischen Parallelen, welche ich im letzten Capitel des Urspr. gegeben, und nach Steinthals Untersuchungen (in d. Z. f. Völkerpsychologie) über das Mythische am Moses und Simson sowie über den Gewitterdrachen bei den Juden, wo derselbe ähnliche Anschauungen, wie ich im Urspr. dargelegt habe, auch dort wiederfindet, und endlich nach alledem, was ich selbst wieder in diesem Buche über den mythischen Abraham und Simson beibringe, nicht geneigt bin, es zu glauben, und hebe blofs die charakteristischen Züge der talmudischen Sage an sich

hervor, welche nach den vorangehenden Untersuchungen nur an
Eigenthümlichkeit gewinnen. Ich stütze mich dabei auf Eisen-
mengers Neu entdecktes Judenthum, Königsberg 1711, I. p. 351 ff.
„Beim Tempelbau,“ heißt es, „beruft Salomo einige Geister, um
den Schamir zu erhalten, durch dessen Kraft man die aller-
härtesten Steine hat sprengen können,“ damit er die
Steine zum Tempel damit spalte, „dieweil es, wie aus I Reg. 6,
v. 7 zu sehen ist, verboten war, Hammer oder eiserne Ge-
schirre dazu zu gebrauchen[1].“ Der Schamir aber soll ein
gewisses Würmlein gewesen sein, so groß als ein Gerstenkörnlein, vor ihm konnte kein hartes Ding bestehen.
Die Geister weisen Salomo aber an den Aschmedai, den König
der Teufel, und auf Salomo's Frage, wo dieser zu finden, sagten
sie, daß er sich auf dem Berge N. N. eine verschlossene Grube
gegraben, zu der er täglich komme, um zu trinken. Da
schickte Salomo den Benaja ab mit einer Kette, auf welcher
der Name (das ist der zauberhafte Schem hammphorásch) ein-
gegraben stand, mit einem Ringe mit ebenderselben Inschrift,
sammt einigen Flocken Wolle und etlichen Schläuchen Weins.
Benaja kommt zu Aschmedais Grube und gräbt erst unter derselben eine ebensolche, dann ließ er das Wasser aus Aschmedais
Grube herauslaufen und stopfte das Loch mit den Wollflocken
wieder zu. Darauf gräbt er über derselben eine andere, füllt
diese mit Wein, den er dann durch ein Loch in Aschmedais
Grube laufen läßt. Dann stopft er das Loch wieder zu, daß
Aschmedai nichts merkt. Dieser kommt zur Grube, riecht den
Wein, und will erst nicht trinken, weil er der Sache nicht
traut, dann aber bethört ihn der Durst, er trinkt, wird trunken
und legt sich schlafen. In diesem Zustande wird er gefesselt und fortgeführt. Unterwegs zeigt er sich ungebehrdig,
kann sich aber nicht lösen, er reibt sich an einem Dattel-
baum und wirft ihn zu Boden. Darnach kam er an
ein Haus, und warf es um. Hierauf kam er zu einem
kleinen Hüttchen einer Wittfrau, sie aber ging hinaus, und

---

[1] So wird die Stelle dort „und da das Haus gesetzet ward, waren
die Steine zuvor ganz zugerichtet, daß man keinen Hammer,
noch Beil, noch irgend ein Eisenzeug im Bauen hörte“ dann
daselbst gedeutet.

bat ihn flehentlich, (daſs er ihrer Hütte keinen Schaden zufügen
möchte), und als er sich auf die andere Seite wenden wollte,
zerbrach er ein Bein und sprach, dieses ist was (Proverb. 25,
v. 15) geschrieben steht: „Eine gelinde Zung (oder sanftmüthige
Rede) zerbricht das Gebein u. s. w." Darauf wurde er vor Salomo geführt, der ihn nach dem Schamir fragte, den er zum
Tempelbau bedürfe. Da antwortete jener, der Schamir sei dem
Fürsten des Meeres übergeben, der gebe ihn Niemandem
als dem Auerhahn, der ihm getreu sei wegen des Eides, den
er ihm geschworen. Der Auerhahn aber nehme denselben mit
sich auf die Berge, da man nicht wohnen könne (und auf
welchen keine Gewächse und Bäume seien), und halte ihn an
die Felsen der Berge, daſs er sie spalte. Darnach nehme
er Same von den Bäumen und werfe ihn dahin, so gebe es
einen Ort daselbst zu wohnen (da Bäume und Anderes wachse).
Deswegen werde er Nággar túra d. h. Bergkünstler genannt.
Nachdem sie nun, heiſst es weiter, das Nest des Auerhahns
gefunden hatten, darinnen Junge waren, haben sie es mit einem
weiſsen Glase zugedeckt[1]). Als nun der Auerhahn kam, wollte
er hineingehen zu seinen Jungen, konnte aber nicht. Deswegen
ging er hin, und brachte den Schamir und setzte ihn darauf.
Da nun der Benaja herüber gegen denselben überlaut ge-
schrieen hatte, ließ er den Schamir fallen, und der Benaja
nahm ihn. Der Auerhahn aber ging hin, und erwürgte sich
selbst wegen seines Eides, (den er dem Fürsten des Meeres
geschworen hatte, daſs er denselben ihm nicht gehalten und
den Schamir hatte fallen lassen)." Dieser Schamir, welchen
Moses nach anderer Sage einst zu den Steinen des Leibrockes
hatte bringen lassen, der dann verloren gegangen, vom Salomo
auf die angeführte Weise wiedergewonnen sein sollte, mit dem
er den Tempel gebaut, war dann, wie es hieſs, bei der Verwüstung desselben wieder verloren gegangen.

---

[1]) Nach der Analogie anderer Sagen habe ich oben dafür einen Glasberg substituirt, denn es ist im Element und der Auffassung offenbar dasselbe, was die nordischen Sagen mit Glasberg oder Glashaus bezeichnen,
nämlich eine Wolke. Zu unserer Sage paſste natürlich beim Erwerben des
Schamir und dem Zudecken des Nestes „der Berg" ebensowenig als „das
Haus," die Erzählung sagte dafür einfach „Glas."

Diese jüdische Tradition ist höchst merkwürdig. Sie trägt erstens in allen Theilen einen ganz selbstständigen Charakter. So ist, um nur die Hauptsache hervorzuheben, der gefesselte Teufel, welcher Bäume und Häuser umreifst, dabei aber sich das Bein zerschlägt, also lahm wird, eine in dieser Form höchst charakteristische Auffassung des Gewitterwesens. Wir sehen ihn nämlich so noch in der Verheerung thätig, die das Gewitter anrichtet, während andererseits es eine ächt morgenländisch-israelitische Scenerie ist, wenn' er seine Cisterne im verschlossenen Wolkenberge hat, zu der er täglich kommt, seinen Durst zu stillen. Das Gefesselt- und Lahmwerden sind hingegen schon im Urspr. von mir mannigfach an diesen Gewitterwesen nachgewiesene Vorstellungen. Was aber das interessanteste hier Wiederkehrende ist, das ist die Verbindung des im Gewitter trunken gemachten und gefesselten Himmelsriesen mit dem Gewittervogel, der den Blitz herbeibringt, wie sie Kuhn aus den verschiedenen Theilen der Picus-Sage schon zusammengesetzt hat. Der Vogel ist aber hier noch kein Feuerbringer, ja, der Schamir ist auch noch nicht einmal als schätzezeigende Wünschelruthe gefaſst, sondern einfach der Wolkenspalter, der seinen Träger, den Wolkenvogel, zu einer Art himmlischen Schöpfer macht, daſs er die Berge sprengt, die Wolkenbäume pflanzt und dergl.; er ist gleichsam im wohlthätigen Sinne das, was der kleine aufrecht gehende Schlangenkönig, der kleine Basilisk, den ich auch in besonderer Auffassung im Blitze nachgewiesen, im furchtbaren Sinne ist. (s. Urspr. p. 214. 247). Auch dieser sprengt Steine u. s. w. (Urspr. p. 52). Wie der Schamir sich so zum Basilisken, so stellt er sich andererseits als kleines Würmlein, so groſs wie ein Gerstenkörnlein, dann doch ganz zu dem als Wurm oder Schlange (ormr) oder Fliege in den Wolkenberg schlüpfenden Odhin oder Loki. Alle diese Anschauungen des Blitzes als einer dahinschlüpfenden oder aufrecht gehenden kleinen Schlange, eines Würmleins, eines Insects, einer Fliege tragen sich gegenseitig und brechen in allen Mythologien hervor. So, um noch Eins anzuführen, erklärt es sich nun auch, wenn Ahriman als Schlange im Blitz vom Himmel herabspringt (Urspr. p. 50) und als Fliege dann das All durchzieht,

Alles in Nacht hüllt, d. h. in die Gewitternacht, und alles böse Geschmeifs, d. h. den ganzen bösen Spuk des Gewitters, Schlangen, Kröten u. s. w. schafft (Klemm, Culturgesch. VII. p. 366). So spielen auch die Zauberfliegen bei den nordischen Schamanen eine grofse Rolle (s. Klemm ebendas.). Und der Beelzebub, d. h. der Baal der Fliegen, von dem das zweite Buch der Könige berichtet, dürfte ebenso, wie der Zeus ἀπο-μύιος (Paus. V, 14), desselben Ursprunges sein, indem, wie beim Apollo Smintheus der Mäusegott in einen Mäuseabwehrer, so hier der Fliegengott in einen Fliegenabwehrer übergegangen sein dürfte, wenn nicht diese letztere Anschauung schon in der Naturerscheinung selbst zu suchen wäre, in der man ja auch, wie vorher nachgewiesen, eine Menge Bienen und Bremsen in den Blitzen schwärmen und zischen sah; und ebenso a¹so auch eine böse Fliegenplage dort oben konnte hereinbrechen sehen, welche der Gewittersieger, der Sturm dann etwa, verscheuchte.

Aber noch eine andere Anschauung zeigt die Mythe vom Aschmedai, die auch in der nordischen Odhinsage ihr Analogon hat. Das Angebohrtwerden der Wolkencisterne des Aschmedai erinnert nämlich in der Sache selbst als besondere Anschauung an das Bohrloch, das in die Wolke gebohrt wird, in der Gunnlöd mit Suttungs Meth sich befindet, dafs Odhin als ormr hindurchschlüpfe. Kuhn (H. d. F. p. 38 und 153) hebt auch schon den Bohrer dabei als eine alte und eigenthümliche Vorstellung hervor, indem er an den gemeinsamen Ursprung der Anschauung vom himmlischen Feuer und Trank erinnert und an die Entstehung speciell des ersteren. Die Parallele ist auch, denke ich, jetzt vollständig. Sah man nämlich im Gewitter das Drehen eines Stabes in der Nabe des grofsen Wolkenrades behufs der Quirlung des Wolkenmeeres oder behufs des Feueranzündens, wie Kuhn dargethan hat, so heifst es doch nur der Sache eine etwas andere Wendung geben, wenn man es als ein Bohren in den Wolken — natürlich Alles dies colossal gedacht, — zu irgend einem anderen Zweck fafste. Ja, sehen wir uns die betreffende Stelle der Edda noch genauer an, so erscheint uns die Gewitterscenerie noch in kleinen Zügen charakteristisch ausgemalt. Baugi bohrte also im Wolkenberge und sagte dann, heifst es, bald, der Berg sei durchgebohrt. Aber Bölwerkr (Odhin) blies in's

Bohrloch, da flogen die Splitter heraus, ihm entgegen. Daran erkannte er, dafs Baugi mit Trug umgehe, und
bat ihn, ganz durchzubohren. Baugi bohrte weiter, und als Bölwerkr zum anderen Male hineinblies, flogen die Splitter ein-
wärts. Da wandelte sich Bölwerkr in einen Wurm und
schloff in das Bohrloch (Simrock, Edda. p. 294). Wie Thor
sonst in seinen Bart bläst, und so Blitz und Donner erzeugt, bläst Odhin hier in derselben Scenerie, durch das
Wolkenbohrloch unter dem Sprühen der Blitzessplitter,
eine Anschauung, die ich in ähnlicher Weise schon im Volksglauben u. s. w. p. 41 nachgewiesen habe. Als aber diese
nicht mehr sprühen, da ist er hineingeschlüpft in den
Wolkenberg, wie wir oben bei der Mahr des Ausführlicheren
gesehen haben.

Mit dieser, im Gewitter nachgewiesenen Vorstellung hängt
auch eine Scene der Odysseus-Sage zusammen. Ich habe in
Uebereinstimmung mit W. Grimm den Kyklopen schon Urspr.
p. 199 als den Himmelsriesen mit dem Sonnenauge gedeutet, und ich denke, wie ich dort schon ausgesprochen, in aus-
führlicherer Darlegung an anderer Stelle nachzuweisen, dafs
die Blendung desselben im Gewitter vor sich ging.
Da stellt sich nun als ganz analog zu dem eben entwickelten
Bohren in den Wolken und nur in einen anderen Anschauungskreis übertragen das Bohren in dem Auge des Himmelsriesen, des Kyklopen, welches Homer selbst mit dem eines
Drehbohrers vergleicht, wobei es auch aufzischt, wie wenn
man Eisen in Wasser taucht, um es zu härten, was mir deutlich auf den sprühenden oder aufzischenden Blitz zu gehen
scheint[1]), während der Aufschrei des Riesen den Donner-
schrei charakterisirt.

καὶ τότ' ἐγὼν (sagt Odysseus, Hom. Od. IX, 380 sqq.) ἄσσον φέρον
ἐκ πυρὸς (nämlich den glühenden μοχλός), ἀμφὶ δ' ἑταῖροι
ἵσταντ'· αὐτὰρ θάρσος ἐνέπνευσεν μέγα δαίμων.

---

[1]) Analog ist es, wenn man dasselbe σίζειν der feurigen Sonne zuschrieb, wenn sie sich Abends in's Meer tauche, wie auch Posidonius bei
Strabo III. C. p. 139 sagt: μείζω δύνειν τὸν ἥλιον. ἐν τῇ παρωκεανίτιδι μετὰ
ψόφου παραπλησίως, ὡσανεὶ σίζοντος τοῦ πελάγους κατὰ σβέσιν αὐτοῦ διὰ
τὸ ἐμπίπτειν εἰς τὸν βυθόν.

οἱ μὲν, μοχλὸν ἑλόντες ἐλάϊνον, ὀξὺν ἐπ᾽ ἄκρῳ,
ὀφθαλμῷ ἐνέρεισαν· ἐγὼ δ᾽ ἐφύπερθεν ἀερθεὶς
δίνεον. ὡς ὅτε τις τρυπᾷ δόρυ νήϊον ἀνὴρ
τρυπάνῳ, οἱ δέ τ᾽ ἔνερθεν ὑποσσείουσι ἱμάντι
ἁψάμενοι ἑκάτερθε, τὸ δὲ τρέχει ἐμμενὲς αἰεί·
ὣς τοῦ ἐν ὀφθαλμῷ πυριήκεα μοχλὸν ἑλόντες
δινέομεν, τὸν δ᾽ αἷμα περίῤῥεε θερμὸν ἐόντα,
πάντα δέ οἱ βλέφαρ᾽ ἀμφὶ καὶ ὀφρύας εὖσεν ἀϋτμή,
γλήνης καιομένης· σφαραγεῦντο δέ οἱ πυρὶ ῥίζα.
ὡς δ᾽ ὅτ᾽ ἀνὴρ χαλκεὺς πέλεκυν μέγαν ἠὲ σκέπαρνον
εἰν ὕδατι ψυχρῷ βάπτῃ μεγάλα ἰάχοντα,
φαρμάσσων· τὸ γὰρ αὖτε σιδήρου γε κράτος ἐστίν·
ὣς τοῦ σίζ᾽ ὀφθαλμὸς ἐλαϊνέῳ περὶ μοχλῷ.
σμερδαλέον δὲ μέγ᾽ ᾤμωξεν· περὶ δ᾽ ἴαχε πέτρη·
ἡμεῖς δὲ δείσαντες ἀπεσσύμεθ᾽. — — —

Mit der ganzen nachgewiesenen Vorstellung übrigens des
im Blitz und Donner gebohrten Loches oder heraus-
springenden Keils stelle ich nun schliefslich noch zusammen,
wenn man andererseits die Gewitterscenerie so auffafste, als
werde dort oben etwas verkeilt. Hierher ziehe ich u. A. das
sogenannte Verkeilen der Pest, die auch dann, wenn der
Keil herausgenommen wird, als blaues Flämmchen,
d. h. wie der Blitz, hervorbricht und in dieser Gestalt durch
das Land zieht, wobei man sich unter Pest ursprünglich das
himmlische Verderben dachte, wie es im Gewitter über
alle Thiere und die ganze Schöpfung des Himmels los-
zubrechen schien (s. Urspr. p. 111 ff.). Die blaue Flamme tritt
in deutschen und englischen Sagen charakteristisch hervor. Für
die Sache selbst führt Grimm schon Amm. Marc. 23, 6 an: fertur
autem, quod post direptum hoc idem figmentum (Apollinis simulacrum) incensa civitate (Seleucia) milites fanum scrutantes
invenere foramen angustum, quo reserato ut pretiosum
aliquid invenirent, ex adyto quodam concluso a Chaldaeo-
rum arcanis labes primordialis exsiluit, quae insanabilium vi
concepta morborum eiusdem Veri Marcique Antonini temporibus
ab ipsis Persarum finibus ad usque Rhenum et Gallias cuncta
contagiis polluebat et mortibus. Diese Stelle gewinnt dadurch

noch besondere Bedeutung, dafs gerade Apollo, wie die deutsche Hel, die pestsendenden Gewittergötter geworden, bei denen dann, wie schon angedeutet, noch in anderen Auffassungen die Ver- heerung, welche die Gewittergötter unter den himmlischen Wolkenthieren anzurichten schienen, hervortritt[1].

Dann deute ich auch auf dasselbe Naturelement und die- selbe Auffassung die bekannte Ceremonie des clavum figere bei den Römern, die auch weiter nichts als eine Nachahmung eines ähnlichen, im Gewitter geglaubten, himmlischen Vorgangs mit irgend welcher religiösen Nebenbedeutung war[2]. Ja, die ausgeführte Beziehung auf die Pest tritt auch hierbei noch ausdrücklich bei Livius VII, 3 hervor: Itaque Cn. Genucio, L. Aemilio Mamercino secundum consulibus, quum piaculorum magis conquisitio animos, quam corpora morbi afficerent, repe- titum ex seniorum memoria dicitur, pestilentiam quondam clavo ab dictatore fixo sedatum. Ea religione adductus senatus dictatorem clavi figendi causa dici iussit. Ebenso VIII, 18. Alljährlich wiederholte man dies dann zu Vulsinii wie zu Rom als eine heilsame Ceremonie, wie man sonst ja auch alljährlich das Feuer nach Analogie der himmlischen Erscheinungen und auch dann, wenn es gelegentlich noth that, er- neuerte. Auf dieselbe Anschauung des Nageleinschlagens im Gewitter geht es übrigens, wenn auf einem etruscischen Spiegel die Atropos (Athrpa), d. h. das unabwendbare Schicksal, über dem Haupt des dem Tod Verfallenen einen Nagel einschlägt; denn es ist eine einfache Parallele zu dem, wenn, wie ich bei Besprechung des Blitzes als eines Fadens und des Spinnens im Gewitter nachzuweisen gedenke, die Schicksals-

---

[1] Vergl. über das Verkeilen der Pest Grimm. M. p. 1135. Kuhn. Westph. Sagen. I. p. 140. Aehnlich ist auch das Verkeilen der Blitzmaus in der sogenannten Mauseeche. s. Grohmann, Apollo Smintheus u. s. w. p. 11 f. Ueber die Pest des Apollo als himmlisches Verderben s. zunächst Ursp. p. 104. 113. 163 und Kuhn. Westph. S. II. p. 9.

[2] Wahrscheinlich steht sie von Haus aus in Beziehung mit der An- schauung der Sterne als Köpfe von Nägeln, die am Firmament einge- schlagen. Als deutscher Aberglaube ist dies schon oben erwähnt worden, und dafs auch griechische Philosophen im Anschlufs offenbar an volks- thümliche Vorstellungen dies angenommen, wird weiter unten ausgeführt werden, wo vom Schmieden des Firmaments die Rede ist.

göttin den Lebensfaden im Blitz abschneidet oder zerreifst.
(Ueber die etruscische Vorstellung des Nageleinschlagens s. Preller,
röm. Myth. 1858. p. 232).

Nach diesen Abschweifungen, welche sich an den Blitz als
das Treiben eines himmlischen Insects und des Hinein-
schlüpfens desselben in die Wolke anschlossen, komme
ich jetzt noch einmal ʾauf die bei den Deutschen nachgewiesene
Vorstellung der Sterne als himmlischer Käfer zurück. Es
ist nämlich mit diesem gewonnenen Substrat des Käferglaubens
bei den Deutschen auch die schon von Grimm hervorgehobene
und von Mannhardt des Weiteren ausgeführte Beziehung der
geflügelten Insecten und Schmetterlinge zu den Seelen
der Verstorbenen erklärt, da Beides sich in den Sternen berührte, die, wie wir sehen werden, bei Griechen und Deutschen
als solche Geister aufgefafst wurden. Aber auch diese Vorstellung geht wieder in das Unwetter und die Gewitternacht über,
wo der unsichtbare Schwarm der himmlischen geflügelten
Wesen im Rauschen des Windes sich wenigstens vernehm-
men läfst. So hört sich ja bei Homer (Od. XXIV, 5 sqq.), wie oben
erwähnt, das Ziehen der Seelen wie der Fledermäuse Zug an:

— ταὶ δὲ τρίζουσαι ἕποντο (die Seelen dem Hermes).
ὡς δ᾽ ὅτε νυκτερίδες μυχῷ ἄντρου θεσπεσίοιο
τρίζουσαι ποτέονται, ἐπεὶ κέ τις ἀποπέσῃσιν
ὁρμαθοῦ ἐκ πέτρης, ἀνά τ᾽ ἀλλήλῃσιν ἔχονται·
ὡς αἱ τετριγυῖαι ἅμ᾽ ἤισαν· — ἤρχε δ᾽ ἄρα σφιν
Ἑρμείας ἀκάκητα κατ᾽ εὐρώεντα κέλευθα.

cf. Urspr. p. 126. 200. 272.

Dies ist um so charakteristischer, als auch die Fledermaus, wie
Grohmann nachgewiesen, in den Kreis der Gewitterthiere gehört. In dasselbe Anschauungsgebiet vom Zug der Seelen als
einem Schwarm geflügelter Thierchen überschweifend,
sagte auch Sophokles, wie oben p. 60 erwähnt:

βομβεῖ δὲ νεκρῶν σμῆνος· ἔρχεται δ᾽ ἄλλη.

wozu ich a. a. O. ausdrücklich deutsche Sagen beigebracht habe,
die das Bild speciell eines Bienenschwarms ausführten. — Wie
aber oft eine einzelne Bezeichnung beim Mangel weiterer Notizen doch eine bedeutsame Perspective eröffnet, so möge schliefs-

lich noch erwähnt werden, dafs bei den Nordgermanen die Bezeichnung Bienenschiff vorkommt. Aus dem Liede Sonatorrek, welches der Skalde Egill Skallagrimssonr auf seinen ertrunkenen Sohn sang, führt Mannhardt. Germ. Mythen. p. 371, an: „In des Bienenschiffs Bau stieg der Bube, der Sohn meiner Gattin, sein Geschlecht zu besuchen" und bemerkt dazu: „Hier wird der Himmel oder die Luft als Sitz der Seligen „die Wohnung des Schiffes der Bienen" genannt." Ich möchte vielmehr nach dem Obigen entweder an die ziehende Gewitterwolke als das Wolkenschiff denken, oder sollte es gar mit specieller Beziehung auf den Bienennachthimmel der Mondkahn sein?

Doch kehren wir zum Schlufs dieser ganzen Untersuchung noch einmal speciell zu der aus den griechischen Mythen entwickelten Vorstellung der Sterne als goldiger Bienen, von denen des Morgens der Honig, die Götternahrung, stammt, zurück, so scheint, wie beim Nachtwetterbaum und dem Haoma, auch hier der Mond noch in den Kreis der Anschauung hineingezogen zu sein. Denn nicht allein, dafs auch der Mond, wie in dem Rückertschen Gedicht, neben der Sonne als eine himmlische Schaale gefafst werden konnte, in welcher der Lichttrank aus Wolkenmilch, Regennafs und Sternenhonig bereitet galt, wie ja auch im Indischen, von der Anschauung des himmlischen Lichts als eines Trankes aus, der Name des Königs Soma, des kaltstrahligen, am Monde geradezu haften geblieben ist; es konnte auch, den himmlischen Sternenbienen speciell gegenüber, der Mond noch ursprünglich eine andere Rolle gespielt haben. Die cretische Sage, welche von den erzgoldigen Bienen dort oben in der Höhe berichtet, weifs nämlich nun auch von einem König $M \varepsilon \lambda \iota \sigma \sigma \varepsilon \acute{v} \varsigma$, dessen Töchter dann den jungen Zeus genährt haben sollen. Und wenn man dabei schon die Conjectur machen könnte, dafs der König ($\acute{\eta} \gamma \varepsilon \mu \acute{\omega} \nu$, $\acute{\alpha} \nu \alpha \xi$) des geschilderten himmlischen Sternen-Bienenstockes im Monde zu suchen, so dürfte anderseits es als eine Bestätigung gelten, wenn wir auch, abgesehen von diesen Sagen, den Mond selbst in weiblicher Auffassung als Biene bezeichnet finden, und der Priester der Artemis anderseits bei den Ephesiern $\dot{\iota} \sigma \sigma \acute{\eta} \nu$, d. h. Bienenkönig, genannt wurde.

Porphyr. de antro nymph. c. 18: *καὶ τὰς Δήμητρος ἱερείας,
ὡς τῆς χθονίας θεᾶς μυστίδας, μελίσσας οἱ παλαιοὶ ἐκάλουν·
αὐτήν τε τὴν Κόρην μελισώδη. Σελήνην τε οὖσαν γενέσεως
προστάτιδα μέλισσαν ἐκάλουν.* (Ueber den *ἰσσήν* s. Spanh. z.
Callim. h. in Jov. v. 66. Pausanias. VIII. 13, 1). Wenn aber die
Grundlage der Anschauung des Sternenhimmels gleichsam als
eines goldigen Bienenkorbes richtig, so möchte ich die
Beziehung des Mondes dazu als König oder Königin nicht
etwa blofs in einer so allgemeinen Vorstellung suchen, wie bei
Horatius in der oben citirten Stelle Luna siderum regina genannt wurde, sondern es dürfte auch hier eine, die ganze Vorstellung vervollständigende Naturanschauung zu Grunde liegen.
Erwägen wir nämlich einerseits, dafs der Bienenkönig oder die
Königin sich den Augen entzieht und im Bau bleibt, und vergegenwärtigen wir uns andererseits das ganze Bild, so ergiebt
sich ziemlich von selbst eine Anschauung, nach welcher die
bald goldige, bald silberne Mondscheibe — der glänzende,
poröse Stein, welcher ab- und zunimmt, oder nach anderem
Bilde der himmlische Käse des Hirten, wie wir vorhin gesehen haben, — als die himmlische Honig- oder Wachswabe
gegolten haben konnte, in welcher der Bienenkönig in seinem
Bienenrumpf safs, so dafs sie gleichsam mit ihm identificirt
werden konnte. Denn im Bienenrumpf, sagt Plato, wird der
König, der *ἡγεμών, ἄναξ*, rex oder regina, der Weiser
oder die Königin geboren, er ist squalens auro, gleichsam
starrend von Gold. s. Vofs z. Vergil Georg. IV. 67 sqq.
Wenn so im himmlischen Nachtreich die goldenen Sternenbienen den Honig sammelten, im Mondschein der
Nektar zu erglänzen, am Morgen die Lichtquelle des ambro-
sischen Sonnentrankes zu sprudeln, oder Wolkenbäume
und Wolkenvögel Träger dieses himmlischen Lichttrankes zu sein schienen, in der Gewitternacht die himmlischen Bienen zu schwärmen oder unter Erzgetön eingeschlagen, oder der Unsterblichkeitstrank geraubt
oder in schon entwickelter Vorstellung wieder bereitet zu
werden schien, so sind dies alles Mythen homogener Art, die,
von dem an die Spitze der Untersuchung gestellten Glauben des
Himmelslichts als eines himmlischen Tranks ausgegangen,

oder wenigstens von ihr getragen, alles Analoge in ihren Kreis hineinzogen, wie sich dies auch, wie oben erwähnt, an anderen Beispielen von der himmlischen Jagd, dem himmlischen Fischfang u. s. w. wiederfindet. Mag auch das Letzte mit dem Mond im Sternenbienenkorb noch gewagt erscheinen, damit fällt keineswegs das Andere, was auf selbstständiger Grundlage ruht, und damit haben wir, denke ich, eine weithin sich verzweigende, uralte Anschauung von Sonnen-, Mond- und Sternenlicht, daran sich schliefsendem Gewittertreiben und Gewitterkampf gewonnen, die nicht allein dadurch bedeutsam ist, dafs sie alle diese Himmelserscheinungen umfafst und Vorstellungen von einem himmlischen Trank, Quell u. s. w. erzeugt hat, die in den ausgebildeten Mythologien in entwickelteren Formen beibehalten sind, sondern vor Allem defshalb, weil bei diesen Elementen die Beziehung der leuchtenden Himmelserscheinungen zum Feuer oder zu anthropomorphischen Gestaltungen noch fast ganz in den Hintergrund tritt, ein Moment, was wir sonst nur noch in dieser Weise bei den mythischen Niederschlägen desjenigen Glaubens wiederfinden, zu dem ich im Urspr. in dem Capitel von den Rindergottheiten und im I. Anhang zum Heutigen Volksgl. u. s. w. den Grund gelegt habe. Beides fiele etwa auch gemeinsam dem Hirtenleben anheim, welches zuerst überhaupt wohl zu zusammenhangenden Naturbetrachtungen und umfassenderen Mythenbildungen Veranlassung gegeben haben möchte, während ein roheres Leben, was man nach einer hervorstechenden Weise einseitig gewöhnlich als Jägerleben zu bezeichnen pflegt, nur mehr einzelne Momente in der Natur gläubig aufgefafst und so mythische Ansätze seiner Art gebildet haben dürfte[1]).

---

[1]) Unerwähnt will ich hierbei übrigens nicht lassen, dafs nach den entwickelten Vorstellungen wohl auch nun der interessante Fund im Grabe des fränkischen Königs Childerich zu Doornik von einem goldenen Stierhaupt unter vielen hundert goldenen Bienen, die dann in das Napoleonische Wappen bekanntlich übergegangen sind, seine Erklärung finden dürfte (Chiflet, Anastasis Childerici I. Antwerpen 1655). Wenn das goldene Stierhaupt dabei auf den Sonnen- und Gewitterstier, wie wir weiter unten sehen werden, geht, bleibt es weiteren Untersuchungen überlassen, zu erörtern, ob die Bienen mit den Sternen oder mit den in den Blitzen schwirrenden Gewitterbienen in Verbindung zu bringen sind; doch dürfte wohl die Beziehung auf den Nachthimmel näher liegen.

Von den sachlichen Auffassungen der Sonne ist noch die einer Krone übrig, wovon nachher bei dem Strahlenhaupt der Sonne die Rede sein wird.

Eine ganz neue Gruppe von Vorstellungen ergiebt sich aber, insofern das Feurige, Glühende der Erscheinung der Sonne, was wir schon beim διάπυρος μύδρος oben in die Anschauung hineingezogen fanden, besonders entwickelt wird. Wie unsere Ausdrücke „die Sonne leuchtet, brennt," oder Redeweisen, wie die von der Gluth der Sonne, von derselben als von einem himmlischen Feuer entlehnt sind: sagt zunächst Aeschylos Pers. v. 496 sq.

Φλέγων γὰρ αὐγαῖς λαμπρὸς ἡλίου κύκλος
μέσον πόρον διῆκε, θερμαίνων φλογί.

oder v. 356 sq.

Εὖτ᾽ ἂν φλέγων ἀκτῖσεν ἥλιος χθόνα
λήξῃ —

Derartige Ausdrücke kehren ganz gewöhnlich wieder, so redet z. B. Euripides Iphig. Taur. v. 1139 vom εὐάλιον πῦρ, und Nonnus Dion. XXIII. v. 291 giebt der Sonne kurzweg das Beiwort πυρόεις, wie Vergil, Culex. v. 41 vom igneus Sol redet. Demgemäfs meinte auch Anaxagorás τὸ αὐτὸ εἶναι πῦρ καὶ ἥλιον (Xen. Memor. IV, 7). Namentlich aber gingen die alten griechischen Philosophen noch lange von der Vorstellung einer feurigen, meist irgendwie dann eingehegten Masse, was auch volksthümliche Vorstellung in andern Mythologien blieb, aus, nur entwickelten sie selbige in ihrer Weise. Wie die Finnen die Sonne für eine, in einem goldenen Ring eingehegte Feuermasse hielten (Castrén, Finnische Myth. Petersb. 1853. p. 56), liegen ähnliche Vorstellungen z. B. der Ansicht des Anaximandros zu Grunde, wenn er, mit Festhaltung der alten volksthümlichen Vorstellung eines leuchtenden Rades, von der Sonne meinte, sie sei κύκλον ὀκτωκαιεικοσαπλασίονα τῆς γῆς, ἀρματείου τρόχου τὴν ἀψῖδα παραπλήσιον ἔχοντα κοίλην, πλήρη πυρός· ἧς κατά τι μέρος ἐκφαίνειν διὰ στομίου τὸ πῦρ, ὥςπερ διὰ πρηστῆρος αὐλοῦ· καὶ τοῦτ᾽ εἶναι τὸν ἥλιον· Sonnenfinsternisse seien dann die Verschließung dieser Oeffnung. Eine ähnliche Vorstellung hatte er vom Monde, ἐκλείπειν δὲ κατὰ τὰς ἐπιστροφὰς τοῦ τροχοῦ (Plut. plac. phil. II. 20 sqq. und 25). Zu

einer derartigen, allgemeinen Vorstellung einer Feuermasse
in Sonne und Mond überhaupt stimmt es, wenn das Sonnen-
und Mondfeuer sich neu zu bilden oder zu erneuern schien;
wie Xenophanes meinte, daſs die Sonne entstände *ἐκ πυριδίων
τῶν συναϑροιζομένων μὲν ἐκ τῆς ὑγρᾶς ἀναϑυμιάσεως, συνα-
ϑροιζόντων δὲ τὸν ἥλιον* (Plut. ib.), oder Antiphon die Sonne
für ein *πῦρ ἐπινεμόμενον τὸν περὶ τὴν γῆν ὑγρὸν ἀέρα* hielt
(Stob. ecl. phys. I, 26). Nicht blofs aber etwa nach Sonnenfinsternissen dachte man sich eine solche Neubildung, sondern täglich, und beim Monde bei jedem Mondwechsel, *τὸν δὲ ἥλιον
ἐκ μικρῶν πυριδίων ἀϑροιζομένων γενέσϑαι καϑ᾽ ἑκάστην
ἡμέραν· — καὶ τὴν μηνιαίαν ἀπόκρυψιν κατάσβεσιν* cet.
(cf. Brandis, Comment. Eleat. Altonae 1813. I. 53. Anm.). Dasselbe, was von der Erneuerung von Sonne und Mond, galt auch
von den Sternen. Xenophanes meinte, die Sterne würden täglich ausgelöscht und wieder angezündet, *καϑάπερ τοὺς
ἄνϑρακας τὰς γὰρ ἀνατολὰς καὶ τὰς δύσεις· ἐξάψεις εἶναι
καὶ σβέσεις.* Plut. plac. phil. II. 13.

Zu den entwickelten Vorstellungen stellt sich Lucretius V.
v. 656 sqq.:

> Tempore item certo roseam Matuta per oras
> Aetheris auroram differt et lumina prodit.
> Aut quia sol idem sub terras ille revertens
> Anticipiat coelum radiis, accendere temptans;
> Aut quia conveniunt ignes, et semina multa
> Confluere ardoris consuerunt tempore certo,
> Quae faciunt solis nova semper lumina gigni;
> Quod genus Idaeis fama est e montibus altis
> Dispersos ignes orienti lumine cerni,
> Inde coire globum quasi in unum et conficere orbem.

Aehnlich heifst es auch bei demselben Schriftsteller vom Monde
V. v. 747 sqq.:

> Quo minus est mirum, si certo tempore luna
> Gignitur, et certo deletur tempore rursus,
> Quum fieri possint tam certo tempore multa.

In ähnlicher Weise, wie in den obigen Anschauungen, galt
übrigens auch bei den Stoikern die Sonne als ein *ἄναμμα
νοερὸν ἐκ ϑαλάττης,* (Plut. l. s. l.) d. h. als eine mit Vernunft

begabte Flamme, was noch fast ganz mythisch klingt. Ebenso erscheint sie dann auch bei den Dichtern als eine himmlische Flamme, Fackel oder Leuchte; so sagt Aesch. Eum. v. 886: φαιδρὸν ἁλίου σέλας. Eurip. Troad. v. 860: καλλιφεγγὲς ἡλίου‑σέλας. Rhes. v. 59: φαεννοὶ ἡλίου λαμπτῆρες. Lucretius V. v. 609: forsitan et rosea sol alte lampade lucens. Hyperion ist von demselben Standpunkt aus dann nur der Verwalter des himm‑lischen Feuers, πυρὸς ταμίης, Nonnus Dion. XII. 36. XXIII. 240. — Κλῦθι πυρὸς νοεροῦ βασιλεῦ, χρυσήνιε Τιτὰν, Κλῦθι φάους ταμία, sagt Proclos bei Brunck, Analecten. II. 441. Der Mond wird ähnlich z. B. bei Orpheus, hymn. IX. 3 δᾳδοῦχε, κόρη εὐάστειρε und so öfter angeredet. Bei den Sternen ist diese Vor‑stellung am längsten haften geblieben oder producirt sich viel‑mehr am leichtesten wieder. Wie in der Edda sie als Feuer‑funken erklärt werden, welche von Muspelheim ausgeflogen, so redet nicht blofs Vergil Aen. IV. v. 352 von den astris igneis, sondern es ist ein ganz gewöhnliches Bild. So heifst es in Herders Gedicht „die Nacht“:

„Weite Nacht umfasset meine Seele!
Meere der Unendlichkeit umfangen
Meinen Geist, die Himmel aller Himmel!
Nächtlich still, ein Meer voll lichter Scenen,
Wie das Weltmeer voll von Feuerfunken.

Hohe Nacht, ich knie vor deinem Altar!
Alle Funken des allweiten Aethers
Sind das Stirnband deiner heiligen Schläfe;

und weiter unten erscheinen sie dem Dichter als Lampen, von himmlischen Wächtern gehütet, gerade so wie die ἄνθρακες des Xenophanes:

— — Ihren Mantel
Deckt auf dich die Nacht, und ihre Lampen
Brennen über dir im heil'gen Zelte.
Gottes Wächter steigen auf und nieder
Von den Sternen, und des Himmels Pforte
Steht dir offen in verborgenen Träumen.

Mond und Sterne verbindet so gleichsam schon zu einer Art Ansatz eines Mythos Anastasius Grün in seinem „Schutt“, Leipzig 1840, wenn er p. 16 sagt:

Es war ein Ries' einst hochgewaltig, tüchtig,
Der sprach zum Mond: Dein Licht gefällt mir eben,
Doch bist du mir zu wanderlustig, flüchtig,
Und solltest fein an festem Wohnsitz kleben.

Nicht übel stündest du mir überm' Bette
Als Abendlamp' in meinem Schlafgemache!
Er spricht's, und schmiedet eine goldne Kette,
Und hängt den Mond dran auf am Himmelsdache.

Doch der rollt fort und fort unaufgehalten,
Und klingend rifs die Riesenkette droben,
Dafs in Millionen Trümmer rasch gespalten,
Weithin gesä't die goldnen Splitter stoben.

Und sieh, als Sterne sind sie dort geblieben; —

Die nachgewiesene Vorstellung übrigens eines Sonnenfeuers und der Erneuerung desselben vibrirt auch noch in dem sol novus der Römer nach, was sowohl die neue Tages- als Frühlings- oder Jahressonne bezeichnet. Verg. Georg. I. v. 258 sq.:

Multa adeo gelida melius se nocte dedere,
Aut quum sole novo terras irrorat Eous.

ebenso Aen. VII. v. 720:

Vel quum sole novo densae terrentur aristae.

wozu Servius bemerkt: prima aestatis parte, nam proprie sol novus est octavo calendas Januarias.

Dafs diese ganze, so mannigfach verzweigte Anschauung der himmlischen Feuer, namentlich aber der Sonne als eines solchen, auf mythologischem Gebiete die verschiedensten Mythen produciren konnte und mufste, dürfte schon von vorn herein zugegeben werden; dennoch möchte ich auf Einiges noch besonders aufmerksam machen. Zunächst erklärt es sich nämlich nun vornweg, dafs, wie auch äufserlich die Sonne (oder der Mond) in das Terrain des Gewitters überzugehen scheinen, so auch die mannigfachsten Beziehungen namentlich zwischen dem Sonnen- und dem Gewitterfeuer hervortreten; vereinten sie sich doch beide schon in dem Begriff eines himmlischen Feuers, das nur in ihnen in verschiedenen Formen erscheint; hat doch das eingehegte, ruhige Sonnenfeuer selbst auch äufserlich immer noch etwas Blitzartiges, daſs wir ganz gewöhnlich sagen „die Sonne blitzt," Sophokles (Trach. v. 98) z. B. von dem Sonnenfeuer redet: „*ὦ λαμπρᾷ στεροπᾷ φλεγέθων.*" „Blitz, wie Blick, gilt auch vom Glanz der Sonne, des Mondes und der Gestirne," sagt J. Grimm. Wörterb. II. p. 131, und führt mehrere Beispiele aus Jean Paul an, wo auch vom Blitz des Mondes die Rede ist. Wie natürlich aber diese Beziehung namentlich der Sonne zu den Blitzen den Menschen gegolten, erhellt daraus, daſs selbst ein Empedokles, von der äuſeren Erscheinung ausgehend, sie festhielt und aus den, in den Wolken eingeschlossenen Sonnenstrahlen und dem Sonnenfeuer die Blitze überhaupt erklärte. Aristoteles Meteor. II. 9, 10. *καίτοι τινὲς λέγουσιν, ὡς ἐν τοῖς νέφεσιν ἐγγίγνεται πῦρ· τοῦτο δ' Ἐμπεδοκλῆς μέν φησιν εἶναι τὸ ἐπιπεριλαμβανόμενον τῶν τοῦ ἡλίου ἀκτίνων* (cf. Brandis, Aristoteles und seine academ. Zeitgenossen. II. 1069). — Hiernach ergiebt es sich denn für die mythologischen Zeiten als etwas ganz Natürliches, daſs z. B. das in der Gewitternacht verloren gegangene Sonnen- (oder Mond-) feuer in den Blitzen wiedergefunden und gerettet, in der neuen Sonne oder dem neuen Monde dann wiedergesammelt erscheint. In ersterer Beziehung sagt z. B. Ovid, Metam. X. v. 44 sqq. noch ganz collectivisch:

— Fugit aurea coelo
Luna, tegunt nigrae latitantia sidera nubes;
Nox caret igne suo.

Und so heiſst es denn auch umgekehrt in dem von mir Urspr. d. M. p. 235 ausführlich behandelten, höchst anschaulich und ursprünglich den mythischen Hintergrund wiederspiegelnden, finnischen Mythos, der Gott Ukko habe in solcher Nacht den neuen Feuerfunken geborgen,

Daſs ein neuer Mond entstehe,
Eine neue Sonne wachse.

Hier liegt überhaupt der Kern der alten, nicht bloſs bei den Indogermanen auftretenden Feuerculte, von denen der der römischen Vesta so berühmt geworden ist[1]). Wie nämlich die

---

[1]) Ueber das Hineinspielen des jungfräulichen Charakters in der Scenerie vom Sonnenfeuer s. weiter unten bei der Morgenröthe, Eos, und Aurora und der weiblichen Auffassung der Sonne überhaupt.

meisten Gebräuche in ihrem Ursprung Nachahmungen von Vorgängen sind, welche man am Himmel im dortigen Treiben wahrzunehmen pflegte (Ursprung d. M. p. 23 f. Heutiger Volksgl. u. s. w.
Anhang I.), so sollte angeblich das „ewige" und „reine" Feuer
hier auf Erden denselben Schutz und Segen bringen, wie das
himmlische Feuer dort oben den Himmel und die Welt vor Nacht
und Verderben zu bewahren schien. Daher die Sorge, jenes nicht
ausgehen zu lassen oder zu verunreinigen; denn dann mußte man
es erst wiedergewinnen, wie es dort oben in der Gewitternacht
dem Glauben gemäß in ähnlichem Falle wieder gewonnen wurde.
Daher auch die öfter in Gebräuchen wiederkehrende, regelmäßige
Erneuerung des irdischen Feuers im Frühling, wo auch in den
Frühlingswettern im Himmel das neue Sonnenfeuer (der sol
novus) wieder bereitet zu werden schien, nachdem es im Winter
immer matter geworden oder zeitweise scheinbar ganz erloschen
war. Denn alle die Arten der Feuerbereitung in einem Rade
durch Drehung, wie sie bei den Indogermanen Kuhn in seinem
Buche über die Herabkunft des Feuers ausführlich behandelt
hat, sind nur Nachahmungen eines im Himmel geglaubten ähnlichen Vorgangs, welcher im Gewitter am Sonnenrade vollzogen
zu werden schien (cf. auch Urspr. p. 45. 142).

Die beiden angedeuteten Momente aber, sowohl der Charakter der Reinheit des Sonnen- (oder Mond-) feuers, als die
Beziehung zu dem Gewitterfeuer, machen sich auch geltend, sobald jenes in anthropomorphischer Fassung, von der wir
bald noch des Besonderen reden werden, auftritt. Die Reinheit erscheint vom ethischen Standpunkt aus sofort als Keuschheit. So finden wir nicht bloß Anschauungen von der „keuschen" Sonne, der „keuschen" Luna, sondern schon Ἑστία und
Vesta, die Schaffnerinnen des himmlischen Feuers, wie
Ἥλιος schon vorhin als ein solcher πυρὸς ταμίης vorkam, zeigen
diesen Charakter in ihrer entschieden ausgeprägten Jungfräulichkeit. In ihren Mythen sieht man sie daneben in die Gewitterscenerie einrücken, wie auch schon Ursp. p. 110 das Lachen der Hestia sie als die Donnergöttin gleichsam charakte-
risirte, und zwar erscheint das wilde Treiben des Unwetters
gemäß anderen Anschauungen, welche wir nachher sich werden
entwickeln sehen, hier beim anthropomorphischen Standpunkt

als ein Kampf oder ein Vertheidigen ihrer Jungfräulichkeit. So wehrt Ἑστία die Bewerbung des Sturmesgottes Poseidon und die des Regenbogengottes mit dem leuchtenden
Blitzpfeil, des Apollo, ab und ὤμοσε παρθένος ἔσσεσθαι πάντ'
ἤματα, δῖα θεάων. Hom. h. in Ven. v. 24 sqq. Ebenso wird Vesta
durch das Gebrüll des Donneresels vor der Umarmung des
Priapos, des phallischen Gewittergottes, bewahrt, in Analogie zu der kriegerischen Gewittergöttin Athene, welche aus
eigener Kraft sich der Umarmung des Gewitterschmieds Hephaestos widersetzt (cf. Ursprung d. M. p. 162. 138 f. über den
phallischen Gewittergott. p. 162 und Kuhn, Herabk. u. s. w.
p. 240. 243 f.).

Wenn aber auch so diese Gottheiten des himmlischen
Feuers, diese νοερὰ ἀνάμματα der Stoiker, ganz in die
Scenerie des Gewitters übergehen, erscheint doch als Ausgangspunkt für ihr Wesen immer mehr das Sonnenfeuer, und mit
Recht findet J. G. Müller, in seiner Geschichte der amerik. Urreligionen. Basel 1855. p. 368, in amerikanischen Sonnenculten ähnliche Elemente wie im Vestacultus. Ein heiliges Feuer, der
Sonne abgewonnen oder durch Reiben erzeugt, gerade wie bei den
Indogermanen, schloß sich hier an einen ausgesprochenen Sonnen-
cultus, und sogenannte Sonnenjungfrauen hüteten dies Tagesfeuer wie die Vestalinnen in Rom, gleichsam als irdische Substitute der himmlischen πυρὸς ταμίαι. In den Mythen spielt
die Sache aber auch dort wieder über in das Gewitter. Ein
Vergehen gegen die Keuschheit von Seiten einer Sonnenjungfrau ward nämlich auch dort mit Lebendigbegraben-
werden bestraft (Müller. p. 388). Der römische Gebrauch war
in dieser Hinsicht gleichsam noch vollständiger, und läßt dadurch noch mehr die Parallele zu der im Unwetter versuchten
oder geschehenen Ueberwältigung der Sonnenjungfrau,
von der wir oben geredet, hindurchblicken. Nicht allein wurde
nämlich die Vestalin in einem unterirdischen Gemach be-
graben, sondern der Verführer auch zu Tode gegeifselt (cf.
Preller, Röm. Myth. p. 541). Beide Momente deuten aber auf
gewisse, im Gewitter stereotyp hervortretende Thätigkeiten hin,
so daß man event. wieder nur nachahmte oder glaubte nachahmen zu müssen, was man dabei im Himmel wahrzunehmen

glaubte. Von der Anschauung des Sturmes, der da peitscht,
und vom Geifseln mit der Blitzesgeifsel, als einem öfter
auch in der römischen Mythe hervortretenden Elemente, habe
ich verschiedentlich im Ursprung d. Myth. geredet; der Verführer
ist in der am Himmel spielenden Scenerie gleichsam ein Tityos oder Python, der vom Zeus gegeifselt wird, das Be-
graben wiederum des anderen Wesens, — der schwangeren,
„dicken" Gewitterwolke, der gravida nubes, — stellt sich
anderseits als ebendorthin gehörig, indem es eine Analogie zu
dem im Blitz und Donnergekrach herabgestürzten Wesen zeigt
(s. Urspr. im Index unter „herabgestürzter Gott"), dessen irdisches
Substitut, nämlich die geschwängerte Vestalin, man ebenso be-
graben zu müssen glaubte, wie man auch einen in die Erde ge-
fahrenen Blitz gleichsam zu bestatten und zu ummauern
pflegte, das bekannte fulmen condere (Preller, Römische Myth.
p. 172).

Wie aber das an den Himmelskörpern hervortretende mythologische Element eines himmlischen Feuers oder seines anthropomorphischen Substituts, so spielen auch die an Sonne
(und Mond) nachgewiesenen anderen sachlichen Vorstellungen
in die Gewitterscenerie in den Mythen über. Vom Sonnenstein
und der Sonnenurne ist schon oben in dieser Hinsicht die Rede
gewesen, hier hole ich noch Einzelnes von den Sonnenrädern
und Sonnenschilden nach. Es ist nämlich dieselbe Verbindung des Sonnen- und Gewitterelements, wenn z. B. Prometheus
der Sage nach am Sonnenrade eine Fackel anzündet und
diese dann im herniederfahrenden Blitz den Menschen als
ein καταιβάτης bringt (s. Kuhn, Herabk. d. F. p. 68). Ebenso
hat Kuhn eine reich entwickelte Mythenmasse aus dem Indischen
von dem im Gewitter um das Sonnenrad stattfindenden
Kampf beigebracht und bezeichnet dabei gewifs mit Recht die
auch bei Griechen und Römern dann allgemein entwickelte
Vorstellung von dem strahlenden Wagen, in welchem der
Sonnengott einherfährt, als von dieser Anschauung eines Sonnenrades ausgegangen (p. 54 f.). Aber auch dieser ausgebildetere
Mythos spielt noch in das Gewitter über, zumal in demselben
eine neue, dazu passende Naturanschauung hinzukam. Vernahm
man doch im rollenden Donner immer näher das Rollen

nicht blofs eines, sondern mehrerer himmlischen Räder, eines ganzen Wagens; glaubte man doch anderseits im Blitz dann das Funkensprühen der Rosseshufe zu erblicken, so dafs also in der Naturscenerie selbst das eine Rad sich zu einem Wagen mit Gespann gleichsam erweiterte. Die erstere Vorstellung hat sich in der Sage vom Phaethon abgelagert, dem jungen Sonnengotte, der so ungeschickt im Gewitter fährt, dafs er Himmel und Erde zu versengen droht, bis er im Donnergekrach hinabgestürzt wird, wie Hephäst bei anderer Scenerie, während nach einfacherer Auffassung dem gegenüber dem deutschen Gotte (oder der Göttin) an seinem Rade dann blofs etwas bricht, dafs er es in der Blitze Sprühen hämmert, um es wieder ganz zu machen (s. Urspr. d. M. p. 5. Heutiger Volksglauben. p. 41. cf. Urspr. p. 166 f.). — Einfache Räder treten aber ausdrücklich wieder auf in dem deutschen Gebrauch der Sunwend- oder Johannisfeuer, bei denen Räder, wie beim Nothfeuer in Brand gesetzt und von der Höhe in's Thal gerollt, oder brennende Scheiben hoch durch die Luft geschleudert werden. Grimm und Kuhn haben ausführlich die Beziehung dieser Räder oder Scheiben zum Sonnenrade (oder vielmehr zu den Sonnenrädern, den ἁμιλλητῆρες τροχοί des Sophokles), und zu der Sonnenscheibe dargelegt; ich möchte aber in dem letzteren Momente noch mehr, als Kuhn. p. 52 andeutet, den Uebergang in das Gewitterterrain betonen, indem nämlich dort von den Wolkenbergen im Blitz und Donner die leuchtenden, himmlischen Räder herabzurollen schienen oder die leuchtenden Scheiben durch die Luft flogen, (gerade wie wir nachher dem Glauben begegnen werden, dafs im Blitz die Sonnenspindelscheibe dahinfliege), so dafs der Gebrauch, von der Vorstellung von Sonnenrädern oder Sonnenscheiben ausgehend, einfach wieder die ganze Gewitterthätigkeit wie so oft nachahmt. Dieselbe rohe Vorstellung, welche sich in diesen deutschen Gebräuchen ausspricht und wieder das doppelte Verhältnifs zu Sonne und Gewitter abspiegelt, scheint auch dem Mythos vom Ixion mit seinem Rade zu Grunde zu liegen, wo übrigens auch jegliche Beziehung zu einem Wagen noch fehlt. Kuhn und Pott beziehen Ixions Rad auf das Sonnenrad, das wäre das rota altivolans des Lucretius, und Kuhn will

demgemäfs Ixion mit Achsenträger oder Radträger über-
setzen (Herabk. d. F. p. 69); die das fliegende Rad umwin-
denden Schlangen weisen aber anderseits wieder, wie das
ganze Höllenlocal, in das Ixion versetzt wird, mehr auf das
Gewitter hin, wie ich Urspr. p. 82 f. dargelegt habe. Ebenso
weist auf das Gewitter, wenn auch in minder furchtbarer Deutung, es hin, wenn Apollo und Boreas oder Zephyros, die Windgötter, mit dem Diskos spielen, und die dahinfliegende Scheibe
den Hyakinthos trifft. Was das oben erwähnte Scheibenwerfen
unter der Form eines bestimmten Gebrauchs nachahmt, das stellt
hier ein Mythos dar, nämlich das Scheiben- oder Diskos-
spiel im Gewitter, und Hyakinthos Tod im Gewitter stellt
sich anderseits wieder so ganz zu dem des nordischen Baldur, wie
ich ihn gedeutet; bei beiden spielt auch, wenn gleich in verschiedener Weise, die Gewitterblume ihre Rolle, hier als Blume,
in die der himmlische Jüngling verwandelt, dort als eine,
durch welche er getödtet wird (cf. Jacobi, Myth. Wörterb. unter
Hyakinthos und Urspr. p. 176). Bei beiden ist aber daneben die
Beziehung zur Sonne auch wohl nicht ganz auszuschliefsen, sie
kann vielmehr implicite wieder im Mythos stecken. Wie nämlich das Scheibenwerfen zur Sommersonnenwende gefeiert wurde, und man auch dann den Tod des Hyakinthos,
des Lieblings des Apollo, beging, so kann er sehr wohl, wie
man ihn auch annähernd bisher gedeutet hat, der junge Sonnengott sein, der, wie Phaethon, im Gewitter umgekommen (s.
Urspr. p. 76), und ebenso kann auch Baldur als Sonnengott in
die Gewitterscenerie wohl hineingewachsen, und seine Mythen
dann von dort her ihre plastische Gestalt gewonnen haben.

Derselbe Uebergang von der Sonne in die Gewitterscenerie zeigt sich aber auch bei der Vorstellung der Sonne als
eines Schildes. Der himmlische Schild, welcher unter den
12 Ancilien steckte, oder diese selbst, sind zunächst nämlich
sicherlich nichts Anderes, als die irdischen Substitute des einen
oder der 12 himmlischen Sonnen-clypei eines Jahres in
Rücksicht auf die 12 Monate, worauf auch Kuhn, Herabk. d. F.
p. 51, hindeutet. Unter gewaltigem Krachen und dreimali-
gem Donner und Blitzen sollte aber nach Ovid Fast. III.
v. 368 sqq. der eine Schild vom Himmel gefallen sein, und wenn

7*

Ovid ter tonuit sine nube deus hinzusetzt, so ist der Zusatz, dafs der Himmel dabei wolkenlos gewesen, gewifs nur dem Bestreben, sei es des Dichters, sei es der Tradition, entsprungen, die Sache so noch selbst wunderbarer erscheinen zu lassen, es hebt die ursprüngliche Beziehung zum Gewitter nicht auf. Besonders aber wird diese dann verstärkt dadurch, dafs, worauf auch Kuhn a. a. O. hinweist, das ancile ein vom Jupiter Elicius dem Blitzgott gewährtes Unterpfand sein sollte, so lange es erhalten werde, würde die Macht der Stadt dauern (Preller, Röm. Myth. p. 314 Anm.). Dieser Theil des Mythos zeigt die vollständige Parallele mit dem vom ewigen Feuer, was die gegebene Deutung nicht wenig bestätigen dürfte. Ueberträgt man ihn nämlich auf den Himmel, wo er entstanden, so zeigt er uns die Erhaltung und Rettung des Himmels, geknüpft an die Erhaltung entweder des himmlischen Feuers oder des Himmelsschildes, als eines Palladium, wie das troische der streitbaren Blitzgöttin Pallas Athene, Alles nur modificirte Anschauungen desselben Naturelements, ohne welches der Himmel der Gewitternacht erliegen würde. Und in der irdischen Uebertragung und Localisirung zeigt sich das gemeinsame Bestreben, die eigene Stadt oder Burg desselben Schutzes theilhaftig werden zu lassen. Wenn aber so schon der leuchtende Himmelsschild gleich dem indischen Sonnenrade in das Gewitter einrückt, so wird durch den übrigen Theil der sich daran schliefsenden Mythen dies nur noch bestätigt. Nach anderen Sagen sind nämlich alle Ancilien vom Himmel gefallen (s. Preller a. a. O.), das vervollständigt gleichsam noch die oben angedeutete Anschauung, indem es uns noch ganz allgemein die erste rohe Vorstellung von dem in den Blitzen herniederrollenden, leuchtenden Schilde in Analogie zu den herabrollenden feurigen Rädern des deutschen Aberglaubens darthut. Vor Allem aber zeigt die im Gebrauch der Salier sich anschliefsende Beziehung zu den heiligen Speeren, d. h. den Blitzesspeeren, — wie auch der römische Mars in Parallele zur Athene einen solchen führt (s. Urspr. d. M. p. 155), — so wie die Pyrrhiche, d. h. der kriegerisch funkelnde Umzug mit seinem Waffenlärm, uns in der Nachahmung den im Gewitter dem Glauben nach dahinlärmenden, himmlischen Umzug mit seinen blitzenden

Speeren und Schilden, wie ich deren ähnliche bei den verschiedenen Völkern im Ursprung d. M. (s. unter Umzug) als im Gewitter geglaubt nachgewiesen habe, und vervollständigt so den ganzen Anschauungskreis. Die religiöse Entwickelung und den Schlußpunkt gleichsam der in so verschiedenen Traditionen abgelagerten, gläubigen Anschauung zeigt uns endlich der von Preller a. a. O. schon richtig gedeutete Theil der Ceremonie mit dem Mamurius Veturius, dem angeblichen Schmied der Ancilien, den man in seiner Verhüllung (in Fellen) am Vortage des Frühlingsfestes aus der Stadt jagte, was Preller mit dem bei den Deutschen und Slaven um diese Zeit üblichen Austreiben des Winters vergleicht, und den Mamurius Veturius als den Mars vom alten Jahr deutet. Es wäre also hiernach in calendarischer Entwickelung der religiösen Vorstellungen das alte Jahr, d. h. mythisch gefaßt das im Winter alt gewordene Sonnenwesen des vorigen Jahres oder gewissermaßen der aul van terjohren, ein Ausdruck, den in Bezug auf gewisse Windstöße noch der deutsche Aberglaube beibehalten hat[1]), der ausgetrieben wurde, indem in den Frühlingswettern die neuen Wesen mit den neuen 12 (Sonnen)-Schilden am Himmel einzogen, was man dann im Gebrauch nachahmte, und erst, als es bloß heiliger Gebrauch geblieben, die Bedeutung des „Ollen" verschwunden war, hätte man die Person beim Festzuge als den Schmied, dem doch als solchem sonst wahrlich kein Austreiben gebührt hätte, gedeutet. Freilich könnte auch dieser Zug des Mythos einfach unmittelbar an die natürliche Erscheinung anknüpfen und dieselbe nachahmen, nach welcher der Gewitterschmied, nachdem er die neuen Sonnenschilde geschmiedet, mit dem Scheiden des Unwetters verjagt zu werden schien. — Die zwölf Sonnenschilde aber und ihre festliche Installirung gleichsam für das neue Jahr in dem kriegerischen Gewitteraufzuge der himmlischen und irdischen Salier zu Frühlingsanfang, dem alten Jahresanfang, entsprechen in dem ganzen calendarischen Charakter und in der Form des Mythos dem deutschen Glauben vom Einzuge der neuen Jahresgötter zur Zeit der Wintersonnenwende

---

[1]) S. Grimm, Myth. p. 952.

in den sogenannten Zwölften, wo auch dem Glauben nach der Witterung eines jeden der 12 Tage ein Monat des nächsten Jahres entsprach; nur ist der deutsche Gebrauch in seiner Ausführung einfach bäuerischer geblieben und bezeichnet abstracter statt der 12 Schilde 12 Tage als Analogon zu den 12 Monaten. Auch ist bei dem deutschen Glauben es zweifelhaft, ob nicht eine Beziehung zu den 12 neuen Monden zu Grunde lag, während bei dem römischen, gemäfs der Anschauung der Sonne gerade als clypeus, es näher liegt, an die den 12 Monden entsprechenden 12 neuen Sonnen zu denken (Ueber das Sachliche des deutschen Gebrauchs s. Heutigen Volksglauben u. s. w. p. 84 ff.).

Ehe wir aber diesen ganzen Anschauungskreis verlassen, will ich noch eine daran sich knüpfende Vorstellung wenigstens im Allgemeinen entwickeln. Combiniren wir nämlich diese bei Griechen, Römern und Deutschen hervortretenden Vorstellungen von Sonne, Mond und Sternen als von himmlischem Feuer, das entweder bei Sonne und Mond aus einer Oeffnung wie bei einer Esse hervorglühe, oder bei den Sternen als Funken galt, welche aus Muspelheim, der Feuerwelt, herübergeflogen kämen, so ergiebt sich einmal das Bild einer ganzen, dahinter liegenden Feuerwelt, wie sie die nordische Mythologie eben in Muspelheim aufweist, andererseits dürfte sich aber daran auch die erste Vorstellung einer himmlischen Schmiede und dafs Alles, was man am Himmel sehe, Sonne, Mond und Sterne, namentlich dann auch das Blitzschwert und der Regenbogengürtel, geschmiedet seien, gereiht haben. Die Winde kühlen bald die himmlische Glut, bald fachen sie selbige an. In ersterer Beziehung heifst es in der Edda (bei Simrock. 1851. p. 17):

Arwakr und Alswidr
Sollen immerdar
Sacht die Sonne führen.
Unter ihren Bugen
Bargen milde Mächte,
Die Asen, Eisenkühle;

in letzterer Hinsicht in der Kalewala, als der himmlische Schmied Ilmarinen, welcher, wie wir sehen werden, auch Sonne und

Mond, so wie das ganze Himmelsgewölbe geschmiedet haben sollte, sein himmlisches Feuer schürt:

> Rasch erbrausten da die Winde,
> Ostwind blies und Westwind brauste,
> Kräftig war des Südwinds Blasen,
> Gar gewaltig bläst der Nordwind,
> Blasen einen Tag, den zweiten,
> Blasen fort am dritten Tage,
> Aus dem Fenster sprüht das Feuer,
> Aus der Thüre flogen Funken,
> Auf zum Himmel Staubgewölke,
> Mit den Wolken mischt der Rauch sich.

Ebenso wie Muspelheim's Feuerwelt bei der nordischen Sage vom Weltuntergang in das Gewitter eingerückt erscheint, haben wir in dieser letzten Scene recht anschaulich die Entwickelung der Vorstellung, daſs das himmlische Feuer, die himmlische Esse im Gewitter geschürt werde, und die Wolken ergänzten mit der ganz gewöhnlich an sie sich knüpfenden Vorstellung von Rauch und Qualm dieses Bild. Selbstständig reproducirt dieses Bild in gewissem Sinne Lucretius VI. v. 274, wenn er von vortex sagt: et calidis acuit fulmen fornacibus intus. — So schienen dann also, wie man auch von anderem Glaubensstandpunkt aus an eine Erneuerung der Himmelskörper, namentlich der Sonne, im Gewitter glaubte, Sonne und Mond, Sterne, Blitz und Regenbogen in demselben geschmiedet zu werden. Wie das himmlische Feuer im Gewitter gewiegt, am Himmel umherzuirren, der Schmied Ilmarinen eine neue Sonne, einen neuen Mond zu schmieden schien, berichten einfach und ausführlich noch finnische Sagen[1]). An dieselbe Vorstellung knüpft es an, nur unter dem Bilde der Sonnenstrahlen als goldener Haare, wenn die Schwarzelfen nach der Edda der Sif das goldene Haar wiederschmieden, welches ihr Loki abgeschoren[2]). Daſs römischer Glaube im Gewitter Nägel am Himmel eingeschlagen werden liefs, habe ich schon oben entwickelt, und

---

[1]) Kalewala v. Schiefner. Helsingfors. 1852. Runn 47—49. vergl. Urspr. p. 235 ff.

[2]) Ursp. p. 144 und in diesem Buche weiter unten, wo von der Sonne als einem goldhaarigen Weibe gehandelt wird.

in dem ganzen Zusammenhang der Mythen dürfte es, wie daselbst schon angedeutet, nicht zweifelhaft sein, daſs dies mit der Anschauung zusammenhängt, nach der man in den Sternen glänzende Nägel erblickte, welche am Firmament eingeschlagen seien. Als schwäbischer Volksglaube ist dies schon oben erwähnt worden, dazu stimmt aber noch ganz genau griechische, selbst von Philosophen festgehaltene Ansicht, wenn z. B. Anaximenes glaubte, die Sterne seien wie Nägel an das Krystallgewölbe eingeschlagen (ἥλων δίκην καταπεπηγέναι τῷ κρυσταλλοειδεῖ. Plut. de placit. phil. II. 14). Daſs das ganze Himmelsgewölbe den Griechen als ehern, also als geschmiedet galt, gehört eben hierher wie die eiserne Stadt, welche Abraham oberhalb von Sonne und Mond gebaut haben, und die durch eine Schaale leuchtender Edelsteine, d. h. die Sterne, wie wir oben p. 5 gesehen, ihr Licht empfangen sollte. Ebenso heiſst es auch vom finnischen Ilmarinen ausdrücklich, daſs er das Himmelsgewölbe geschmiedet habe (Castrén. p. 306). Vom Schmieden des Regenbogens in der finnischen Samposage oder in der nordischen vom Brisingamen habe ich schon Urspr. p. 117 f. gehandelt; ebenso schmiedet Hephaestos die in den Blitzen von selbst dahin eilenden Dreifüſse (Urspr. p. 225), den zauberhaften Stuhl mit der Blitzfessel, durch den seine himmlische Mutter Hera in Banden geschlagen wurde, wie es dann, der Sage nach, auch beim Zeus wiederkehrt[1]). Vor Allem schien aber der Blitz als Waffe geschmiedet zu werden. So heiſst es also noch in der vorhin citirten Stelle des Lucretius, in Reproduction der alten Anschauung, von dem im Innern der Wolken thätigen vortex: et calidis acuit fulmen fornacibus intus, und demgemäſs galt der Blitz bald als goldener oder kupferner Pfeil, geworfener Hammer, funkelndes Schwert, Dreizack oder als geheimniſsvolles Wurfgeschoſs, was geschleudert wird; immer heftete sich an ihn die Vorstellung des Geschmiedeten[2]). Selbst als Blitz und Donner bei den Griechen nur noch in einer gewissen Abstraction

---

[1]) Westermann, Mythogr. p. 372 XXX. Ueber die entsprechende Zeus-Sage s. Urspr. p. 151 cf. 122. Derselbe mythische Zug kehrt in der Sage vom Schmied von Jüterbogk wieder. Märkische Sagen. p. 88.

[2]) Beispiele bietet in reicher Fülle der Urspr. d. Myth.

des Wetterstrahls in Zeus Händen ruhten, haben sie immer die Himmelsriesen, die Kyklopen, geschmiedet.

Wie aber alle Schöpfungssagen sich mit den Ueberschwemmungen, die in ihnen auftreten, an entsprechende Naturerscheinungen des Frühjahrs anschliefsen, so knüpfen auch Mythen deutlich an die in den Frühlingswettern wiedererwachende feurige Thätigkeit im Himmel an. In den Frühlingswettern holt Thor seinen im Winter ihm von Thrym geraubten Hammer wieder, die himmlische Hochzeit so wie der in den Wolken unerkannt einziehende Gewittergott kehren als charakteristische Momente dabei wieder. Im Frühjahr schürt Vulcanus seine Essen. Hor. Od. I. sqq.:

Solvitur acris hiems grata vice veris et Favoni, —
Jam Cytherea choros ducit Venus imminente Luna,
    Junctaeque Nymphis Gratiae decentes
Alterno terram quatiunt pede, dum graves Cyclopum
    Volcanus ardens urit officinas.   (cf. Urspr. p. 15.)

Im Frühjahr schmiedet der Schmied Mamurius, wie wir gesehen, die neuen Sonnenschilde und dergl. mehr.

Ich glaube aber in der Entwickelung dieser Glaubenssätze noch ein Moment der Naturbetrachtung besonders betonen zu können. Wenn nämlich überhaupt die Vorstellung einer himmlischen Esse sich entwickelte, war es natürlich, dafs speciell das am Abend oder in der Nacht eintretende Wetterleuchten dabei eine Hauptrolle spielte und im Anschlufs an die Sterne, als die fliegenden Funken dieser Esse, und an nächtliche Gewitter, gerade die Nachtgeister besonders als Schmiedekünstler erscheinen liefs. Von dieser Grundlage aus dürfte es am leichtesten nämlich seine Erklärung finden, wenn die meisten Mythen theils einen hinkenden Schmied, theils zwerghafte Schmiedegeister kennen. Wenn die letzteren auf die Sterne, vom anthropomorphischen Standpunkt aus gefafst, dann gehen, würde der erstere vielleicht auf den Mond zu beziehen sein, den ich nachher in Beziehung zur Sonne als das ihr nachhinkende Wesen nachzuweisen gedenke. Und wie alle derartigen Bilder dann in das Gewitter übergingen, so hätten auch diese Wesen dann ihre weitere Gestaltung in den Erscheinungen des Unwetters, das ja zumal mit nächtlichem Dunkel stets aufzutreten schien, gefunden, der hinkende Schmied einerseits in dem dem Blitz nachhinkenden oder von demselben gelähmten Donner, die schmiedenden Zwerge anderseits in den in den Blitzen nach anderer Auffassung dahineilenden Gewitterzwergen[1]).

Gehen wir aber jetzt von den sachlichen zu den wesenhafteren Auffassungen der Himmelskörper über, so erscheint in griechischen, lateinischen und deutschen Anschauungen die Sonne zunächst als geflügelt, ja geradezu dann als ein himmlischer Vogel. Das Substrat der Anschauung für das Geflügeltsein im Allgemeinen ist dabei einfach ihr Schweben in der Luft und überhaupt ihre Bewegung, wie oben beim Mondkahn diese Vorstellung sich speciell an das Dahingleiten desselben durch das Himmelsmeer anschlofs. Namentlich tritt jene Beziehung bei der aufsteigenden Morgen- oder Vormittagssonne hervor, während die sich senkende Nachmittagssonne weniger zu dieser Vorstellung pafst. Wie wir noch sagen „die Sonne erhebt sich," „sie steigt empor," „sie schwebt," Pyrker geradezu in der oben bei der Morgenröthe als einer Lichtquelle citirten Stelle sagt: „Auffleugt sie," und dies an die Vorstellung eines geflügelten Dinges oder Wesens anklingt, so nennt Lucretius V. v. 434 das Sonnenrad altivolans und Euripides Orest. v. 1001 redet nicht blofs von einem πτερωτὸν ἀλίου ἅρμα, sondern Jon v. 118 sqq. heifst es geradezu:

$$\tau\grave{\alpha}\nu\ \mathring{\alpha}\acute{\epsilon}\nu\alpha o\nu\ \pi\alpha\gamma\grave{\alpha}\nu$$
$$\mathring{\epsilon}\kappa\pi\rho o\ddot{\iota}\acute{\epsilon}\tau\sigma\alpha\iota,$$
$$\mu\upsilon\rho\sigma\acute{\iota}\nu\alpha\iota\varsigma\ \mathring{\iota}\epsilon\rho\grave{\alpha}\nu\ \varphi\acute{o}\beta\alpha\nu,$$
$$\mathring{\alpha}\ \sigma\alpha\acute{\iota}\rho\omega\ \delta\acute{\alpha}\pi\epsilon\delta o\nu\ \vartheta\epsilon o\tilde{\upsilon}$$
$$\pi\alpha\nu\alpha\mu\acute{\epsilon}\rho\iota o\varsigma\ \mathring{\alpha}\mu'\ \mathring{\alpha}\lambda\acute{\iota}o\nu$$
$$\pi\tau\acute{\epsilon}\rho\upsilon\gamma\iota\ \vartheta o\tilde{\alpha}$$
$$\lambda\alpha\tau\rho\epsilon\acute{\upsilon}\omega\nu\ \tau\grave{o}\ \kappa\alpha\tau'\ \mathring{\eta}\mu\alpha\rho.$$

In selbstständiger Gestaltung knüpft sich diese Vorstellung auch schon an die Morgenröthe, so wie an den mit derselben zu-

---

[1]) s. u. A. Ursp. p. 146. 177. 224. 247.

sammenhangenden Morgenstern, dann im Allgemeinen an Tag und Nacht, indem das sichtbar werdende geflügelte Wesen bald dann mit rosichtem oder weifsem, bald mit schwarzem Gefieder ausgestattet erscheint, was offenbar auf die erleuchteten oder dunklen, sich am Horizont wie Flügel ausbreitenden Wolken geht. Wie der Psalmist 139 v. 9 sagt: „Nähme ich Flügel der Morgenröthe und blieb am äufsersten Meer," so kehrt dies Bild öfter bei unseren Dichtern wieder. So sagt Klopstock in dem Gedicht „Mein Vaterland" (Oden, Leipzig 1846. p. 213), indem noch der Morgenwind in die Anschauung hineingezogen und als das Fächeln der Flügel des Morgenroths gedeutet wird:

> Die Flügel der Morgenröthe wehen, er eilt
> Zu dem Greis und saget es nicht.

An den rosigen Wolkenschimmer knüpft Körner an (Berlin 1855. I. p. 151):

> Der Morgen kam auf rosichtem Gefieder,
> Und weckte mich aus stiller Ruh.

Ebenso bringt J. H. Vofs, Myth. Briefe. Königsberg 1794. II. p. 9 dazu stimmende antike Anschauungen zunächst vom Morgenstern bei, wenn er sagt: „Den Morgenstern beflügelte der Tragiker Jon in einem Dithyrambos, wovon wir dem Scholiasten des Aristophanes (Pax v. 832) und dem Suidas unter διθυραμβοδιδάσκαλοι diesen Anfang verdanken:

> Ἀοῖον ἀεροφοίταν ἄστερα μείνομεν
> Ἀελίου λευκοπτέρυγα πρόδρομον.

> Des Morgenlichts lustwandelnden Stern erharren wir,
> Der dem Helios voran weifsflügelich läuft.

Imgleichen Valerius Flaccus (Arg. 6, 527):

> — — qualis roseis it Lucifer alis,
> quem Venus illustri gaudet producere coelo.

> — — wie Lucifer geht mit rosigen Flügeln,
> Den am erhelleten Himmel die fröhliche Venus heraufführt."

An derselben Stelle stellt auch Vofs schon zusammen die Eos, als die weifsgeflügelte Tagesgöttin, wie sie bei Euripides, Troad. v. 848 λευκόπτερος Ἀμέρα genannt wird, und die schwarzgeflügelte Nacht des Aristoph. aves v. 694 die μελανόπτερον Νύκτα, vergl. Euripides, Or. v. 178, wo die Nacht geflügelt (κατάπτερος) aus dem Erebos hervorkommt. In derselben Weise vergleichen alte und neue Dichter die Nacht einem Vogel, der seine schwarzen Fittiche ausbreitet. Verg. Aen. VIII. v. 369:

> Nox ruit et fuscis tellurem amplectitur alis.

cf. II. v. 360:

> Nox atra cava circumvolat umbra.

Ebenso fängt ein Gedicht von Dieffenbach (bei Schenckel. p. 36) mit den Worten an:

> Die Nacht hat ihre Flügel ausgebreitet
> Rings über Stadt und Wald und Flur, —

und Lenau singt anderseits (Ged. Stuttg. 1857. II. p. 96) von einer Gewitternacht:

> Als wie ein schwarzer Aar, defs Flügel Feuer fingen,
> So schlägt die schwarze Nacht die feuervollen Schwingen.

Das Letztere knüpft wieder an an den schon oben entwickelten feurigen Blitzvogel, nur läfst es ihn nicht blofs im Blitz, wie ein Falke herniederschiefsend, sondern den ganzen Himmel mit seinem theils schwarzen, theils leuchtenden Gefieder ausfüllend, erscheinen, eine Anschauung, welche ich schon in vielen Mythen im Urspr. unter den Vogelgottheiten besprochen habe[1]). Die citirte Anschauung selbst bestätigt aber die von der Nacht und ihren schwarzen Flügeln entwickelte Ansicht als eines gewaltigen Vogels.

Vervollständigt wird dieses Bild beim Morgenroth noch besonders dadurch, dafs zuerst an einigen lichten Stellen auch die Klauen dieses heraufkommenden Thieres sichtbar zu werden schienen. J. Grimm sagt M. p. 705: „Vor Allem merkwürdig

---

[1]) Wenn ich a. a. O. mehr die Vorstellungen verfolgt habe, in denen der feurige Schein den Glauben goldig oder roth glänzender Vögel neben den schwarzen entwickelt hat, so hat Kuhn (Herabk. d. F.) gerade für das feurige Element schlagende Beispiele beigebracht. So sagt auch Genthe, Die Windgottheiten bei den Indogerm. Völkern. Memel 1861. p. 8, indem er kurz den betreffenden Glauben darstellt: „Dafs das Gefieder (des Sturmesvogels) durch das Feuer des Blitzes verletzt wird, ist ein bedeutsamer Zug, der vielfach verändert in allen einschlägigen Sagen durchscheint."

ist, dafs man sich den Tag in Thiers Gestalt dachte, das
gegen den Morgen am Himmel vorrückt. Wolfram hebt ein
schönes Wächterlied mit den Worten an: „sîne klawen durch
die wolken sint geslagen, er stîget ûf mit grôzer kraft, ich
sih in grâwen den tac;" und im dritten Theil von Wh. (cass. 317 a)
heifst es: „daz diu wolken wâren grâ und der tac sîne clâ
hete geslagen durch die naht." Wenn Grimm fortfährt, „ist ein
Vogel gemeint oder ein vierfüfsiges Thier? denn Beiden giebt
unsere Sprache Klauen," so dürften wir schon nach dem Bisherigen, und die folgende Untersuchung wird, denke ich, es
auch bestätigen, uns unbedingt für die Vorstellung eines Vogels
entscheiden. Wie die Sonne sich nach uralter Vorstellung als
ein goldener Vogel ergeben wird, die Mythen uns von Wolken-
und Windesvögeln erzählen, lag es nahe, den leuchtenden
Tag als einen lichten Vogel zu fassen, welcher am Himmel
emporsteigt und seine Klauen durch die Finsternifs schlägt.

Der Gegensatz, welcher sich in den entwickelten Bildern
an Tag und Nacht als Vögel mit hellem und dunklem Gefieder ergab, reproducirt sich dann wieder, wenn man sich die
betreffenden himmlischen Wesen schon in bestimmter anthropomorphischer Anschauung herauffahrend oder reitend dachte,
indem ihnen das eine Mal ein weifses, das andere Mal ein
dunkles Pferd beigelegt wurde. So sagt Vofs a. a. O.: „Späteren ritt Lucifer am Morgen auf einem weifsen Rosse (Ovid.
II. am. 11, Met. XV. p. 189), dann umwechselnd (Stat. Theb. VI.
p. 240) am Abend auf einem dunklen (Ovid. fast. II. v. 314)."
Dieser Gegensatz reflectirt vielfach in den Mythen und gewinnt
noch lebendigere Anschauung, wenn selbige nicht von Tag
und Nacht in abstracterer Auffassung, sondern vom glänzenden Sonnenrofs, dem Falben des Indra z. B., und dem in der
Gewitternacht anderseits auftretenden dunklen Donnerrofs
ausging. So reitet Wodan z. B. bald ein weifses, bald ein
schwarzes Rofs, und derselbe Gegensatz hat sich dann im
slavischen Bjelbog und Czernebog, ähnlich wie in der persischen
Mythologie, am schärfsten ausgeprägt, womit freilich wieder
nicht ausgeschlossen, im Gegentheil in Anschlag zu bringen
ist, dafs, wenn man im Blitz vielfach die Wirksamkeit der
Sonne, selbst noch nach griechischer Philosophie, erblickte, und

ihn anderseits als das Funkensprühen des Hufschlags eines
himmlischen Rosses deutete: der Sonnenreiter, wie das Sonnenrofs auch in die Gewitterscenerie einrücken und sich in
dem Gegensatz vom funkensprühenden Blitz und hallenden Donnergalopp auch jener angedeutete Unterschied
von einem weifsen und einem schwarzen Himmelsrofs und
auch von einem Kampf der beiderseitigen Reiter weiter entwickeln konnte.

Doch kehren wir zu den auf geflügelte Wesen hindeutenden
Vorstellungen zurück, welche sich an die Tages- und Nacht-
erscheinungen knüpfen. Auf die entwickelten Anschauungen von
den Flügeln des Morgenroths habe ich schon oben den
Mythos bezogen, demzufolge ein Paar Greife allmorgentlich
die Lichtstrahlen in einer Bucht des Oceans auffangen und
über die Erde tragen sollten. Wenn es dabei hiefs, der
eine fange die Strahlen auf, der andere begleite sie über die
Erde, so habe ich a. a. O. dabei an eine Sonderung des Vogels
der Morgenröthe vom Sonnenvogel gedacht, von dem gleich in
ausführlicher Weise die Rede sein wird, wie auch Eos ja z. B.
neben Helios, ihn bis zum Untergange begleitend, erscheint; es
könnte aber dieser Dualismus doch noch ursprünglich einen
anderen Anknüpfungspunkt gehabt haben. Er tritt nämlich auch
sonst bei himmlischen Vögeln hervor, wie bei Sirenen und Har-
pyien, und wenn es auch dort näher liegt, bei ihrer entschie-
denen Beziehung auf das Unwetter zunächst an ein Paar oft vereint auftretender Winde zu denken (s. Meine Abhandlung über die
Sirenen in der Berl. Zeitschr. f. d. Gymnasialw. 1863. p. 465 ff.),
so bin ich doch, je länger ich den Spuren dieses Dualismus in den
Mythen nachgehe, geneigt, den ursprünglichsten, fafslichsten Ausgangspunkt für diese so vielfach wiederkehrende Vorstellung einer
himmlischen Zweiheit immer mehr in der Zwillingserschei-
nung von Sonne und Mond zu suchen, so dafs man eben nur
denselben dann vielfach in anderen Erscheinungen wiedergefunden und auch da dann die Zweiheit neben der Einheit, die
man sonst in denselben fand, festgehalten hätte. Dies angewandt
auf unseren Fall, würde der Dualismus bei diesen Lichtvögeln sich
z. B. erst an Morgenröthe und Sonne wieder reproducirt haben,
wie bei den Sirenen anderseits vielleicht an Nord- und Westwind;

ursprünglich könnten Sonne und Mond als die beiden himmlischen Vögel gegolten haben, die die Lichtstrahlen über die
Erde hintrügen, wenigstens erscheint auch der Mond als geflügelt und somit dem Sonnenvogel von Haus aus homogen,
wenn z. B. der homerische Hymnus an die Selene anfängt:

Μήνην ἀείδειν τανυσίπτερον ἔσπετε, Μοῦσαι.

In mythischer Weise entwickelt sich aber besonders lebens-
voll und alterthümlich die Vorstellung speciell von der Sonne
nicht blofs im Allgemeinen als von einem geflügelten Wesen,
sondern ausdrücklich als von einem Vogel. Zunächst sind es
deutsche, noch theilweise heut zu Tage fortlebende Gebräuche,
welche für die Fixirung dieser Anschauung dabei in Betracht
kommen. Ich meine die Sitte, den Sonnenvogel am Peters-
tage (22. Febr.) zu jagen oder auszutreiben, wovon Kuhn,
Westph. Sagen. II. p. 119 ff., zahlreiche Varianten bringt. Unter
allerhand Lärmen und Klopfen zieht nämlich die Jugend von
Haus zu Haus und singt ein Lied, welches anfängt:

Rëut, rëut, Sunnevuël,
Sente Païter ies bei, usw.

Als Zweck gilt, das Haus von Ungeziefer zu befreien und die
Molkentöwener (Milchzauberer, — Molkentöwersche sind
Hexen) von den Milchnäpfen fern zu halten. Wenn die Bedeutung dieses Gebrauchs ihn in Parallele stellt zu dem des
sogenannten Molkentöwersche brennen, wobei man gleichsam das Blitzfeuer nachahmte, indem man mit Feuer-
bränden im Felde umherlief und, so wie dort oben am Himmel die bösen Wirkungen des Unwetters von dem himmlischen
Vieh ferngehalten zu werden schienen, so auch von dem irdischen Milchvieh die Hexen fern zu halten glaubte[1]): so
weist die Form desselben darauf hin, dafs der Sonnenvogel
am Himmel, wie natürlich, dieselbe hülfreiche Rolle zu übernehmen schien, und defshalb, wenn er sich noch im Frühjahr
versteckt halte, er hervorgejagt werden müsse; indem man
sein Verschwinden im Winter analog der Auffassung, nach der
die Sonne sich z. B. auch sonst hinter den Wolken zu ver-

---

[1]) Heutiger Volksglaube p. 120.

bergen schien, faſste. So stellt sich denn auch, wie Kuhn
a. a. O. schon ausspricht, unserem Gebrauch das sogenannte
Lenzwecken in Tirol, wovon Zingerle des Ausfürlicheren berichtet hat, vollständig zur Seite. Der ganze Vorstellungskreis
eines Sichverbergens übrigens der Sonne und was sich sonst
daran reiht, kehrt häufig in dichterischen Darstellungen der betreffenden Himmelserscheinungen wieder, ja es läſst sich aus ihnen
noch fast ganz die jenen Gebräuchen vom Sonnenvogel und vom
Lenzwecken zu Grunde liegende Vorstellung zusammensetzen.
Wir reden nämlich noch jetzt ganz gewöhnlich „die Sonne versteckt sich,“ „verbirgt sich hinter den Wolken,“ wie auch
Hebel in s. Allemann. Ged. Aarau 1827. p. 137 im „Habermuſs“ sagt:

— Wulken an Wulke
Stöbn am Himmel Tag und Nacht, und d'Sunne verbirgt si.

Aehnlich sagt auch Ovid. Fast. II. v. 493:

Sol fugit, et removent subeuntia nubila coelum.

Ebenso heiſst es vom Monde; und da zeigt uns ein Gedicht
des Grafen v. Würtemberg (bei Grube. p. 222) noch die betreffende Vorstellung in vollerer Entwickelung der Scenerie, wenn
es heiſst:

Es spielte leicht der Abendwind
Mit Mondenschein und Buchen;
In Wolken kroch der Mond geschwind,
Dort mag der Wind ihn suchen.

Nun jagt der Wind in schnellem Flug,
Ein lustiger Geselle,
In einem dunkeln, langen Zug
Die Wolken von der Stelle.

Wie blickte da so bleich und matt
Der Mond zur Wiese nieder!
Der Wind mit Buchenzweig und Blatt
Begann das Necken wieder.

Am Schluſs weicht der Dichter etwas von der Anschauung ab,
indem er in der vorletzten Zeile, dem Reim zu lieb, den Mond
auſser Spiel läſst, sonst ist das Ganze eine Anschauung, wie
wir sie in rohen Mythologien von der Sonne speciell häufiger

wiederfinden, dafs ihr nämlich in Schlingen und Netzen, — was auf die Blitze, als Fäden oder Fesseln gedacht, gehen dürfte, — nachgestellt wird. So weifs z. B. der Neuseeländische Mythos öfters von solchem Nachstellen und Fangen der Sonne (vergl. Schirren, die Wandersagen der Neuseeländer. Riga 1856. p. 37. 69)[1]. Waren aber derartige Vorstellungen bei den Völkern gang und gäbe, so konnten sie sich besonders leicht an das Verschwinden der Sonne zur Winterszeit anknüpfen, und demgemäfs zeigt nun der erwähnte lärmende Gebrauch des Herausjagens des Sonnenvogels in Parallele zu dem Lenzwecken den Glauben, der Sonnenvogel, d. h. die Sonne, habe sich im Winter versteckt (oder sei gefangen worden) und werde nun in dem Lärmen der ersten Frühlingsgewitter auf- oder hervorgejagt, wie ich auch vom Suchen des Lenzes aus deutschen Dichtern Bilder anführen kann, wo ebenso, wie oben beim Monde, der Wind als der Suchende erscheint. Zunächst giebt nämlich Geibel (bei Grube. p. 109) eine Schilderung vom Einzug des Lenzes mit folgenden Worten:

> Blast nur, ihr Stürme, blast mit Macht,
> Mir soll darob nicht bangen,
> Auf leisen Schritten über Nacht
> Kommt doch der Lenz gegangen.

Anderseits heifst es nun in einem Liede von H. Hoffmann (von Fallersleben) in Bach's Lesebuch. Leipzig 1843. I. p. 69:

> Der Frühling hat sich eingestellt,
> Wohlan, wer will ihn sehen?
> Der mufs mit mir in's freie Feld,
> In's grüne Feld nun gehen.
>
> Er hielt im Walde sich versteckt,
> Dafs Niemand ihn mehr sah;
> Ein Vöglein hat ihn aufgeweckt,
> Jetzt ist er wieder da.
>
> Jetzt ist der Frühling wieder da,
> Ihm folgt auf seinem Gang
> Nur lauter Freude fern und nah
> Und lauter Spiel und Klang. u. s. w.

---

[1] Dafs der Blitz auch in dieser Mythologie wie in der deutschen und griechischen als Faden, Strick oder Kette gefafst wird, ergiebt sich

Gegenüber diesem Aufwecken des Lenzes und seiner feierlichen Begrüfsung heifst es umgekehrt bei Wenzel von der Herbstzeit (s. Schenckel, Blüthen Deutscher Dichter. Darmstadt 1846. p. 17):

> Der Sturmwind kommt geflogen,
> Sucht Frühling hier und dort,
> Er kann ihn nicht mehr finden,
> Und seufzend fliegt er fort.

Derartige poetische Anschauungen bringen uns die Vorstellung von dem Jagen und Wecken des Sonnenvogels oder, in abstracterer Personification, des Lenzes, den man suchte und einholte wie nach anderer Anschauung den sogenannten Wasservogel, d. h. mehr den himmlischen Wolkenvogel, welcher in den ersten Gewittern den Frühling bringt[1]), näher; vor Allem aber zeigen sie uns den Sonnenvogel selbst in voller mythischer Bedeutung.

Die Anschauung von demselben entwickelt sich aber noch reicher und mannigfacher an Gestaltung. Wie Euripides von einem $\vartheta o\tilde{\alpha}\ \dot{\alpha}\lambda\acute{\iota}ov\ \pi\tau\acute{\epsilon}\varrho v\gamma\iota$ in der oben citirten Stelle redet, wird der Sonne mit Hineinziehung der goldenen Sonnenstrahlen in das Bild, eine goldene Schwinge beigelegt, sie selbst zu einem Goldvogel. Das Erstere kehrt in deutschen Kinderliedern noch häufig wieder, so heifst es z. B. bei Simrock, Das deutsche Kinderbuch, Frankfurt a. M. 1848. p. 111:

> Regen, Regen rusch,
> De König fahrt to Busch,
> Laet den Regen öwergan,
> Laet de Sünn wedder kamm.
> Sünn, Sünn, kum wedder
> Mit din golden Fedder. u. s. w.

Aehnliche Lieder hat Mannhardt, Germ. Mythenf. p. 375 ff., in Menge zusammengestellt, welche in ihrer Fülle die Ursprünglichkeit der stets sich erneuenden Anschauungen zeigen. Ich

---

u. A. daraus, dafs diese Elemente immer als Verbindungsglieder zwischen Himmel und Erde erscheinen, die ersten Menschen sich z. B. an ihnen vom Himmel herabgelassen haben sollen, wie der griechische Blitzgott selbst zum $\varkappa\alpha\tau\alpha\iota\beta\acute{\alpha}\tau\eta\varsigma$ wird; z. B. Schirren. p. 81. 132 Anm. cf. Urspr. unter Faden und unter $\varkappa\alpha\tau\alpha\iota\beta\acute{\alpha}\tau\eta\varsigma$.

[1]) Urspr. p. 204 f.

hebe nur eins noch aus denselben hervor, wo die Sonnenstrahlen collectivisch als ein Gefieder gefaſst werden.

Lieber Regen, geh weg;
Liebe Sonne, komm wieder
Mit deinem Gefieder,
Mit dem goldenen Strahl,
Komm wieder herdal.

Ebenso veranlaſsten die Sonnenstrahlen die Griechen, der Sonne goldene Schwingen beizulegen:

Ἠέλιε χρυσέησιν ἀειρόμενέ πτερύγεσσιν.

Orph. hym. XXXII.

Einen solchen Goldvogel, als welcher sich hiernach der Sonnenvogel ergiebt, kennt noch unser deutsches Kindermärchen; vor Allem wird aber der indische Garudha mit seinen schönen goldenen Flügeln hierherzuziehen sein, von dem auch Mannhardt. p. 38 Anm. schon gehandelt hat. Die daselbst angeführten verschiedenen Ansichten von Lassen und Roth vermitteln sich übrigens nach unserer Auffassung, indem der Garudha auch, wie die anderen Sonnenwesen und Sonnenelemente, in das Gewitter einrücken und so auch Wolken, Wasser, Wind und Blitz mit ihm in Beziehung gebracht werden konnten, wie ja auch an die meisten dieser Himmelserscheinungen sich sogar selbstständige Vorstellungen von einer hinter ihnen steckenden Vogelnatur knüpften (s. Urpr. unter Vogelgottheiten).

In besonderer Weise hat sich aber der Glaube eines Sonnenvogels noch bei den Indogermanen in der Urzeit entwickelt, indem die Vorstellung des Schwimmens, Dahingleitens durch ein himmlisches Meer und die himmlischen Wolkenwasser, welche wir oben schon an die Himmelskörper sich knüpfen sahen, bei demselben an einen Wasservogel denken lieſs. In dieser Deutung dürfte vor Allem der Ursprung der zauberhaften Gänse und Enten, namentlich aber der Schwäne der verschiedenen Mythen zu suchen sein, welche neben den übrigen Wolken-, Wind- und Gewittervögeln überall noch in Sage und Märchen in besonders significanter Weise hervortreten, oft auch noch durch den ihnen beigelegten goldigen Charakter auf den angegebenen Ursprung deutlich hinweisen. Daneben dürfte immerhin als eine allgemeinere Vorstellung auch

die festzuhalten sein, welche ich Urspr. p. 194 nach einer von
den Finnen entlehnten Auffassung einer weifslichen Wolke
als eines Schwans für den mythischen Schwan und die Gans,
sowie auch anderseits für die Taube entwickelt habe, wozu
auch die Vorstellung von den indischen Apsarasen stimmt (s.
Weber, Indische Studien. I. p. 197). Derartige verschiedene Anknüpfungspunkte finden sich einmal häufig für die Anschauung,
dann widerspricht die erwähnte Auffassung weifslicher Wolken
ja anderseits auch jener Deutung der Sonne nicht, sondern läfst
nur gerade jenes Thierelement noch recht vielfach am Himmel
erscheinen. Der Sonnenschwan erschien eventuell den anderen Wolkenschwänen gegenüber nur als ein besonders herr-
liches Thier, oder die einzelne Wolke fügte sich seiner Auffassung geradezu an. Denn wenn, wie ich schon Urspr. a. a. O.
nachgewiesen habe, der Regenbogen als Schwanring in
den Vorstellungskreis hineingezogen wurde, die himmlischen
Wasser als der Teich erschienen, in dem der oder die himmlischen Schwäne sich badeten, so konnte auch neben dem
einen Sonnenschwan die weifsliche Wolke immerhin als sein
Federgewand gefafst sein oder in der Mischung mit anthropomorphischer Gestaltung als der Schleier, welchen die Schwanjungfrauen ablegen, ehe sie in's Bad steigen, ganz abgesehen
davon, dafs die Auffassung auch hier, wie meist überall, ursprünglich nicht von einer Einheit, sondern von einer Vielheit,
d. h. nicht von einem, sondern von mehreren Sonnenschwänen,
ausgegangen sein dürfte.

Vom Sonnenschwan bei den Indern hat schon Weber, Va-
jasaneya-Sanhitae spec. Berlin 1847. II. p. 39, geredet, als von
der anser in splendore urinans, die Anschauung selbst wird
aber ganz vorzüglich in dem oben von mir beigebrachten Hymnus
an die Sonne von Tegnér reproducirt, wenn es von dieser in
demselben heifst:

Wo du schwammst, wie im Meer,
Goldbefiederter Schwan.

So haben auch ausdrücklich nach nordischer Mythe Tag und
Sonne eine Tochter, Schwanhild Goldfeder (Mannhardt,
Germ. Mythen. p. 376), und mit dem Nachweis dieses Sonnen-
elements ergiebt sich nun in Verbindung mit dem oben nach-

gewiesenen eines glänzenden Schildes der Ausgangspunkt
für die ganze Sagenmasse der germanischen Valkyrien und
Schwanjungfrauen ursprünglich als himmlischer Sonnenjungfrauen. Denn so erklärt es sich nun, wenn sie einmal ge-
rüstet als Skialdmeyjar oder Hialmmeyjar unter Schild
und Helm auftreten[1]), — denn neben dem „Sonnenschild,"
den „Gottes ewiger Held im blauen Feld" führt, werden wir
auch nachher in der Personification des griechischen Helios den
goldenen Helm des Sonnengottes hervorheben sehen, — dann
aber in Schwangestalt erscheinen und in den sich daran
schliefsenden Mythen wieder auf das himmlische Terrain mit
allen seinen wandelnden Erscheinungen hinweisen, namentlich
sich aber in der Vorstellung von Wolkenjungfrauen verall-
gemeinern[2]). In dem Charakter der Jungfräulichkeit, d. h.
der Reinheit des Sonnenelements, berühren sie sich mit den
römischen Sonnenjungfrauen, den Vestalinnen; nur hat sich zugleich an sie geschlossen der kriegerische Charakter der
salischen Schildträger, wie ich sie oben aus analoger Anschauung
von Sonnen- und Gewitterscenerie schon erklärt habe, oder der der
kriegerischen Amazonen (s. Ursprung d. M.). So scheinen sie bald
an dem himmlischen Treiben mit seinen Kämpfen in Sturm
und Unwetter theilzunehmen, auf Wolkenrossen einherzujagen,
von deren Mähnen dann das himmlische Nafs trieft, wie
von den Hunden der wilden Jagd[3]), oder den himmlischen
Helden im Sonnenbecher den himmlischen Trank zu reichen, bald sich selbst zu baden in den himmlischen Wassern,
wie Artemis, und wenn eine speciell dann von ihnen als ge-
fangen gilt, so dürfte dies $\kappa\alpha\tau$' $\dot{\epsilon}\xi o\chi\dot{\eta}\nu$ die eine nach dem Unwetter zurückbleibende Sonnenjungfrau sein, wie die
Sage uns einen ähnlichen Ausgang dieser Himmelserscheinungen
schon oben p. 72 ff. bei dem Gefangenwerden der Mahr als einer
schönen Jungfrau zeigte. Der bekannte Schwanritter ist

---

[1]) Ueber das Sachliche vergl. vorzüglich Grimm. p. 389 sqq. J. W.
Wolff, Beiträge z. deutschen Myth. Göttingen 1857. p. 203 sqq.

[2]) Die Schwanjungfrauen bezieht auch schon auf die Sonne, als den
himmlischen Schwan, Kuhn, Zeitschrift für vergl. Sprachf. 1855. IV. 120.

[3]) Kuhn, Herabk. d. F. p. 132. Genthe, Die Windgottheiten der indogermanischen Völker. Memel 1861. p. 9. Heutiger Volksgl. p. 67.

deutlich hiervon das entsprechende männliche Gegenbild, es ist der Sonnenheld, der zur Winterszeit nach entwickelterer Vorstellung ebenso geheimnißvoll entschwindet wie jene. (vergl. über das Sachliche Hocker, Die Stammsagen der Hohenzollern und Welfen. Düsseldorf 1857). Wie eine jener Sonnenjungfrauen im Gewitter nach einer Erzählung dann am Fuſs verwundet wird, habe ich schon Urspr. p. 231 nachgewiesen; der fallende Blitz zeigte bei ihr den Verlust eines Gliedes, durch welchen nach griechischer und deutscher Auffassung ein himmlisches Wesen im Gewitter als geschwächt angesehen wurde, so daſs eine neue Sonne auch ein neues Sonnenwesen zu sein schien. Die Anschauung ging eben, woran ich vorhin schon erinnert habe, von der Voraussetzung einer Vielheit von Wesen in den Erscheinungen aus, wie sie ja dasselbe Naturelement, hier also z. B. die Sonne, in demselben Mythenkreis bald als Schild oder Helm, bald als Becher oder Schwan faſste, und nur in einzelnen Mythen tritt schon eine einheitlichere Fixirung des betreffenden Wesens hervor. Wenn die deutsche Sage daneben gern eine Dreiheit der Schwanjungfrauen vorausschickt, von denen dann eben eine hernach gefangen wird, so dürfte dies zunächst an eine öfter auftretende Dreitheilung der Wesen des Unwetters, wie Sturm, Blitz und Donner (Arges, Brontes und Steropes) erinnern, wie auch die griechischen Schwanjungfrauen, die Graeen, mehr bloſs den Charakter der in dem Unwetter auftretenden himmlischen Wesen bewahrt haben, der Ausdruck κυκνόμορφοι „schwangestaltig" nur noch wie eine Reminiscenz eines anderen, älteren Glaubenssatzes an ihnen haftet. Anderseits könnte es aber auch an eine andere in der Natur auftretende Dreiheit erinnern, wie wir solche auch bei den himmlischen Spinnerinnen werden hervortreten sehen, — und spinnen thun ja auch die Schwanjungfrauen, — es dürfte nämlich an die drei himmlischen weiblichen Wesen, die Sonnen-, die Mond- und die Windjungfrau anknüpfen, indem bei der noch fehlenden Scheidung der Zeit in Tag und Nacht sie häufig in den Mythen neben einander auftreten.

Wie öfters in den Sagen statt des Schwans die Gans oder auch die Ente erscheint, stellen sich zu den entwickelteren gröſseren Mythenmassen, in denen sich die Anschauung der Sonne als eines himmlischen Wasservogels abgelagert hat, vereinzelte rohere Züge in Sage und Märchen, die desselben Ursprungs sein dürften. Namentlich denke ich an die verwünschten gol-denen Gänse und Enten, welche die deutsche Sage hier und da unter der Erde in Berg und Hügel sitzen und auf gol-denen Eiern brüten läfst[1]). Es wäre die goldene Sonnen-gans, die Sonnenente, die im Gewitter verwünscht und im Donnergekrach in die Tiefe versunken und dorthin gebannt galt, wie der einzelne Donnerkeil oder in massenhafter Gestalt die ganze Gewitterburg der deutschen Sage oder Apollo's himm-lischer Tempel mit den goldenen Keledonen und so vieles An-dere. Namentlich scheint mir die Vorstellung des Brütens ein schönes Moment für den ruhig hoch oben am Himmel schwebenden Wasservogel zu bieten, und so möchte ich anderseits auch daran dabei erinnern, wie andere Sagen uns oben schon p. 77 auf die Vorstellung eines Sonnennestes führten, während dann auch wieder in anderen Mythen die Sonne als Ei gefafst erscheint (s. oben p. 7 und Urspr. im Index unter Ei).

Ich erwähne namentlich dies Letztere, weil bei der Un-bestimmtheit der Vorstellung eines Sonnenvogels überhaupt, die sich namentlich an das Schweben und das Strahlengefieder an-geschlossen hat, die Sonne selbst auch in einzelnen Anschauungen als das Auge dieses himmlischen Vogels in gewissen Situa-tionen gegolten haben konnte. Da nämlich der Blitz nicht blofs bei den Amerikanern als der leuchtende Blick eines himmlischen Vogels aufgefafst wurde, sondern auch bei den Indogermanen entschieden diese Ansicht hindurchbricht, so

---

[1]) Sommer, Sagen aus Sachsen und Thüringen. Halle 1846. p. 63. „An verschiedenen Orten in Sachsen sitzen goldene Gänse oder Enten unter der Erde und brüten auf goldenen Eiern." s. auch Nordd. S. p. 208. Statt eines solchen Wasservogels tritt auch ein Huhn auf; so erklärt sich folgender Reim, den Mannhardt, Germ. Mythens. p. 248, von den Insel-schweden anführt:

Goldhenne, Goldhenne,
Lafs die Sonne scheinen.
Die Regenwolke, den Wolkenfleck
Lafs den Wind vertreiben,
Klar auf im Süden,
Die Wolken gehen nieder im Norden.

könnte bei der oft angenommenen Beziehung, die zwischen Sonne und Blitz in den Mythen und Vorstellungen hervortritt, wie auch der Garudha und die Schwanjungfrauen in das Gewitter einrücken, so auch der Blitz nicht blofs vom Auge des dunklen Gewittervogels, wie ich es im Urspr. erklärt habe, sondern auch von dem die Finsternifs durchbrechenden, leuchtenden Sonnenvogel und dessen Sonnenauge ausgehend gedacht sein. Sich für das Eine oder das Andere zu entscheiden, wird in jedem Falle Sache besonderer Untersuchung sein müssen. Ich bemerke dies nur, da, wie wir gleich sehen werden, die Sonne nicht blofs in anthropomorphischer sondern auch in thierartiger Auffassung der sich an dieselben knüpfenden Erscheinungen als das Auge des betreffenden Wesens oder Thieres angesehen wurde.

Zu den gewonnenen Thieranschauungen von der Sonne stelle ich nämlich gleich noch ein paar andere. Schon im Urspr. und im Heutigen Volksgl. habe ich eine Menge finnischer und deutscher Sagen zusammengestellt, welche den Fang irgend eines himmlischen Thieres im Gewitter schildern. Bald war es von der Wasserscenerie und dem hin- und herschiefsenden Blitz ausgehend ein Fisch, namentlich ein Hecht, dem der Fang galt, und in den finnischen Sagen hiefs es noch ausdrücklich, derselbe habe den Feuerfunken verschluckt, aus dem dann eine neue Sonne und ein neuer Mond geschaffen wurde; bald war es, wenn man von dem himmlischen Wolkenterrain als einer Landschaft mit Berg und Thal ausging, der Fang eines Dachses, dieses weifszahnigen Thieres, welches, neben der Vorstellung eines in den Wolken mit seinem weifsen, blitzartigen Zahn wühlenden Ebers und einer daran sich schliefsenden Eberjagd, gerade als ein im Innern der Erde, in Höhlen hausendes Thier besonders geeignet war, dafs man es in den Blitzen aus den Wolkenhöhlen schlüpfen oder im Wolkentreiben gejagt oder gefangen zu werden glaubte. Zur Vervollständigung der letzteren Anschauung möchte ich nachträglich noch darauf aufmerksam machen, dafs um so mehr rohe Anschauung den Glauben des Fanges eines solchen Thieres im Unwetter auf einen Dachs beziehen konnte, als auch gerade im Frühjahr, d. h. mit den wieder sich einstellenden

Gewittern, der irdische Dachs, um mich so auszudrücken, aus seiner Erdhöhle hervorkommt, und wenn nun eben das Hervorkommen und Hineinschlüpfen in die Wolkenhöhlen eine Rolle bei dem Bilde spielte, er von allen weifszahnigen, jagbaren Thieren besonders in Betracht kam, indem auch er im Dunkeln gerade hervorkommt, die Parallele mit der Gewitternacht also um so vollständiger wird. Nun tritt charakteristisch bei diesen Fischen und Dachsen, die in den Sagen also im Gewitter gefangen werden, die Einäugigkeit hervor, ein Umstand, auf den ich schon Urspr. p. 268 aufmerksam gemacht und an die Sonne, als das eine Auge dieses Thieres, hingedeutet habe. Jetzt, wo ich bei diesen Untersuchungen mehr dem nachgegangen bin, wie überhaupt die Sonne sich den Gewitteranschauungen anschliefst, stehe ich nicht an, es noch entschiedener zu behaupten, dafs in jenen Mythen die Einäugigkeit des betreffenden Dachses und Fisches auf die Sonne geht, dies sein Auge war, wie anderseits z. B., wie wir gleich sehen werden, die nach dem Gewitterkampf zurückgebliebene oder im Gewitter fabricirte Krone des Gewitterdrachen auch auf die Sonne, gemäfs einer anderen Anschauung, geht. Namentlich glaube ich dies jetzt für den Dachs wenigstens noch näher beweisen, ja damit den ganzen Ursprung der Anschauung eines Dachses am Himmel überhaupt noch klarer darlegen zu können. Schon oben sprach ich nämlich von Vorstellungen, nach denen die Sonne sich in den Wolken versteckt oder verkriecht, wie es auch in dem vorhin citirten Liede vom Grafen v. Würtemberg vom Monde hiefs: „In Wolken kroch der Mond geschwind" und nach roher Anschauung der Neuseeländer z. B. die Sonne dann auch geradezu in den Blitznetzen gefangen und mit einem grofsen, zaubermächtigen Kinnbacken wund geschlagen wird[1]), eine Vorstellung, die wir auch nachher noch bei den verschiedensten Völkern sich an das Gewitter werden anschliefsen sehen. Nun hat Rochholz in seinen Naturmythen. Leipzig 1862 unter vielen, höchst anschaulichen, in der Schweiz fortlebenden Ausdrücken für gewisse Himmelserscheinungen p. 219 Anm. folgende Redensart beigebracht: „d'Sunne schlüeft in e

---

[1]) Schirren, Die Wandersagen der Neuseeländer. Riga 1856. p. 30 f.

Sack, sagt man in Aargau, wenn die untergehende Sonne hinter eine Wolkenbank tritt u. s. w." Uebertragen wir dies auf die stetige Wiederkehr derselben Erscheinung, wenn die Sonne sich in einem Wolkenberge wie in einer Höhle verkriecht, wie ich auch weiter unten für die anthropomorphische Auffassung der Sonne ein Bild beibringe, nach dem sie gleichsam durch die Wolken kriecht, bald hier, bald da herausguckt: haben wir in Alledem nicht schon den vollen Ausgangspunkt der ganzen mythischen Anschauung von dem einäugigen Thier, das wie ein Dachs in den Wolkenberg schlüpft und dann im Unwetter von der Windsbraut unter dem hallenden Zuruf des Donners — wie die Sagen stets melden — gejagt wird? Die in die dunklen Wolkenhöhlen schlüpfende Sonne wäre so der Anstofs zu dem ganzen Thierbilde gewesen, dem nur die anderen Elemente sich passend angereiht hätten.

Wenn aber dieser Dachs, der im Gewitter gejagt wird, ursprünglich auf die Sonne führt, die dann als sein eines Auge galt, so konnten ebenso gröfsere weifszahnige Thiere, wie der himmlische Eber, welchen man im Unwetter nach anderen Vorstellungen gejagt wähnte, mit derselben in irgendwelche Verbindung gebracht werden. Namentlich tritt eine solche Beziehung klar hervor im goldborstigen Eber des Freyr, dem Gullinbursti, von dem Finn Magnusen, Lex. Myth. p. 131, ausdrücklich noch sagt: Sic nomen Gullinbursti Freyeri apro proprium fuit, pro solis ipsius (ut videtur) idolo sive simulacro habito. Wie nämlich bei der Auffassung, dafs hinter der Sonne ein Pferdehaupt stecke, die Sonnenstrahlen als goldhelle Mähne, das Pferd selbst, wie wir sehen werden, als ein Falber galt, und die Strahlen überhaupt ganz gewöhnlich als goldene Haare gefafst wurden, haben wir in dem Goldborstigen des Ebers, der die Nacht erhellt, denke ich, auch einen speciellen Hinweis auf den Gullinbursti als das Sonnenthier, welches dann im Unwetter mit Pferdes Schnelligkeit rennt u. s. w. Wenn dies zum sonstigen Wesen des Freyr pafst (s. Grimm. M. p. 193 f.), so erklärt sich nun auch die mythische Bedeutung der Juleber und Goldferche, wovon Grimm des Ausführlicheren (a. a. O.) schon gehandelt hat, und Alles das, was ich im Urspr. und im Heutigen Volksgl. über den Gewittereber zunächst beigebracht, erhält nun noch einen besonderen Hintergrund und Anlehnung an die Sonne.

Wenn diese Behauptung sich schon mit einiger Sicherheit aufstellen lassen dürfte, so will ich die Vermuthung einer ähnlichen Anlehnung auch des einäugigen Fisches an die Sonne nicht zurückhalten, indem ich sie weiterer Prüfung überlasse. Der Gewitterfisch erscheint nämlich schon nicht blofs, wie ich oben ausgesprochen, als der im Blitz hin- und herschiefsende Hecht, sondern anderseits auch deutlich in gewaltiger Dimension, den ganzen Himmel erfüllend und zu einem ungeheuren Wolkenfisch anwachsend. So nennt ihn, wie ich schon Urspr. p. 240 angeführt habe, Kalewala den grofsen Hecht mit „grausen Zähnen" und sagt:

> Zwei der Beile lang die Zunge,
> Wie der Harkenstiel die Zähne,
> Wie drei Ströme breit der Rachen,
> Sieben Böte breit der Rücken.

Wenn diese grausen Zähne wie Harkenstiele auf eine andere Anschauung des Blitzes gehen dürften, der vielfach für ein Bläken mit gewaltigen Zähnen aus glänzenden Kiefern gehalten wurde (s. weiter unten), so scheint die indische Sage sogar den Regenbogen in das Bild hineinzuziehen, indem sie von seinem Horn redet, eine Vorstellung, die sich vielfach an einen unvollständigen Regenbogen knüpfte[1]). Dort zieht nämlich dieser Fisch, zu ungeheuren Dimensionen angewachsen, den Manu durch die grofse Fluth (d. h. die Gewitterfluth) und läfst dessen Schiff an seinem Horn seilen. Nachher giebt er sich als Brahma zu erkennen (s. Grimm, M. p. 540). Bei solchen Vorstellungen, denke ich, konnte auch einem vom Fischfang in seinen Anschauungen ausgehenden Volke leicht die am Himmel oder durch das Wolkenmeer schwimmende Sonne als das Auge eines gewaltigen Fisches erschienen sein, zu dem die Sonnenstrahlen, als seine goldenen Flossen, eine schöne Ergänzung abgegeben haben dürften, wie sie ja zu anderen Bildern als goldene Haare, Mähnen oder dergl. galten. Wir hätten dann also

---

[1]) Heutiger Volksgl. p. 134.

nicht blofs einen im Gewitter dahin schiefsenden Blitzhecht, sondern auch schon in Sonne und Sonnenstrahlen einen am himmlischen Meer dahin schwimmenden einäugigen, goldflossigen Sonnenfisch. Als eine Art Parallele zu dieser Anschauung könnte gelten, wenn man gerade umgekehrt dem Fische Zeus faber, der gold- und kupferfarbig mit einem schwarzen wie ein Auge aussehenden Fleck auf jeder Seite und strahlenartigen Flossen im Rücken, die sich in langen Fäden verlängern, den Namen Sonnenfisch gegeben hat[1].

Dafs übrigens der Fisch auch in griechischen, syrischen, ägyptischen und indischen Sagen in ähnlichem Charakter vorkommt, habe ich schon Ursp. p. 270 erwähnt, und wenn ich daselbst mehr einzelne Beziehungen auf den Gewitterfisch urgirt habe, so würde auch Anderes wieder zu dem entwickelten Sonnenfisch passen, so dafs auch hier eine Verbindung beider Elemente stattgefunden haben dürfte. Aber auch mit anderen thierartigen, sich aus den übrigen Himmelserscheinungen entwickelnden Vorstellungen konnte die Sonne ebenso in Verbindung gebracht werden. Dafs sie z. B. nach celtischem Glauben als ein glänzender Edelstein galt, welchen die Gewitterschlangen im Frühling fabricirten, ist schon oben p. 2 erwähnt worden, und ebenso habe ich schon angedeutet, dafs sie anderseits auch für die Krone des Gewitterschlangenkönigs gehalten wurde, und werde gleich nachher noch ausführlicher davon handeln. In eine ähnliche Verbindung scheint sie aber auch stellenweise zu den himmlischen Rossen und Rindern gebracht zu sein, welche Thiere dann im leuchtenden Hufschlag des Blitzes und im hallenden Donnergalopp, so wie im Melken der Wolken, im Donnerbrüllen und in den Regenbogenhörnern ihre eigentliche Entwickelung hatten.

In ersterer Beziehung ist besonders der Falbe des Indra zu erwähnen, der offenbar die Sonnenstrahlen, welche schon oben p. 2 und 26 in goldig-mähnenartigen Charakter gedeutet

---

[1] Als eine Erweiterung dieser Vorstellung wäre es anzusehen, wenn, wie Meiners, Göttinger hist. Magazin. I. p. 106, erwähnt, Hindus, Calmycken, Awaner, Peguaner u. a. südasiatische Völker auch die Sterne als Fische ansehen, welche am Nachthimmel einherschwimmen.

wurden, in die Anschauung mit hineinzieht, und dadurch der
ganzen Auffassung den Schein einer gewissen Selbstständigkeit
verleiht. Die Sonnenscheibe konnte daneben, wie auch schon
oben p. 97 f. erwähnt, als das Rad eines dazu gehörigen Wagens,
aber ebensogut auch, wie in den vorhin durchgenommenen
Mythen, als das Auge des goldmähnigen Sonnenrosses gedeutet werden, wenn sie nicht etwa bei hinzukommender anthropomorphischer Vorstellung als der Schild des Sonnenhelden
galt. Derartige goldmähnige Rosse kennt auch die nordische
Mythe. Gullfaxi (das goldmähnige) z. B. heifst das Rofs
des Riesen Hrûngnir, in welchem mir eine rohe Auffassung des
Sonnenriesen zu stecken scheint, den der Gewittergott Thor
bekämpft[1]); vor Allem aber steht in Parallele Skinfaxi (das
glanzmähnige), das Rofs des Tages, welchem dann mit dem
schon vorhin bei den himmlischen Vögeln entwickelten Gegensatz Hrîmfaxi (das thaumähnige), das Rofs der Nacht,
gegenübertritt (Grimm, M. p. 621). Auch in der griechischen
Mythologie tritt eine Beziehung zwischen der Sonne und den
Rossen noch mannigfach hervor, wobei aber wieder, wie in der
ganzen Phaethon-Sage, diese Thiere in die Gewitterscenerie
übergehen, Blitz und Donner sich ebenfalls an sie knüpft, der
Pegasos entschieden fast nur als das Donnerrofs sich documentirt[2]). Wie in den deutschen Sagen Wodan gewöhnlich als der
Schimmelreiter erscheint, wobei ich nach Allem den Schimmel doch zunächst mehr auf das Sonnenrofs als auf die
Wolke beziehen möchte, so reitet er nach verwandter nordi-

---

[1]) Wenn schon Hrûngnirs dreieckiges Herz von Stein, sein
steinernes Haupt und steinerner Schild an analoge Auffassungen
der Sonne gemahnt, so erinnert der Mann von Lehm, neun Rasten hoch
und drei breit unter den Armen, welchen die Himmelsriesen (die Kyklopen)
ihrem Genossen Hrûngnir zum Beistand in dem Kampf mit dem Donnergott machten, der Möckurkalfi (Wolken- und Nebelwade), welcher
Wasser liefs, als er Thor sah, an das grofse Gewitterwolkenge-
bilde, welches man noch bei uns einen grofsen Mummelack nennt,
und das Wasserlassen ist auch keine fremde Vorstellung für den Regen-
strahl. s. heutiger Volkssgl. p. 77 f. und weiter unten unter Regen. Ueber das
Sachliche vom Hrûngnir-Mythos, Simrock, Deutsche Myth. p. 290 ff.

[2]) Preller, Griechische Myth. 1861. II. p. 80 f. Urspr. d. Myth. unter
Pegasos.

scher Mythe den grauen, achtfüfsigen Sleipnir (s. Simrock,
D. Myth. p. 59), was wieder mehr an das Donnerrofs mit
seinen wunderbaren Blitzspuren mahnt, von denen ich
Urspr. p. 216 ff. des Ausführlicheren geredet habe. Ebenso
möchte ich mehr auf das letztere, als auf das Sonnenrofs die
von Roth in seinem Aufsatz über die Sage des Feridun citirte
Stelle aus dem Liede des Dìrghatamas beziehen (s. Zeitschr. d.
D. morgenl. Ges. II. Leipzig 1848. p. 223):

1. Als zuerst du wiehertest bei deinem Entstehen,
   Aufsteigend aus dem Luftmeer (oder den Gewässern)
   — mit den Flügeln des Falken, mit den Schenkeln des
           Hirsches —
   Da erhob sich dir grofser Preis, o Arwan.

2. Jama gab ihn (d. h. schuf ihn), Trita schirrte ihn,
   Indra bestieg ihn zuerst,
   Gandharva ergriff seinen Zügel:
   Aus der Sonne, ihr Vasu (d. h. ihr leuchtenden
           Götter), habt ihr ein Pferd gemacht.

Umgekehrt könnte auch, wie so vielfach die Sonne im Gewitter
geschaffen gedacht wurde, sich an dasselbe die Schöpfung
des himmlischen Rosses, dessen goldene Mähne man
dann noch in den Sonnenstrahlen wiederfand, und somit
die Schöpfung des Sonnenrosses selbst gereiht haben,
und fast scheint dies der natürlichste Verlauf der ganzen Entwickelung der hierher schlagenden Vorstellungen.

Neben diesen volleren Vorstellungen eines himmlischen
Rosses scheint auch die eines Rofshauptes getreten zu sein.
Kuhn citirt in dieser Hinsicht (Zeitschr. für vergl. Sprachk. IV.
p. 119) eine Stelle aus einem Hymnus des Rigveda an das
Rofs, welche folgendermafsen lautet: „Dich selbst erkannte ich
im Geist aus der Ferne, herab vom Himmel stürzend den geflügelten; auf den schönen, staublosen Pfaden sah ich das geflügelte Haupt dahineilen." Er folgert aus dieser Stelle im
Zusammenhang mit einer anderen, wo die Sonne auch als ein
Haupt gedacht wird (Nir. 4, 13: apivâ çira âdityo bhavati),
die Vorstellung der Sonne als eines Rofshauptes. Dabei
wäre dann wieder die Sonne wohl speciell als das Auge des-

selben zu denken gewesen. Indessen führen analoge Sagen Kuhn
a. a. O. doch zu einer Nebenbetrachtung, auf die ich etwas
näher eingehen und selbige noch weiter verfolgen will, da sie den
angeregten Punkt wesentlich modificiren dürfte. Er berichtet
nämlich folgende indische Sage: „Atharvan, der erste Priester
in grauer Vorzeit, welcher das Feuer vom Himmel holt, Soma
darbringt und Gebete übt, hat einen Sohn Dadhyanc. Indra
lehrte nun den Dadhyanc die pravargyakunde und die madhukunde und sagte ihm, wenn du sie einen andern lehrst, werde
ich dir das Haupt abschlagen. Da hieben die Açvinen
einem Rosse den Kopf ab und, nachdem sie auch dem Dadhyanc
den Kopf abgeschlagen und anderswo hingebracht, gaben sie
ihm dafür den Pferdekopf. Mit diesem nun lehrte Dadhyanc
die Açvinen die von dem pravargya handelnden ṛc, sâma und
vayus und das die madhukunde verleihende brâhmaṇa. Als Indra
dies erfuhr, schlug er ihm mit der Donneraxt das Haupt
ab, die Açvinen gaben ihm aber nun sein eigenes menschliches Haupt zurück." Kuhn denkt bei diesen mythischen
Häuptern, zu denen er auch Orpheus und Mimirs singendes
oder redendes Haupt stellt, zum Theil schon an die blasenden Häupter der Winde und das wehende Johannishaupt,
so wie an des wilden Jägers eigenthümlich auftretendes Haupt
(p. 117), und wenn er auch p. 119 dies in Bezug auf die vorhin
citirte Stelle von der Sonne als einem Roßhaupte etwas zu re-
stringiren geneigt ist, so sagt er doch p. 120: „Vorläufig lasse
ich die beiden Andeutungen auf Wind und Sonne neben einander
stehen." Ich habe inzwischen im Urspr. an verschiedenen Stellen
auf eine in den Mythen hervortretende Ablagerung eines Glaubenssatzes hingewiesen, der in einer einzelnen, dem Gewitter voranziehenden Wolke, die man noch heut zu Tage
einen Grummelkop nennt, ein in Wind und Donner grum-
melndes oder murmelndes Haupt erblickte. Das ist das
plastische Substrat, nach meiner Meinung, vom singenden
oder redenden Haupte des Orpheus oder Mimir, des wilden
Jägers, wie der blasenden Windgötter überhaupt, ebenso wie
vom Haupte des Zeus, welches im Gewitter gespalten, oder von
dem mit Blitzschlangen umflatterten Kopf der Gorgo, welcher
ihr im Gewitter abgeschlagen wird. Wie nun aus dem ab-

geschlagenen Haupte der Gorgo das Donnerrofs Pegasos
dann entspringt, konnte jenes Wolkenhaupt anderseits selbst
als das schon beim Beginn des Gewitters sichtbar werdende
Haupt des im Gewitter dann deutlicher noch auftretenden Donnerrosses gelten. Das wäre dann auch das Pferdehaupt
des Dadhyanc. Kuhn führt nämlich a. a. O. eine Stelle aus dem
Çatapatha brâhmana in Vâj. spec. I. 56—57 nach Weber an,
derzufolge Indra dem Vishnu, d. h. dem Sonnengott, das
Haupt abschlägt. Dieselbe Grundlage, nur theils roher, theils
mannigfacher nach den Erscheinungen ausgebildet, haben wir
nun in dem oben erwähnten Mythos von Dadhyanc. Damit er
nachher sein menschliches Sonnenhaupt wieder erhalten
könne, setzen ihm die Sonnensöhne, die Açvinen, jenes Pferdehaupt auf, welches dann wie Tantalos die Geheimnisse
der Götter ausplaudert; es ist der grummelnde Gewitter-
kopf, der, wie er auch sonst als prophetisch redend galt,
des Himmels Geheimnisse auszuschwatzen scheint, weshalb er
eben im Gewitter abgeschlagen wird. Dieses Pferdehaupt
sucht dann nachher wieder Indra im Kampf mit den Asuren,
wie Kuhn weiter berichtet; es war fort in den Bergen und
fand sich hernach im Çaryanâvat, einem See Kuruxetra's. Es
ist im Ursprung identisch mit dem Pferdehaupt, welches
nach anderer Sage der Bhrguide Aurva schuf, indem er seine
Zornesflammen in's Wasser liefs, und diese Flammen zu
einem grofsen Pferdehaupt wurden, welches Feuer mit
dem Maule ausspie und die Wasser des Oceans, — d. h. natürlich des himmlischen Meeres, — hinunterschlürfte (Kuhn,
Herabk. d. F. p. 168). Ueberall blickt dieselbe Scenerie durch.
Das oben aus den himmlischen Gewässern hervorgehende,
aus der Sonne geschaffene Rofs, welches Indra besteigt, wie
Dîrghatamas berichtet, das feuerspeiende, die himmlischen
Wasser einschlürfende Haupt des Aurva, das im See
Çaryanâvat gefundene Pferdehaupt des Dadhyanc, es sind
Alles Varianten des Glaubenssatzes vom Donnerrofs und dem
Grummelkopf, als Haupt dieses Rosses. Wenn des Dadhyanc
Doppelhaupt und das Abschlagen des redenden Pferde-
hauptes im Gewitter auf der einen Seite uns dies Naturobject
gleichsam als das unter Indra's Händen erliegende schildert,

so wird es anderseits, wenn Indra es im Kampf mit den Asuren
sucht, zur Waffe des Donnergottes, wie dann auch die Gorgo
und ihr Haupt beim Perseus oder der Athene in dieser entgegengesetzten Beziehung sich documentirt. Der Zug des Mythos
nämlich, daſs es erst heiſst, „Indra, der Alles überwältigende,
schlug mit Dadhyanc's Gebeinen neun und neunzig Vr̥tra's,"
und daſs er dann das Pferdehaupt desselben begehrt, und
als er es erhalten, „mit den Knochen dieses Kopfes die Asuren
erschlägt," weist zunächst auf die von mir schon ausführlich
im Sirenenmythos entwickelte Vorstellung hin, der zufolge die
Blitze überhaupt als Knochen aufgefaſst wurden, mit denen
unter Anderem auch der wilde Jäger noch wirft[1]). Specieller
schlieſst es sich dann an Glaubenssätze an, denen zufolge in
den Blitzen Zähne eines himmlischen Thieres gesät wurden
oder leuchteten, die Gewitterwesen dann goldzähnig oder
mit goldenen Kinnbacken geradezu ausgerüstet gedacht
wurden[2]); welches Bild, in seiner ursprünglichen colossalen Weise
ausgemalt, zum Theil noch in dem Glauben der Sinesen hervortritt, den Grohmann im Apollo Smintheus p. 17 aus Thar-
sanders „Schauplatz vieler ungereimten Meinungen" berichtet.
„Die Sinesen," heiſst es daselbst, „nennen die Donnerkeile Don-
nerzähne und halten mit den Indianern davor, daſs der Donner
ein lebendiges Thier sei, welches sich in den Wolken aufhalte
und mit seinem Brüllen den Schall verursache, das Feuer aber
ausspeie. Dieses Thier habe einen groſsen Kopf und lasse
zu Zeiten einige von seinen Zähnen ausfallen, welche hernach
gefunden würden u. s. w." Die Vorstellung entwickelte sich wohl
ursprünglich an Blitzen, die, in die Quer sich erstreckend,
das Bild eines Bläkens mit den Zähnen, d. h. eines ganzen
Gebisses machten, wie es als grinsend noch im Sardonischen
Gelächter oder der sogen. Teufelslache auftritt, dann aber auch
im Zeus τερπικέραυνος hindurchvibrirt[3]), so daſs sich daran
der Donner entweder direct als helles Lachen oder als ein
Knirschen dieses colossalen Kinnbackens ergab. Wenn der

---

[1]) S. meine Abhandlung über die Sirenen. Mützell's Berliner Zeitschr.
für das Gymnasialwesen. XVII. p. 473 ff.

[2]) Urspr. d. Myth. p. 139. 202. Mannhardt, Germ. Mythenf. p. 237 f.

[3]) Urspr. d. Myth. p. 109 f.

deutsche Klapperbock uns die Nachahmung dieses himmlischen Thieres als eines Bockes aus anderen Gründen zeigt[1]),
so haben wir es in den besprochenen indischen Mythen mit dem
Kopf und den Schädelknochen des Donnerrosses zu thun.
Mit diesen also hat Indra 99 Vṛtra's geschlagen, d. h. mit den
stärksten Donnerkeilen den Kampf gegen die anderen
Wesen des Unwetters, die Asuren, welche in dem entwickelten
Mythos gleichsam als die furchtbarsten Gewitterdämonen auftreten, ausgefochten.

Mit diesem Anschauungskreise findet nun aber auch eine
im alten Testament an den Simson sich anschließende Geschichte eine bedeutsame Erklärung. Es ist nämlich ein analoger Mythos, nur im historischen Gewande der Philisterkriege,
wenn der ἀκερσοκόμης Simson, d. h. der Sonnenheld, wie
ihn Steinthal auch schon in seiner mythischen Bedeutung kenn-
zeichnet, mit des Esels, d. h. auch des Donnerthiers, Kinnbacken (s. Urspr.) seine Feinde, d. h. historisch gewandt, 1000
Philister, schlägt[2]). Er war gefesselt, wie so vielfach der
Himmelsriese in des Blitzes Banden erscheint; als er aber des
Esels Kinnbacken ergriff, da schmolzen die Stricke an seinen
Armen, wie Fäden, die das Feuer versengt hat. Wenn dies
noch ein deutlicher Hinweis auf die behauptete Scenerie ist, so
wird dies schlagend durch den Umstand bestätigt, daß der Herr
Zebaoth einen Backzahn in des Esels Kinnbacken gespaltet
haben soll, daß Wasser darausging, um den durstenden
Simson zu erquicken, gerade wie Zeus durch einen Wetterstrahl (κεραυνός) eine Quelle, den διϊπετὴς ποταμός, d. h. den
Regenstrom, hervorsprudeln läßt, den durstenden Herakles
zu stärken, eine mythische Vorstellung, die auch noch in vielen
anderen Sagen sich abgelagert hat[3]) (s. Urspr. p. 166). In roher

---

[1]) Nordd. S. Geb. 126 Anm. und die dort citirte Abhandlung Kuhn's;
vergl. Mannhardt, G. M. p. 237 f.

[2]) Den Eselskinnbacken bringt auch Steinthal in seiner II. Bearbei-
tung der Simsonsage in der Zeitschrift für Völkerpsychologie. Berlin 1862.
p. 137 schon in Beziehung zum Blitz, indem er auf die von mir im Ursp.
gegebenen Deutungen des mythischen Esels- und Pferdekopfes, so wie
des Eberzahnes hinweist; doch faßt er im Uebrigen den Mythos zu local
und trübt dadurch den ursprünglichen mythischen Charakter der Sage.

[3]) Sonnen- und Gewitterheld ist Simson auch noch, wenn er ge-

Form kehrt derselbe Mythos wunderbarer Weise aber nun auch noch bei den Neuseeländern wieder, nur wird hier die Sonne selbst, nachdem sie in Schlingen (d. h. in den Blitzesfäden) gefangen, von Mauitiki mit einem grofsen, zaubermächtigen Kinnbacken wund geschlagen, dafs sie nur mühsam fortan dahinkriechen kann, was in anderer Sage dann wiederkehrt und mit der Jahreszeit, wo die Sonne matt erscheint, in Verbindung gebracht wird (s. Schirren, die Wandersagen der Neuseeländer. Riga 1856. p. 31. 37).

Wenn übrigens, um noch einmal zur Dadhyanc-Sage zurückzukehren, der Knochen vom Rofshaupt des Dadhyanc als eine Art helfender, schützender Donnerkeil auftritt, so findet seine volle Bestätigung, was ich schon Urspr. p. 169 Anm. ausgesprochen habe. Ich stellte einmal dort zum Gorgonen-Haupt, mit welchem also das Donnerrofs Bellerophon eng zusammenhängt, das Phigalische Bild der Demeter Erinnys, von dem Pausanias VIII, 43. 3 redet, welches einen Pferdekopf mit Mähne zeigte, an dem auch Bilder von Schlangen und anderen Thieren dargestellt waren, dann erinnerte ich an den Aberglauben, welchen slavische und deutsche Vorstellung an Pferdehäupter knüpfte. Wie das deutsche Kindermärchen das redende Haupt des treuen Rosses Falada über der Thür genagelt kennt, und die Königstochter mit ihm, als einem hülfreichen Wesen, Gespräche führen läfst, war das Aufstecken von Pferdehäuptern, behufs Abwehr in zauberhafter Weise, ur-

---

blendet, wie der geblendete Sonnenriese Polyphem oder Phineus (s. Urspr.), den Einsturz des Gewölbes über sich im krachenden Donner bewirkt, ebenso wie auch die Feuerbrände an die Schwänze von Füchsen gebunden, welche dann in's Land der Feinde gejagt werden, auf Gewittererscheinungen hinweisen. Nach dem Talmud soll er auch Berge, d. h. die Wolkenberge, wie Steine aneinander geschlagen haben; und wenn der heilige Geist auf ihm geruht, d. h. im Gewitter, dann haben, heifst es, seine Haare wie eine Schelle gegeneinander geschlagen, dafs es weithin geklungen (Eisenmenger I. p. 395). Alles ächt mythische, aus der behaupteten Scenerie des Gewitters hergenommene Züge, wo die Wolkenberge wie Symplejaden aneinanderschlagen, und die leuchtenden Sonnenhaare, als Blitzstrehnen, dann flatternd rauschen und klingen. — Vergl. über Simson noch weiter unten, wo von dem goldhaarigen Sonnengott die Rede ist.

alte deutsche Sitte. Namentlich steckte man in Scandinavien Pferdehäupter auf Stangen und richtete den mit Hölzern aufgesperrten, gähnenden Rachen nach der Gegend, woher der angefeindete Mann, dem man schaden wollte, kommen mußte. Das hieß Neidstange. Damit hangen auch offenbar noch die Pferdeköpfe mit aufgesperrtem Rachen auf den Bauerhäusern in Norddeutschland zusammen, von denen Petersen des Ausführlicheren gehandelt hat[1]), und wie Esel, Stier und Wolf auch mannigfach als Gewitterthiere erschienen, wurde auch solch averruncirender Zauber mit deren Köpfen in ähnlicher Art getrieben, namentlich heißt es in der Schweiz noch ausdrücklich, daß ein getrockneter Stierkopf, unter den Giebel des Hauses gehängt, den Blitz abhalte, ein deutlicher Hinweis auf die Gewitterscenerie, der ein roher Glaube in den oben entwickelten Vorstellungsformen solche Ansicht entnommen und durch eines der im Gewitter auftretenden Elemente den himmlischen Haushalt beschützt geglaubt hatte.

In gleicher Weise, wie mit den andern himmlischen Thieren, konnte die Sonne mit dem himmlischen Stier (oder der Kuh) in irgend welche Beziehung treten, und wenn diese Vorstellung auch durch andere mehr in den Hintergrund gedrängt erscheint, finden sich noch immer deutliche Spuren derselben. Einmal verdienen hierbei die ägyptischen Sonnenstiere im Allgemeinen schon Erwähnung, dann aber zeigt auch die finnische Mythologie noch eine so bestimmte Ausbildung dieser Vorstellung, daß ich diese vorausstelle. Rochholtz in s. Naturmythen p. 77 hat in dieser Hinsicht schon auf eine Stelle der Kalewala aufmerksam gemacht, in welcher nicht bloß die Sonne, sondern auch Sterne mit einer solchen himmlischen, colossalen Kuh in Verbindung gebracht werden. Unter den Schöpfungen, die im X. Gesange mit der des Sampo an's Licht treten, heißt es nämlich v. 361 ff.:

> Eine Kuh dringt aus dem Feuer,
> Golden strahlen ihre Hörner,
> An der Stirn der Bär vom Himmel,
> Auf dem Kopf das Rad der Sonne.

---

[1]) Petersen, Die Pferdeköpfe auf den Bauerhäusern, besonders in Norddeutschland. Kiel 1860. cf. Grimm, M. p. 624.

Wenn dies auch zunächst nur ein Bild ist, so stimmt es doch
anderseits zu Vorstellungen, denen zufolge z. B. unvollständige
Regenbogen bei Deutschen und Griechen als die Hörner einer
himmlischen Kuh oder himmlischer Stierhäupter galten[1]), dann
aber brechen in anderen finnischen Sagen auch noch deutlich
Spuren hindurch, welche die Vorstellung, wenigstens was die
Sonne anbetrifft, deutlich als alten Glaubenssatz hinstellen. So
heifst es in einem finnischen Märchen z. B. „Am anderen Morgen
noch früher als Paiwätär (d. h. die Sonnenfrau) mit dem rothen
Bande erschienen war, den Sonnenstier auf die Weide zu
geleiten u. s. w." Wie die rosenfingrige Eos die Sonne
heraufführt oder die purpurnen Thore bei Ovid. Met. II. v. 13
dem Sol öffnet, leitet hier die Sonnenfrau den Sonnenstier am
rothen Bande auf die himmlische Weide. Ein anderes Märchen
fängt an: „Lippo, ein kluger und vigilanter Jäger, ging einst
mit zwei Gefährten auf die Rennthierjagd. Sie flogen gleichsam
über die singende Schneedecke dahin auf ihren Schneeschuhen,
der kurze Tag neigte sich, zwei leuchtende Bogen standen rechts
und links von der Sonne, die blanken Hörner des Stiers;
ihre Mitte aber war so spiegelblank, dafs sich der Sonne
Weib Paiwätär darin beschaute. Da aber stand Hao auf, der
Abendstern, und der goldne Stier stieg in's Meer[2])." Wenn
in dem obigen Bilde die Sonne als ein Rad gefafst wurde, das
die himmlische Kuh auf dem Kopfe trägt, so erscheint sie in
dem letzten Märchen mit einer auch schon oben p. 6 in den Mythen nachgewiesenen Vorstellung als eine glänzende Scheibe,
hier als ein Spiegel zwischen den Hörnern des Stiers.

Dieselbe Vorstellung hatte aber auch das deutsche Alterthum. Denn deutlich weist dieselbe jener berühmte Fund im
Grabe des Königs Childerich I. nach, indem das dort gefundene
goldene Stierhaupt das Sonnenrad noch ausdrücklich an
seiner Stirn trägt (s. die Abbildung bei Chifflet, Anastasis Childerici I. Antwerpen 1655. p. 141). Dieses goldene Stierhaupt

---

[1]) S. Heutigen Volksgl. I. Anhang.
[2]) Bertram, Jenseits der Scheeren oder der Geist Finnlands. Leipzig
1854. p. 34 und 31.

gewinnt aber noch dadurch an Bedeutsamkeit, dafs die Merowinger von einem stierartigen Wesen abstammen sollten,
das, als Clodio's Gemahlin am Meeresgestade safs, um sich von
der Sonnenhitze zu kühlen, aus dem Meere gestiegen sein
und sie überwältigt haben sollte, ein Mythos, den schon
Kuhn, Zeitschrift u. s. w. IV. Bd. p. 99 in Verbindung mit der
Sage vom Minotaurus behandelt hat. Wenn jenes Stierhaupt
deutlich auf den Sonnenstier hinweist, so ist in der letzten
Sage es zunächst mehr der bei des Gewitters Schwüle aus
den himmlischen Wassern hervorkommende Gewitterstier,
der zu Clodio's Gemahlin sich gesellt, wie cretische Sage von
der Buhlschaft der Pasiphae mit dem Stiere wufste, den Poseidon aus dem (Wolken-)Meere hatte aufsteigen lassen, und
dafs sich in dieser Vorstellung von dem Gewitterstier deutsche
Sage mit irischer, wie griechischer berührt, habe ich schon
Urspr. c. III des Ausführlicheren dargelegt. — Wenn ich nun
endlich aber, um wieder speciell zum Sonnenstier zurückzukehren,
im Allgemeinen an die ägyptischen sogenannten Sonnenstiere
erinnert habe, verdienen die Stellen, welche Chifflet bei Besprechung jenes fränkischen Stierhaupts als Parallelen aus Lactantius und Tertullianus über Abbildungen des ägyptischen Apis
anführt, die gröfste Beachtung. Lactantius sagt nämlich von
den Juden (de vera sapientia c. 10): In luxuriam prolapsi, ad
profanos Aegyptiorum ritus animos transtulerunt: cum enim
Moses Dux eorum ascendisset in montem, atque ibidem quadra-
ginta dies moraretur, aureum caput bovis, quem vocant
Apim, quod eis signo praecederet, figurarunt. Tertullianus (lib.
adversus Judaeos): Cum ex monilibus faeminarum et annulis
virorum aurum fuisset igne conflatum et processisset in bubu-
lum caput cet. Hier wird also die Verehrung des Apis, die
sonst an einen lebendigen Stier sich knüpfte, mit einem goldenen Stierhaupt in Verbindung gebracht, wie wir es bei den Franken
gefunden haben, und die Darstellung desselben mit der Sonnenscheibe, wie sie alte ägyptische Bildwerke zeigen, so wie die
Sage, dafs der lebendige Apis von einer Kuh geboren werde,
welche durch einen Lichtstrahl vom Himmel befruchtet
sei, und endlich die Zeichen, welche an demselben verlangt

wurden, das weifse Viereck an der Stirn, die Mondsichel an der rechten Seite[1]), — alle diese Einzelheiten weisen deutlich auf den Sonnenstier oder überhaupt, verallgemeinert den Himmelsstier hin, der, wie die finnische Kuh das Rad der Sonne und den grofsen Bären an sich trägt, so die Sonne und den Mond an seinem Leibe trug. Diese weit verzweigten Glaubensansichten vervollständigen aber wieder zu grofsartigen Anschauungskreisen die schon oben entwickelten Vorstellungen von den Wolkenkühen, den Sonnen- und Mondstrahlen als Milchstrahlen, die gemolken werden, wie sie anderseits im Gewitter in den Regenbogenhörnern, den brüllenden Donnern und den im Blitz sich als erzhufig bekundenden Stieren ihre weitere Ausführung gefunden haben. (Vergl. über diese Vorstellungen Urspr. c. III von den Rindergottheiten und Heutigen Volksgl. Anhang I.)

Bei diesen verschiedenen thierartigen, die Sonne in den Kreis ihrer Anschauung hineinziehenden Vorstellungen will ich nicht unterlassen, auf einige Redeweisen aufmerksam zu machen, welche ihr ebenfalls noch einen thierischen Charakter beizulegen scheinen, wenigstens einen so rohen, dafs er zwischen Thier und Mensch mitten inne liegt; so dafs zweckmäfsig hier gleichsam an der Grenze thier- und menschenähnlicher Auffassung davon die Rede ist. Wir sagen zunächst noch ganz gewöhnlich z. B.: „Die Sonne hat den Schnee, den Thau verzehrt, weggeleckt." Zwar heifst es in einem von Müllenhof mitgetheilten Volksräthsel vom Schnee und der Sonne (s. Zeitschrift für die deutsche Myth. v. Mannhardt. Göttingen 1855. III. p. 19):

> Da kam die Jungfer mundelos (d. h. die Sonne)
> Und afs den Vogel federlos (d. h. den Schnee)
> Von dem Baume blattlos;

in der Volkssprache aber sind die oben erwähnten stärkeren Ausdrücke üblicher und dürften der älteren Zeit gerade dadurch näher stehen. So finde ich auch in Atkinson's Schilderungen centralasiatischer See- und Gebirgslandschaften in Neumann's Zeitschr. für allgem. Erdkunde. Berlin 1860. Bd. VIII. p. 292

---

[1]) Die betreffenden Stellen finden sich zusammengestellt in Ersch und Gruber's Encyclop. unter Apis.

folgende, hierher passende Parallele, welche zeigt, wie nahe eine
derartige Anschauung einem rohen Naturvolke liegt: „Wieder
dämmerte," heißt es daselbst, „der Morgen; Nebel erfüllte das
Thal, und ehe dieser verzogen, durften wir an unsere Weiter-
reise nicht denken. Als die Sonne aufging, fing indessen der
Nebel an sich allmählig zu lichten oder wie meine Begleiter
sagten: „die Sonne frißt ihn auf." Eine derartige Thätigkeit der Sonne hat sich aber nach den Vorstellungen der Urzeit
nicht bloß auf die irdischen Verhältnisse, sondern auch auf den
Himmel mit seinen Erscheinungen erstreckt. Wie einerseits
Sonne und Mond selbst unter Umständen gefressen zu werden
scheinen (s. Urspr. p. 80), so galt z. B. das Verschwinden oder
vielmehr Vergehen der Wolken, aus welcher Substanz man
sie sich auch bestehend dachte, anderseits vielfach als ein Ver-
zehrtwerden derselben, und wenn man auch allmählich immer
mehr speciell dem Winde in besonderer Personification diese
Eigenschaft beilegte, so hat sie doch ursprünglich auch an
Sonne und Mond gehaftet, zumal diese in der mannigfachen
und unbestimmten Auffassung der alten Zeit immer noch mit
dem Winde und den anderen Himmelserscheinungen auf's Engste
verwachsen galten. Wie die himmlischen Schlangen die Wolkenmilch saufen, oder die heulenden Sturmeshunde das Mehl aus den
Mehlsäcken auffressen, was auch wohl ursprünglich auf dieselbe Scenerie geht, so weiden z. B. des Helios Rosse die
himmlischen Lotos-, d. h. die himmlischen Wolkenblumen
(s. Urspr. p. 173); ja Sonne und Mond erscheinen noch in
menschlicher Auffassung ebenso als gefräßig, ja als men-
schenfressende Riesen wie der Wind. Ich habe in meiner
Abhandlung über die Sirenen in der Berl. Zeitschr. für Gymn.
1863. p. 465 ff. diese Vorstellung menschenfressender Sturmeswesen am Himmel, insofern sie sich an die Sirenen anknüpft,
aus der Gewitterscenerie speciell entwickelt, wo man in den
Blitzen das leuchtende weiße Gebein als den Ueberrest
von dem Fraß zu erblicken meinte. Ebenso wie an jene
Wesen hat sich dies offenbar auch ursprünglich an die Sonnen-
und Mondriesen geheftet, insofern diese in das Gewitter eingreifen, wie noch nach dem Glauben der Bewohner von Sumatra Sonne und Mond in Finsternissen sich nicht bloß streiten,

sondern das eine Gestirn das andere fressen will (Meiners, Götting. histor. Magazin. I. p. 113). In menschenfressendem Charakter erscheinen Sonne und Mond direct so noch im deutschen Kindermärchen[1]), und anderseits bei den Griechen die Kyklopen als Menschenfresser, während Cacus zwar auch in diese Scenerie gehört und denselben Charakter hat, aber nach der Schilderung des Vergil und des Ovid mehr blofs der im Wolkenberge hausende Sturmes- und Gewitterriese ist, umgeben von den bleichenden Gebeinen der Männer, die er gefressen, gerade wie Homer es bei den Sirenen schildert. Vergilius, Aen. VIII. v. 193 sqq.:

> Hic spelunca fuit, vasto submota recessu,
> Semihominis Caci; facies quam dira tegebat
> Solis inaccessam radiis, semperque recenti
> Caede tepebat humus, foribusque affixa superbis
> Ora virûm tristi pendebant pallida tabo;

wozu zu halten ist Ovid, F. I. v. 555 sqq.:

> Proque domo longis spelunca recessibus ingens
>   Abdita, vix ipsis invenienda feris.
> Ora super postes affixaque brachia pendent,
>   Squalidaque humanis ossibus albet humus.

Zu dem Fressen stellt sich die Vorstellung des Saufens oder, menschlicher gedacht, des Trinkens, sich ebenfalls auch an die Himmelskörper anschliefsend, oder umgekehrt mit noch roherer Anschauung die des Wasserlassens. Wie wir noch sagen, wenn die Sonnenstrahlen zwischen den Wolken in Streifen hindurchscheinen, „die Sonne zieht Wasser," und dies auf eine Vorstellung des Schlürfens hinweist, so übertrugen Griechen und Römer dies auf den Regenbogen, und demgemäfs liefsen die Ersteren in daran sich schliefsender thierischer Auffassung die mit einem Stierkopf ausgestattete Iris ganze Flüsse ausschlürfen (s. Heutigen Volksgl. Anh. I.). Zu dem Wasserziehen stellt sich als eine Art entgegengesetzter Thätigkeit das Wasserlassen. Im Kreise Barnim hörte ich neben dem Ausdruck „die Sonne zieht Wasser" auch den „die Sonne läfst Wasser," und ein Bauer setzte naiv

---

[1]) Kuhn, Märkische Sagen. p. 282 ff.

hinzu, als wir davon sprachen: „Ja, da im Westen mufs doch das grofse Meer sein, wo die Sonne das Wasser zieht und es wieder von sich läfst." Die Vorstellung eines solchen Meeres im Westen war in ihm nämlich geweckt worden, weil die erwähnte Erscheinung am Häufigsten Nachmittags im Abend auftritt. — An diese Vorstellung des Wasserlassens schliefst sich dann übrigens, vom mythischen Standpunkt aus, die rohe Auffassung an des Regens als ein Pissen vom Himmel herab, von der ich schon im Urspr. p. 7 und im Heutigen Volksgl. p. 77 f. geredet habe, und von der weiter beim Regen auch noch die Rede sein wird.

Die angedeuteten Vorstellungen entwickelten sich aber am Reichhaltigsten namentlich in den vollen Gewitterscenerien. Da verschlang z. B. Zeus (χατέπιεν) die vom Brontes schwangere Metis, d. h. die dicke (gravida) Gewitterwolke, und gebar dann aus seinem Haupte die Athene (s. Urspr. p. 86), oder nahm das Kind der Semele in sich auf (p. 123), wie Kronos seine Kinder verschlang, da wurden die Wolkensonnenrinder geschlachtet und gebraten (Urspr. p. 185. Heutiger Volksgl. I. Anhang), da Fafnir's Herz, d. h. die Sonne, wie wir oben p. 16 gesehen. Es ist in diesen Mythen oft doppelt schwer, Sonne und Sturm auseinanderzuhalten, kreuzen sich doch auch oft die Bilder so, dafs z. B., wie auch schon in dem letzten Beispiel die Sonne das leidende Object ist, so auch nach allgemeiner alter Vorstellung der Gewitterdrache selbst Sonne und Mond verschlingt. Im Ganzen aber knüpfte sich, glaube ich, ursprünglich mehr das Trinken an die Sonne, das Gefräfsige an den Sturm. Schien doch die glühende Sonne immer durstig, der den Wolken nachjagende Wind immer mehr gefräfsig, wenn man einmal von dieser Anschauung ausging, nicht ihm etwa Liebesverlangen nach den Wolkenweibern zuschrieb. So möchten auf den in das Gewitter einrückenden Sonnengott auch mehr die Sagen von dem König mit seinem durstenden Heere zu beziehen sein, wo dann der Hufschlag seines Pferdes im Blitz die Regenquelle weckt[1]), während das Fressen von Seiten des Herakles wie des Thor mehr

---

[1]) Urspr. p. 166.

das Gewittersturmwesen bezeichnen würde. Neben Thor tritt dann Loki in dem bekannten Mythos beim Utgardloki, wo sein Wettfressen mit Logi sich ganz zu dem des Herakles mit dem Lepreus stellt und speciell auf die Vorstellung eines Wettkampfes im Gewitter, wie es so oft gefaſst erscheint, zurückzuführen sein dürfte (Urspr. p. 186). Wenn dabei Thor, aus einem langen Horne trinkend, seine Kraft auch in dieser Hinsicht bewährt, so dürfte das wieder an das Regenbogenhorn anknüpfen, und so auch von dieser Seite der Glauben an Trinken und Zechen der Himmlischen gemehrt worden sein, wie es auch sonst ja noch andere Anknüpfungspunkte in den himmlischen Erscheinungen gab[1]).

Wir kommen aber jetzt zur Behandlung der schon vorhin berührten Vorstellung von Sonne und Mond als eines himmlischen Auges oder der allgemeineren eines gewaltigen, strahlenden Antlitzes oder Hauptes, insofern in ihr der Keim zu anthropomorphischer Gestaltung lag. Diese Anschauungen sind vom dichterischen Standpunkt aus noch ganz gewöhnliche.

> Und ob auch die Wetterwolke
> Schwarz der Sonne Antlitz hüllt.
>
> (Heinze bei Wander. p. 166.)

> Da ziehen sie hin (die Wolken), die düstere, graue Hülle
> Verdeckt der Sonne Angesicht.
>
> (Caroline Rudolphi bei Wander. p. 205.)

Ebenso sagt z. B. Ovid: condere jam vultus Sole parante suos. Fast. II. v. 786 und: Candidus Oceano nitidum caput abdiderat Sol. Metam. XV. v. 30. Beim Monde kann natürlich nur der Vollmond dabei in Betracht kommen. Demselben legt u. A. Lucretius V. v. 752 ein altum caput bei; so heiſst es auch bei Horatius Od. II. 11, 10:

> — neque uno Luna rubens nitet
> Voltu;

und ähnlich Serm. I. 8, 21 sq.:

> — simul ac vaga Luna decorum
> Protulit os.

---

[1]) S. oben vom himmlischen Lichttrank und von den himmlischen Wasserträgern Urspr. p. 200.

Ausführlich schildert dieses Angesicht Plut. de facie lunae. C. II, indem er von der Ansicht spricht, καθ' ὃν αἱ ἀμυδραὶ καὶ ἀσθενεῖς ὄψεις οὐδεμίαν διαφορὰν ἐν τῇ σελήνης μορφῇ ἐνορῶσιν, ἀλλὰ λεῖος αὐταῖς ἀντιλάμπει καὶ περίπλεως αὐτῆς ὁ κύκλος, οἱ δὲ ὀξὺ καὶ σφοδρὸν ὁρῶντες ἐξακριβοῦσι μᾶλλον καὶ διαστέλλουσιν ἐκτυπούμενα τὰ εἴδη τοῦ προςώπου, und demgemäfs beschreibt er dies Antlitz des Mondes nachher mit des Agesianax Versen:

Πᾶσα μὲν ἥδε πέριξ πυρὶ λάμπεται, ἐν δ' ἄρα μέσσῃ
γλαυκότερον κυάνοιο φαείνεται ἠΰτε κούρης
ὄμμα καὶ ὑγρὰ μέτωπα· τὸ δ' ἔοικεν ἄντα ἐρεύθειν.

Dazu stellen sich deutsche Anschauungen, wie z. B. bei Geibel, in seinen Gedichten. Berlin 1840. p. 160:

> In Wolken birgt am Himmel
> Der Mond sein Angesicht;

und an die griechische Anschauung vom feurigen Antlitz des Mondes oder der rubens Luna anklingend sagt Lenau (Stuttgart und Augsburg 1857. II. p. 261):

> Durch Nebel taucht empor das blutigrothe
> Antlitz des Mondes am bewegten Himmel.

Die Fülle des Vollmonds verleiht ihm dann aber bei modernen Dichtern und in der Volkssprache sogar einen komischen Beigeschmack; denn nicht blofs Bürger sagt: „Wie Vollmond glänzte sein feistes Gesicht," sondern ganz gewöhnliche Redeweisen sind ja bei uns die Ausdrücke „Vollmondsgesicht, Vollmondsantlitz." Was hier aber einen burlesken Anstrich erhält, das fafste die alte, mythische Zeit ganz ernsthaft. Der Vollmond ist, wie wir nachher sehen werden, dem abnehmenden Monde gegenüber der wohlgenährte, fette, woran sich dann in seinem Verhältnisse zu der ihm voraneilenden, feurigen Sonne die Vorstellung eines behaglicheren, schlafferen Wesens entwickelte.

Weiter lassen nun aber die Strahlen das Antlitz, — und namentlich gilt dies von der Sonne, — als ein Strahlenhaupt oder ein mit einem Strahlenkranze geschmücktes erscheinen, wie auch Ovid von einem nitidum caput des Sol redete, die Römer dies Strahlenhaupt noch besonders mit jubar bezeichneten. „Jubar," sagt Preller, Röm. Myth. p. 290 Anm., „liefs überhaupt Alles, was einen **strahlenden Glanz** verbreitete, daher man auch jubar solis, lunae, argenti und gemmarum sagte u. s. w.," welches letztere auch wieder an die schon oben erwähnte Beziehung der Himmelskörper zu himmlischen Steinen anklingt.

> Schon drängt sich wieder durch die dichte Hülle
> Ein **Strahl** von ihrem (der Sonne) milden Glanz;
> Willkommen mir mit deiner Freudenfülle,
> Willkommen mir im **Strahlenkranz.**
>
> (Caroline Rudolphi bei Wander. p. 205.)

Propterea noctes hiberno tempore longae
Cessant, dum veniat **radiatum insigne** Diei. Lucretius V. 699 sq.

Per **jubar** hoc, inquit (Clymene), **radiis insigne** coruscis,
Nate, tibi juro, quod nos auditque videtque. Ovid Met. I. 768 sq.

— **Jubar aureus** extulerat Sol. Ovid Met. VII. 663.

Dem entsprechen die Ἡλίου αὐγαί bei Homer und Stellen wie Eurip. Herc. v. 749 sqq.:

> Καὶ λαμπρόταται θεοῦ
> φαεσίμβροτοι αὐγαί,

sowie Bilder, nach welchen der Gott mit einer **sprühenden Strahlenkrone** gedacht wurde (Preller, Gr. Myth. p. 334). In entwickelterer Vorstellung setzt der Sonnengott diesen **Strahlenkranz** auf und legt ihn ab. So dichtet Mimnermos von einer goldenen Kammer im östlichen Sonnenlande Aea, wo des Helios **Strahlenkrone** liege:

> Αἰήταο πόλιν, τόθι τ᾽ ὠκέος Ἡελίοιο
> ἀκτῖνες χρυσέῳ κείαται ἐν θαλάμῳ
> ὠκεανοῦ παρὰ χείλεσ᾽, ἵν᾽ ᾤχετο θεῖος Ἰήσων. (Strabo. C. p. 47.)

Und bei Ovid, Met. II. 122 sqq. salbt Sol des Phaethon Haupt mit heiligem, wunderkräftigem Safte, damit er das Feuer der **Strahlenkrone** ertrage, und **setzt sie ihm dann auf:**

> Tum pater ora sui sacro medicamine nati
> Contigit et rapidae fecit patientia flammae,
> **Imposuitque comae radios,** —

Im Anschlufs an die Aufassung der Sonne als eines Helden oder einer Heldenjungfrau wird aus der **Strahlenkrone** ein

strahlender Helm. Einen solchen hat z. B. im homerischen
Hymnos Helios (h. in Solem v. 9 sqq.):

> — — σμερδνὸν δ' ὅγε δέρκεται ὅσσοις
> χρυσέης ἐκ κόρυθος, λαμπραὶ δ' ἀκτῖνες ἀπ' αὐτοῦ
> αἰγλῆεν στίλβουσι, παρὰ κροτάφων τε παρειαὶ
> λαμπραὶ ἀπὸ κρατὸς χαρίεν κατέχουσι πρόσωπον
> τηλαυγές· —

Ebenso heifsen die Valkyrien hialmmeyjar, hvît und hialmi
(alba sub galea), neben den Sonnenschild tritt in ihrer Aus-
rüstung der goldene Helm. Grimm. M. p. 390.

Hierbei möchte ich auf zweierlei hinweisen. Erstens dürfte
in der ganzen behandelten Anschauung der Ursprung des Hei-
ligenscheins wurzeln, den J. Grimm. M. p. 300 auch schon zu
dem bei Griechen und anderen Völkern auf Abbildungen der Götter
hervortretenden Strahlenkranze stellt, welcher ihr Haupt schmückt.
Natürlich wäre dieser nach meiner Theorie ursprünglich als ein
allgemeines Accidenz fast allen himmlischen Wesen zugefallen,
da fast alle himmlischen Wesen mit der Sonne dem Glauben
nach ursprünglich in Beziehung traten, wie auch des Tacitus
bekannte Stelle Germ. c. 45 auf solche Verallgemeinerung hinzuweisen scheint, wenn es heifst: quo (mari) cingi cludique
terrarum orbem hinc fides, quod extremus cadentis jam solis
fulgor in ortus edurat adeo clarus, ut sidera hebetet. sonum in-
super audiri, formas deorum et radios capitis aspici per-
suasio adjicit. Als Parallele zu einer solchen allgemeinen, allen
Himmlischen zufallenden Ausstattung würde sich stellen, wenn
Sonne, Mond und auch Sterne, als Augen himmlischer Wesen
gefafst, jenen den Charakter des Feurigen vielfach verliehen.

Zweitens aber bekundet sich die entwickelte Anschauung
nicht blofs, wie es nach dem Bisherigen scheinen könnte, auf
anthropomorphischem Gebiete, sondern greift auch. in noch
rohere Anschauungen hinüber. Es stellt sich nämlich zu der
besprochenen Vorstellung der Sonne als eines Strahlenkranzes,
welchen himmlische, menschenähnliche Wesen tragen, ganz allgemein die einer blitzenden Krone überhaupt, wie wir oben
die Sonne als einen himmlischen Edelstein gedacht sahen,

oder auch beim Helios es noch nachvibrirt, wenn sein Strahlen-
kranz, gesondert von ihm, in goldener Kammer ruht. Anastasius
Grün reproducirt diese Vorstellung ganz allgemein in seinem
„Schutt" (Leipzig 1840. p. 40), wenn er sagt:

> Ich sprach, die Sonne ist des Himmels Kron';
> O sieh', welch' Glanz ausströmt von ihrem Thron.

Mit dieser als selbstständig nachgewiesenen Anschauung findet
aber nun eine Reihe von Mythen, welche ich im Urspr. behandelt habe, nicht blofs ihre Bestätigung, sondern auch volle
Ergänzung. Mit dem Gewitter nämlich in Verbindung gebracht,
wie wir es schon bei den anderen sachlichen Auffassungen der
Sonne bemerkt haben, galt die Sonnenkrone nun als Krone
des Gewitterdrachen. So ist sie es einmal, von welcher die Esth-
nische Sage erzählt, dafs ihr Glanz die übrigen (Gewitter)-Schlan-
gen zur Frühlingszeit herbeilocke (Ursp. p. 27), die glitzernde
Frühlingssonne schien nämlich die ersten Gewitter herbeizuziehen;
oder es ist die Goldkrone, welche umgekehrt der Schlangenkönig hat liegen lassen, oder welche ihm im Kampf des Unwetters abgewonnen war, Vorstellungen, in welchen sich, wie
zahlreiche Mythen zeigen, deutscher Glaube mit slavischem berührt, während bei den Celten an Stelle der Krone, als eine
einfachere Auffassung der Sonne, der glänzende Diamant
oder, in Bezug auf die Rundung, das wunderbare Him-
melsei in ähnlicher Beziehung zu den Gewitterschlangen erscheint (Urspr. p. 44. 47. 151).

Wenn aber in diesen Mythen deutlich die Verbindung der
Sonne mit dem Gewitterdrachen hervortritt, wie oben mit dem
himmlischen Vogel, dem Rosse oder Stiere, so ergiebt sich
daraus, dafs, wenn daneben die Sonne nun zeitweise als ein
menschliches Antlitz erschien, von selbst Vorstellungen von
Mischgestalten aus Menschen und Thieren sich daran
entwickeln konnten, wie wir auch oben schon p. 74 bei den
Mahrten-Sagen Beispiele davon gehabt, der Schlangenleib
der himmlischen Sonnenjungfrau z. B. im Gewitterbade sichtbar ward. Alle derartigen, namentlich in der griechischen Mythologie hervortretenden Bilder von Jungfrauen mit Vogel-,
Schlangen- oder anderen Thierleibern, wie Sirenen, Echi-
dna u. a. ergäben sich hiernach als auf ursprünglicher

Naturanschauung beruhend, nicht etwa als spätere Compositionen.

Vorzüglich entwickelte sich aber, wie es scheint, die Vorstellung des Anthropomorphischen namentlich auch in weiterer ethischer Ausbildung an der Anschauung der Sonne — und auch des Mondes und der Sterne — als himmlischer Augen. Besonders tritt diese Anschauung bei der Sonne hervor, wie wir auch noch reden vom „Sonnenblick," sagen: „die Sonne schaut freundlich hernieder" und dergl.; Schiller in der Bürgschaft sagt: „Und die Sonne blickt durch der Zweige Grün," die Sonne endlich in gewöhnlicher Symbolik das große Weltauge ist. Galt sie dann speciell als Auge des Tages, so trat daneben der Mond als Auge der Nacht, natürlich wieder ursprünglich bloſs der Vollmond.

'Ω χρυσέας Ἀμέρας βλέφαρον sagt Soph. Antig. v. 100 von der Sonne, und Aesch. Sept. c. Th. v. 371 sq. vom Monde:

Λαμπρὰ δὲ πανσέληνος ἐν μέσῳ σάκει,
πρέσβιστον ἄστρων, Νυκτὸς ὀφθαλμὸς, πρέπει,

wie es auch bei Pindar Olymp. III. v. 31 sqq. heiſst:

ἤδη γὰρ αὐτῷ πατρὶ μὲν βωμῶν ἅγι —
σθέντων διχόμηνις ὅλον χρυσάρματος
ἑσπέρας ὀφθαλμὸν ἀντέφλεξε Μήνα.

Auch Nonnus Dionys. IX. v. 67 redet von dem ἔννυχον ὄμμα Σελήνης, ja, was am Eigenthümlichsten ist, Parmenides (fr. 130) nannte den Mond geradezu κύκλωψ, indem er sagt: Ἔργα τε κύκλωπος πεύσῃ περίφοιτα Σελήνης. Empedokles und andere Dichter geben der μήνη oder Σελήνη auch das Beiwort γλαυκῶπις. s. Plut. de facie lunae. c. XVI.

Ἔστ' αἶαν καθύπερθεν, ἀπεσκνίφωσε δὲ γαίης,
τόσσον, ὅσον τ' εὖρος γλαυκώπιδος ἔπλετο μήνης.
cf. c. XXI.

Neben Sonne und Mond erscheinen die Sterne auch als leuchtende Augen am Himmel, wie es umgekehrt ein gewöhnliches dichterisches Bild ist, schöne Augen Sternen zu vergleichen. So heiſst es bei Rückert, Gedichte. Frankf. a. M. 1857. p. 7, in dem Liede an die Sterne:

Schau'n nicht Geisteraugen
Von euch erdenwärts,
Daſs sie Frieden hauchen
In's umwölkte Herz?

So sagt Plut. de facie in orbe lunae c. XVI von den Sternen, daſs sie ὥσπερ ὄμματα φωςφόρα τῷ προςώπῳ τοῦ παντὸς ἐνδεδεμένοι περιπολοῦσιν. Dem entsprechend deutet Macrob. Sat. 1, 19 den vieläugigen Argos in der Jo-Sage auf den Sternenhimmel, sub hujuscemodi fabula Argus est coelum stellarum luce distinctum, quibus inesse quaedam species coelestium videtur oculorum. Ebenso führt auch Indra das Beiwort sahasrâkscha (mille oculis praeditus); Mannhardt, Germ. Mythenf. p. 130. Direct als Volksglaube läſst sich übrigens die erwähnte Vorstellung noch in Deutschland nachweisen. „Die Sterne sind die Augen der Engel,“ daher die Lehre den Kindern gegeben wird, nicht mit Fingern nach ihnen zu weisen, man verletze den Engeln die Augen damit[1]).

Entsprechend den vorhin entwickelten Anschauungen von der Sonne wird demgemäſs charakteristisch auch auf mythologischem Gebiete beim griechischen Sonnengotte Helios gerade das Auge und dessen Kraft hervorgehoben, und ihm dem entsprechende ethische Eigenschaften beigelegt:

Ἠελίου, ὅς πάντ’ ἐφορᾷ καὶ πάντ’ ἐπακούει.
Hom. Od. XI. 109.

Ἥλιον δ’ ἵκοντο, θεῶν σκοπὸν ἠδὲ καὶ ἀνδρῶν.
Hom. h. in Cer. v. 62.

Καὶ τὸν πανόπτην κύκλον Ἡλίου καλῶ. Aesch. Prom. v. 91.

Εἴπ’ ὦ κρατιστεύων κατ’ ὄμμα. Soph. Trach. v. 102.

Anderseits, sagt J. Grimm, M. p. 665, galt die Sonne auch als Auge des Zeus, wie es bei den Deutschen das Wodan's, bei den Persern das Ormuzd's, bei den Aegyptern das rechte Auge des Demiurgen war. Für die Sonne als Auge des Zeus stützt sich Grimm wohl auf die Stelle des Macrobius Sat. 1, 21: quia solem Jovis oculum appellat antiquitas, von welcher Bemerkung Preller, Gr. Myth. I. p. 336. Anm. 4 mit Recht sagt, daſs

---

[1]) Grimm, M. 1835. Abergl. 334. 937. 947. vergl. Wolf, Beiträge zu d. Myth. Göttingen 1857. II. p. 231. Mannhardt, Germ. Mythenf. p. 378.

sie zunächst zwar nur mit Bezug auf Aegypten gesagt sei, die Sache selbst aber auch für das griechische Alterthum nicht bezweifelt, wie er u. A. auch Hesiod. O. et D. v. 267 dafür anführt, wo von dem *Διὸς ὀφθαλμός* die Rede ist. Ebenso bezog auch schon Lauer, System der griech. Myth. Berlin 1853. p. 203 auf das Sonnenauge, als Auge des Zeus, die Stelle Soph. O. C. v. 704: *ὁ γὰρ αἰὲν ὁρῶν κύκλος λεύσσει νιν Μορίου Διός,* während die übrigen von ihm beigebrachten Citate zweifelhafter sind. In den Veden ist die Sonne das Auge des Varuna (Kuhn, Herabk. d. F. p. 53).

Neben der Sonne erschien also, wie schon erwähnt, auch der Vollmond eben als *ἔννυχον ὄμμα Σελήνης,* und wie er derselben das Beiwort *κύκλωψ* verlieh, so knüpfte sich auch an denselben die Bezeichnung *βοῶπις,* weil er, als Auge gedacht, wie ein grofses, hervortretendes Ochsenauge aussah, z. B. Nonnus Dionys. XXXII. v. 95 *βοώπιδος ὄμμα Σελήνης.* cf. XVII. v. 240. Diese Anschauung könnte sich nun, ganz abgesehen von dem, was ich überhaupt über die Vorstellung himmlischer Rinder oben beigebracht habe, für sich entwickelt haben, ähnlich wie die Schiffer des mittelländischen Meeres eine kleine Gewitterwolke in ihrer, am Himmel hervortretenden, runden Gestalt in ähnlicher Parallele auch Ochsenauge nannten (Heros, de ventis. Berlin 1846. p. 11). Anderseits könnte aber auch eine Beziehung des Vollmondsauges als eines Kuhauges sich specieller schon an die Hörner des ab- und zunehmenden Mondes angeschlossen haben, so dafs der Glaube dann am Himmel bald die Hörner, bald das Auge der himmlischen Kuh zu erblicken gewöhnt hätte, ähnlich wie auch vielleicht jenes Ochsenauge, das dem Unwetter vorangeht, sich an die brüllende Gewitter- oder Regenbogenkuh oder die anderen, schon berührten Anknüpfungspunkte für die Vorstellung himmlischer Rinder könnte angelehnt haben. Die Entscheidung über diese Specialitäten mag späteren Untersuchungen vorbehalten bleiben, die sich namentlich an die Jo- und Pasiphaë-Mythen anschliefsen dürften (s. Urspr. c. III); es genügt, hier zunächst im Allgemeinen darauf hingewiesen zu haben; nur darauf will ich noch einmal zurückkommen, wovon ich schon Urspr. p. 189 geredet, dafs nämlich diese, der *βοῶπις Σελήνη* zu Grunde lie-

gende Anschauung in den höchsten und entwickeltsten Göttergestalten der griechischen Mythologie noch sich widerzuspiegeln
scheine. Ich machte nämlich darauf aufmerksam, daſs, wie Sonne
und Mond vom anthropomorphischen Standpunkt aus vielfach in
den Uranschauungen als Geschwister oder Eheleute galten, so auch
an die eben entwickelte Vorstellung von der Σελήνη sich anzu-
schlieſsen scheine, wenn einmal im Homerischen Hymnos auf
den Helios dessen Schwester und Gattin Euryphaessa
charakteristisch gerade auch βοῶπις genannt wird, und hiernach vielleicht dann weiter zu folgern wäre, daſs nach derselben
Auffassung, nach welcher die Sonne als des Zeus Auge gegolten, auch seine Schwester und Gattin, die βοῶπις Ἥρα, wie
sie auch sonst noch in's Besondere mit dem Sternenhimmel
in Verbindung gebracht wird, so auch in einer solchen zum Monde
gestanden hätte, zumal auch ihr charakteristisch wie der Σελήνη
anderseits das Beiwort λευκώλενος beigelegt wird. Ich habe inzwischen zwar gefunden, daſs Quintus Smyrn. III. v. 643 auch die
Eos einmal βοῶπις nennt, und hiernach könnte auch die βοῶπις
Euryphaessa und Here auf die Morgenröthe bezogen werden,
dennoch möchte ich, wie anderseits das Beiwort βοῶπις überwiegend der Selene beigelegt wird, jene behaupteten Parallelen und
Beziehungen der Euryphaessa und Here zum Monde doch aufrecht
halten. Damit soll aber freilich nicht gesagt sein, als ob nun
von dieser Grundanschauung aus Zeus bloſs Sonnengott und
Here bloſs Mondgöttin wäre, in der Auffassung etwa nur von
Helios und Selene, sondern noch in ganz anderen Naturkreisen
hat sich der Typus dieser Gestalten in seiner ganzen Mythen-
fülle entwickelt, nur hätten Sonne und Mond zu einer Zeit auch
einmal in dieser Weise als ihre Augen gegolten, als die Augen
nämlich der beiden himmlischen Hauptwesen, und das ge-
spannte eheliche Verhältniſs beider dürfte ursprünglich
namentlich daher, wie wir sehen werden, stammen. Freilich
werden uns die dort zu behandelnden Mythen mehr auf das umgekehrte Verhältniſs in geschlechtlicher Auffassung von Sonne und
Mond führen, so daſs jenes das weibliche, dieses das männliche
wäre; indessen dürfte in jenen alten Zeiten, wie nicht oft genug
wiederholt werden kann, eine bestimmte, consequente Ausschlieſs-
lichkeit überhaupt ja nicht anzunehmen sein, so daſs dies eben-

sowenig ein Grund gegen die Deutung der βοῶπις λευκώλενος Ἥρα wäre, als wenn anderseits das typische Beiwort χρυσό-θρονος sie in entschiedene Parallele zur χρυσόθρονος Ἠώς und somit zur Sonne oder, genauer gesprochen, zur Morgenröthe brächte. Ich werde nachher noch des Besonderen von der verschiedenen geschlechtlichen Auffassung von Sonne und Mond, die sich neben einander auch in den griechischen Mythen findet, reden, hier will ich nur im Allgemeinen erwähnen, dafs auch schon durch den einfachsten Entwickelungsprocefs derartige scheinbare Widersprüche entstehen konnten. Denn einmal konnten sich solche Uebergänge, z. B. zwischen Mond und Morgenröthe, wie sie nach Obigem anzunehmen wären, leicht von dem Standpunkt aus machen, welcher in den Himmelskörpern himmlische Feuer zu erblicken anfing, wenn nämlich das Mondwesen nun nicht blofs als die Hüterin des Feuers dort oben bei Nacht angesehen wurde, sondern auch als diejenige, welche in der Morgenröthe das gröfsere Tagesfeuer anfachte. Ebenso war es auch wiederum von einem allgemeineren Standpunkt aus natürlich, dafs, wenn einmal an einer vom Himmel entlehnten Naturanschauung sich die Vorstellung „einer himmlischen Frau" entwickelt hatte, auch andere Himmelserscheinungen, welche sich einem solchen weiblichen Charakter anzupassen schienen, damit verbunden wurden. Wie also z. B. in anderer Weise der Sternenhimmel mit der χρυσόθρονος Hera, d. h. der Morgenröthe, in Verbindung gebracht wurde, tritt die angedeutete Entwickelung in paralleler Weise am klarsten hervor, wenn im christlichen Mittelalter die Jungfrau Maria als Himmelskönigin bald mit der Sonne, bald mit dem Monde und den Sternen in Beziehung gesetzt wurde und so bald als Tages-, bald als Nachtgöttin auftritt[1]).

---

[1]) s. Heutiger Volksgl. p. 113. So berichtet u. A. Schönwerth aus der Oberpfalz. II. p. 81: „Wenn U. L. Frau vom Schlafe aufsteht, gehen die Nachtsterne unter, und der Morgenstern geht auf; legt sie sich nieder, geht auch der Abendstern hinab, die Nachtsterne aber kommen herauf." „Der Morgenstern ist der ständige Begleiter U. L. Frauen der Sunafrau." Sie sitzt in der Sonne. III. p. 362. Ebenso tritt die Jungfrau Maria in den Kinderliedern bei Mannhardt, Germ. Mythenf. überall deutlich in Beziehung zur Sonne und zum Sonnenschein. So auch in Beziehung zum Sonntage. Nach dem Volksglauben Nord- und Süddeutschlands z. B.

Wenn aber so die βοῶπις Ἥρα in dieser Hinsicht auf den Mond zu gehen scheint, so liegt die Frage nahe, ob nicht etwa auch die γλαυκῶπις Μήνη oder Σελήνη, — γλαυκότερον κυάνοιο φαείνεται ἠύτε κούρης ὄμμα καὶ ὑγρὰ μέτωπα — in ähnlicher Weise zunächst auf die γλαυκῶπις Ἀθήνη, die γλαυκῶπις κούρη, welche geradezu auch kurzweg nur Γλαυκῶπις genannt wird, führen könnte. Natürlich wäre dabei, ebenso wie bei den Hera-Mythen, sogleich ein Uebergang des betreffenden Wesens in die Gewitterscenerie, den anerkannten Hauptkreis der Athene-Mythen, anzunehmen, wie wir dies ja auch überall schon bei den bisherigen Auffassungen von Sonne und Mond verfolgt haben, und da würden sich dann die bläulich leuchtenden Blitze z. B. ganz einfach als die Strahlen jenes himmlischen Glauauges angeschlossen und so die Vorstellung erweitert haben (s. über das Letztere Urspr. p. 213). Man brauchte dabei nicht etwa blofs an Nachtgewitter zu denken, wie sie die Gestalt des römischen Summanus z. B. hervorgerufen haben, und in die also die Mondgöttin gleichsam sichtbarlich hineingezogen wäre[1]); sondern bei der Auffassung der

mufs die Sonne am Sonnabend wenigstens eine kurze Zeit scheinen, damit die Mutter Gottes ihren Schleier, Hemd oder Windeln zum Sonntag trocken habe. Nordd. S. Abergl. 431 a. Meier, Sagen aus Schwaben. Stuttgart 1852. I. p. 237. Anderseits nennt altdeutsche Dichtung die Himmelskönigin Maria „du voller mân“, mit welcher Anschauung Rochholz, Naturmythen. Leipzig 1862. p. 232, anderen Volksglauben in Verbindung bringt. Orionsgürtel hiefs Mariärok (Mariae colus). Grimm, M. p. 248 und dergl. mehr.

[1]) Eigenthümlich ist immerhin, wenn Preller, Röm. Myth. p. 218 Recht hat, dafs Summanus = Submanus sei und an das κεραυνοβόλιον ἀπὸ πρωὶ νυκτερινόν, fulgur submanum anknüpfe, dafs gerade nach den Alten der Mond hauptsächlich zu derselben Zeit unter Umständen diejenige Farbe zeigen soll, welche ihm den Beinamen γλαυκῶπις verschafft habe. Plut. de facie in orbe lunae c. 21: ἀλλ' οὐκ ἔστιν, ὦ φίλε Φαρνάκη, πολλὰς γὰρ ἐκλειπούσας χρόας ἀμείβει, καὶ διαιροῦσιν αὐτὰς οὕτως οἱ μαθηματικοὶ κατὰ χρόνον καὶ ὥραν ἀφορίζοντες· ἂν ἀφ' ἑσπέρας ἐκλείπῃ, φαίνεται μέλαινα δεινῶς ἄχρι τρίτης ὥρας καὶ ἡμισείας· ἂν δὲ μέσῃ, τοῦτο δὴ τὸ ἐπιφοινίσσον ἵησι, καὶ πῦρ καὶ πυρωπόν· ἀπὸ δὲ ἑβδόμης ὥρας καὶ ἡμισείας, ἀνίσταται τὸ ἐρύθημα· καὶ τέλος ἤδη πρὸς ἕω λαμβάνει χρόαν κυανοειδῆ καὶ χαροπήν, ἀφ' ἧς δὴ καὶ μάλιστα Γλαυκῶπιν αὐτὴν οἱ ποιηταὶ καὶ Ἐμπεδοκλῆς ἀνακαλοῦνται. vergl. die oben p. 144 beigebrachten Stellen über dasselbe als allgemeine Eigenschaft des Mondes.

Himmelskörper als frei sich am Himmel bewegender Wesen und dem anderseits noch mangelnden systematischen Auseinanderhalten von regelmäfsig wechselndem Tag und Nacht als bestimmt gesonderter Gebiete, sowie bei der Analogie, in welche die Gewitternacht dann zur gewöhnlichen Nacht trat: scheint nach Allem der Mond in alten Zeiten überhaupt einfach als Nachtgeist in noch ganz specielle Beziehung zum Gewitter gesetzt zu sein. Ein solches Verhältnifs spricht der Neuseeländische Glaube noch ziemlich klar aus, wenn er den Mond der Tagsonne gegenüber einfach als die Nachtsonne bezeichnet, beide zu Brüdern, den Nachtsonnenbruder aber zum Herrn der Unterwelt und der starren Felsen (d. h. wohl der Wolkenberge) macht (Schirren, Die Wandersagen der Neuseeländer. p. 151). So nennen auch die Mandans und Mönnitarris in Nordamerika den Mond „die Sonne der Nacht", er ist eben kein besonderes Wesen und fällt mit der Nacht überhaupt zusammen, steckt demgemäfs überall, wo nächtliches Dunkel auftritt, dahinter (Klemm, Culturgesch. der Menschheit. II. p. 161). Wie nun deutscher Aberglaube in Sonnenfinsternissen noch Sonne und Mond sich streiten läfst, so scheint, wie wir sehen werden, eine ähnliche Vorstellung früher allgemeinere Ausdehnung gehabt und speciell sich auch an das Gewitter angeschlossen zu haben. Gerade wie der auf Sonnen- und Mondfinsternisse zuletzt beschränkte Glaube, dafs beiden Himmelskörpern durch einen Drachen nachgestellt werde, sich ursprünglich, wie ich im Urspr. p. 77 dargelegt habe, am Gewitter und dem Schaden, welcher in einem solchen den Himmelskörpern zugefügt zu werden schien, entwickelte: scheint ebenso auch jene Vorstellung eines Streites der beiden grofsen Himmelskörper ursprünglich auch an den im Himmel beim Gewitter stattfindenden Streit angeknüpft zu haben, und dann dort allmählich nur durch andere Vorstellungen verdrängt und selbstständig nur noch in dem Kreise der Sonnenfinsternisse haften geblieben zu sein, wie von derartigen Entwickelungsstufen des Glaubens nachher bei Besprechung des ehelichen Verhältnisses von Sonne und Mond noch besonders die Rede sein wird. Anderseits erscheint analog den angegebenen Verhältnissen der Mond direct noch selbst als der böse Gewittergott z. B. bei den Botocuden, indem er Donner und

Blitz und andere gefürchtete Naturereignisse verursacht[1]) (J. G.
Müller, Geschichte der amerik. Urreligionen. Basel 1855. p. 254),
während umgekehrt nach Vorstellungen, die an andere Betrachtungen anknüpfen, der Mond einmal die Witterungsverhält-
nisse zu regieren, dann aber speciell der Vollmond den
bösen Gewittermächten gegenüber als feindlicher, ja
mächtiger gilt. Denn darauf kommt doch, vom mythologischen Standpunkt aus angesehen, der allgemein verbreitete
deutsche Aberglaube hinaus, dafs, wenn der Vollmond hoch
am Himmel stehe, so leicht kein Gewitter heraufkommen, d. h.
zum Ausbruch kommen könne. Der Vollmond wäre hiernach
gleichsam eine Art Gewitterbändiger, gerade wie Athene in
ihren Mythen erscheint, „die himmlische Tochter des gewaltigen
Vaters." Alles dies sind freilich nur Fäden, welche zeigen
können, in welcher Weise der sonstige natürliche Hintergrund
der Athene mit der besprochenen Beziehung auf den Mond wohl
sich vermitteln könnte; natürlich kann aber der Umstand, dafs
von der Selene aus speciell das Beiwort γλαυκῶπις überliefert ist,
zur endgültigen Entscheidung dieser Sache allein nicht mafsgebend
sein, da es, ebenso wie das zufällig auch von der Selene beigebrachte Beiwort κύκλωψ, auch für die Sonne pafst, und Athene
hiernach auch, wofür noch Anderes spricht, die Sonnentochter
sein könnte, welche in das Gewitter übergeht, wie auch z. B. bei
den Letten die Sonne des Gewittergottes Perkun Tochter ist[2]).

---

[1]) Auch die Mingrelier sehen den Mond als die Hauptursache alles
Unglücks an. s. Meiners in d. Götting. histor. Magazin. I. p. 113. — Im
deutschen Aberglauben blickt auch noch manches Derartige hindurch. Wenn
man nach Curtzer, Volksüberlieferungen aus dem Fürstenthum Waldeck.
Arolsen 1860, bei Mondschein ohne Licht arbeitet, so bekommt man von
unsichtbarer Hand eine Ohrfeige und erblindet. Das stellt sich
zu den Schilderungen des Gewitterschlags, den der wilde Jäger austheilt. s. Urspr. p. 6. — Nach schwäbischem Volksglauben (s. Meier. p. 494)
kommt, wenn dann gesponnen wird, der Teufel und wirft leere Spindeln durch's Fenster, was auch auf die Gewitterscenerie geht (s. Urspr.
p. 245 ff.). Nach Rochholz, Schweizersagen, Aarau 1856. I. p. 112, stellt
sich der wilde Jäger mit dem neuen Mond ein.

[2]) S. die Zeugnisse bei Mannhardt, Germ. Mythenf. p. 143 Anm. 1.
vergl. die von Stöber in seinem Elsässischen Volksbüchlein. Mühlhausen
1859. aus Schleicher's Litthauischen Volksliedern angeführte Stelle:
„Lieb Sönnlein, Gottes Tochter."

Alle derartige verschiedene Beziehungen von Sonne und Mond verlieren übrigens das Befremdende, was sie im ersten Augenblick zu haben scheinen, wenn man sich vollständig den Standpunkt der mythischen Zeit vergegenwärtigt. Denn abgesehen von dem mannigfachen Glauben, der sich zuerst, wie wir gesehen, an die den Menschen noch selber mannigfach in ihrer Erscheinung vorkommenden Himmelskörper knüpfte, war von dem Standpunkt aus, welcher in Sonne, Mond und Sternen himmlische Augen erblickte, damit zunächst nur der Glaube an gewaltige, riesenhafte und kleine, zwergartige Wesen dort oben angeregt, die sich allmählich den sie umgebenden Naturerscheinungen einbildeten, wobei auch bei den Sternen wieder der vorhin vom Monde erwähnte Zug ganz allgemein hervortritt, daſs sie eben als Geister, die in Nacht und Nebel ihr Wesen treiben, in die Gewitternacht, welche der Naturmensch von der gewöhnlichen nicht so entschieden trennte, übergehen (s. Urspr. p. 247). Wie der Tag, sobald sich mythologische Anschauung daran setzte, durch verschiedene Wesen oder Dinge gebracht zu werden schien, war Finsterniſs und Nebel anderseits ein Nachtreich, das sich über den Himmel ausbreitete, wie jenes. Von einer angenommenen Regelmäſsigkeit in den Naturerscheinungen, einer Identität der Himmelskörper, wie sie dem civilisirten Menschen namentlich heut zu Tage als eine gleichsam natürliche, von selbst sich verstehende Ansicht vorkommt, war ja noch gar nicht die Rede. Ich habe davon schon im Urspr. p. 13 ff., anknüpfend an die Mythen von den Kyklopen, geredet, welche, im Anschluſs an den Glauben vieler in Sonne und Mond hervortretender himmlischer Rundaugen uns ein ganzes Volk solcher Sonnenriesen aufweisen, und nach den verschiedenen Anschauungen, welche ich in der bisherigen Untersuchung an Sonne und Mond sich anknüpfend nachgewiesen habe, bedürfte es eigentlich wohl weiter keiner besonderen Ausführung der Sache mehr; da es aber einer der Punkte ist, über welchen es am schwersten wird, sich fortzusetzen, wie ich u. A. aus Köchly's mythologischer Vorrede zu seiner so eben erschienenen Ausgabe der Euripideischen Iphigenia in Taurien sehe, und dieser Punkt anderseits einer der wichtigsten für die richtige

Auffassung der Anfänge der Mythologie ist, so will ich noch einmal etwas specieller darauf eingehen.

Die Sage von den Kyklopen zeigt uns also z. B., anknüpfend an Sonne und Mond als himmlische Augen, ein ganzes Volk solcher einäugigen Himmelsriesen. Kann ich gleich von der Sonne das Beiwort *κύκλωψ* nicht beibringen, so ergiebt es sich nach den oben nachgewiesenen Anschauungen des *ἡλίου κύκλος*, verbunden mit der eines Auges (des *πανόπτης κύκλος*), ziemlich von selbst, während vom Monde anderseits es sich noch ausdrücklich, wie wir gesehen, in der *κύκλωψ Σελήνη* darbietet, und auch Nonnus Dionys. XXVIII. v. 228 sqq. ausdrücklich noch die ganze Anschauung reproducirt, wenn er vom Brontes sagt:

Καὶ βλοσυροῦ Κύκλωπος ὑποπτήσσοντες ὀπωπὴν
θαμβαλέῳ δεδόνηντο φόβῳ κυανόχροες Ἰνδοὶ,
οὐρανόθεν δοκέοντες Ὀλυμπιὰς ὅττι Σελήνη
Γηγενέος Κύκλωπος ἐναντέλλουσα προςώπῳ
πλησιφαὴς ἤστραπτε, προασπίζουσα Λυαίου.

Wie aber diese Sonnen- und Mondriesen ganz wie die sachlichen Substitute der Himmelskörper in die Erscheinungen des Gewitters übergingen und mythisch einwuchsen, habe ich schon gröfstentheils im Ursprung aus ihrem Charakter und den sich daran schliefsenden Sagen des Ausführlicheren dargelegt; von ihrem ebenfalls dorther stammenden Charakter als Menschenfresser habe ich ebend. und oben p. 136 noch in's Besondere geredet. Von der Vielheit dieser Wesen nun aber ausgehend, ist der Glaube dann allmählich zu bestimmteren Sonderungen vorgeschritten, wie z. B. die Gewitterriesen Arges, Brontes und Steropes uns eine Dreiheit derselben zeigen, während der *μέγας Ἥλιος* dann (s. weiter unten) die letzte, einheitliche Potenz war. Als Mittelstadium in dieser Entwickelung ist namentlich einmal das in der griechischen wie in anderen Mythologien hervortretende Zwölfgöttersystem anzusehen, was bei der geglaubten Verbindung zwischen Sonnen- und Mondwesen und den bei den letzteren leichter wahrgenommenen Sonderungen jedem der 12 Monde eines Jahres gleichsam ein entsprechendes Sonnenwesen, zumal bei den mit denselben wechselnden Natur- und Witterungsverhältnissen, gegenüberstellte[1]), dann überhaupt diejenige Verschiedenheit und Vielheit, welche man in der Sonne selbst je nach verschiedenen Jahreszeiten wahrzunehmen glaubte, bis man eben endlich mit der Zeit zu der einen Jahressonne und dem einigen Sonnengott vorschritt und diesem nur verschiedene Zustände zuschrieb. Jene Auffassung vibrirt ja noch unwillkürlich in unseren natürlichen Ausdrucksweisen nach. Wie wir von Morgen- und Abendsonne reden und derselben einen verschiedenen Charakter beilegen, so spricht man auch noch ganz natürlich von der schönen Maisonne, Junisonne und dergl., ebenso wie von der Frühlings-, Herbst- und Wintersonne. Ebenso erinnert auch noch an die ursprüngliche Anschauung einer Vielheit der Sonnen- (und Mond)-wesen, wenn Völker nach Sonnen und Monden rechnen. So sagt Sil. III. v. 554: bis senos soles, totidem emensi noctes. Mit ähnlicher Anschauung spricht Ovid, Met. I. v. 435 von den aethereis solibus; bei Seneca heifst es N. Q. III. v. 27: Primo incommodi cadunt imbres et sine ullis solibus, triste nubilo coelum est nebulaque continua cet. Dem sol novus, von dem vorhin schon die Rede gewesen, stehen die soles hiberni bei Ovid, M. III. v. 793 gegenüber. Es ist eben die einfache Anschauung ohne das Bewufstsein oder wenigstens ohne die Berücksichtigung des inzwischen erkannten Zusammenhanges oder der Identität der betreffenden Erscheinungen, welches derartige Ausdrucksweisen festhalten läfst oder immer wieder reproducirt, ganz ebenso, wie wir noch immer reden: „die Sonne geht auf," und so die unmittelbare Anschauung festhalten, während die inzwischen wissenschaftlich begründete, umgekehrte Theorie einen geradezu entgegengesetzten Ausdruck verlangen würde. Aehnlich ist es übrigens mit dieser festgehaltenen oder wieder reproducirten Vorstellung vieler, nach einander erscheinender Sonnen, wenn selbst noch bei griechischen Philosophen sich Anschauungen finden, wie Plut. plac. phil. II. 24 vom Xenophanes berichtet, dafs er viele Sonnen und Monde angenommen habe, entsprechend den verschiedenen Erdstrichen und Zonen. πολλοὺς εἶναι ἡλίους καὶ σελήνας κατὰ κλίματα τῆς γῆς καὶ ἀποτομὰς καὶ ζώνας, zu welcher Notiz Heeren bei

---

[1]) Vergl. aufser der betreffenden Stelle im Urspr. auch oben p. 101 f.

derselben Angabe im Stobaeus, Ecl. phys. I, 26 bemerkt: Ce-
terum haec Xenophanis non ita dogmata fuisse, quam meras
potius conjecturas, quas ex vulgi opinionibus arreptas plures
easque diversissimas protulit, supra jam monuimus. Wie jede
Gegend ihre Götter, hatte auch eine jede für den rohen Menschen ihre Sonne und ihren Mond; dafs es überall dasselbe
Gestirn sei, beruht erst auf einer Abstraction entwickelterer Art;
redet man doch auch noch jetzt unwillkürlich wohl davon, wenn
man z. B. sagt: „eine wärmere Sonne" aufsuchen, indem man
damit ein wärmeres Land meint; spricht von tropischer Sonne, als
einer eigenthümlichen, und dergl. — Ebenso klingt auch noch an die
behauptete Vorstellung von der Vielheit der Sonnenwesen u. A.
auf mythologischem Gebiete selbst an, wenn der Deutsche Volksglaube die Sterne für junge Sonnen hält (Grimm, M. p. 666),
und von derselben Art ist auch in Bezug auf den Mond der
bekannte Volksscherz, nach welchem der liebe Herrgott aus
den alten Monden Sterne schneidet, indem auch diese Vorstellung von dem Gedanken ausgeht, dafs jeder Neumond
wirklich ein neuer Mond sei.

Zu dieser meiner Ansicht stimmt im Ganzen, was Schleiden
von seinem Standpunkt aus über die Entwickelung der ersten calendarischen Begriffe sagt, und bei der Bedeutsamkeit der
Sache kann ich es mir nicht versagen, die betreffende Stelle
hier vollständig anzuführen (Studien. Leipzig 1855. p. 278 f.):
„Nichts ist wohl natürlicher," sagt Schleiden, „als dafs die frü-
heste Zeiteintheilung sich für den Menschen an das Wiedererscheinen seines freundlichen Nachtgefährten knüpfte; und nächst
dem anfangs noch unverstandenen Wechsel von Helle und
Dunkel ist gewifs der einfache Mondmonat die älteste Periode, durch welche sich der Mensch den gleichmäfsigen Abfluss
der Zeit in zählbare Gröfsen abgrenzte. Die kleinere Periode
des Tages, in der man eine helle und dunkle Zeit zusammen-
fafste, wurde bald (was heifst übrigens auf diesem Gebiete
bald?) an den Mond geknüpft. In der Abenddämmerung begann
daher das älteste Jahr, der einfache Mondmonat; und von
Abend zu Abend zählen daher die ältesten Völker auch ihren
Tag.

„Und so ward aus Abend und Morgen der erste Tag."

Es bedarf keiner weitläuftigen Auseinandersetzung, daſs sich der einfache Monat sehr bald (??) von selbst, vielleicht anfänglich nach den Zeiträumen zwischen Neu- und Vollmond, sehr natürlich in zwei und später, nach den jetzt so genannten Vierteln, leicht in vier siebentägige, kleinere Perioden theilte, welche wir jetzt Wochen nennen. Als aber die geistige Entwickelung des Menschen wuchs, als sich sein Bewuſstsein auch auf die Erinnerung ausdehnte, und er sich bemühte, auch eine gröſsere Vergangenheit in geordneter Zeitfolge festzuhalten, da wurden ihm Tage, Wochen und selbst Monate (??) zu klein oder vielmehr die Zahlen, durch welche er sie bezeichnete, zu groſs, und er suchte nach passenden Abschnitten. Und so finden wir in den Ueberlieferungen der ältesten Völker nach einander auftauchende Spuren von drei- und viermonatlichen Jahren, bis endlich die Zusammenfassung von 12 Mondmonaten das älteste Jahr gab, welches mit unserem, jetzt so genannten Zeitabschnitt einigermaſsen übereinkommt, das Mondjahr. Aber hierzu gehörte schon eine gröſsere Orientirung am Himmel, die Erkennung der festen Sterne als solcher und der veränderten Stellung des Mondes zwischen denselben. Erst sehr viel später lernte man den Mondenlauf mit der Bewegung der Sonne in Verbindung setzen und machte die zahlreichen Versuche, beide Bewegungen mit einander auszugleichen und unter ein gemeinschaftliches Maaſs zu bringen, wovon uns die Geschichte der Astronomie und Astrologie Kunde giebt."

So Schleiden. Welche Phasen der Naturanschauung und Naturbeobachtung aber derartigen calendarischen Entwickelungen erst wieder vorangingen, läſst uns die Mythologie in den Ablagerungen der gleichsam antediluvianischen, d. h. antehistorischen, kindlichen Glaubenstheorien ahnen, welche sich an die mannigfachen, äuſserlich bunt wechselnden Himmelserscheinungen als mythische Gebilde ansetzten, indem ja die Vorstellung, eine in gewissen, regelmäſsigen Kreisen sich bewegende Welt vor sich zu haben, erst Stück für Stück der Anschauung abgerungen werden muſste, nach welcher jeder Augenblick dort oben neues Leben zu produciren schien. Und dabei erwäge man noch, welche Zeit schon die Entwickelung der für calendarische Bestimmungen nothwendigen localen Anschauungen von Morgen

und Abend (Ost und West) in einer gewissen Abstraction, welche
Zeit die Entwickelung der Zahlenbegriffe und dergl., was Alles
zu jenen berechnenden Schlüssen gehört, gekostet haben dürfte,
zumal, wenn man sich doch Geschlechter dabei zu denken hat,
die zunächst nur der Befriedigung ihrer materiellen Bedürfnisse
und Leidenschaften lebten, nichts thaten, als eben lebten im
frischen Genufs des Augenblicks. Ich habe auch hiervon schon
im Urspr. p. 13 f. und daselbst Anm. 1 geredet und namentlich
auch Beispiele davon beigebracht, in wie verschiedenen Stufen-
folgen selbst noch heut zu Tage bei Naturvölkern die Zahlen
bis zur 10 entwickelt hervortreten, hier die 4, dort die 5 eine
Grenze macht, und erst dem Nomaden das Bedürfnifs erwächst,
sein Vieh stückweise zu zählen. Es hängt eben Alles von
den Verhältnissen ab, in denen sich der Mensch bewegt, und
welche Betrachtungen ihm die Bedürfnisse auferlegen. Man hat
z. B. in unseren städtischen Verhältnissen selten eine Ahnung
davon, mit wie dürftigen Zahlenbegriffen sich die ländliche Be-
völkerung selbst in unserem civilisirten Vaterlande oft durch-
hilft, wie wenig selbst stellenweise in Betreff localer Abstractionen
die Bezeichnung von rechts und links hervortritt[1]). Ebenso hat
auch unser Landmann noch selbst in verschiedenen, in der
Natur hervortretenden Momenten eine Art von Kalender, der
sein Handeln bestimmt, ähnlich wie die Ἔργα und Ἡμέραι des
Hesiod einen solchen vom Standpunkt des böotischen Bauern
darstellten. Es charakterisirt sich darin für die Urzeit eine
ganze Entwickelungsphase, die dasselbe in praktischer Form
für ihre Zeit leistete, wie später der zur Theorie ausgebildete
Kalender, der sich auf der Grundlage der Wahrnehmung einer
regelmäfsigen Bewegung in Kommen und Gehen der Sterne, sowie des Mondes und der Sonne entwickelt hatte. Die Gruppirung
der Sterne zu Sternbildern, die dem wieder vorangehen mufste,
ist dem Glauben gegenüber, der in ihnen unendlich viele kleine

---

[1]) Hat gleich die Volksschule und die Ausbildung im Militär viel in
neuerer Zeit in dieser Hinsicht geändert, dem aufmerksamen Beobachter wird
trotzdem noch immer vielfach die Richtigkeit der aufgestellten Behauptung
sich bestätigen. Ist es doch noch nicht lange her, dafs mancher Unter-
officier dem Rekruten in drastischer Weise durch einen Strohwisch die
Begriffe von rechts und links beibringen mufste.

himmlische Wesen erblickte, ein Fortschritt, wie der, welchen
spätere Jahrtausende machten, als die Meinung sich Bahn brach,
daſs die Sonne sich nicht um die Erde, sondern diese sich um
jene drehe. Und wenn uns im ersten Augenblick menschliches
Leben mit solchen Anschauungen, wie sie die Mythologie der
Urzeit zeigt, fast undenkbar erscheint, so erwäge man nur z. B.
das eine Factum, wie Jahrtausende reicher und mannigfacher Cultur ruhig mit dem eben erwähnten Glaubenssatze gelebt haben,
daſs die Sonne sich um die Erde drehe, während das Umgekehrte
in einem civilisirten Staate jetzt jedes Kind so frühzeitig lernt,
daſs es ihm als das Natürliche erscheint. Den colossalen Gegensatz in dieser Hinsicht schildert treffend auch Schleiden p. 229,
wenn er sagt: „Seit etwa 150 Jahren wächst der gebildete
Mensch in Europa, Amerika und in den europäischen Colonien
der anderen Erdtheile in einer Weltanschauung — d. h. in einer
astronomischen Ansicht, auf, die ihm durch Gewöhnung von
Jugend an und durch allgemeine Einstimmigkeit so geläufig und
vertraut wird, daſs sie uns als die einfachste und natürlichste
erscheint, und daſs wir uns in abweichende Vorstellungsweisen
nur schwer hineinzudenken vermögen. — — — So war es
aber nicht immer. Ueber anderthalbtausend Jahre bis gegen
den Anfang des 18. Jahrhunderts wurden anfänglich alle und
später doch der gröſsere Theil der Gebildeten von einer und
derselben Weltanschauung beherrscht und geleitet, die wir nach
dem, der zuerst die mannigfachen, nach und nach gesammelten
Kenntnisse und Ansichten in eine systematische Form vereinigte,
die Aristotelische Weltansicht nennen können. Sie weicht von
dem, wie wir uns jetzt Welt und Natur denken, so sehr ab,
daſs sie kaum einen einzigen Zug mit unserer Anschauungsweise gemein hat. Aber gewiſs ist es der Mühe werth, einen
Augenblick bei Vorstellungen zu verweilen, welche fast 1500
Jahre hindurch auch den Gebildeten für unbestreitbare Wahrheit
galten u. s. w." Und wenn ein derartiger Fortschritt trotz hoher
Cultur sich erst in fast zwei Jahrtausenden vollzogen, und wir
anderseits sehen, daſs Völker noch jetzt nicht einmal bis zur
Siebenzahl in ihrem Zahlensystem vorgeschritten sind, also
noch nicht zur begriffsmäſsigen Auffassung des Mondwechsels
in der siebentägigen Woche gelangt sein können, muſs da nicht

dem Mythologen für jene älteste Zeit, von der wir reden, jedes Zeitmaſs verschwinden, daſs es ziemlich auf eins herauskommt, ob er da nach Jahrhunderten oder nach Jahrtausenden miſst?

Doch verfolgen wir jetzt die rein anthropomorphischen Vorstellungen von Sonne und Mond weiter. Zunächst erscheinen da beide als Kinder desselben Elements, des Himmels, und insofern als Geschwister. Die Vorstellung, nach der sie specieller noch in dieser Hinsicht als Zwillinge, und zwar desselben Geschlechts, galten, ist ebenfalls eine uralte und weit verzweigte, doch tritt sie, gegenüber der anderen, nach welcher die Völker sie als verschiedenen Geschlechts und somit, auſser in geschwisterlichem, auch in einer Art von ehelichem, d. h. überhaupt geschlechtlichem Verhältniſs stehen dachten, etwas in den Hintergrund, so daſs wir von dieser, als der allgemeineren, nachweisbareren, zuerst handeln werden.

Was nun aber die dem ehelichen Verhältniſs zu Grunde liegende Verschiedenheit des Geschlechts anbetrifft, so faſste der Grieche und Römer in historischer Zeit die Sonne zunächst männlich in Ἥλιος und Sol, den Mond aber weiblich in Σελήνη und Luna, doch hat sich dies erst allmählich, wie die Mythologie deutlich zeigt, so fixirt, wie sich auch gleich noch zu Σελήνη und Luna die männlichen Formen Μήν und Lunus stellen, Eos die ganze Erscheinung der Sonne so absorbirt, daſs Preller sie mit Recht einen weiblichen Helios nennt, viele Mythen noch ausdrücklich, namentlich in den Göttinnen mit goldenen Spindeln, auch bei den Griechen Sonnengöttinnen für die Urzeit aufweisen. Ein solches Schwanken tritt auch bei den Deutschen hervor, wenn einmal z. B. die Sonne als Wodan's Auge, also einem männlichen Wesen angehörig, gefaſst wurde, dann in den Schwanjungfrauen, wie ich oben dargestellt, die Vorstellung weiblicher Wesen sich an dieselbe knüpfte; ja noch im Mittelalter zeigt sich dies, wenn im Mhd. Sunne zwischen männlichem und weiblichem Geschlecht wechselt, bis dann entschieden sich die Sonne als weiblich, der Mond als männlich fixirte (s. Grimm, M. p. 667 f.). Für die ältere mythische Zeit kann man aber die Naturobjecte gleichsam noch unter Umständen als generis communis ansehen, und scheinbare

Widersprüche, wie z. B. oben zwischen der βοῶπις und der χρυ-
σόϑρονος Ἥρη hervorzutreten schienen, wären eben nur verschiedene Auffassungen, möglicher Weise verschiedener Zeiten oder Ge-
genden. Bei der Fixirung aber der Geschlechter der Himmelskörper dürften die verschiedensten Beziehungen mafsgebend gewesen
sein, namentlich das Verhältnifs, in welchem man Sonne und
Mond zu einander, dann zu Tag und Nacht, sowie zur Morgenröthe fafste. So stellen sich bezeichnend und gleichsam einander
ergänzend, worauf auch J. Grimm, M. p. 699 schon aufmerksam
macht, zusammen die Sonne und der Tag, der Mond und
die Nacht, auch im Griechischen steht neben dem männlichen
Ἥλιος eine Ἡμέρα, bei Hesiod noch persönlich gefafst, und
anderseits noch allgemein in lebendiger Persönlichkeit eine Ἠώς,
während freilich die Νύξ und Σελήνη desselben Geschlechts
sind. Von den Ansätzen mythologischer Anschauungen, welche
sich an diese, gleichsam letzten und abstractesten Personificationen der Himmelskörper und himmlischen Erscheinungen
schliefsen, hat Grimm a. a. O. schon des Ausführlicheren gehandelt, so dafs ich mich begnügen kann, im Allgemeinen darauf zu verweisen. Für die älteren mythologischen Bildungen
haben sie nur durch gelegentliche Parallelen, wie wir auch
schon stellenweise gesehen, Bedeutung, im Ganzen sind sie schon
zu abstract gedacht, und nur die Vorstellungen der Nacht haben
bei ihrer Beziehung zur Gewitternacht sich lebensvoller entwickelt, wie dies auch deutlich am Schlufs der Grimm'schen
Darstellung, wenn gleich nicht bestimmt ausgesprochen, hervortritt.

Zunächst erscheinen also Sonne und Mond in einem ge-
schwisterlichen oder einer gewissen Art von ehelichem
Verhältnifs, welches letztere sich aber dann in den Mythen ursprünglich in ganz grobsinnlicher Weise gedacht ergiebt[1]). So
erschienen also bei Hesiod, Th. v. 371 Ἥλιος und Σελήνη als

---

[1]) Wenn dies auch die allgemeinere ursprüngliche Anschauung sein
dürfte, ist damit nicht im Einzelnen modificirte Vorstellung ausgeschlossen,
so nennt z. B. Nonnus Dionys. XLIV die Μήνη ein Kind des Ἥλιος. Umgekehrt konnte dieser aber auch als Kind der Nacht oder der mit dieser
identisch gedachten Mondgöttin gelten.

Bruder und Schwester, nur tritt als dritte neben sie noch
in besonderer Persönlichkeit Eos.

Θείη δ' Ἡέλιόν τε μέγαν λαμπρήν τε Σελήνην
Ἠῶ θ', ἣ πάντεσσιν ἐπιχθονίοισι φαείνει
ἀθανάτοις τε θεοῖσι, τοὶ οὐρανὸν εὐρὺν ἔχουσι,
γείναθ' ὑποδμηθεῖσ' Ὑπερίονος ἐν φιλότητι.

Ebenso heifst es im homer. Hymnos auf den Helios: v. 4 sqq.:

γῆμε γὰρ Εὐρυφάεσσαν ἀγακλειτὴν Ὑπερίων,
αὐτοκασιγνήτην, ἣ οἱ τέκε κάλλιμα τέκνα,
Ἠῶ τε ῥοδόπηχυν, ἐυπλόκαμόν τε Σελήνην,
Ἥλιον τ' ἀκάμαντ', ἐπιείκελον ἀθανάτοισιν.

In dem charakteristischen Märchen von den Atlanteern bei Diodor, wovon nachher die Rede sein wird, erscheinen Sonne und
Mond auch als Bruder und Schwester.

Dafs das Verhältnifs des Ὑπερίων selbst und seiner αὐτο-
κασιγνήτη, der βοῶπις Εὐρυφάεσσα, ebenso zu fassen sein dürfte,
habe ich schon oben besprochen. In gleicher Weise reproducirten spätere Deutungen der Griechen und Römer, welche
Phoebus Apollo auf die Sonne bezogen, jenes geschwisterliche
Verhältnifs, indem ihm Diana, Phoebe, Luna als Mondgöttin
und Schwester zur Seite gestellt wurde. So sagt Ovid Met. II,
v. 208 sq.: Inferiusque suis fraternos currere Luna admiratur
equos. — Ebenso stellt Avienus (Aratea Prognost. v. 17) der
Luna den Sol als rutilus frater gegenüber, ja dasselbe Bild
klingt auch noch in philosophischer Darstellung an. So sagt
Seneca Dial. VI, 18: videbis nocturnam lunae successionem, a
fraternis occursibus lene remissumque lumen mutantem cet.

Ebenso erscheinen in der Edda nun auch Sonne und Mond
in menschlicher Personification als Geschwister; sie sind
Kinder des Mundilföri, des Achsenschwingers (Simrock, D. M.
p. 22), was an die oben erwähnte Bedeutung des griechischen
Ixion erinnert. Der Mond hiefs Máni und die Sonne Sól, mit
derselben Auffassung des Geschlechts, wie wir es noch gebrauchen. „Noch andere Völker," sagt J. Grimm, M. p. 666, indem
er hiervon spricht, „stellen aufser den Litthauern und Arabern
gleich uns den Mond männlich, die Sonne weiblich dar. So ist
der mexicanische Metzli (Luna) ein Mann; der grönländische

Mond Anningat verfolgt Mallina, die Sonne, seine Schwester." Also
auch hier die geschwisterliche Beziehung, weil die Himmelskörper gleicher Art zu sein schienen, daneben aber auch die Vorstellung einer Verfolgung, welche die Sonne von Seiten des
Mondes erleidet, und damit, wie wir sehen werden, eine der Grund-
lagen ehelicher oder vielmehr zunächst geschlechtlicher Beziehung, welche man zwischen beiden fand. Der grönländische Mythos führt dies folgendermafsen aus: „Mallina, d. h. also die Sonne,
wurde bei einem Kinderspiel im Finstern schändlicher Weise
von ihrem Bruder Anningat verfolgt und bestrich ihre Hände
mit dem Rufs der Lampen und fuhr damit ihrem Verfolger über
das Gesicht und die Kleider, um ihn am Tage daran zu ent-
decken. Daher kommen die Flecken im Monde. Sie wollte sich
mit der Flucht retten, ihr Bruder aber lief hinter ihr drein;
endlich fuhr sie in die Höhe und wurde zur Sonne; Anningat
fuhr ihr nach und wurde zum Mond, konnte aber nicht so hoch
kommen und läuft nun noch immer um die Sonne herum,
in der Hoffnung, sie einmal zu haschen. Wenn er müde
und hungrig ist, das geschieht beim letzten Viertel, so fährt
er aus seinem Hause auf einem, mit vier grofsen Hunden be-
spannten Schlitten auf den Seehundsfang und bleibt etliche
Tage aus, und davon wird er so fett, wie man ihn im Vollmond wiedersieht" (s. Cranz, Historie von Grönland. Barby 1765.
p. 295).

Abgesehen von dem letzten, ächt grönländischen Zuge, welcher sich an das Verschwinden des Mondes zur sogenannten Neumondszeit und an den Vollmond knüpft, erscheint die ganze Auffassung des Verhältnisses von Sonne und Mond und die Erklärung
des Schwindens und Zunehmens des letzteren auch in den Mythen
anderer Völker weit verzweigt und noch inhaltsreicher entwickelt.
Was das Erstere anbetrifft, so berichtet Schönwerth aus der Oberpfalz (II. p. 57) folgende sich zu derselben Anschauung in der
Hauptsache stellende und nur im Ausdruck theilweise moderne
Formen zeigende Sage: „Sonne und Mond sind Weib und Mann.
Als sie Hochzeit hielten, that der kalte Mond der feurig be-
gehrenden Braut in der Brautnacht nicht zur Genüge: er
hätte lieber geschlafen. Das verdrofs die Sonne, und sie schlug
dem Manne eine Wette vor, dafs, wer von ihnen zuerst erwachen

würde, das Recht haben solle, bei Tage zu scheinen, dem
Trägen gehöre die Nacht. Würden sie beide zugleich wach
werden, sollten sie fortan nebeneinander am Himmel glänzen.
Da lachte der Mond gar einfältig vor sich hin: er ging die
Wette ein, weil er nicht glauben wollte, dafs er verlieren könne,
und lachend schlief er ein. Davon hat er das Lachen be-
halten. Die Sonne aber liefs der Aerger nicht lange ruhen;
schon vor zwei Uhr wach, zündete sie der Welt das Licht an
und weckte den frostigen Mond und hielt ihm ihren Sieg vor
und zugleich die Strafe, dafs sie nun nie mehr eine Nacht mit-
sammen verbringen würden. — Darum aber hatte sie die Wette
gesetzt und mit einem Eide bekräftigt, dafs sie gebunden sei
und nicht schwach werden könne. Seitdem leuchtet der
Mond bei Nacht, die Sonne bei Tage. — Die Sonne aber
reute bald der Schwur, den sie in der Hitze des Zornes gethan; sie liebt ja den Mond. Und auch dieser fühlt sich immer
zur Braut gezogen; er hielt ja die Wette für Spiel, für Neckerei,
und Scherz war es, dafs er sich kalt gezeigt. Daher möchten
sich beide gar gern wieder vereinen. Sie kommen sich auch
öfter näher und treffen manchmal zusammen; es ist dies die
Zeit der Sonnenfinsternisse. Weil sie aber mit gegensei-
tigen Vorwürfen beginnen, keines die Schuld der Trennung tragen
will, so gerathen sie miteinander zum Streite, doch keines
wird Herr. Die Zeit, welche ihnen zur Versöhnung geboten ist,
läuft ab, und es kommt die Stunde wieder, wo die Sonne ihrem
Schwur gemäfs wandern mufs. Blutroth von Zorn macht sie
sich auf den Weg. Hätten sie nicht gestritten, wären sie
vereinigt worden. Bis der Zorn sich legt, vergeht wieder ge-
raume Weile; erst eine neue Finsternifs zeigt an, dafs sie sich
wieder getroffen. Aber immer wieder wird diese Zeit nicht benutzt. So ist die Sonne immer heifs vor Liebeszorn: manchmal
aber, wenn sie so allein wandelt, sieht sie ihr Unrecht ein:
dann weint sie blutige Thränen und geht blutroth unter. Aber
auch der Mond empfindet Trauer und Leid, dafs er zur Sonne
nicht kann; darum nimmt er ab, bis er zur kleinsten Sichel
wird; wird er nach und nach voll, so hofft er; ist er aber voll,
sieht er sich getäuscht und nimmt wieder ab. Von seiner un-
glücklichen Liebe ist er weich gestimmt: daher sein Licht so

mild und melancholisch. Daher klagen ihm auch unglücklich Liebende ihr Leid."

Ich habe diese Sage in ihrer ganzen Ausdehnung wiedergegeben, weil sie einmal die Grundlage des Mythos, von dem wir reden, vollständig wiedergiebt, dann auch in den einzelnen Zügen, — mögen auch dieselben zum Theil in ihrer Fassung mehr moderne Anschauung, wie ich schon vorausgeschickt habe, wiederspiegeln, — dennoch zeigt, wie eine derartige mythische Darstellung diese oder jene Momente der Erscheinungen, je nachdem sie passen, benutzt, andere unberücksichtigt läfst, immer nur gewisse Hauptmomente in's Auge fafst.

Eine ähnliche Anschauung finden wir nun bei den Litthauern:

> Vor vielen tausend Jahren,   heifst es,
> Im Himmel Hochzeit war;
> Da wurde aus dem Monde
> Und aus der Sonn' ein Paar.
>
> Bei diesem Hochzeitsfeste
> Der erste Lenz entstand,
> Da sich Zemyna (die Erde) anzog
> Ihr bestes Blüthengewand.
>
> Den Tag darauf ihr Brautbett
> Die Sonne früh verliefs;
> Der Mond, noch gar zu schläfrig,
> Allein sie gehen hiefs.
>
> Und als er später nachzog,
> Gewann er den Morgenstern lieb;
> Perkun (der Donnergott), darob ergrimmet,
> Ihn mit dem Schwert zerhieb.

Seit der Zeit, heifst es dann entweder, ist vom Monde nur die eine Hälfte vorhanden, die andere in's Meer gefallen, oder in beiden Mondvierteln sieht man noch die beiden Hälften[1]).

---

[1]) Jordan, Litthauische Volksl. Berlin 1844. p. 3 und 102. Temme und Tettau, Ostpreufsens, Litthauens und Westpreufsens Volkssagen. Berlin 1837. p. 28. Charakteristisch ist es übrigens, dafs auch Lucian in seinen Wahren Geschichten Endymion und Phaethon, die Könige von Mond und Sonne, um den Morgenstern mit einander streiten läfst.

Zwei Punkte hebe ich aus dieser Darstellung besonders hervor, von denen der eine das, was der deutsche Mythos nur andeutete, speciell ausführt. Die erste Verbindung oder Hochzeit von Sonne und Mond wird nämlich ausdrücklich in den Frühling gelegt und die Neugestaltung der Erde mit diesem Lenz, wie sonst die Schöpfung der Welt selbst in anderen Mythen mit dieser Jahreszeit, in Verbindung gebracht, wie Ovid bekanntlich auch kurzweg sagt: vere natus orbis est. So fängt auch eine Version desselben Liedes, welche Schleicher in seinen Litthauischen Volksliedern mittheilt, ausdrücklich an:

„Es nahm der Mond die Sonne
Zur Frau am ersten Frühling.“

Das erinnert zunächst an die Vorstellung einer Vermählung der Hauptgötter des griechischen Volkes, des Zeus und der Hera, ebenfalls zur Frühlingszeit, bei denen wir auch außerdem schon Beziehungen zu Sonne und Mond hindurchschimmern fanden, und es macht die schon oben aufgestellte Vermuthung wahrscheinlich, daß wenn einmal die Griechen die Vorstellung einer Verbindung von Sonne und Mond überhaupt hatten, anderseits aber in den Frühlingswettern, wie ich im Ursp. nicht bloß im ἱερὸς γάμος, sondern in vielen Mythen nachgewiesen habe, ein Verfolgen eines himmlischen weiblichen Wesens von Seiten eines männlichen unter den verschiedensten Formen und Wandlungen in Wasser, Feuer und Thiergestalten, wie sie das Gewitter zeigt, und dann endlich die Vermischung beider stattzufinden schien: beide Arten von Mythenkreisen, ebenso wie sie gesondert aufgefaßt erscheinen, so auch zusammen sich entwickeln konnten. Ebenso weiß auch die deutsche Mythe, wie oben erwähnt, von ehelicher Verbindung von Sonne und Mond, und gleichfalls, wie ich an dem Brunhild-, Menglada- und Dornröschen-Mythos nachgewiesen, von solchen himmlischen Werbungen und Hochzeiten im Frühling, zu der die Gewitter die betreffenden Scenerien boten.

Zweitens aber hat sich in dem litthauischen Mythos aus der Grundanschauung, als verfolge der Mond die Sonne oder gehe ihr aus Liebesverlangen nach, komme aber nicht eben gerade sichtbarlich mit ihr recht zusammen, die bestimmte Vorstellung eines zwar ehelichen, aber gespannten Verhältnisses entwickelt. Natürlich konnte nun aber eine derartige Anschauung nur da im Anschluß an die Natur festgehalten und in derselben Weise weiter ausgebildet werden, wo der nachfolgende Mond als der männliche, die verfolgte Sonne als das weibliche Wesen dauernd angesehen wurde.· Deßhalb ist es erklärlich, daß bei dem ausgebildeten und fixirten umgekehrten Geschlechtsverhältniß von Ἥλιος und Σελήνη, von Sol und Luna, — ein Punkt, über welchen ich mich vorhin ausgesprochen habe, — jene Vorstellung entweder zurücktrat oder schon zurückgetreten sein mußte. Daß aber auch bei Griechen und Römern ursprünglich eine derartige Anschauung, wie wir sie bei Deutschen und Litthauern fanden, nicht fremd gewesen, dafür sprechen noch ausdrücklich folgende Momente. Es reiht sich nämlich den dargelegten Anschauungen nicht bloß als ganz parallel an, sondern findet auch nur in der Annahme einer gewissen, schon calendarischen Entwickelung des angedeuteten geschlechtlichen Verhältnisses von Sonne und Mond seine Erklärung, wenn nicht bloß, wie in der deutschen oben erwähnten Sage, Sonne und Mond bei Sonnenfinsternissen zusammenzukommen schienen, sondern der Zustand des Neumonds bei den Griechen als σύν-οδοι von Sonne und Mond, bei den Römern als coitus (conjunctio) bezeichnet wurde, welchen Ausdrücken ursprünglich ein sinnlich-geschlechtliches Verhältniß anhaftet. Die eigentlich zusammengehörigen, aber doch getrennt erscheinenden Wesen hatten gleichsam dann ihre Vereinigung gefeiert. Wo der Mond gar nicht zu sehen gewesen, war er bei der Sonne, war er doch vorher im Verfolgen oder Nachgehen hinter derselben im letzten Viertel mit seinem Aufgang dem Sonnenaufgang schon ziemlich nahe gekommen, daß es natürlich war, daß er in der Zwischenzeit, wo man ihn gar nicht sah, sie endlich erreicht zu haben schien, worauf erst dann wieder ihr Auseinandergehen, sein allmähliches Zurückbleiben bei allem Nachgehen hinter derselben eintrat.

Diese alte, im sprachlichen Ausdruck noch festgehaltene Vorstellung eines Zusammenseins von Sonne und Mond zur Neumondszeit bricht auch noch bei den abstracten Auffassungen einer späteren Zeit hindurch, nach denen der Mond in diesem Zusammensein mit der Sonne sein Licht von derselben entlehnen sollte. cf. Stob. Ecl. phys. I, 27: *Θαλῆς, Ἀναξαγόρας, Πλάτων, οἱ Στωϊκοὶ τοῖς Μαθηματικοῖς συμφώνως τὰς μὲν μηνιαίους ἀποκρύψεις συνοδεύουσαν αὐτὴν ἡλίῳ καὶ περιλαμπομένην ποιεῖσθαι λέγουσιν.* Seneca, Dial. VI, 18: Videbis nocturnam lunae successionem, a fraternis occursibus lene remissumque lumen mutuantem cet. — Speciell anklingend an die oben entwickelte Anschauung, wie der Mond im Neumond die Sonne eingeholt zu haben, mit ihr zusammen gewesen, dann aber allmählich zurückgeblieben zu sein schien, bis er sie nach vollendetem Kreislauf wieder einholt, ist auch noch des Macrobius Darstellung vom Mondlauf gegenüber dem der Sonne. Nachdem er erst in somn. Scip. I. c. 6. gesagt hatte: Luna octo et viginti prope diebus totius zodiaci ambitum conficit. Nam etsi per triginta dies ad solem, a quo profecta est, remeat, heifst es nachher c. 18: Luna, postquam a sole discedens novata est, secundo fere die circa occasum videtur et quasi vicina soli, quem nuper reliquit. Postquam ille demersus est, ipsa coeli marginem tenet antecedenti superoccidens. Tertio die tardius occidit, quam secundo; et ita quotidie longius ab occasu recedit, ut septimo die circa solis occasum in medio coelo ipsa videatur; post alios vero septem, cum ille mergit, haec oritur: adeo media parte mensis dimidium coelum, id est, unum hemisphaerium, ab occasu in orientem recedendo metitur. Rursus post septem alios circa occasum latentis hemisphaerii verticem tenet. Et hujus rei indicium est, quod medio noctis exoritur: postremo totidem diebus exemtis, solem denuo comprehendit, et vicinus videtur ortus amborum, quamdiu soli succedens rursus movetur, et rursus recedens paulatim semper in orientem regrediendo relinquat occasum. — Nach Allem setzt die bei den Griechen ausgebildete calendarische Ansicht deutlich beide Momente voraus, das Bild des in seinem Wandel von Ost nach West der Sonne nachgehenden Mondes und die Beobachtung des Verhältnisses seines Aufgangs zu dem Sonnenunter- und Aufgang. Wie aber diese erstere Anschauung in entsprechender mythischer Fassung den vorher bei Grönländern, Deutschen und Littbauern mehr oder weniger hervortretenden Glaubenssätzen entspricht, so setzt sie auch bei den Griechen eine Zeit oder Volkskreise voraus, in welchen, wie dort, der Mond als männlich, die Sonne als weiblich galt, sie als die Vorauseilende, er als der Nach- und sie Verfolgende gefafst wurde, wo also neben der Ἠώς z. B. ein männlicher Mondgott stand.

Ich werde nachher noch einige griechische Mythen erwähnen, welche sich speciell in Parallele stehend zu dem bei den Deutschen hervortretenden Charakter eines Mondmannes gegenüber der Sonnenfrau ergeben dürften[1]); jetzt will ich erst die mythologischen Elemente überhaupt zusammenstellen, die noch auf eine derartige Vorstellung einer Verbindung von Sonne und Mond, wie sie die besprochenen calendarischen Ausdrücke im Allgemeinen auch bei den Griechen voraussetzen, hinweisen. In den ältesten historischen Zeugnissen wird zwar von einer Vermählung von Helios und Selene nichts berichtet, wie denn überhaupt nach den obigen Bemerkungen das ganze eheliche Verhältnifs beider Himmelskörper bei den Griechen mehr in den Hintergrund treten mufste, sobald für die Sonne sich die Vorstellung eines männlichen Ἥλιος, für den Mond die einer weiblichen Σελήνη fixirte, da nun das Motiv des Nachfolgens des letzteren aus Liebesverlangen fortfiel. Doch liegt diese Grundanschauung in der Hauptsache dem Mythos noch zu Grunde, nach welchem des Hyperion Schwester, die βοῶπις Εὐρυφάεσσα, welche wir schon oben auf die Mondgöttin bezogen, zu gleicher Zeit seine Gemahlin ist. Anderseits aber weifs Quint. Smyrn. X. v. 336 sqq. noch direct von einer Vermählung von Ἥλιος und Σελήνη selbst:

καὶ ῥά οἱ (Ἥρη) ἀμφίπολοι πίσυρες σχεδὸν ἐδριόωντο,
τὰς ποτ' ἄρ' Ἠελίῳ χαροπὴ δμηθεῖσα Σελήνη
γείνατ' ἀν' οὐρανὸν εὐρὺν ἀτειρέας, οὐδὲν ὁμοίας
ἀλλήλης· μορφῇ δὲ διέκριθεν ἄλλη ἀπ' ἄλλης.

Knüpfen wir aber an die Beziehung gar an, welche wir oben zwischen Sonne und Mond einerseits und dem Auge des Zeus sowie der βοῶπις Ἥρη anderseits fanden, so liegt nach der ganzen nachge-

---

[1]) Namentlich gehören hierher Οὐρανός (ἀστερόεις), dann Aestraeos und Tithonos in ihrem Verhältnifs zur Eos, der Lahmfufs Hephaest in seiner Beziehung zur Aphrodite, Athene und Thetis, wovon weiter unten die Rede sein wird.

wiesenen und obenein calendarisch entwickelten Grundidee von
σύνοδοι von Sonne und Mond auch bei den Griechen es nahe,
einen Theil des gespannten Charakters im ehelichen Verhältnifs jener beiden Hauptgötter auf das analoge Verhältnifs zurückzuführen, nach welchem bei den andern Völkern Sonne und
Mond auch zeitweise in geschlechtlichem Verkehr stehend gedacht wurden, der aber zu anderen Zeiten aufgehoben zu
sein schien. Dies wird um so wahrscheinlicher, als wir ein
Analogon dazu noch in einem älteren Götterpaare, in der Beziehung der alten Himmelsgötter des Okeanos und der Tethys
zu einander, wiederfinden, die ebenfalls Geschwister und
Gatten zugleich in stetem Unfrieden mit einander leben, ja
lange schon, heifst es bei Homer, mit einander nicht als Ehe-
gatten verkehren sollten. cf. Il. XIV. v. 204 sqq., wo Hera vor-
giebt, sie wolle zu ihnen gehen:

τοῖς εἶμ᾽ ὀψομένη καὶ σφ᾽ ἄκριτα νείκεα λύσω.
ἤδη γὰρ δηρὸν χρόνον ἀλλήλων ἀπέχονται
εὐνῆς καὶ φιλότητος, ἐπεὶ χόλος ἔμπεσε θυμῷ.

Zu dieser mythischen Grundlage würde übrigens stimmen, wenn
Okeanos und Tethys am Westrande localisirt wurden, wo sowohl
die der Sonne und dem Monde in gewissem Sinne analogen
Wesen, Tag und Nacht, in gesonderten Verhältnissen wohnen,
indem sie sich nur bei ihrem Aus- und Eintritt nach Hesiod
dort begrüfsten[1]), oder wo die ἑσπερίη Νύξ allabendlich mit

---

[1]) Τὼν πρόσθ᾽ Ἰαπετοῖο πάϊς ἔχει οὐρανὸν εὐρὺν
ἑστηὼς, κεφαλῇ τε καὶ ἀκαμάτῃσι χέρεσσιν,
ἀστεμφέως, ὅθι Νύξ τε καὶ Ἡμέρη ἄσσον ἰοῦσαι
ἀλλήλας προςέειπον, ἀμειβόμεναι μέγαν οὐδὸν
χάλκεον· ἡ μὲν ἔσω καταβήσεται ἡ δὲ θύραζε
ἔρχεται, οὐδὲ ποτ᾽ ἀμφοτέρας δόμος ἐντὸς ἐέργει,
ἀλλ᾽ αἰεὶ ἑτέρη γε δόμων ἐκτοσθεν ἰοῦσα
γαῖαν ἐπιστρέφεται, ἡ δ᾽ αὖ δόμου ἐντὸς ἰοῦσα
μίμνει τὴν αὐτῆς ὥρην ὁδοῦ, ἔστ᾽ ἂν ἵκηται,
ἡ μὲν ἐπιχθονίοισι φάος πολυδερκὲς ἔχουσα,
ἡ δ᾽ Ὕπνον μετὰ χερσὶ, κασίγνητον Θανάτοιο,
Νὺξ ὀλοὴ, νεφέλῃ κεκαλυμμένη ἠεροειδεῖ.
                                                    Th. 746 sqq.

dem ʿHλίῳ ἀχάμαντι zusammenkommt¹), dann aber auch des
alten Sonnen- und Gewittergottes Kronos Wolkenkönigsburg
ist oder die Insel, auf der er entweder im Winter oder ganz
allgemein als der im Gewitter überwundene Alte gefesselt
schläft, so daſs in seiner Nähe auch von diesem Standpunkt
aus passend die himmlischen Wassergötter Okeanos und
Tethys, denn das sind sie vor Allem in der typischen Entwickelung ihres Charakters geworden, wohnen dürften.

Jene Auffassung des gespannten ehelichen Verhältnisse der
himmlischen Geschwister Zeus und Hera wird um so wahrscheinlicher, als ja auch, wie wir gesehen, anderseits die Vermählung beider zur Frühlingszeit — der sogenannten ἱερὸς
γάμος — zu der entsprechenden Vermählung von Sonne und
Mond, wie sie der litthauische und der deutsche Mythos zeigt,
paſst, dann auch die der Vermählung im Unwetter vorangehende
Verfolgung und gewaltsame Werbung, wie sie bei der Hera
und in vielen andern Mythen der Griechen vorkommt, diese ganze
Vorstellung nur verschiedentlich ausgeführt zeigt (vergl. Urspr.
p. 160). Wenn in Zeus und Ἥρα uns aber sonst das umgekehrte
Geschlechtsverhältniſs der Himmelskörper entgegentritt, Zeus
mehr auf die Sonne, Hera auf den Mond zu gehen scheint, so
ist dabei, wie schon oben erwähnt, das schwankende Geschlechtsverhältniſs beider Himmelskörper selbst in jener Urzeit je nach
den verschiedenen Beziehungen, in denen man sie faſste, zu erwägen.

Namentlich scheinen aber bei dieser dann typisch gewordenen Umkehrung der Geschlechter in der griechischen Anschauung, daſs nämlich der Mond als das weibliche, die Sonne
als das männliche Wesen angesehen wurde, Vorstellungen
mitgewirkt zu haben, die nicht weiter der Grundlage der erwähnten calendarischen Entwickelung der σύνοδοι folgten, auch
nicht speciell dem Glaubenssatz einer Werbung um die Sonnenbraut im Gewitter von Seiten des Mondes, sondern nur von

---

¹) *Περσεὺς δ' ἀντίθεος βλοσυρὴν ἰδάιζε Μέδουσαν,*
  ἄστρων ἧχι λοετρὰ πέλει καὶ τέρματα γαίης
  πηγαί τ' ὠκεανοῖο βαθυῤῥόου, ἔνθ' ἀχάμαντι
  ʿΗελίῳ δύνοντι συνέρχεται ἑσπερίη Νύξ·
  ἐν δὲ καὶ ἀχαμάτοιο μέγας παῖς ʿΙαπετοῖο cet.

Quint. Smyrn. X, 195 sqq.

dem allgemeinen Standpunkt eines ehelichen Verhältnisses zwischen Sonne und Mond ausgingen, und diese Vorstellung allmählich gemäfs dem Erscheinen und Wandel derselben zu den verschiedenen Jahreszeiten fafsten, und wenn sie dabei eine Beziehung auf das Gewitter festhielten, dieselbe den anderen Anschauungen anpafsten. Bei einer solchen Entwickelung der Ansichten war es dann nämlich natürlicher, dafs das Sonnenwesen, welches nun mit den sommerlichen Gewittererscheinungen überhaupt in engere Beziehung gebracht und in seine Kämpfe verstrickt, im Winter aber abwesend und etwa auf ähnliche Kämpfe und Abenteuer ausgezogen schien, hiernach als das männliche, das Mondwesen dem gegenüber als das mehr häusliche, stille und somit als die Frau galt, zu welcher der Sonnenheld dann im Frühlingswetter zurückkehrte. Auch an die Verschiedenheit des Lichtes beider konnte sich diese Vorstellung anlehnen, wie auch nach Plut. de facie in orbe lunae Empedokles schon sehr gefällig den Unterschied beider angiebt, indem er sagt: Ἥλιος ὀξυβελής, ἡ δ᾽ αὖ ἱλάειρα Σελήνη, — τὸ ἐπαγωγὸν αὐτῆς καὶ ἱλαρὸν καὶ ἄλυπον οὕτω προςαγορεύσας.

So treten denn in griechischer und auch in deutscher Sage Mythen beiderlei Art auf. Einmal ist gemäfs der ersten, mit der Anschauung der σύνοδοι zusammenfallenden Vorstellung die Sonnenjungfrau die umworbene; in den Frühlingswettern naht sich ihr der Buhle oder nach deutscher Vorstellung der Erlöser. Es ist zunächst der Gewitterheld, der Siegfried und seine Substitute, welche sich der Brunhild, Menglada, Dornröschen und Schneewittchen in ihrem verzauberten Zustande nahen, gerade wie der Sturmesgott Ares mit der Aphrodite, d. h. der Sonnengöttin, wie wir sehen werden, Buhlschaft treibt, oder Achill mit um die Helena kämpft und dergl. mehr, wie ich es im Urspr. gefafst habe, und es auf Anschauungen beruht, die auch sonst ganz selbstständig sich entwickelt haben. — Wenn aber nun nach den vorangehenden Betrachtungen, und spätere werden es noch mehr ausführen, hinter dem Gewitterhelden verborgen auch der Mond gedacht werden konnte, so ist es anderseits bemerkenswerth, dafs in mehreren jener Sagen, wie den eben erwähnten, jener Held

nicht als der legitime Gemahl der Sonnenbraut, sondern nur
als der Freiwerber gleichsam oder als ihr Buhle auftritt, im
Hintergrunde des Mythos selbst hingegen ein irgendwie schwä-
cheres Wesen als der eigentliche Mann erscheint, eine Charakteristik, welche an unseren Mond, wie wir ihn schon der
Sonnenbraut gegenüber kennen gelernt, erinnert. So buhlt zwar
Ares mit der Aphrodite, ihr eigentlicher Gemahl ist aber der
Lahmfufs Hephaest, Siegfried kämpft um die Brunhild für
den schwachen Günther, Achill um die Helena für den
schwächeren Menelaos. Wenn folgende Untersuchungen den
Charakter des Mondes nun wirklich als den eines lahmen,
geschwächten Wesens überhaupt wahrscheinlich machen werden, so hätten wir hiernach in jenen Mythen vielleicht neben
einander einmal den Sturmeshelden und das Mondwesen in
besonderer Persönlichkeit gedacht; dann aber dürfte, wenn Achill
mit Helena wirklich auch nach ihrem beiderseitigen Tode vermählt galt, — ähnlich wie nach der nordischen Sage ein derartiges Verhältnifs zwischen Siegfried und Brunhild hindurchbricht, dafs er nämlich doch eigentlich der ihr eidlich verlobte
Mann ist, welcher nur durch bösen Zaubertrank es vergifst; —
und nun die beiden erwähnten männlichen Wesen anderseits
auch selbst wieder verstümmelt, wie Hephaest, erscheinen,
in dieser letzteren Form der Sage die Beziehung auf den Sturmesgott und das zeitweise gelähmte Mondwesen gleichsam in ihnen
noch vereint enthalten sein. Dafs aber des Achill Fufsschaden,
an welchem er stirbt, indem ihm der eingesetzte Knöchel bei
der Verfolgung durch Apollo entfällt, im Urmythos an dieselbe
Naturerscheinung anknüpft, mit der Hephaest's Lahmheit in
Verbindung gebracht wurde, habe ich schon im Urspr. p. 140
dargethan, und Siegfried's schadhafte Stelle hat nur in der Heldensage, wie eben jene des Achill, eine andere Modification er-
fahren, beruht aber auf derselben Grundlage. Diese ganze Vorstellung eines himmlischen schwächeren, nachhinkenden
Wesens wäre also überhaupt zunächst von der angedeuteten Anschauung des Mondes ausgegangen, hätte sich dann einmal pla-
stisch in der verschiedensten Weise in seiner geglaubten Be-
theiligung im Gewitterkampf und den dort stattfindenden Erscheinungen entwickelt (Ursp. p. 138 ff.), dann aber den Anstofs

zur Production selbstständiger, ähnlicher Gestalten gegeben, bei denen nun die Beziehung zum Monde verschwand und desto prägnanter allmählich die zum Gewitter und zur Sonne hervortrat, indem das Einwachsen des Mythos in die Jahreszeiten gerade diese letzteren Wesen auch während des Winters passend so deuten liefs[1]).

Das umgekehrte Geschlechtsverhältnifs aber nun, wo die Sonne also als männlich und der Mond wohl demgemäfs als weiblich erscheint, tritt uns in den an den Gegensatz von Sommer und Winter anknüpfenden Sagen von dem abwesenden Odhin, dem Schwanritter, d. h. dem zur Frühlingszeit einziehenden Sonnen- und Sommergott, wie bei den Griechen in den Mythen von dem bei den Aethiopen abwesenden Zeus, der Wittwenschaft der Ἥρη, wie vom heimkehrenden Odysseus und dergl. entgegen, so dafs also Penelope hiernach etwa die treu ausharrende Mondfrau sein könnte, während freilich die oben p. 71 angezogene Parallele mit der webenden Persephone mehr wieder auf die Sonnenfrau hinweist, so dafs dieselbe Wechselbeziehung zwischen Mond und Morgenröthe, wie wir sie bei der Hera annahmen, hier stattfinden könnte. Bei allen diesen Mythen ist übrigens immer zu berücksichtigen, dafs wir überall in ihnen nur Ansätze systematisch durchgeführter Betrachtung haben, von denen jedes Element ohne Rücksicht auf die anderen sich mythisch entwickeln konnte. So ist in dem Mythos von Zeus bei den Aethiopen jede Beziehung seiner Wiederkehr behufs einer Wiedervermählung verwischt, während der ἱερὸς γάμος und die Wittwenschaft der Ἥρη auf jene systematischere Vorstellung sich beziehen; der mit seinem Schwanengespann von den Hyperboreern zur Sommerszeit kommende Apollo, welcher sich in seinem Ursprunge zum Schwanritter stellt, und nur den griechischen climatischen Verhältnissen der Etesien sich eingebildet hat, weifs, seinem Charakter

---

[1]) Von dem geschwächten Gewitterwesen als solchem habe ich schon in der angeführten Stelle des Urspr. ausführlich gehandelt; dafs man es auch auf das Sonnenwesen beziehen konnte, hängt eben mit der Beobachtung der Jahreszeiten zusammen, dafs nämlich in den letzten Herbstwettern der Sonnenheld schwach geworden zu sein schien, da im Winter die Sonne schwach sich zeigte; s. weiter unten über sol languidus.

gemäfs, nichts von Vermählung[1]); der aus seinem Zauberschlaf
erwachende Kaiser der deutschen Sage, welcher sich dem zurückkehrenden Odhin vergleicht, auch nicht und dergl. mehr[2]).

Ehe ich aber das entwickelte eheliche Verhältnifs von
Sonne und Mond, das so reiche Quellen mythischer Gestaltungen
in sich schliefst, verlasse, will ich noch ein Paar ganz rohe,
daran sich knüpfende mythische Ablagerungen berühren. Von
der im Gewitter nicht etwa blofs als Werbung und Hochzeit,
sondern ganz derb sinnlich als coitus gefafsten Verbindung
zweier Wesen habe ich schon Urspr. p. 86 ff. und 162 ff. geredet, und Kuhn ist in seinem Buche über die Herabkunft des
Feuers zu ähnlichen Resultaten gekommen. Wenn bei jenen
Untersuchungen sich zunächst mir mehr eine Beziehung dabei
auf den Sturm und die Winds- oder Wolkenbraut, die
ϑύελλα oder νύμφη (= nubes) oder auf die Blitzgöttin und
den Donnergott in den Vordergrund drängte, so hebt es die
Selbstständigkeit derartiger Anschauungen nicht auf, wenn man
daneben, ausgehend von dem entwickelten Substrat eines geschlechtlichen Verhältnisses von Sonne und Mond, auch dieses
unter jenen Erscheinungen und denselben Formen sich bekun-
dend annimmt, wie ja griechische Sagen ausdrücklich noch von
einer vorangegangenen Wandlung des weiblichen Wesens
in die Gewitterelemente, in Wasser, Feuer und dergl., berichten,
damit es sich so dem versuchten Coitus zuerst entzöge. Fügen
wir nun diese rohe Vorstellung den vorher entwickelten Glaubenssätzen einer Verbindung von Sonne und Mond ein, so ergiebt sich in Verbindung mit einzelnen, in den oben angeführten
grönländischen, deutschen und litthauischen Sagen hervortretenden Elementen folgende eigenthümliche Charakteristik für
Sonne und Mond. Zwischen Sonne und Mond schien also bei
ihren Zusammenkünften immer Streit obzuwalten, daneben aber
galt die Sonne speciell dem Mond gegenüber als das feurig-

---

[1]) Ueber den von Schwänen gezogenen Apollo, der, mit des Regenbogens Binde geschmückt, zur Zeit der Etesien einzieht, s. Urspr. p. 155.
Die Parallele mit dem Schwanritter ergiebt sich gemäfs der von demselben
oben p. 117 gegebenen Deutung; in beiden steckt der an die wiederkehrende Sommersonne sich anschliefsende, sommerliche Himmelsgott.

[2]) Vergl. Heutigen Volksgl. p. 102.

begehrende Weib, er als der schwächere, matte Mann.
Dies ergab sich einmal aus seinem Zurückbleiben, dann
aber auch aus seinem Schwinden. Nach grönländischem Mythos heifst es noch geradezu aufserdem, der Mond werde beim
letzten Viertel müde und hungrig, worauf er sich dann wieder
heranifst, bis er voll wird[1]). Es ist im Grunde dasselbe, nur
nach menschlichen Verhältnissen mythisch zurechtgelegt und daneben ganz roh ausgedacht, als wenn nach abstracten Begriffen
griechische Philosophen, wie ich oben p. 167 erwähnt, dann den
Mond sein neues Licht von der Sonne entlehnen und so gleichsam wieder zu Kräften kommen liefsen. Diesen Vorstellungen
gemäfs erscheint nun überhaupt der abnehmende Mond in
mythischer Hinsicht als ein hinschwindendes, krankes
Wesen in wörtlicher Deutung jenes Ausdrucks. Nach Muchars
Norikum (Grätz 1825) 2, 36 heifst, wie auch Grimm, M. p. 674
anführt, der zu- und abnehmende Mond geradezu der ge-
sunde und kranke Mann. Ὁ μὴν φϑίνει, luna decrescens,
senescens, der schwined mo, das sind alles Bezeichnungen,
welche an dieselbe Anschauung anklingen und, abgesehen von
der luna senescens, gegenüber der Bezeichnung des Vollmonds
als Neumonds, d. h. als wirklich eines neuen Mondes, den
alten sogar zunächst als gestorben mufsten gelten lassen.
Auf diese Anschauungen scheinen nun noch verschiedene mythische Elemente griechischer und deutscher Sage anwendbar.
Gemäfs der vorhin in den συνόδοις auch für die Griechen entwickelten Vorstellung einer männlichen Mond- und einer weiblichen Sonnengottheit schliefst es sich nämlich unmittelbar den
besprochenen Vorstellungen an, wenn die Ἠώς, d. h. der weiblich gedachte Helios, die Sonnengöttin, im Tithonos einen alten,
hinschwindenden Mann hat; es wäre hiernach die einfachste
und natürlichste Deutung dieser Mythe, dafs es der Μὴν, ὃς
φϑίνει und senescit ist, dessen Verkehr dann die Göttin

---

[1]) Ebenso naiv ist und geht auf den Mond mit seinen wechselnden
Erscheinungen die neuseeländische Sage von dem Kahlkopf Ruanuu,
der seiner Häfslichkeit halber nur in dunklen Nächten hervorkommt
und dessen Kopf so grofs ist, dafs man, ohne ihn zu tödten, ganze
Stücke abschneiden kann. Schirren, die Wandersagen der Neuseeländer. p. 78.

vermeidet, gemäfs der Trennung, welche, wie wir gesehen, zwischen Sonnen- und Mondwesen ganz gewöhnlich stattzufinden schien. Natürlich kann dabei nur von einer derartigen Grundlage des Mythos die Rede sein, nicht etwa von der Form, wie ihn z. B. der homerische Hymnos an die Aphrodite dann im Einzelnen weiter menschlich ausgebildet darstellt, wenn es v. 234 sqq. heifst:

ἀλλ᾽ ὅτε δὴ πάμπαν στυγερὸν κατὰ γῆρας ἔπειγεν,
οὐδέ τι κινῆσαι μελέων δύνατ᾽, οὐδ᾽ ἀναεῖραι,
ἥδε δέ οἱ κατὰ θυμὸν ἀρίστη φαίνετο βουλή·
ἐν θαλάμῳ κατέθηκε, θύρας δ᾽ ἐπέθηκε φαεινάς·
τοῦ δ᾽ ἤτοι φωνὴ ῥέει ἄσπετος, οὐδέ τι κίκυς
ἔσθ᾽, οἵη πάρος ἔσκεν ἐνὶ γναμπτοῖσι μέλεσσιν.

Erinnern will ich übrigens dabei daran, dafs Tithonos in der trojanischen Sage noch dem Geschlecht. nach nahe verwandt dem Ganymedes erscheint, den ich oben auf die Sonne bezogen und als eine Art Sonnenjüngling, oder wie die finnische Sage sagt, Sonnensohn dargestellt habe, welcher dem Zeus den Sonnenbecher reicht. Es ist jedenfalls ein Umstand, welcher auf das ganze Geschlecht, dem Apollo und Poseidon die Wolkenmauern im Gewitter bauen und das für den geraubten Ganymed in den Besitz der Wolkendonnerrosse und eines goldigen Weinstocks, d. h. des Blitzrankengewächses, wie wir oben p. 42 gesehen haben, gelangt, ein neues bedeutsames Licht wirft.

Als ein alter Ego des Tithonos ist auch noch der γέρων Astraeos zu fassen[1]), mit dem Eos die guten Winde, den Zephyros, Boreas und Notos, sowie den Morgenstern und die Gestirne zeugt. Es ist dieselbe eheliche Verbindung, wie wir dort annahmen, nur dafs der Nachtgott den Namen von den Sternen entlehnt und dadurch zu einer Gestalt wird, wie der alte Οὐρανὸς ἀστερόεις und der hundertäugige Argos, der tausendäugige Indra u. s. w.

Durch die entwickelte Vorstellung aber von der begehrlichen Sonnenfrau und dem hinschwindenden Mondmann wird man ganz unwillkürlich an einen ganz rohen, deutschen, weit

---

[1]) Ueber denselben siehe weiter unten beim Morgenstern.

verbreiteten Aberglauben ähnlicher, nur allgemeinerer Art als
der Tithonos-Mythos erinnert, dafs es nämlich schlimme Weiber
gäbe, welche eine weifse Leber hätten und deren Ehemänner
abzehrten und hinstürben[1]). Geht dies etwa ursprünglich auch
auf das geschilderte geschlechtliche Verhältnifs von Sonne und
Mond, natürlich beide oder wenigstens der Mond in der rohesten
Vielheit gefafst? Man denkt entschieden bei dem Aberglauben an
ein im Coitus hervortretendes Mifsverhältnifs der Begehrlichkeit
auf der einen und eintretender Schwäche auf der anderen Seite,
gerade wie es die oberpfälzische Sage von der brünstigen
Sonnenfrau und dem schwachen Mondmann berichtet. Die
Anschauung der Sonne als Herz (oder Leber) ist ja auch oben
schon, wenn auch in einem anderen Mythos, nachgewiesen worden, so dafs die weifse Leber wohl ein charakteristisches Merkmal der Sonnenfrau, als einer Art böser Kirke dem Mondwesen
gegenüber gefafst, könnte abgegeben haben. Die weifse Farbe
würde wieder dabei auf die gleich zu Anfang entwickelte, sich
an die Sonne als einen weifsen Opal anschliefsende Vorstellung zurückgreifen, und wie ihr heller Schein an den Stein das
Merkmal des Weifsen geknüpft, könnte er auch bei dem Sonnenherzen oder der Sonnenleber — von dem Wechsel beider Substitute habe ich schon oben geredet, — dieselbe Charakteristik
dieses mythischen Elements hervorgerufen haben. Etwas Analoges zu diesem angenommenen Verhältnifs der Sonnenfrauen
und der Mondmänner scheint auch noch in dem Aberglauben anderer Völker hindurchzubrechen; ich erinnere z. B. an den oben
schon erwähnten Aberglauben in Sumatra, dafs unter Umständen
ein Gestirn das andere fresse, oder an die grönländische
Ansicht, dafs die Sonne sich freue, wenn Männer stürben,
und umgekehrt der Mond, wenn Weiber (s. Meiners im Götting.
historischen Magazin. I. p. 111). Dem ersteren Aberglauben,

---

[1]) S. Grimm, Myth. p. 1034. Umgekehrt wird dasselbe auch dann
von den Ehemännern gesagt, doch dürfte dies wohl das Spätere sein, wie
ja überhaupt das Hexenartige immer mehr dem Glauben nach sich an die
Weiber knüpft. Sonst habe ich es selbst erlebt, dafs ein Bauer im Um-
kreis von einigen Meilen keine Frau bekam, als er zum dritten Male
auf die Freite gehen mufste. „Er hat eine weifse Leber," hiefs es allgemein, „darum sterben ihm die Frauen."

der freilich auf die Sonnen - und Mondfinsternisse beschränkt
auftritt, fehlt blofs die Beziehung auf das eheliche Verhältnifs
beider Himmelskörper, während der letztere die Sache gleichsam
noch in der verallgemeinertsten Form darstellt.

Wir haben das eheliche Verhältnifs von Sonne und Mond
in den verschiedensten Beziehungen und Variationen verfolgt.
Es ist dasselbe aber, wie schon angedeutet, ein schon anthropomorphisch entwickelteres, indem es auf einer Annahme verschiedenen Geschlechts beruhte, die eine specieller schon ausgebildete Betrachtung voraussetzt. Einfacher und gleichsam
natürlicher ist das auch schon erwähnte scheinbar geschwisterliche Verhältnifs beider Himmelskörper, welches ja auch
bei dem ehelichen noch meist im Hintergrunde stand, ja auch
in den gebildetsten Zeiten des griechischen Heidenthums noch
immer festgehalten wurde. Auch dieses offenbart sich in reichen,
gesonderten mythischen Ablagerungen. Um aber hier zu einem
festen Ausgangspunkt zu gelangen, müssen wir an eine Eigenschaft der Himmelskörper anknüpfen, welche ihnen noch den
Charakter besonderer Geschöpfe auch äufserlich in den Mythen
verlieh, wodurch sich die betreffenden Anschauungen auch noch
mit dem daran haftenden Wunderbaren als mit zu den frühesten gehörend documentiren. Es ist schon gelegentlich darauf
hingewiesen worden, und wird auch später davon noch die Rede
sein, dafs gleichmäfsig bei Griechen, Römern und Deutschen
Sonne und Mond als goldig gefafst wurden, der letztere daneben auch als silbern galt, gerade wie dieselben Metalle
auch bei den Amerikanern mit dem Cultus der betreffenden
Gottheiten in der innigsten Beziehung erscheinen[1]). Auch bei
den idealsten, poetischen Gebilden der späteren Zeit ist ja
immer noch das goldige Haar, der goldene Helmschmuck,
die goldene Rüstung und dergl. ein charakteristisches Merk-

---

[1]) Ueber die Beziehung von Gold und Silber auf Sonne und Mond
s. Lobeck, Aglaophamus. p. 936. Für deutsche Anschauung bedarf es wohl
keiner besonderen Belege. Bei den Amerikanern tritt jener Unterschied
überall im Cultus hervor, die Bilder der Sonne waren meist von Gold, die
des Mondes von Silber. J. G. Müller, Geschichte der amerikanischen Urreligionen. Basel 1855. p. 335. 364. 475.

zeichen der betreffenden Gottheiten geblieben. Einer Vorzeit aber, welche die Anschauung mit gläubigem Sinn, ohne zu grübeln, erfaſste, muſste dies wie Alles als Realität erscheinen, sie schuf leicht im Anschluſs an keimende anthropomorphische Vorstellungen goldene Sonnen- und Mondwesen, oder letztere, in einer Art von Gegensatz zu jenen gefaſst, als silberne gedacht. Nehmen wir hierzu, wovon ich schon im Urspr. p. 129 f. geredet habe, das Entstehen eines ehernen Geschlechts aus dem Wolkenwetterbaum des Gewitters, welches mit seinen Blitzlanzen gegeneinander im Unwetter wüthet, so hätten wir in dieser Anlehnung an die Natur zunächst die Dreitheilung des goldenen, silbernen und ehernen Geschlechts, welches vor den Menschen gewesen, wie auch Amerikanische Sagen stets die Schöpfung in dieser herabsteigenden Weise sich entwickeln lassen. Ja ein kosmogonischer Mythos in Peru läſst, indem er an die Anschauung der Himmelskörper als himmlischer Eier anknüpft (vergl. Urspr. im Register unter Ei), geradezu in analoger Weise eine dreifache Schöpfung vor sich gehen, indem drei Eier vom Himmel fallen, ein goldenes, ein silbernes, ein kupfernes; aus dem ersteren sollten dann die Fürsten, aus dem zweiten die Edelleute, aus dem dritten das gemeine Volk stammen (J. G. Müller, Geschichte der amerik. Urrel. p. 327). Wenn auch die Sage besonders gewandt erscheint, so tritt auch hier die Beziehung des goldenen Ei's auf die Sonne, des silbernen auf den Mond hervor, während das kupferne sich mit der Anschauung vergleichen dürfte, nach welcher der dahinrollende Blitzfunken einem Knäuel, einer Kugel ganz gewöhnlich verglichen wird[1]), so daſs auch hierin die Beziehung zur Gewitterschöpfung, wie bei dem griechischen Mythos, nur in anderer Weise, sich bekunden dürfte.

Bringen wir aber diesen Glauben von goldigen Himmelswesen mit andern an die Himmelskörper sich anschlieſsenden Vorstellungen in Verbindung, so ergeben sich leicht neue Combinationen der verschiedensten Art, wie sie uns in den Mythologien entgegentreten. Erwägen wir einfach z. B., daſs statt des verschwundenen Sonnenwesens (oder auch von dem früheren

---

[1]) S. Urspr. unter Blitztropfen.

als dem alten) im Gewitter ein neues geboren zu werden schien, und dafs anderseits das Gold ebenso im Gewitter eine Rolle spielte, wie das Feuer oder, wie vorhin erwähnt, das Erz, so haben wir nun eine vollständige Anknüpfung für die schon von mir im Urspr. beim Asklepios namentlich und beim Achill nachgewiesenen Gewitterkinder, welche im Blitzglanz leuchten, im Gewitterfeuer unsterblich gemacht werden oder an denen der goldige Glanz in irgend einer Weise prägnant hervortritt, wenn sie nicht geradezu ganz goldig noch geschildert werden. Wie in den Veden Agni, der himmlische Feuergott, welchen wir oben nicht blofs als den Blitzgott, sondern auch als den feurigen Sonnengott erkannten, oft als Kind erscheint, welches die himmlischen Frauen, die Wolkengöttinnen hegen und pflegen (Kuhn, Westph. Sagen. I. p. 303), wurde auch Asklepios, der Glanzhelle ($Al\gamma\lambda\alpha\acute{\eta}\varrho$), als Kind vom Blitzglanz umflossen, gefunden (s. Urspr. p. 114). Das Glühen des neugeborenen Kindes im Feuer zeigt uns die Achilles-Mythe (s. Urpr. p. 122); bei des Apollo und der Athene Geburt erglänzt Alles von Gold (s. Urspr. p. 68); vor Allem aber ist Apollo, den wir nachher in seiner Anlehnung an die Sonne, freilich anders als man es bisher gethan, verfolgen werden, geradezu noch $\pi o\lambda\acute{v}\chi\varrho\upsilon\sigma o\varsigma$, und ebenso heifst Aphrodite, die Sonnengöttin, $\varkappa\alpha\tau'$ $\dot{\epsilon}\xi o\chi\grave{\eta}\nu$ $\chi\varrho\upsilon\sigma\acute{\epsilon}\eta$ (Preller, Griech. Myth. I. p. 278). Auch die deutsche Sage weifs von Kindern, an denen Gold haftet. Im Limberg liegt ein goldenes Kind, das sich zu Zeiten sehen läfst (Baader, Volkssagen aus dem Lande Baden. Karlsruhe 1851. II. p. 21); namentlich aber wird von goldenen Wiegen, die versunken, in dieser Hinsicht erzählt, was wieder an die oben p. 23 ff. entwickelte Vorstellung der Sonne als eines goldenen Kahns, Lagers und dergl. anspielt. Wie dieses neugeborene Sonnenwesen, das sich an diese Wiege knüpft, dann in die Gewitterscenerie einrückt, in den Sinflutssagen als der Held erscheint, der nach der Verwüstung und allen Kämpfen übrig bleibt u. s. w., ist schon im Urspr. p. 296 f. erörtert worden. Was hier noch in einzelnen Beispielen hindurchklingt, war ursprünglich bei der betreffenden Auffassung, wie schon das goldene Geschlecht zeigt, volles natürliches Element, das an den Wesen zu haften schien, und so sehen wir es denn auch namentlich noch im Märchen auftreten, das uns von solchen ganz goldigen Kindern erzählt und uns auch zugleich in anderer Weise noch weiter führt. J. W. Wolf hat in seinen Beiträgen z. Deutschen Myth. II. Göttingen 1857. p. 127 schon eine Zusammenstellung dieser goldigen Kinder des Märchens gegeben. Sie haben **goldenes Haar** oder irgend ein **goldenes Abzeichen** bei der Geburt, werden mit **Goldregen** wunderbar überschüttet, und wenn uns dies schon an die analoge, oben berührte Vorstellung der Griechen von den im Gewitter neugeborenen Sonnenkindern erinnert, so ist besonders charakteristisch, trotz seiner christlichen Metamorphose, das Märchen vom Marienkind, welches **stumm im Walde sitzt,** von seinem **goldenen Haar bis zu den Fußzehen bedeckt,** bis es der Königssohn findet. Es ist, wie wir nachher sehen werden, die **goldene Sonne,** als Jungfrau Mundelos **stumm** gedacht, **in ihre Sonnenstrahlen gehüllt,** die im **Wolkenwalde sitzt, der Erlösung im Frühling harrend,** wie Dornröschen, Brunhild und Menglada.

Wenn aber in einzelnen Märchen es nur das eine Sonnenkind ist, Mädchen oder Knabe, welches im Gewitter geboren erscheint, war es ebenso natürlich, daß, wie man, nachdem alles himmlische Feuer in der Gewitternacht erloschen schien, das Sonnen- und Mondfeuer im Gewitter wieder erneut wähnte, so auch **Sonne und Mond als ein Paar himmlischer Goldkinder** neben einander erschaffen glaubte, zumal andere Umstände diese Vorstellung leicht verstärken konnten. Denn nicht allein, daß zwei Gewitter oder das unmittelbare Wiedererscheinen der Sonne und hernach des Mondes nach einem Nachmittags-Gewitter diese Vorstellung bestärken konnten; an die Gewittergeburt im **kreuzweis hervorspringenden Blitzfunken** scheint sich selbst die Vorstellung des **Zwillinghaften** geknüpft zu haben, zu welcher die großen Himmelserscheinungen dann zu stimmen, gewissermaßen die Ausführung zu geben schienen. In den verschiedensten nationalen Versionen von Norwegen bis Griechenland tritt uns besonders ein hierherschlagendes Märchen entgegen, welches in seinem Urkern noch allerhand Elemente birgt, die den behaupteten Ursprung bestätigen, und auch schon die Veranlassung gewesen sind, weshalb Mannhardt, German.

Mythenf. p. 216 ff., es mit analogen Sagen von den Zwillings-
brüdern Indra und Agni in Verbindung gebracht hat. Es entwickelt sich in der Regel nach zwei Richtungen hin, welche
aber auch sich verbunden finden. Einmal schildert uns nämlich
das Märchen die Verfolgung, welche die beiden Goldkinder
oder ihre Substitute zu bestehen haben, bis sie zuletzt gerettet
werden. Eine böse Stiefmutter, eine Hexe, eine Kirke, — die
schwarze Gewitterwolke also etwa oder die böse Windin,
die Windsbraut, — sucht die Kinder zu vernichten, aber Alles
hilft ihr nichts; wenn sie selbige auch tödten läfst, unter anderen Formen werden sie immer wieder geboren, bis sie zuletzt
in ihrem Strahlenglanze, welcher die Nacht zum Tage
macht, siegreich hervorgehen. Ich gebe als significantes Beispiel
die Form des Märchen, welche Schott aus der Wallachei mitgetheilt
hat, da es am reinsten den mythischen Charakter namentlich
auch am Schlusse hervortreten läfst. Er giebt den Inhalt selbst
folgendermafsen an (Wallachische Märchen. Stuttg. 1845. p. 332):
„Eine Frau gebiert ihrem Manne zwei goldene Knaben (zwei
rutili fratres also); die Magd, welche selbst Frau werden möchte,
tödtet sie, giebt vor, es sei ein junger Hund geboren worden,
und bewirkt die Verstofsung der Frau. Aus dem Grab der ge-
mordeten erwachsen zwei Bäume, die goldene Aepfel
tragen. Das böse Weib läfst sie umhauen, aber ein Schaaf,
das davon gefressen, wirft goldene Lämmer; und als man
auch diese schlachtet, werden aus einem der Gedärme, das der
Flufs entführt, die Knaben wieder. Diese suchen die Mutter
auf, treten mit ihr in's Haus des Vaters und entlarven die Mör-
derin." Der Schlufs heifst wörtlich dann p. 125: „Unerkannt,
in Lumpen gehüllt, — wie Windkaldr und Odysseus, — erscheinen sie; endlich aber, als der rechte Augenblick gekommen,
löschten sie die Lichter aus und streiften ihre Lumpen vom
Leibe, so dafs sie herrlich prangend dastanden, wie
die Morgensonne im Mai." Dann heifst es im menschlichen
Abspinnen des geschichtlichen Fadens der Erzählung weiter:
„Alle, die in der Stube waren, blieben starr vor Staunen, der
Hausherr aber breitete seine Arme aus und rief: „O kommt an
mein Herz, ihr seid meine goldenen Söhne! wer könnte
sonst wissen, was ihr wifst!" Sie umarmten sich, dann sprachen

die Jünglinge: „Schau, hier ist unsere Mutter! wir haben sie wiedergefunden in Jammer und Elend!" Als der Vater sie erkannte, bleich und abgehärmt, übermannte ihn die Reue, er sank vor sie hin, küsste ihr die Hände und bat sie um Verzeihung. Die Frau weinte vor Freude, zog ihn sanft in die Höhe und sie umarmten sich zärtlich." Das Märchen enthält in seiner Entwickelung so viele Beziehungen zu anderen Mythen, daneben aber auch verschiedene Elemente, welche eigener, menschlich schöner Entwickelung Spielraum gaben, dafs es uns nicht wundern kann, wenn auch sonst in Märchen und Sage sich Anklänge daran wiederfinden, Einzelnes auch ganz selbstständig ausgeführt erscheint. Ich erinnere nur, was Deutschland betrifft, an die Sage von der Genovefa und den Welfen, welche Einleitung und Schlufs ausgebildet und dabei die Mutter mehr in den Vordergrund gedrängt hat[1]); uns interessiren besonders hier die Goldkinder, welche zuletzt, nachdem sie alle Gefahren und Wandelungen durchgemacht, dem Flusse entsteigen. Schott denkt bei dem letzteren Umstand auch schon an die Geburt des Sonnengottes, wobei ihm die Zweiheit nur als eine Vervielfältigung erscheint. Er sagt dann: „Von Wichtigkeit ist, dafs die Knaben am Ende durch das Wasser wieder volles Leben gewinnen. Das Wasser bezeichnet hier das Unbestimmte (!?), woraus der Sonnengott hervorgeht u. s. w." Es ist nach allem Vorhergehenden nicht nöthig, besonders darauf hinzuweisen, dafs, wenn ich in dem letzteren, wie in dem goldenen Apfelbaum, auch einen ursprünglich an das himmlische Terrain sich anlehnenden Zug des Mythos erblicke, weil er noch in dem anderen Märchen, von dem gleich die Rede sein wird, significant hervortritt, ich doch sowohl die Zweiheit der Goldkinder, als auch die hier zu Grunde liegende Anschauung ganz anders, als wie sie Schott deutet, fasse, wo sie der realen Grundlage gänzlich entbehrt. Wir finden nämlich, um die Sache weiter zu verfolgen, im Zusammenhang mit jenem obigen Märchen von den zwei Goldkindern ein anderes, welches noch näher die Beziehung

---

[1]) Den mythischen Kern der Genovefa-Sage hat schon herausgekehrt: Zacher, Die Historie von der Pfalzgräfin Genovefa. Königsberg 1860. Ueber die Welfensage vergl. Hocker, die Stammsagen der Hohenzollern und Welfen. Düsseldorf 1857.

der Wesen zu einander und zur Natur hervortreten läfst, das ist das Märchen, welches, wenn es allein auftritt, unter dem Namen der beiden Brüder bekannt ist. Während jener Theil des Mythos gleichsam blofs die Wandlungen schildert, welche die im Gewitter geborenen, goldigen Kinder durchzumachen haben, bis sie als Sonne und Mond am Himmel hervorgehen; so schildert uns dies Märchen die Kämpfe und Schicksale beider am Himmel, welche sie im Laufe der Zeiten, wo sie auf Abenteuer ausziehen, zu bestehen haben. Die schwedische Form des Märchens setzt hier am Charakteristischsten ein. Ein König sperrt seine Tochter nebst Dienerin in einen Thurm ein. Wenn die Einleitung des Märchens von den Goldkindern an die Verfolgung der Kinder der Nephele, des Phrixos und der Helle, durch die Stiefmutter, oder daran erinnert, dafs selbst Hera ja den von einem anderen Weibe geborenen Herakles aus demselben Grunde zu verfolgen schien, so gemahnt diese Einschliefsung der Königstochter an die Danaë-Sage, in welcher dem Wolkenthurm (dem Grommeltorn s. Ursp. p. 263) das eherne Gewittergemach entspricht, in das Zeus durch den Goldregen der Blitze zu ihr dringt. In jenem Wolkenthurm werden nun also die beiden Jungfrauen in wunderbarer Weise durch einen Apfel oder einen Trunk schwanger, wie Hera ja selbst durch die Berührung der Wolkengewitterblume (s. Ursp. p. 173). Die beiden Kinder, welche geboren werden, sehen sich nun wie Zwillinge ähnlich, sie heifsen nach der wennländer Version des Mythos: Silfwerwhit und Lillwacker, d. h. Silberweifs und kleiner Wächter, nach der südmannländer: Wattuman und Wattusin, d. h. Wassermann und Wasserjunge. Wenn Ersteres an Sonne und Mond in besonderer Anschauung der auch als weifs aufgefafsten Sonne und des Mondes, als eines kleinen Wächters, wie wir ihn noch kennen lernen werden, erinnert, so deuten die beiden letzten Namen speciell auf ihre Geburtsstätte, wie auch die Goldkinder strahlend aus dem Wasser hervorgehen; es sind die Wolkenwasser, aus denen auch z. B. der kleine finnische Kupferzwerg im Blitz hervorkommt und defshalb Wasserjunge genannt wird (s. Urspr. p. 242. 249). Die beiden Brüder ziehen nun getrennt auf Abenteuer aus. Silfwerwhit oder Wattuman zieht voran. Nun kommen alle die

bekannten sagenhaften, von mir im Gewitter nachgewiesenen
Züge. Der Kampf mit dem Drachen oder, in speciell schwe-
discher Fassung der Sage, mit dem Troll, die Erlösung der
himmlischen, dem Drachen sonst zufallenden Braut,
und die daran sich schliefsende Vermählung, die eintretende
Verzauberung durch eine böse Hexe und die endliche Erlösung durch den nachziehenden Bruder: das sind Alles
Vorstellungen, welche sich im Lande der Sonnen- und Mondwesen an die Gewittererscheinungen knüpfen, die also als Momente im Leben eines jeden Sonnen- oder Mondsohnes sich von
selbst verstehen. Charakteristisch wird für uns aber besonders
noch die Verzauberung des Einen oder vielmehr die Verstei-
nerung desselben durch den Blitzzauberstab der Hexe, eine
Metamorphose, welche uns an die Wirkungen des Gewitter-
kopfes der Gorgo erinnert, die ich im Urspr. p. 85 an den
krachenden Donner angelehnt habe; dann aber, dafs der andere Bruder ihm nachzieht und ihn erlöst. Tritt darin nicht
deutlich das natürliche Verhältnifs noch hervor, welches im Anschlufs an andere mythische Vorstellungen darauf hinweist, dafs der
voranziehende Sonnenbruder in den letzten Herbstwettern für die Winterzeit verzaubert wird, gerade so wie
sonst das weibliche Sonnenwesen, und dafs der nach-
ziehende Mondbruder, der ähnliche Kämpfe bestanden, es
dann ist, welcher ihn im Frühjahr erlöst? Dafs der Mond
der Sonne nachgeht, haben wir ja schon bei der Besprechung
des ehelichen Verhältnisses, in dem man beide Himmelskörper
dann auch fafste, klar ausgesprochen gefunden, so dafs es dieselbe Anschauung ist, die uns hier nur in anderer Deutung und
Umgebung entgegentritt; und dafs, bei einer geglaubten Verzauberung des Sonnenwesens im Winter und Erlösung in den Frühlingswettern und bei Hineinziehung des Mondes in diesen Anschauungskreis, er, als der auch den Winter gleichsam über-
dauernde, die angegebene Rolle zu übernehmen schien, ist ganz
natürlich.

Ich habe bei der obigen Darstellung der hierherschlagenden
Märchen schon auf analoge Elemente griechischer Sage hingewiesen; Diodoros, III. c. 57 berichtet aber als Sage der Atlanteer
geradezu eine Mythe, welche in der Grundlage ganz vorzüglich zu

der Geschichte von den Goldkindern paſst, nur daſs es gemäſs der Anschauung der historischen Zeit von Sonne und Mond nicht zwei Brüder, sondern Bruder und Schwester sind, welche zuletzt dann aber auch höchst bezeichnend für meine ganze Deutung geradezu als Sonnengott und Mondgöttin hervorgehen. Nachdem der Vater Uranos zu den Göttern erhoben, heiſst in der dortigen Fassung der Sage, habe *Βασίλεια*, die älteste Tochter, die Herrschaft übernommen: παρθένον οὖσαν, ἔτι δὲ καὶ διὰ τὴν ὑπερβολὴν τῆς σωφροσύνης οὐδενὶ συνοικῆσαι βουληθεῖσαν. ὕστερον δὲ βουλομένην διαδόχους τῆς βασιλείας ἀπολιπεῖν υἱοὺς Ὑπερίονι συνοικῆσαι τῶν ἀδελφῶν ἑνί, πρὸς ὃν οἰκειότατα διέκειτο. γενομένων δὲ αὐτῇ δύο τέκνων, Ἡλίου καὶ Σελήνης, καὶ θαυμαζομένων ἐπὶ τῷ κάλλει καὶ τῇ σωφροσύνῃ, φασὶ τοὺς ἀδελφοὺς ταύτῃ μὲν ἐπ᾽ εὐτεκνίᾳ φθονοῦντας, τὸν δ᾽ Ὑπερίονα φοβηθέντας μήποτε τὴν βασιλείαν εἰς αὐτὸν περισπάσῃ, πρᾶξιν ἐπιτελέσασθαι παντελῶς ἀνόσιον. συνωμοσίαν γὰρ ποιησαμένους τὸν μὲν Ὑπερίονα κατασφάξαι, τὸν δὲ Ἥλιον ὄντα παῖδα τὴν ἡλικίαν εἰς τὸν Ἠριδανὸν ποταμὸν ἐμβαλόντας ἀποπνῖξαι. καταφανοῦς δὲ γενομένης τῆς ἀτυχίας τὴν μὲν Σελήνην φιλάδελφον οὖσαν κατ᾽ ὑπερβολὴν ἀπὸ τοῦ τέγους ἑαυτὴν ῥῖψαι, τὴν δὲ μητέρα ζητοῦσαν τὸ σῶμα παρὰ τὸν ποταμὸν σύγκοπον γενέσθαι, καὶ κατενεχθεῖσαν εἰς ὕπνον ἰδεῖν ὄψιν, καθ᾽ ἣν ἔδοξεν ἐπιστάντα τὸν Ἥλιον παρακαλεῖν αὐτὴν μὴ θρηνεῖν τὸν τῶν τέκνων θάνατον· τοὺς μὲν γὰρ Τιτᾶνας τεύξεσθαι τῆς προςηκούσης τιμωρίας, ἑαυτὸν δὲ καὶ τὴν ἀδελφὴν εἰς ἀθανάτους φύσεις μετασχηματισθήσεσθαι θείᾳ τινὶ προνοίᾳ· ὀνομασθήσεσθαι γὰρ ὑπὸ τῶν ἀνθρώπων ἥλιον μὲν τὸ πρότερον ἐν οὐρανῷ πῦρ ἱερὸν καλούμενον, σελήνην δὲ τὴν μήνην προσαγορευομένην. διεγερθεῖσαν δὲ τοῖς ὄχλοις τόν τε ὄνειρον καὶ τὰ περὶ αὐτὴν ἀτυχήματα διελθοῦσαν ἀξιῶσαι τοῖς μὲν τετελευτηκόσιν ἀπονεῖμαι τιμὰς ἰσοθέους, τοῦ δὲ αὐτῆς σώματος μηκέτι μηδένα θιγεῖν. μετὰ δὲ ταῦτα ἐμμανῆ γενομένην καὶ τῶν τῆς θυγατρὸς παιγνίων τὰ δυνάμενα ψόφον ἐπιτελεῖν ἁρπάσασαν πλανᾶσθαι κατὰ τὴν χώραν, καταλελυμένην μὲν τὰς τρίχας, τῷ δὲ διὰ τῶν τυμπάνων καὶ κυμβάλων ψόφῳ ἐνθεάζουσαν, ὥστε καταπλήττεσθαι τοὺς ὁρῶντας. πάντων δὲ τὸ περὶ αὐτὴν πάθος ἐλεούντων, καί τινων ἀντεχομένων τοῦ σώματος, ἐπιγενέσθαι πλῆθος ὄμβρου καὶ συνεχεῖς κεραυνῶν πτώσεις· ἐνταῦθα δὲ τὴν μὲν Βασίλειαν ἀφανῆ γενέσθαι, τοὺς δὲ ὄχλους θαυμάσαντας τὴν περιπέτειαν τὸν μὲν Ἥλιον καὶ τὴν Σελήνην τῇ προςηγορίᾳ καὶ ταῖς τιμαῖς μεταγαγεῖν ἐπὶ τὰ κατ' οὐρανὸν ἄστρα, τὴν δὲ μητέρα τούτων θεόν τε νομίσαι καὶ βωμοὺς ἱδρύσασθαι, καὶ ταῖς διὰ τῶν τυμπάνων καὶ κυμβάλων ἐνεργείαις καὶ τοῖς ἄλλοις ἅπασιν ἀπομιμουμένους τὰ. περὶ αὐτὴν συμβάντα θυσίας καὶ τὰς ἄλλας τιμὰς ἀπονεῖμαι. Wir haben hier denselben Grund-gedanken, wie in dem oben erwähnten Märchen. Ein Eltern-paar, von denen Hyperion entschieden auf die Sonne geht, hat zwei Kinder, Helios und Selene, Sonne und Mond. Die Mißgunst von Anverwandten veranlaßt den Tod beider; aber was das Märchen unter allerhand Naturbildern ausdrückte, die es vom Himmel entlehnte, das spricht diese Mythe abstracter aus: die Kinder sind nicht zu vernichten, sie wurden un-sterblich und zu Gottheiten erhoben, und hießen fortan Helios und Selene, welche die Menschen nun statt „des heiligen Feuers" am Himmel fanden und verehrten. Charakteristisch für andere Mythen ist besonders hier noch der Zug, daß die Alte rasend wird, mit aufgelöstem Haar und mit dem klingenden Spielzeug ihrer Kinder unter dem Schall von Pauken und Cymbeln umherschweift, bis in gewaltigen Regengüssen und beständigen Donnerschlägen sie verschwindet. Da ist im letzteren doch noch deutlich diejenige Beziehung zur Natur haften geblieben, welche ich sowohl im Dionysos-Umzug als in dem analogen der Demeter gefunden, den sie auch zu ähnlichem Zwecke, wie Basileia, unternimmt, nämlich, um die Tochter zu suchen, welche der am Himmel heraufgekommene Donnergott Hades entführt hatte (s. Urspr. p. 134. 177). Denn daß in dem Mythos von der Basileia dieses Motiv bei dem Umzug nicht hervortritt, ist doch nur die Folge davon, daß sie schon im Traum über die Zukunft ihrer Kinder beruhigt sein sollte. Es paßt eben dasselbe nun in dieser Form der Sage gleichsam nur noch als Anhängsel, der dann als äußere Veranlassung ihres eigenen Unsichtbarwerdens eine neue Motivirung und damit neuen Halt empfing. Ursprünglich ist jene Verbindung und der Glaube, daß das verschwundene Wesen in der Unruhe des himm-lischen Wetters gesucht werde, natürlicher, wie auch in dem

analogen Mythos von der den zerstückelten Osiris suchenden
Isis es hervortritt, und das im Ursprung analoge deutsche Märchen vom Schwesterchen, das seinen in Schwäne verzauberten Bruder sucht, es uns noch in neuen, aus demselben Naturkreis
hergenommenen Bildern zeigt. Sie durchzieht die ganze Welt,
bis sie endlich auf dem Glasberg, d. h. dem Wolkenberg,
den sie auf der Blitzleiter erklimmt, ihre Brüder findet und
erlöst[1]). Wenn hiernach Persephone auch in diesem Mythos, wie
oben im Zagreus-Mythos, die Sonnenjungfrau ist, welche von
ihrer Mutter, der Gewitteralten, gesucht wird, als welche diese
auch die Blitzesfackeln, der Drachenwagen, die Regen-
bogensichel charakterisiren (s. Urspr.); so führt uns nicht blofs
die Identität in dieser Hinsicht mit der Basileia, der Gemahlin
des Hyperion, sondern auch die ganzen Anschauungskreise mit
dem der Sonne nachgehenden Mondwesen darauf, für die
Himmelsalte eine Anknüpfung in der Mondfrau zu finden,
für die, als einen weiblichen Tithonos gleichsam, wie ich ihn
deute, diese Eigenschaft einer Alten auch ganz gut pafst; sie
wäre dann eben nur anderseits als Nachtgöttin in das Gewitter übergegangen und hätte so jene eigenthümliche Gestaltung gewonnen, die sie wiederum mehr einer Hekate nähert,
welche auch im Gefolge der Demeter übrigens gewesen sein soll.

⋅ Jener an Sonne und Mond sich knüpfende Dualismus offenbart sich aber auch noch in anderen griechischen Mythen und
da wieder unter Gleichheit des Geschlechts und auch
unter dem Charakter des Zwillinghaften. Man könnte zwar,
wie man auch bei den indischen Açvinen annimmt, an die Sonne
allein denken und etwa die Zweiheit in der Morgenröthe und der
Sonne begründet finden, wie auch bei der Auffassung unter vogel-
artigen Bildern p. 31 und 110 oben schon von zwei Vögeln die Rede
war, von denen der eine die Sonnenstrahlen auffängt, der andere sie über die Erde trägt; indessen, wie ich schon auch dort
bemerkt, die ganze Anschauung scheint in ihrer weiten, mannigfachen Verzweigung doch eben ursprünglich und zunächst die

---

[1]) Märkische Sagen. M. Nr. 10. Vergl. über die Deutung von Glasberg
und Leiter Mannhardt, Germ. Mythenf. p. 373, der nur im Uebrigen statt der
Beziehung auf Sonne und Mond eine auf die Wanderung der Seele darin
sucht.

allgemeine Beziehung auf Mond und Sonne gehabt und sich dann erst später auch, nachdem sie Gestalt gewonnen, an jene Naturerscheinung angelehnt zu haben, je mehr man, entgegen der ursprünglichen Anschauung, den Mond mit von der Sonne abhängig werden, ja zuletzt sein Licht von ihr entlehnen liefs. Denn ebenso ist ja auch sichtbarlich jenes Zwillingspaar in das Gewitter eingewachsen und hat dadurch mannigfache Entwickelung und Gestalt gewonnen. Bald hat man sie dabei offenbar im Gegensatz gefafst, wie wir bei dem himmlischen Tag- und Nachtreiter sahen, so dafs das Unwetter als ein Kampf des Licht- oder Sonnenwesens mit dem Nacht- oder Mondwesen erschien, worauf ja auch noch ausdrücklich andere Anschauungen roher Völker hindeuten, die von Kämpfen von Sonne und Mond und von dem letzteren als bösem Nacht- und Gewittergott reden; bald aber hat man auch beide in anderer Fassung als verbündete Lichtgeister angesehen, die gemeinsam gegen die Mächte der Finsternifs kämpfen. Dies letztere tritt noch am deutlichsten im griechischen Mythos von den Dioskuren hervor, den himmlischen Zwillingen der griechischen Sage κατ᾽ ἐξοχήν, welche uns auch wieder dann in anderer Weise zu Sonne und Mond als dem eigentlichen Ausgangspunkt der Vorstellung zurückführen. Sie sind zunächst in jener Hinsicht die beiden himmlischen Lichtgeister, wenn sie, — wie auch sonst Mond und Sonne im Gewitter wiedergeboren gelten, und andere Bilder speciell eine Anschauung wahrscheinlich machen, der zufolge in den beiden im Blitz hervorspringenden, sich kreuzenden Blitzfunken ein Zwillingspaar geboren zu werden schien, — in derselben Doppelgestalt dann noch den Schiffern in Sturm und Unwetter sich auf die Masten setzen[1]) und so andeuten, dafs sie da sind, die Finsternifs des Gewitters zu besiegen, ähnlich, wie der Regenbogengott Apollo, wenn er mit seinem leuchtenden Bogen zwischen den Wolkenbergen hindurch sichtbar wird (s. Urspr. p. 102). In derselben Weise erscheinen sie auch, auf die öfters sichtbare Erscheinung eines doppelten Regenbogens dann gehend, als die beiden gelbgeflügelten Him-

---

[1]) Preller, Griech. Myth. II. p. 105 f.

melsgeister, in vollständiger Parallele zu den mit purpur-
farbenen Flügeln ausgestatteten Zwillingen des Boreas, die
ihre analoge Natur im Gewitterkampf in der Verfolgung mit
den stymphalischen Vögeln bewähren[1]); beide Wesen sind
gleichsam in dieser Hinsicht eine Verdoppelung der goldge-
flügelten, purpurnen Iris[2]), bei der die betreffende, an den
einfachen Regenbogen sich knüpfende Anschauung noch am
klarsten hervortritt. Im Gewitter entwickelt sich dann die Natur
beider als Faustkämpfer und Rossebändiger, indem das
Letztere uns den Herrn der Donnerrosse, den Hades *κλυ-
τόπωλος*, gleichsam charakterisirt (s. Urspr. p. 171), das Erstere auf den Sturm gehen dürfte, der mit seinen Blitzarmen
wie Porphyrion und Python in den Wolken reifst (s. Urspr. p. 82).
Anderseits deutet die Sage, welche ihr Entstehen aus einem Ei
und von einem himmlischen Schwan ableitete, auf dieselben
Naturkreise hin, mochte es nun Wolke oder Sonne sein, die
als Schwan gefafst wurde, das Ei war jedenfalls das Letztere,
aus dem dann beim Uebergang in das Gewitter die beiden
himmlischen Zwillinge in der Gewittergeburt hervorgingen[3]).
Wenn sie aber endlich abwechselnd leben sollten, ein Ge-
danke, den die Sage sich dann, menschlich gefafst, verschieden
ausgeführt denkt, so könnte zwar auch hierin Beziehung auf
das Gewitter gefunden werden, indem das eine der Gewitterwesen, der Blitz, ja häufig in die Tiefe hinabfahrend gedacht
wird, ursprünglich möchte ich aber doch gerade hierin eine
Beziehung auf die Sonne und den Mond finden, die ja abwechselnd stets am Himmel erscheinen, von denen der eine
dem Tage, der andere dem Nachtreich, d. h. der Unterwelt, an-

---

[1]) Ueber das Letztere siehe Urspr. p. 196. Die gelbgeflügelten
Dioskuren schildert übrigens der von ihnen handelnde homerische Hymn.
v. 12 sq.:

> — οἱ δ' ἐξαπίνης ἐφάνησαν
> ξουθῇσι πτερύγεσσι δι' αἰθέρος ἀΐξαντες,
> αὐτίκα δ' ἀργαλέων ἀνέμων κατέπαυσαν ἀέλλας cet.

Ueber die purpurgeflügelten Boreaden s. Pindar, Pyth. IV. v. 301 sqq. Boreas selbst hat fulvae alac. Ovid, Metam. VII, 706.

[2]) Ein doppelter Regenbogen erscheint auch sonst in mythischer
Auffassung besonders ausgebildet.

[3]) Ueber die Sonne als Ei s. Urspr. im Register unter Ei.

zugehören scheint. Dasjenige, was oben p. 109 dem Lucifer, gleichsam als Tag- und Nachtreiter, den Charakter eines desultor verlieh, hätte noch einfacher sich hier in eine Zwillingsnatur geschieden. So faſst auch der neuseeländische Glaube, wie schon oben erwähnt, Sonne und Mond als Brüder, Tagsonne und Nachtsonne genannt, und läſst den letzteren dann zum Gott der Unterwelt, den ersteren zum Gott der Höhe werden (Schirren, Die Wandersagen der Neuseeländer. p. 151). Wenn dies den Gegensatz von Licht und Dunkelheit im Allgemeinen ausführt, so lag der Glaube an einen Wechsel beider Wesen, wie ich ihn im Dioskuren-Mythos finde, bei ähnlichem Substrat doch ganz nahe, sobald man eben den Wechsel von Tag und Nacht am Himmel erklären wollte.

Ebenso möchte nun aber auf Sonne und Mond die Bezeichnung der Dioskuren als μεγάλοι θεοί und ἄνακτες ursprünglich gegangen sein[1]), die dann auch wieder an die Gewitterscenerie sich anschlieſst, in dem sie besonders für die beiden himmlischen Lichtgötter gebraucht wird, welche, wie oben erwähnt, gegen die bösen Sturmes- und Unwetterwesen als σωτῆρες ankämpfen[2]). In dieser Hinsicht möchte ich aber eine Nebenbemerkung machen. Man ist nämlich geneigt, die Dioskuren im Homer nur als Heroen wiederzufinden; da aber der natürliche Hintergrund derselben weit vor Homer liegt, es ja eben Zufälligkeit oder localer Einfluſs ist, wieviel davon gerade im Homer sich geltend gemacht hat, dürfte eine Stelle doch nicht zu übersehen sein, wo es Odyssee XII. v. 286 sqq. lautet:

ἐκ νυκτῶν δ' ἄνεμοι χαλεποὶ, δηλήματα νηῶν,
γίγνονται· πῆ κέν τις ὑπεκφύγοι αἰπὺν ὄλεθρον,
ἤν πως ἐξαπίνης ἔλθῃ ἀνέμοιο θύελλα,
ἢ Νότου ἢ Ζεφύροιο δυσαέος, οἵτε μάλιστα
νῆα διαῤῥαίουσι, θεῶν ἀέκητι ἀνάκτων.

---

[1]) Die Beziehung auf das betreffende Sternbild ist, wie die ganze Gruppirung und Auslegung der verschiedenen Sternbilder, entschieden später.

[2]) Ueber die θεοὶ ἄνακτες vergl. Gerhard, Griech. Myth. I. § 165 Anm. 1 und die daselbst citirten Stellen. Die sprachliche Auseinandersetzung mit den ἄνακες lasse ich zunächst aus dem Spiel.

Diese ἄναϰτες, welche die Schiffe gegen die verheerenden
Windsbräute schützen, wobei von ἀέϰητι ἀνάϰτων die
Rede ist, wenn sie dennoch untergehen, deuten doch wohl entschieden auf dies besprochene Verhältniſs und die besprochenen Wesen
hin. Zwar werden auch andere Götter bei Homer ἄναϰτες genannt; wenn aber so kurzweg hier von ϑεῶν ἀνάϰτων in einer
Beziehung die Rede ist, die im sonstigen Volksglauben im Anschluſs an denselben Naturkreis in eigenthümlicher und ty-
pischer Weise hervortritt, so sind doch bei wissenschaftlicher
Behandlung der Sache nur zwei Annahmen möglich, daſs nämlich entweder der Volksglaube aus dieser Stelle entstanden wäre,
wofür, abgesehen von allem Anderen, sie wieder nicht bezeichnend genug gerade auf die Dioskuren hindeutet, oder daſs umgekehrt, wie so oft, die Stelle auf den Volksglauben, als einen
allgemein bekannten, in leichter Weise hindeutet, und das ist
es, was ich behaupte.

In dem Dioskuren-Mythos tritt aber noch ein Moment
hervor, das von der gröſsten Bedeutung bei Beurtheilung des
Urcharakters der himmlischen Zwillinge ist, eben der Unterschied in ihrer Natur, daſs der eine schwächer ist, als der
andere, denn so möchte ich es, in Rücksicht auf die analogen
Elemente griechischer und deutscher Sage, ausdrücken. Ich
habe von diesem, bei verschiedenen Brüder- oder wenigstens
Heldenpaaren in griechischer und deutscher Sage hervortretenden Verhältniſs schon im Urspr. p. 147 geredet und erinnere nur an Herakles und Iphikles, Telamon und Teukros,
Hektor und Paris, Agamemnon und Menelaos, sowie an Theseus
und Peirithoos, bei welchen letzteren übereinstimmend der Zug
dann noch wiederkehrt, daſs der schwächere der eigentliche
Gatte oder Freier des Weibes ist, welcher der Kampf gilt,
der Helena oder Kore, der stärkere aber doch um sie kämpfen
muſs, gerade wie es in der deutschen Sage bei der Werbung
des Günther und Siegfried um die Brunhild hervortritt. Wenn
ich dabei zunächst den Beziehungen derselben auf das Gewitterwesen nachging, möchte ich diesen Charakter doch, wie schon
oben p. 172 angedeutet, als einen solchen fassen, welcher sich
erst beim Hineinwachsen der betreffenden Wesen in den Ge-
witterkreis angeschlossen hat, den erwähnten Unterschied der

Brüder oder Helden aber ursprünglich auf den Gegensatz
der beiden Sonnen- und Mondwesen beziehen. Denken wir
nämlich an die alte Vorstellung des der Sonne nachgehenden
Mondes, so war es natürlich, dafs, während er in dem ehelichen Verhältnifs aus Schlaffheit und Kälte zurückzu-
bleiben schien, bei dem brüderlich gedachten Verhältnifs zum
Sonnenwesen dies ihm einfach den Stempel des schwächeren
Wesens aufdrückte, zumal gewisse Constellationen ihn geradezu
dann auch sogar zu Zeiten als krank oder alternd gelten
liefsen. In allem Uebrigen gleicht er dem himmlischen Zwillingsbruder, nur zieht er und steht ihm überhaupt nach;
wie das Erstere besonders prägnant in dem oben erwähnten
deutschen Märchen von den beiden Brüdern hervortrat, welches
sich so bezeichnend dem von den beiden Goldkindern anschlofs
und uns den schwächeren Mondbruder zeigt, der dem Sonnenbruder nachzieht und diesen aus seiner (winterlichen)
Verzauberung errettet. Eine derartige Anschauung vom Monde,
auf die ich hinziele, reproducirt Schleiden in seinen Studien.
Leipzig. 1855. p. 285, wenn er den Mond einen trägen Tänzer
nennt, vor Allem aber nennt ihn Theophrastos geradezu ἥλιός
τις ἀσϑενής, d. h. mythologisch ausgedrückt, „den schwächeren Zwillingsbruder des Sol[1]).

In einer derartigen Grundanschauung hätten wir dann auch
wahrscheinlich, wie ich schon oben p. 105 f. ausgesprochen, den
Ursprung von dem himmlischen Lahmfufs zu suchen, welcher
so charakteristisch in der Mythologie auftritt, und der in dem
dem Blitz nachhinkenden Donner dann eine weitere Anlehnung und gleichsam Ausführung gefunden hätte; gerade wie der
griechische Οὐρανός ἀστερόεις einmal auf die Nacht, dann
auf die den Himmel in Nacht hüllende Gewitterwolke geht[2]).
Denn wenn zunächst z. B. das Gewitter als ein Streit der
beiden himmlischen Wesen angesehen wurde, war es natürlich, dafs die blitzende Sonne wie auch anderweitig mit
dem dahineilenden, leuchtenden Blitz in Verbindung ge-

---

[1]) Theophr. de ventis § 17. p. 764 ποιεῖ δὲ καὶ ἡ Σελήνη ταὐτὰ, οἷον
γὰρ ἀσϑενὴς ἥλιός ἐστιν.
[2]) Ueber den hinkenden Donner s. Urspr. p. 146. 177. 224, über Uranos ebendas. p. 132 und Grohmann, Apollo Smintheus. p. 37.

bracht wurde, der auch sonst ihr nachhinkende Mond hingegen auch im nachhinkenden Donner seiner ursprünglichen
Natur gemäfs sich zu bekunden schien. Zu derartigen Anschauungen würde nun passen, dafs, wie der Mond einestheils
bei den Botocuden, wie schon p. 150 erwähnt wurde, als der
böse Gewittergott erschien, der nämlich der Sonne nach-
stellt, so auch die Bewohner von Peru an den Uchuclluchaqui
oder Lahmfufs als ein böses, in nächtlichem Dunkel hausendes Gespenst glauben, dem sie einen halb koboldartigen, halb
teuflischen Charakter beilegen, indem er namentlich stets, wenn
er Böses ausgeführt, unter teuflischem Lachen verschwindet[1]), eine Vorstellung, die ich auch schon im Urspr. p. 109 f.
am Donner, als einer höhnischen Lache, entwickelt habe. Vor
Allem aber würde, wie gesagt, zu den entwickelten Glaubenssätzen
stimmen, wenn andere Betrachtungen uns oben p. 105 auf den
Mond als himmlischen Schmied nach indogermanischem
Glauben führten, und dieser dann immer wieder $\varkappa\alpha\tau'$ $\dot{\epsilon}\xi o\chi\grave{\eta}\nu$ als
himmlischer Lahmfufs gilt, der dann anderseits in den Er-
scheinungen des Gewitters auch in das hinkende Donner-
wesen übergeht, und nun freilich wieder sich diesen Naturkreisen gemäfs entwickelt. So möchte ich es auf die oben auch
für griechische Urzeit behauptete Vorstellung einer Verfolgung
der Sonne durch einen männlichen Mond und (ver-
suchter) Ueberwältigung derselben im Gewitter speciell beziehen, wenn der lahme Schmied Hephäst nicht blofs
der Sonnenfrau Aphrodite Gemahl ist, sondern auch die Athene
wie Thetis, die gleichfalls in dieser, wie auch in mancher anderen Hinsicht himmlische Sonnenwesen sind, im Gewitter
verfolgt[2]). Wenn in diesen Mythen der Blitz je nach seiner
verschiedenen Erscheinung in den verschiedensten Elementen
sich dann der betreffenden Scenerie anschlofs, ist sofort als
eine weitere Entwickelungsstufe erklärt, wenn in demselben
speciell dann auch die Lähmung des im Gewitter zu bekämpfenden Wesens vorzugehen schien, wie ich es im Urspr. p. 138
entwickelt habe, und an diese Vorstellung konnten sich dann in

---

[1]) Klemm, Kulturgeschichte der Menschheit. Leipzig 1843. I. p. 276 f.
[2]) S. Urspr., besonders p. 88 und 142.

bestimmter Selbstständigkeit wiederum mit Beseitigung der Beziehung auf den Mond ähnliche mythische Bilder reihen, welche
dieselben Anschauungen an den Donner, den Sturm oder
auch die Sonne, als besondere Persönlichkeiten, knüpften. Je
reicher sich die letzteren Ansichten in griechischer und deutscher Mythologie mit entwickelterer Naturbetrachtung, wie ich
im Ursp. der Myth. nachgewiesen, ausgebildet haben, in den
Zeus- und Apollo-Mythen uns entschieden z. B. der sommerliche Sonnen- und Gewittergott in den herbstlichen Unwettern
gelähmt und erst im Frühjahr wieder zu alter Kraft erwachend
erscheint, desto mehr möchte ich die erste Vorstellung überhaupt eines gerade am Fuſs verletzten oder gelähmten
Himmelswesens auf den der Sonne nachhinkenden oder überhaupt langsamer fortkommenden Mond beziehen. Zeigt
uns doch auch anderseitig die ganze Entwickelung der den
mannigfachen Naturanschauungen zu Grunde liegenden Naturbetrachtung überhaupt, daſs ursprünglich der Mond weit mehr
als Nacht- und Wettergott in dem Vordergrund gestanden, während er später das Feld den die Gewittermächte bekämpfenden
Sonnen- und Sturmeswesen, in selbstständiger Personification
gefaſst, räumte; wo dann die einmal entwickelten oder sich
analog den alten entwickelnden Glaubenssätze sich auch an
diese schlossen.

Zu einer der Zwillingsnatur analogen, aber noch roheren
und alterthümlicheren Anschauung von Sonne und Mond leitet
uns aber die Vorstellung, welche Plutarch de Iside c. 51 von
den Aegyptern berichtet. Am letzten Tage des Monats Epiphi
feiern sie, sagt er, die Geburt der Horos Augen (ὀφθαλμῶν
Ὥρου γενέθλιον), wenn Sonne und Mond in gerader Linie erscheinen, denn sie halten nicht allein den Mond, sondern
auch die Sonne für des Horos Auge und Licht (ὅτε σελήνη καὶ ἥλιος ἐπὶ μιᾶς εὐθείας γεγόνασιν, ὡς οὐ μόνον τὴν
σελήνην ἀλλὰ καὶ τὸν ἥλιον ὄμμα καὶ φῶς ἡγούμενοι).
Dies führt auf eine ganz rohe Vorstellung von Sonne und Mond
als den beiden Augen ein und desselben riesenhaft gedachten himmlischen Wesens, eine Vorstellung, welche sich
bei den Aegyptern also noch in einer gewissen Einschränkung,
an eine bestimmte Constellation der beiden Himmelskörper sich

anknüpfend, mit einem gewissen Schein der Möglichkeit erhalten hat, von deren allgemeinerer Geltung aber auch bei anderen Völkern sich Spuren finden, nur mit der Modification, daſs, statt der Vorstellung zweier himmlischer Augen mit den oben entwickelten parallelen Anschauungen, die zweier himmlischer Antlitze hervortritt. Die Vorstellung übrigens wird im gewissen Sinne schon vermittelt durch die oben p. 145 entwickelte vom Himmelsriesen Argos mit den (Sternen-) Augen am ganzen Leibe, die ebenso colossal und grotesk wie jene ist. Es ist aber zunächst der römische Janus mit dem Doppelantlitz, an den ich dabei denke, welcher sich als ein alter Himmelsgott, aus diesem und ähnlichen Symptomen zusammengesetzt, ergiebt, wie ich ihn in der Kürze dann zusammenstellen werde. Zu ihm dürfte sich dann auf griechischem Gebiete der Zwillingsapollo Διδυμαιος und in erweiterter Vorstellung der Zeus τρισοφθαλ-μός stellen, vor Allem aber auch, bei Annahme verschiedenen Geschlechts beider Himmelskörper, sich an diese Vorstellung die im Alterthum weit verzweigte eines himmlischen Mann-weibes, d. h. der ganze androgyne Charakter himmlischer Wesen, zunächst angeschlossen haben. Eine Beziehung des Janus und Apollo Διδυμαιος zu Sonne und Mond fand schon, wenn auch abstracter natürlich, Macrobius, Saturn. I. c. 17, wenn er von der Sonne sagt: Ἀπόλλωνα διδυμαιον vocant, quod geminam speciem sui numinis praefert, ipse illuminando formandoque lunam. Etenim ex uno fonte lucis gemino sidere spatia diei et noctis illustrat. Unde et Romani solem sub nomine et specie Jani, Didymaei Apollinis appellatione venerantur. Ausführlicher ist auf diese Idee Böttiger, Kunstmyth. I. p. 21 eingegangen; er sagt: „Das uralte Symbol von der Sonne und dem Monde ist das zusammengewachsene Doppelgesicht, das wir den Januskopf nennen. Er findet sich in seiner wahren Gestalt, ein bärtiger Kopf die Sonne, ein unbärtiger die Luna, auf alten griechischen Münzen und etrurischen. Mit dem verbesserten Kalender führte dies Symbol, womit das Jahr begann, Numa in Rom ein; er war Djanus, kürzer Janus, der Sonnengott, und Diana (der Name ist geblieben), die Mondgöttin, auch Jana (s. Schneider zu Varro de r. r. I. 37. p. 337), und zwar Jana novella (ἕνη καὶ νέα) des

Varro in einem anderen Fragment desselben (s. Vofs, de Idolatr. II. 25. p. 426)." Demgemäfs führt Böttiger dann auch p. 247 ff. den Janus als das personificirte Jahr aus. Die Uebereinstimmung und die Verschiedenheit meiner Ansicht von der angeführten springt in die Augen. Nicht aus der Beziehung des Mondes als Zwillingsgestirn der Sonne, weil er von ihr sein Licht empfängt, nicht aus symbolischer Darstellung des Sonnen- und Mondlaufs in einem Bilde ist stufenweise, wie Böttiger meint, der Janus mit seinem Doppelantlitz hervorgegangen, sondern aus der rohen Anschauung des Himmelsgottes mit dem nach verschiedenen Seiten gerichteten Sonnen- und Mondantlitze ist die Gestalt erwachsen, an welche sich hernach die calendarische Symbolik des Jahres angeschlossen hat. Ebenso dürfte, wie vorhin schon angedeutet, das alterthümliche Bild des Zeus mit dreien Augen auf den Himmelsgott mit dem Sonnen-, Mond- und Blitzauge zurückzuführen sein, auf welche letztere Anschauung ich schon im Urspr. p. 267 ff. und im Volksgl. p. 49 hingedeutet habe, und von der auch noch beim Blitz des Besonderen die Rede sein mufs.

Wenn aber der Apollo *Διδυμαῖος* uns das himmlische Zwillingswesen dann mit Regenbogen und Blitzpfeil ausgestattet oder im Donner prophetisch redend erscheinen läfst; wie ich dies im Urspr. der Myth. entwickelt habe, so zeigen uns die übrigen mythischen Elemente, welche sich an den Janus schliefsen, um diese also kurz anzureihen, den Himmelsgott in anderer Weise gefafst. Als Sonnen- und Mondwesen erscheint er in einer sich öfter reproducirenden Anschauung als der himmlische Wächter, welcher stets dort oben die Runde macht. So fafsten die Griechen den *Ἥλιος* mit seinem allsehenden Auge als den
σκοπὸς ἀνδρῶν τε ϑεῶν τε, so heifst es in der Edda (bei Simrock. 1851. p. 22):

> Sonne und Mond halten täglich
> Am Himmel die Runde
> Und bezeichnen die Zeiten des Jahrs;

gerade wie Rückert in dem Gedicht „Mutter Sonne" diese zur Erde sagen läfst:

> Dann stellst du in der Nacht
> Den Mond auf seine Wacht,
> Den du dir hast geboren,
> Zum Wächter auserkoren.

So ist der himmlische Sonnen- und Mondgott Janus der himmlische janitor, welchen Ovid, Fast. I. v. 139 sqq. von sich sagen läfst:

> Sic ego prospicio coelestis janitor aulae
>   Eoas partes Hesperiasque simul. —
>   Ancipiti mirandus imagine. (cf. v. 95.)

Als solcher öffnet er, wie die Horen bei Homer, die Thore des Himmels, wenn im Blitz sich der Himmel zu öffnen scheint, im Anschlufs an die Vorstellung, dafs der eigentliche Himmel jenseits der Wolkenregionen lag (s. Urspr. p. 148). Wenn er dann in seiner Person sich gleichsam mit dem oben p. 25 ff. besprochenen, aus dem oberen Himmel ausgestofsenen Sonnenwesen berührt, und beide Vorstellungen sich gegenseitig stützen, so wird anderseits, indem er in das Gewitter übergeht, der Blitz, als janua gefafst, sein Zeichen, und zwar zwei oben und unten durch Querbalken verbundene Pfosten, in vollständiger Parallele zu dem ähnlichen der Zwillingsbrüder der Dioskuren bei den Griechen, bei denen nur die Bedeutung zur himmlischen janua und Thürhüterschaft fehlt, es gleichsam natürliches Emblem geblieben ist, höchstens an ihre Zwillingschaft erinnert. So führt Janus denn auch den Schlüssel zum Himmel, d. h. zu demjenigen Himmelsraume, an dessen Oeffnung sich Blitz und Donner knüpfen, gerade wie es von der Athene bei den Griechen (Aesch. Eum. v. 791 sqq.) heifst:

> καὶ κλῇδας οἶδα δωμάτων μόνη θεῶν,
>   ἐν ᾧ κεραυνός ἐστιν ἐσφραγισμένος,

ebenso wie die Wolkenfrau der deutschen Sage mit dem Schlüsselbund im Gewitter umgehend gedacht wird, wobei das Donnerrasseln auch seine Anknüpfung geboten haben dürfte, wie es anderseits mit seinem Krachen auf die zuschlagende Wolkenthür deutet. Diese Anschauungen haben ja bewirkt, dafs umgekehrt Petrus, weil er den Schlüssel im christlichen Himmel führen sollte, zu einer Art von Gewittergott geworden ist, z. B.

im Donner seine Kegelkugeln rollen und dergl. mehr[1]). Es beruhen alle diese Vorstellungen eben zunächst auf der Ansicht, daſs im Blitz die Wolken, der Himmel erschlossen werde, und die übrigen daran sich schlieſsenden Erscheinungen haben sich dann als besondere mythologische Elemente daran gereiht. Anklingend an ein derartiges Bild sagt auch Trinius (bei Grube. p. 179):

> Doch sieh! es bricht aus Südgewölk hervor,
> Des Himmels Pförtner naht mit Sturmes Rossen,
> Und krachend aufgethan das heil'ge Thor,
> Strömt Segen aus, vom goldnen Blitz erschlossen.

Ebenso führt Janus dann auch mit anderer Anschauung des Blitzes einen Stab, wie Ovid, Fast. v. 99 von ihm sagt:

> Ille tenens dextra baculum clavemque sinistra.

Wie bei den Dichtern die mannigfachsten Anschauungen neben einander laufen, so auch in jener Zeit der Mythenbildung, wo die Auffassung ebenso unbestimmt als mannigfach war.

Um aber den Janusmythos in der Hauptsache im gewissen Sinne zu erschöpfen, erinnere ich einmal daran, daſs die Sage von seiner Fesselung aus ähnlichem himmlischem Naturkreise schon oben beim himmlischen Trank erledigt wurde, dann aber, daſs auch das letzte, dann übrig bleibende, bedeutsame Element so seine Erklärung findet. Wie nämlich die meisten irdischen Ceremonien, wie ich im Urspr. so vielfach ausgeführt habe, Nachahmungen der analogen himmlischen Vorgänge waren, erklärt es sich nun auch, daſs, wenn sein Tempel, d. h. sein Haus, geöffnet, „Krieg," wenn er geschlossen, „Friede" war, da ja eben, wenn im Blitz der Himmel, die himmlische Thür, sich geöffnet, der Weltkrieg dort oben zu beginnen, wenn sie geschlossen, Friede zu sein schien. Und daſs diese Deutung richtig, zeigen anderseits zur Bestätigung auch meiner ganzen Auffassung seiner janua und seiner Hüterschaft alle die Gebräuche, welche sich an die Eröffnung eines Krieges bei den Römern schlossen und uns in ihrer Form die Nachahmung des

---

[1]) Ueber die weiſse Frau im Allgemeinen s. Kuhn's Abh. in Wolf's (Mannhardt's) Zeitschr. für deutsche Myth. 1855. III. Bd. vergl. im Betreff des Einzelnen in diesem Buche oben p. 76 und Urspr. d. Myth. und Heutigen Volksgl. im Register. Ebendas. über Petrus als Gewittergott.

sich entwickelnden himmlischen Kampfes als die rechte Heili-
gung auch des irdischen nachweisen. Denn ebenso sicher geht
die mit Eisen beschlagene oder blutige, an der Spitze aber
versengte Lanze oder Fackel, mit deren Schleudern in's
feindliche Land der Krieg erst rite begann, auf die blutigrothe oder feurige Blitzeslanze oder Fackel, welche beim
beginnenden Unwetter am Himmel dahinzufliegen schien, als
der ganze Ritus eines Eidschwurs, den die Fetiales mit dem
Jupiter lapis in der Hand leiteten, eine Nachahmung des durch
den Donnerkeil dort oben geschlichteten Streits sein sollte,
bei dem auch eben Eid und Meineid eine Rolle zu spielen
schien, wie die hesiodeische Stelle von der zur Abhaltung des
Eidschwurs herbeigeholten Styx zeigt, die ich schon im Urspr.
p. 145. 200. cf. 70 f. auf die Gewitterscenerie bezogen habe.
Wie man selber Blitz und Donner auf sich herab zu fluchen
wähnte, wenn man falsch schwüre, glaubte man anderseits, dafs
Blitz und Donner eben, wenn sie einträten, dort oben auch
zur Erledigung ähnlichen Streits oder eventuell Bestrafung des
Meineids mit seinen Folgen von Lähmung im Blitz und
Ausstofsung aus dem oberen Himmel in Blitz und
Donner einträten, und in dieser Wechselbeziehung des Irdischen
und Himmlischen entwickelte sich die Vorstellung mit den daran
sich knüpfenden Gebräuchen[1]).

Nachdem wir nun das eheliche, geschwisterliche, zwillings-
artige, ja einheitliche Verhältnifs von Sonne und Mond im Allgemeinen verfolgt, wollen wir näher auf gewisse charakteristische Momente derselben, und wie sich der ganze anthropomorphische Charakter dann weiter entwickelt hat, eingehen.
Reich und mannigfach erscheint in dieser Hinsicht besonders der
der Sonne je nach den verschiedenen Tages- und Jahreszeiten
und den sich dann so mannigfach mit denselben verknüpfenden
Himmelserscheinungen, wie es ja auch natürlich war, nachdem
man einmal die Vorstellung von den Sonnen, als bestimmter

---

[1]) Ueber die Kriegserklärung der Fetiales und den Eid der Fetiales
s. Preller, Röm. Myth. p. 218 ff., über den Eid der Götter bei Hesiod und
die Folgen eines daran sich knüpfenden Meineids s. Urspr. p. 145 ff.

`Wesen, nach jenen Beziehungen auszubilden angefangen, während der Mond wegen seines scheinbar gleichmäfsigeren Charakters mehr in den Hintergrund trat, zumal, je selbstständiger sich die Vorstellung von den Sonnen-, Sturmes- und Gewitterwesen entwickelte, er desto mehr gleichsam auch in der Mythenbildung zurückblieb, indem die Vorstellungen der in der Gewitternacht auftretenden Wesen sich von ihm als Nachtgott κατ' ἐξοχήν loslösten und eben mannigfache, selbstständige Gestaltungen annahmen. So ist es gekommen, dafs, je mehr er an calendarischer Bedeutung gleichsam als Wetterregulator in Folge von allerhand anderen Beobachtungen wuchs, er an poetisch-mythologischer Gestaltungsfähigkeit abnahm. Diese Dürftigkeit der an den Mond sich knüpfenden Vorstellungen tritt auch noch in einer gewissen Einförmigkeit der dichterischen Anschauungen hervor.

Wir fangen mit den Anschauungen an, welche sich im Deutschen an die Vorstellung der Sonne als eines weiblichen Wesens anknüpfen. Da zeigt uns zunächst ein altes Kinderräthsel eine höchst eigenthümliche Vorstellung. Es ist das schon oben erwähnte, über Deutschland verbreitete, aber auch in Schweden bekannte Räthsel vom Schnee und der Sonne, dessen alterthümlichen Charakter, wie das älteste Zeugnifs auch schon vor das IX. Jahrhundert fällt, Müllenhoff in Mannhardt's Zeitschrift f. D. M. III. p. 19 nachgewiesen hat. Es heifst etwa:

> Es flog ein Vogel federlos,
> Auf einen Baum blattlos;
> Da kam die Jungfer Mundelos
> Und afs den Vogel federlos
> Von dem Baume blattlos.

Aus Mone's Anzeiger führt Müllenhoff eine aus einer Reichenauer Hs. herstammende Version aus dem Anfange des X. Jahrhunderts an, welche in etwas erweiterter Form heifst:

> Volavit volucer sine plumis,
> Sedit in arbore sine foliis,
> Venit homo absque manibus,
> Conscendit illam sine pedibus,
> Assavit illum sine igne,
> Comedit illum sine ore.

Die Sonne wird hier eine Jungfer Mundelos genannt, eine höchst eigenthümliche Vorstellung, welche uns zeigen kann, was Alles die in diesem Sinne kindliche Vorzeit für Anschauungen entwickelt haben mag, welche einer späteren Zeit ganz fern liegen, obwohl anderseits andere Bilder, welche ich hernach aus modernen Dichtern beibringen werde, auch schon in der gläubigen, mythenschaffenden Zeit ihre Analogien finden. An jene Jungfer Mundelos wird man aber durch ein deutsches Märchen noch besonders erinnert, in welchem ein Mädchen stumm in einem Walde auf einem Baume (d. h. dem Wolkenbaume) sitzen und spinnen mufs, bis ihr Erlöser kommt. Wenn dies schon an die Jungfer Mundelos erinnert, zumal das Spinnen der Sonne ein ganz gewöhnliches Bild ist, und dies Mädchen sich also, wenn auch in anderer Scenerie, doch der Sache nach zu dem Dornröschen, der Brunhild oder der griechischen Sonnenjungfrau Persephone stellt, von der oben p. 71 geredet worden ist, dafs sie auch in einer Grotte webend gedacht wurde: so wird diese Deutung noch wahrscheinlicher dadurch, dafs, wie auch schon oben p. 181 angedeutet, in einem anderen Märchen die Scenerie noch prägnanter hervortritt. Dasselbe hat, wie so manche Sage, eine christliche Einkleidung bekommen, birgt aber nichts desto weniger alt heidnische Elemente in sich. Die Jungfrau Maria, heifst es, nahm ein Mädchen mit sich hinauf in den Himmel, es afs und trank dort, seine Kleider waren von Gold und auch seine Finger wurden golden, als es mit denselben ein klein wenig an den Glanz der heiligen Dreieinigkeit rührte. Zur Strafe dafür und für sein Läugnen mufs es auf die Erde zurück, und erst durch Leiden geläutert wird es eines gröfseren Glückes wieder theilhaftig. Stumm in einem Walde sitzend wird es von einem Königssohn gefunden, wie es von seinem goldenen Haar bis zu den Fufszehen bedeckt ist, er vermählt sich mit ihm u. s. w. (s. Wolf, Beitr. z. D. M. II. p. 13). Da haben wir doch deutlich in dem von seinem Goldhaar bedeckten, stummen Goldkind die Sonne als die goldene Jungfer Mundelos von den Sonnenstrahlen umgeben. Sie ist wegen eines Fehlers ausgestofsen aus dem oberen Himmel, wie jene oben p. 26 ff. erwähnte goldhaarige Maid des schwedischen Liedes, die auch erst eine

Bahn der Prüfungen durchmachen muſs, ehe sie wieder aufgenommen wird in den oberen Himmel, in vollständiger Parallele zu dem griechischen Glauben, von dem Hesiod berichtet,
welcher dasselbe Bild entwickelt und erst nach vielen Kämpfen
den eines Meineids halber aus dem Himmel ausgesto-
ſsenen Gott in den Himmel zurückkehren läſst (s. Urspr.
p. 145 ff.). Die Form dieser Anschauung steht auch nicht allein
da, ich habe im Heutigen Volksgl. p. 99 f. darauf schon bezogen
die Sagen von der Jungfrau, die zum ewigen Leben verwünscht sei und so in einer Kirche hange und nur zu Johannis
oder am ersten Tage des Jahres mit einer Oblate gespeist
werde, wobei sich das ewig-Leben ganz in Parallele zu dem
ewig-Jagen des wilden Jägers stellt[1]).

Weiter entlehnt nun die Sonne, als weibliches Wesen gedacht, ihren Charakter meist von der Reinheit und dem
Glanze ihres Scheines und gilt so, indem dies ethisch gefaſst
wird, als die keusche Jungfrau, als geschmückte Braut,
Letzteres namentlich in Bezug auf ihren so wie der Natur Früh-
lingsschmuck, dann aber auch den übrigen Himmelslichtern
gegenüber als Königin oder sorgliche Mutter, obwohl in
letzterer Hinsicht auch ihr Einfluſs auf das All und die Natur
als ein Hauptmoment mitgewirkt haben möchte, wie denn auch
speciell die Morgensonne zu den Morgenwinden in die
Beziehung einer Mutter oder Herrin tritt.

Als keusche Jungfrau erscheint sie zunächst bei Schiller
in der Jungfrau von Orleans, IV. Aufz. IV. Auftr., wo er diese
sagen läſst:

> Darf ich's der keuschen Sonne nennen,
> Und mich vernichtet nicht die Schaam?

Ueberwiegend jedoch knüpfen deutsche Dichter jetzt diese Vorstellung an den Mond als „Luna," wovon weiter unten die Rede
sein wird; sie bringen die Sonne namentlich nicht mehr in un-

---

[1]) Die Oblate erscheint auch sonst als Geisterspeise. So wurde mir
aus Fürstenberg in Mecklenburg berichtet: „Eine Frau in Fürstenberg hieſs
die Kobold-Elsner, die sollte auch einen Kobold gehabt haben. Sie hat
ihn aber nicht halten können. Denn ein Kobold will drei Oblaten haben;
wie sie aber zum dritten Male zum Abendmahl gegangen, da hat der Pre-
diger es gemerkt und sie fortgewiesen u. s. w.

mittelbare Beziehung zum Unwetter, in welchem, wie so viele griechische und deutsche Mythen von Athene z. B. und den Valkyrien, wie Brunhild zeigen, das Alterthum Kämpfe der Sonne um ihre Reinheit und Keuschheit, d. h. ihr Unvermähltsein, erblickte, und anderseits erscheint das Silberlicht Luna's gleichsam noch zarter und deſshalb gleichsam keuscher. Aber in anderen Bildern bieten sich noch reiche mythologische Anklänge und Parallelen. So tritt, wie wir oben p. 164 von der Hochzeit von Sonne und Mond zur Frühlingszeit geredet haben, in J. P. Hebels Sommerlied (bei Grube. p. 90) die Sonne in ihrer sommerlichen Pracht als Braut auf:

> Grüne Saaten!
> Aus dem zarten Blatt enthüllt sich
> Halm und Aehre, schwanket schön,
> Wenn die milden Lüfte wehn,
> Und das Körnlein wächst und füllt sich.
>
> An dem Himmel
> Strahlt die Sonne in ihrem Brautgeschmeide u. s. w.

So sagt auch L. v. Stolberg (bei Grube. p. 8) in seiner Hymne an die Sonne:

> Sonne, dir jauchzet bei deinem Erwachen der Erdkreis entgegen,
> — — — — — — — — — — — — — —
> Segnend strahlst du herauf und bräutlich kränzet die Erde
> Dir die flammenden Schläfe mit thauendem Purpur-
> gewölke.
> Alles freuet sich dein! in schimmernde Feiergewande
> Kleidest du den Himmel, die Erd' und die Fluthen des Meeres.

Die ganze Natur schmückt sich gleichsam, die Himmelsbraut zu empfangen, welche im strahlenden Gewande erscheint und aus der Morgenröthe Zelt tritt:

> Die Sonn' im strahlenden Gewande
> Trat aus der Morgenröthe Zelt.
>
> (F. Krummacher bei Grube. p. 6.)

Der bräutliche Charakter wird aufgegeben, und nur der Glanz der Sonne von Rückert gefeiert im „Waldhimmel," wenn es heiſst:

> Wieder auf der goldenen Au
> Geht im Glanz die Sonnenfrau.

Als Jungfrau aber wie als Frau können wir sie uns mit Hineinziehung der Sonnenstrahlen in das Bild als Haare, wie wir oben in Tegnèrs Liede an die Sonne gesehen, als vor Allem mit goldenem Haar geschmückt denken. So wandelt sie nun:

> Schon viel tausend Jahr'
> Kamst du wieder den Pfad,
> Nicht die Ewigkeit hat
> Dein goldgelbes Haar
> Gebleicht.

Wenn die Sonne aufgeht und die lichten Streifen sich über Himmel und Erde verbreiten, dann lacht sie, El lava se rie (lacht) sagt der Spanier (Grimm, M. p. 708), und auf die Natur selbst übertragen, heifst es bei Quintus Smyrn. VI. init:

> Ἠὼς δ' Ὠκεανοῖο ῥόον καὶ λέκτρα λιποῦσα
> Τιθωνοῦ προςέβη μέγαν οὐρανὸν, ἀμφὶ δὲ πάντη
> κίδνατο παμφανόωσα· γέλασσε δὲ γαῖα καὶ αἰθήρ·

Ein Gedicht bei Grube (p. 59) sagt ganz analog der spanischen Vorstellung:

> »Das Lächeln, das sie (die Morgenröthe) hold umschwebt,
> Hat Gott aus Himmelslicht gewebt.«

Anderseits läfst der Glanz der Sonne sie, wenn sie hoch am Himmel steht, wie auf einem Throne erscheinen, von dem sie gnädig herniederblickt, was sich wieder mit der oben p. 142 entwickelten Vorstellung der Sonne selbst als einer Krone berührt:

> Die Sonne steigt vom Strahlenthron
> Hinab in's freie Meer.
> (Hohlfeldt bei Wander. p. 261.)

Demgemäfs erscheint sie als Königin. So sagt G. Aug. Bürger in einem Liede zu des Mondes Preis:

> Die Sonn' ist zwar die Königin der Erden. —
> Das sei hiermit höchst feierlich erklärt!
> Ich wäre ja, von ihr beglänzt zu werden,
> Verneint' ich dies, nicht eine Stunde werth [1]).

---

[1]) Analog sagen die neugriechischen Lieder ὁ ἥλιος ἐβασίλευε, ἐβασίλεψε, d. h. sie hat geherrscht, herrscht nicht mehr am Himmel, ist untergegangen, Grimm, M. p. 702.

Etwas Heldinnenartiges klingt noch immer an, wenn sie aus
den Wolken hervorbricht:

> Aus Nächten bricht
> Uns neues Licht;
> Aus Sturmgewölk hervor die heit're Sonne.
>
> (Trauschold bei Wander. p. 112.)

Den übrigen Sternen und der Erde gegenüber faſst Rückert in
dem Gedicht „Mutter Sonne" die Sonne als liebende Mutter:

> Die Mutter Sonne spricht
> Ihr Wort, ein Strahl von Licht,
> Zu ihrer Kindlein Haufen:
> Wohin seid ihr entlaufen?
>
> Wie risset ihr euch los
> Mit Hast von meinem Schooſs?
> Es kann in eurem Schweifen
> Mein Blick euch kaum ergreifen.

Eine Vereinigung beider Anschauungen, sowohl der einer gnädigen, hehren Frau, als der einer freundlichen Mutter,
hat Hebel in seinem Gedicht „Das Habermuſs" (Allem. Ged.
Aarau. 1827. p. 136), wo er die Sonne nach den Saaten herab-
blicken läſst:

> Sieder strehlt si d'Sunnen, und wenn sie gwäschen und
> gestrehlt isch;
> Chunnt sie mit der Strickete füre hinter de Berge,
> Wandlet ihre Weg hoch an der himmlische Land-Strofs,
> Streckt und lueget aben, as wie ne fründligi Muetter
> No de Chindlene luegt. Sie lächlet gegenem Chiimli
> Und es thut em wohl, bis tief in's Würzeli abe.
> „So ne tolli Frau und doch so güetig und fründli!"
> Aber was sie strickt? He, Gwülch us himmlische Düfte.

Welch' eine Fülle mythologischer Elemente enthalten nicht diese
wenigen dichterischen Stellen? Ich müſste alle früheren Capitel, ja
einen groſsen Theil des Ursprungs der Myth. recapituliren, wollte
ich auch nur das Bedeutendste notiren. Ich begnüge mich deſshalb
damit, nur Einzelnes hervorzuheben, indem der des mythologischen
Stoffes kundige Leser leicht sich eine Menge Analogien von
selbst hinzufügen wird. Dabei kann ich auch gleich auf die
griechische Mythologie übergreifen und die analogen Anschauungen

ohne Beziehung auf ein im bestimmten Geschlecht gedachtes Sonnenwesen behandeln, indem wir ja in der Eos einmal, wie schon
öfter erwähnt, einen weiblichen Helios haben, die sich mit anderen
zu ihr gehörigen mythologischen Wesen ganz zu unserer bräutlichen Morgensonne oder Morgenröthe und den entsprechenden
deutschen weiblichen Gottheiten stellt; und anderseits z. B. die
goldhaarige deutsche Sonnenjungfrau in überraschender Uebereinstimmung, wie wir sehen werden, mit dem goldhaarigen
Helios und dem ähnlich ausgestatteten Apollo und Simson darthut,
daß diese Naturanschauungen über die Fixirung von männlicher
oder weiblicher Persönlichkeit hinausgreifen. Wie die bräutliche Sonne am Himmel in ihrem Purpurgewande erscheint,
ganz analog der rosigen, purpurnen Eos oder der lutea
Aurora, ist die aus dem Schaum des Meeres geborene,
goldige Aphrodite, welche Vorstellung sowohl an das Wolkenmeer des Gewitterhimmels, als an das Lichtmeer des
Morgens sich anschliefst, wovon oben des Ausführlichern geredet ist[1]), in ganz natürlicher Ausbildung des bräutlichen
Charakters der Sonne die Göttin der Liebe geworden. Ebenso
wie das Morgengewölk mit den Rosen verglichen wird[2]), vom
Morgen oben p. 107 aus Körner eine Stelle citirt wurde, in der
es hiefs, er komme auf rosichtem Gefieder, oder Eos bei Homer
ῥοδοδάκτυλος, die rosenfingrige, heifst (s. Grimm, M. p. 710),
erscheint zunächst bei Griechen, Deutschen und Römern die Vorstellung himmlischer Wesen, bei deren Lächeln oder unter deren
Tritten Rosen spriefsen, ganz allgemein und auf die Morgensonne zu beziehen. J. Grimm kommt auch schon zu solcher
Vermuthung, wenn er sich M. p. 1054 f. folgendermafsen darüber ausläfst: „Nach einem neugriechischen Liede, wenn die
reizende Jungfrau lacht, fallen Rosen in ihre Schürze
(ὁποῦ γελᾷ καὶ πέφτουνε τὰ ῥόδα 'σ τὴν ποδιάν τῃς) Fauriel 2, 382.

---

[1]) S. namentlich die Beispiele deutscher Dichter p. 32, welche noch
immer die Sonne aus einem Lichtmeer des Morgens auftauchen lassen.

[2]) Wie man ganz gewöhnlich von Rosenwölkchen bei poetischer
Schilderung des Morgens liest, sagt Joh. Heinr. Vofs dann (bei Wander.
p. 91) vom Morgen:

Dein Wolkenkranz erblühet
Von Purpurlicht durchglühet.

In Heinrichs von Neuenstadt Apollonius von Tyrus, der um 1400 gedichtet wurde, heifst es p. 182: wâ sach man rosen lachen? und dann wird ein Märchen erzählt, in dem ein rôsenlachender Mann auftritt:

> „der lachet, daz ez vol rôsen was,
> perg und tal, laub und gras.“

ein niederl. Sprichwort (Tuinman I, 306) lautet: „als hy lacht, dan sneuwt het rozen.“ Dieser Mythos mufs sehr gangbar gewesen sein, da ich in Urkunden (z. B. Böhmers cod. Francof. I, 185) und noch heute den Eigennamen Rosenlacher, Rosen-lächler, Blumlacher öfter finde. Das nämliche Gedicht von Apollonius hat p. 2370:

> er kuste sie wol dreifsig stunt
> an iren rôsenlachenden munt;

andere hierher gehörige Stellen sind Aw. I, 74. 75 angezogen. Begabte Glückskinder haben das Vermögen Rosen zu lachen, wie Freyja Gold weinte; vermuthlich waren es ursprünglich heidnische Lichtwesen, die ihren Glanz am Himmel über die Erde verbreiteten, Rosen- und Sonnenkinder (Georg. 48. 49), lachende Morgenröthe (p. 708), rosenstreuende Eos (p. 710).“ So J. Grimm; ich füge für ähnliche römische Anschauungen eine Stelle des Persius hinzu (II. v. 37 sqq.), welche M. Haupt mit Recht auf römische Märchen bezieht, und wo u. A. auch die Vorstellung eines Glückskindes auftritt, unter dessen Füfsen Rosen spriefsen, eine Rolle, die Grofsmütterchen ihrem Enkel wünscht:

> Hunc optent generum rex et regina! puellae
> Hunc rapiant! quidquid calcaverit hic, rosa fiat.

Alle diese Vorstellungen aber rühren von dem Bilde der Mor-genröthe, der Sonnenjungfrau her:

> „Das Lächeln, das sie hold umschwebt,
> Hat Gott aus Himmelslicht gewebt;
> Die Rosen, die sie sich geschmückt,
> Hat sie im Paradies gepflückt;“

heifst es in einem Gedichte bei Grube. p. 59, das dieselben Mo-mente, nur ohne jene zauberhafte Wechselbeziehung des alten Glaubens zwischen dem Lächeln der Morgenröthe und den Wolkenblumen, noch deutlich neben einander stellt.

Aber dieser, als allgemeiner Glaubenssatz nachgewiesene Charakter eines lächelnden, von Blumen umgebenen, himmlischen Wesens tritt nun bei der goldigen Aphrodite in so prägnanter Weise hervor, dafs er entschieden auch bei ihr ursprünglich auf die am Morgenhimmel auftretende lachende und mit Wolkenblumen geschmückte Sonne zu beziehen ist. So ist sie vor Allem die φιλομμειδής Aphrodite, und wenn sie aus dem Meere aufsteigt, d. h. aus dem Lichtmeere des Morgenhimmels (s. oben p. 32), da spriefst es unter ihr gerade wie bei dem Glückskinde:

> ἐκ δ' ἔβη αἰδοίη καλὴ θεός, ἀμφὶ δὲ ποίη
> ποσσὶν ὕπο ῥαδινοῖσιν ἀέξετο· τὴν δ' Ἀφροδίτην
> ἀφρογενέα τε θεὰν καὶ ἐϋστέφανον Κυθέρειαν
> κικλήσκουσι θεοί τε καὶ ἀνέρες, — Hes. Th. v. 194 sqq.

Wenn die Kyprien sie überhaupt als die leibhafte Frühlingsgöttin und Blumenkönigin, wie Preller sich ausdrückt, schildern, so beziehe ich das zunächst nicht auf die irdischen Blumen, sondern auf den frischen, glänzenden Blumenwolkenschmuck, in welchem die Frühlingssonne zu prangen scheint. „Die Chariten und die Horen haben ihre Kleidung gewirkt und mit den Farben und dem Wohlgeruch der Frühlingsblumen durchdrungen, so dafs sie von lauter Krokos und Hyakinthos, Veilchen und Rosen, Narcissen und Lilien duftet," sagt Preller, Gr. Myth. I. p. 277. Das sind aber Alles Blumen, wie ich sie beim Raube der Persephone als himmlische Wolkenblumen im Ursp. p. 171 ff. nachgewiesen habe, die also einmal am Himmel im Gewittergarten erblühen, wenn Persephone entführt wird, namentlich aber dann als der Schmuck der Frühlingssonnengöttin Aphrodite erscheinen. Wenn in ihrem Mythos dies Moment an ihr selbst haftet, so tritt es in der dazu als Analogon passenden Persephone-Sage noch besonders an deren Genossinnen sich anschliefsend hervor, wenn nämlich die Frühlingshoren, die vervielfältigten Aphroditen gleichsam, auch solche Wolkenblumengöttinnen wie diese, bei ihrer jährlichen (im Frühling stattfindenden) Emporführung aus der Unterwelt ihr zur Seite stehen:

> Ὧραι, θυγατέρες Θέμιδος καὶ Ζηνὸς ἄνακτος,
> Εὐνομίη τε, Δίκη τε, καὶ Εἰρήνη πολύολβε,

εἰαριναὶ, λειμωνιάδες, πολυάνθεμοι, ἀγναί,
παντόχροοι, πολύοδμοι ἐν ἀνθομοειδέσι πνοιαῖς,
Ὧραι ἀειθαλέες, περικυκλάδες, ἡδυπρόσωποι·
πέπλους ἐννύμεναι δροσεροὺς ἀνθέων πολυθρέπτων,
* * Περσεφόνης συμπαίκτορες, εὖτέ ἑ Μοῖραι
καὶ Χάριτες κυκλίοισι χοροῖς πρὸς φάος ἀνάγωσιν.

Orph. h. 43.

Daſs alle Wolken bis zu den groſsen Gewitterwolken aber als
solche himmlische Blumen gefaſst wurden, zeigt einmal der
Himmel und Erde mit seinem betäubenden (schwülen) Dufte
erfüllende hundertdoldige Narcissos beim Raube der Persephone, dann u. A. solch ein Zug des Mythos, daſs die λυχνίς
mit ihren feuerrothen Blüthen speciell in dem Gewitterbade der Aphrodite nach der Buhlschaft mit dem Sturmesgott
Ares entstanden sein sollte (s. Urspr. p. 173), was auf den
röthlichen Blitz als Blüthe geht, wie er ja sonst auch die
Vorstellung eines Rankengewächses, des Weines z. B. oder
des Epheu, weckte, zu dem die Wolken sich dann als Blätter
stellten (s. oben beim Soma-Trank und Urspr. a. a. O.).

Um aber zu den Schilderungen der Sonnenfrau zurückzukehren, so führt nun, wie schon oben öfter erwähnt, Eos sowohl
als Hera das Beiwort χρυσόθρονος, ganz wie in dem vorhin
citirten Bilde von dem Strahlenthron der Sonne die Rede ist.
Wie unsere Sonnenfrau in dem Hebelschen Liede endlich das
Gewölk mit modernem Ausdruck strickt, wofür alterthümlicher
„das Spinnen und Weben“ wäre, heiſst Artemis z. B. χρυσηλάκατος, d. h. die Göttin mit goldener Spindel, indem dann die
Sonne dabei als die goldige Spindelscheibe, wie oben p. 12 f.
erwähnt wurde, gefaſst ist. Wie jene Hebelsche Sonnenfrau sich
im himmlischen Wolkennaſs wäscht, weiſs auch die Sage von
dem Bade also der Aphrodite oder der Artemis, von welcher
in das Gewitter übergehenden Scenerie ausführlich oben p. 75
und Urspr. p. 173 (vergl. 194 f.) geredet ist.

Ebenso klingen jene dichterischen Bilder von der Sonne
überall nun auch in deutscher Sage an. Wie die Sonne die aus
dem oberen Himmel verstoſsene, stumme Jungfrau Mundelos
war, die, in ihr goldenes Haar bis zu den Zehen gehüllt,
spinnend ihres Erlösers wartet, was seine Analogie in der im

Wolkenberge spinnenden Persephone hatte (s. oben p. 171), so ist sie auch die Jungfrau, die sich sehen läfst und ihr goldenes Haar kämmt, wovon so viele deutsche Sagen melden, aber auch dann die im Blitz und Donner mit ihren Schlüsseln rasselnde himmlische Schaffnerin mit der beim Janus für das Letztere entwickelten Anschauung. So weilt sie bei dem Kaiser der deutschen Sage, dem kriegerisch gedachten Sonnen- oder Gewittergott, dann im Wolkenberge, wovon Pröhle in seinen deutschen Sagen. Berlin 1863. p. 268 einen höchst charakteristischen, neuen Zug beigebracht hat. Wie nämlich der im Winter meist schlummernde Sonnengott mal mit dem Sonnenauge wohl blinzelt (s. Heutigen Volksgl. p. 103), kommen auch, als der Berg sich einmal öffnet, ein Paar ihrer goldenen Haare zum Vorschein[1]). Zu ihr stellt sich in Parallele die vom Gewitter- als Unterweltsgott mit seinen Donnerrossen entführte κόρη, bei welcher dann der Gegensatz von Winter und Sommer vollständig schon fast calendarisch mit in den Mythos aufgenommen ist (s. Urspr. p. 171 ff.). Wie diese eben dadurch zu einer hehren, furchtbaren Göttin geworden, zu der entsetzlichen Gewittergöttin selbst, so zeigen unsere Frau Holden, Berchthen u. s. w. neben ihrem gnädigen denselben furchtbaren Charakter, es sind die in das Gewitter übergehenden und dann hexenartig werdenden Sonnenfrauen. So berührt sich auch die Sonne als himmlische Schaffnerin dann mit der weifsen Frau, welche umgeht und die, wenn sie sich sehen läfst, Tod verkündet, d. h. todbringend wird. Auf dieses Moment, „dafs sie sich sehen läfst," ist nach dem bei den Mahrtensagen und nach dem im Heutigen Volksglauben[2]) von mir

---

[1]) Als das Mädchen, heifst es, um Wein vom Kaiser Rothbart zu holen, nach dem Kyffhäuser kam, „da trat ihr das Fräulein entgegen, trug einen Schleier und hatte lange, lange rothe Haare, welche noch weit über ihre Schultern herunterhingen." Und „indem sie die Thür wieder verschlofs, blieben zwei von den langen, rothen Haaren des Fräuleins daran hängen, die steckte das einfältige Mädchen als ein Wunder zu sich und ging heim. Sie hatten sich aber in der Tasche des Mädchens zu kostbaren, langen Ringen zusammengelegt und waren die herrlichsten Goldfäden daraus geworden."

[2]) Vergl. namentlich oben p. 76 und die im Heutigen Volksgl. p. 107 mitgetheilte charakteristische Sage.

Beigebrachten der Hauptnachdruck zu legen. Im leuchtenden, den ganzen Himmel erhellenden Blitz wird sie für einen Moment sichtbar, wie der Engel des Herrn nach israelitischem Glauben demjenigen, der ihn gesehen, den Tod bringt[1]). In besonderer Entwickelung des furchtbaren Charakters ist es dann die Gewitteralte, wie überhaupt neben der grauen Gewitterwolke das Grollende, Zänkische, das man dem Donner beilegte, das betreffende Wesen gewöhnlich als das alte erscheinen ließ, und die liebliche Frühlingssonne ist dann ihre Tochter. Dieses Einrücken in das Gewitter hat überhaupt den Gegensatz des Alten und des Jungen auch an die Sonnenwesen geknüpft, für den dann der Gegensatz von Winter und Sommer eine weitere Anlehnung bot. Ein solcher Gegensatz des Bösen und des Freundlichen in den Sonnenwesen tritt auch bei den Griechen in der Familie des Helios hervor. Er hat einmal liebliche Töchter, welche seine Wolkenheerden weiden, Phaethusa und Lampetia, in ihrer Zweiheit an den oben besprochenen Dualismus der Lichtgötter erinnernd[2]), dann aber auch

---

[1]) In besonders ausgebildeter Persönlichkeit und von noch verderblicherem Charakter steht neben dieser Tod verkündenden oder bringenden Gewitterfrau die deutsche Hel, die, auf dreibeinigem Pferde umgehend, Pest und Seuche bringt (s. Urspr. p. 226 f.). Wenn das dreibeinige Pferd auf das Donnerroß mit den Blitzspuren weist, also auf dasselbe Naturelement nur in anderer Fassung, berührt die Hel sich in anderer Weise auch wieder mit den analogen Gestalten, dem Tod und Seuche sendenden Blitzgott Apollo, wie ich ihn Urspr. p. 107 ff. gefaßt, und dem ebenso wirkenden Engel des Herrn des jüdischen Glaubens. Wie man bei eintretender Seuche sagt: „Die Hell ist bei den Hunden" (Grimm, M. p. 804), und das Heulen der Hunde bei nächtlicher Weile dann als ein Anzeichen der nahenden Seuche nimmt, giebt jüdischer Glaube ebendasselbe von dem umgehenden Würgengel an, auch ihn kündet das Heulen der Hunde an (Eisenmenger. L p. 872), während umgekehrt der seuchebringende Apollo zuerst neben den Mauleseln die Hunde tödtet. Es sind, wie ich es schon im Urspr. a. a. O. angedeutet, ursprünglich die Sturmeshunde, die mit den Gewitterwesen auftreten oder von ihm getödtet werden. Auf eine derartige Parallele der Hel und und des Apollo deutet auch Kuhn in den Westph. Sagen. II. p. 9 hin.

[2]) Wenn man bei der Phaethusa sofort an einen weiblichen Phaethon, also an eine Eos, denkt, so wird man bei der Lampetia u. A. dadurch auch noch speciell auf den Mond geführt und veranlaßt, sie zur Selene

böse Gewitterkinder, die Zauberin Kirke, welche mit ihrem
Zauberstab, d. h. dem Blitz, im Gewitter ihr Wesen treibt (s.
Urspr. p. 245. 269), und den Sonnensohn Aeetes, welcher sich als
Herr des goldenen Vliefses, d. h. als Herr des Donnerge-
wölkes, gleichsam einer zweiten Aegis, giebt, und selbst wieder
in der Zauberin Medea eine der Kirke im Wesen analoge Tochter
hat, die dann in anderer Weise mit ihrem Drachenwagen sich
zur ähnlich einherfahrenden Gewittergöttin Demeter stellt (s.
Ursp. p. 140). — Wie die Sonnenwesen überhaupt in das Gewitter übergehen, so nehmen auch anderseits griechische und
deutsche Gottheiten dann als Sonnenjungfer und Sonnenfrau die
verschiedensten Himmelserscheinungen als Schmuck oder Waffen
an sich, bald den Regenbogen als Gürtel, wie Aphrodite
und Freyja oder Ares und Thor, bald als Bogen, wie Artemis,
oder als Sichel, wie Demeter, bald den Blitz als Lanze,
wie Athene, gerade wie dann ihre männlichen Parallelen, nur
dafs Manches dort anders gewandt wird, wie z. B. beim Ares
und entschiedener dann noch am Thor der Gürtel als Stärkegürtel erscheint[1]). Ebenso treten auch diese Gottheiten in die
Wolkenkämpfe ein, wie wir dies schon bei den Schwanjungfrauen gesehen und noch beim männlichen Helios des Besonderen besprechen werden. Ueberall sieht schwankendes Geschlecht hindurch; wie Eos sich zu Helios, stellte sich Tithonos
zur Selene, und dafs erstere blofs als Schwester, nicht auch
als Gattin des Helios gilt, dürfte die Veranlassung darin haben,
dafs die Mythe immer noch ihre Verbindung mit dem alten
Mondgott Tithonos festhielt. Von diesem Standpunkt würde
sich dann leicht auch erklären, wovon ich vorhin schon bei der
$\beta o\tilde{\omega}\pi\iota\varsigma$ und $\gamma\lambda\alpha\nu\varkappa\tilde{\omega}\pi\iota\varsigma$ geredet habe, dafs, wenn der Mond z. B.
als eine $\delta\alpha\delta o\tilde{\nu}\chi o\varsigma$ $\varkappa o\varrho\eta$ des Sonnengottes, etwa als eine Lampetia, gedacht wurde, sie sowohl als seine Dienerin, die ihm
das himmlische Feuer wahrt und am Morgen neu das grofse
Sonnenfeuer im himmlischen Haushalt anfacht, dann aber
auch, je nach der Auffassung, als seine Tochter oder sein

---

zu stellen, dafs auch im Orphischen Hymnos auf die Selene diese aus-
drücklich $\lambda\alpha\mu\pi\varepsilon\tau\iota\eta$ genannt wird, wie auch anderseits, wie oben p. 160 Anm.
erwähnt, die Mene dann als Kind des ʺ$H\lambda\iota o\varsigma$ genannt wird.

[1]) Die betr. Belege für alles dies bietet der Urspr. d. M.

Weib gegolten haben und wie mit der Morgenröthe, so auch mit Allem, was an der Sonne noch weiter auf ein weibliches Wesen hinzudeuten schien, in Beziehung gebracht werden konnte. Denn das zeigen ja auch viele Mythenkreise, was auch noch calendarisch vielfach festgehalten wurde, daſs man in gewissen Anschauungskreisen die Nacht nicht dem Tage folgend, sondern sie mit ihren Erscheinungen demselben vorangehend wähnte, wenn gleich die weitere Beobachtung dann den Mond von der Sonne abhängig werden, sein Licht von jener entlehnen lieſs, und gerade die Vorstellung von den Himmelskörpern, als himmlischer Feuer, dürfte am meisten zu jener Grundanschauung passen.

Während nun deutsche Vorstellung also die Himmelskörper als Frau Sonne und Herr Mond dann fixirte, entwickelte es sich bei den Griechen und den Römern umgekehrt, womit dann die sich daran knüpfenden Vorstellungen und Bilder eine vielfach andere Richtung nehmen. War es bei der weiblich gedachten Sonne mehr die Reinheit, Frische und Pracht, welche ihr einen bestimmten typischen Charakter verlieh, so ist es bei der männlich gedachten mehr die Kraft, welche das Sonnenwesen am Himmel anderen Erscheinungen gegenüber zu bekunden schien, die dasselbe nicht bloſs als einen König, sondern noch in's Besondere als einen gewaltigen und siegreichen Helden erscheinen lieſs. Eine Vereinigung gleichsam beider Anschauungen zeigt die hebräische Poesie, welche Psalm XIX. v. 6 von der Sonne sagt: „Gott hat der Sonne eine Hütte in den Himmeln gemacht, und dieselbige gehet heraus wie ein Bräutigam aus seiner Kammer, und freuet sich, wie ein Held zu laufen den Weg." Das ist die Sonne, welche aus der Morgenröthe Zelt, d. h. der Wolke, geschmückt wie ein Bräutigam, tritt, um dann ihren Weg als Held zurückzulegen und alle Hindernisse und Gefahren zu bekämpfen, welche sich ihm in den Weg stellen. Anklingend an dieses Bild sagt Rückert, wie wir oben p. 9 gesehen, indem er die Sonne als Schild hineinzieht:

> Die Sonn' ist Gottes ew'ger Held,
> Mit goldener Wehr im blauen Feld,

und daſs auch deutsche Anschauung diesen kriegerischen Charakter der Sonne selbst bei weiblicher Auffassung derselben reichlich ausgebildet, haben wir schon bei den himmlischen

Schild- und Schwanjungfrauen, den Valkyrien, gesehen, die dann wieder ihre Analogien in ähnlichen griechischen Gestalten haben, dort also auch vom Standpunkt der Sonne als Eos ähnliche mythologische Niederschläge nachweisen. Ueberwiegend sind es freilich immerhin in beiden Mythologien dann Sonnen- und Sturmeshelden, welche die Gewitterkämpfe bestehen. Dieses Gewaltige, Königliche, Siegreiche der Sonne tritt nun noch überall in den dichterischen Stellen vom Helios und Sol hervor. Die Musen, heifst es z. B. Hes. Th. v. 18, besingen:

$$\text{'Ηῶ τ' 'Ηέλιόν τε μέγαν, λαμπρήν τε Σελήνην. —}$$
$$\text{Τῆλε πρὸς δυσμαῖς ἄνακτος 'Ηλίου φϑινασμάτων}$$
sagt Aesch. Pers. v. 228.

$$\text{— τὴν γοῦν πάντα βόσκουσαν φλόγα}$$
$$\text{αἰδεῖσϑ' ἄνακτος 'Ηλίου.}$$
Soph. Oed. R. v. 1412.

Dafs auch der Neugrieche noch sagt: ὁ ἥλιος ἐβασίλευε ist schon oben erwähnt.

Von Kämpfen des Sonnengottes am Himmel erzählen griechische Dichter zwar eben nicht viel, höchstens erinnern noch Stellen, wie bei Nonnus Dionys. 38. v. 86:

$$\text{'Ηέλιος ζοφόεσσαν ἀπηνκόντιζε ὀμίχλην}$$

an eine derartige Thätigkeit des Sonnengottes; Zeus, der Donnerfrohe, Apollo, der Regenbogengott und Drachenüberwinder, Athene, die Blitzgöttin, absorbirten gleichsam unter ihren plastischen Sonnen- und Gewittergestalten die betreffende Thätigkeit, und des Helios Gestalt wurde fast nur zu einem schwächeren Nachwuchs der Anschauung zu einer Zeit, wo man Alles schon abstracter ansah oder auf den Götterkönig Zeus bezog. Nur der Kinder Gebrauch zeigt noch ganz den alten Standpunkt, es ist das ἔξεχ' ὦ φίλ' Ἥλιε, wovon Mannhardt, German. Mythenf. p. 395 Anm. die betreffenden Stellen beibringt, u. A. Pollux, IX. 7: ἡ δὲ „ἔξεχ' ὦ φίλ' Ἥλιε" παιδιὰ κρότον ἔχει τῶν παίδων σὺν τῷ ἐπιβοήματι τούτῳ, ὁπόταν νέφος ἐπιδράμῃ τὸν ϑεόν, ὅϑεν καὶ Στράττις ἐν Φοινίσσαις: Εἴϑ' ἥλιος μὲν πείϑεται τοῖς παιδίοις, ὅταν λέγωσιν ἔξεχ' ὦ φίλ' Ἥλιε. Diese Sitte zeigt übrigens noch nebenbei vollständig, was ich z. B. im Urspr. p. 79 behauptet habe, dafs die Vorstellungen von den Sonnenfinsternissen in den daran sich knüpfenden Anschauungen und Gebräuchen auf das Verdunkeltwerden derselben im Gewitter als allgemeinere Grundlage zurückweisen; denn gerade so kam man der Sonne bei den Römern und anderen Völkern auch lärmend bei Finsternissen zu Hülfe, ὅταν νέφος ἐπικαλύψῃ, wie Xenophon sagt, welcher Ausdruck mit der sich daran knüpfenden Vorstellung wieder in anderer Weise auf die angenommene Identität beider Arten von Erscheinungen hinweist.

Vor Allem zeigt aber die ganze Ausstattung des alten Helios noch immer den Helden. Siegreich zieht er auch so noch immer auf seinem Wagen einher, furchtbaren Blicks, in kriegerischer, goldglänzender Rüstung, wie es z. B. im hymn. Hom. v. 9 heifst: σμερδνὸν δ' ὅγε δέρκεται ὅσσοις χρυσέης ἐκ κόρυθος. Auch das Beiwort ἀτειρής, was Quintus Smyrn. u. A. ihm ganz gewöhnlich noch geben, und das sonst nur Helden und Ares beigelegt wurde, charakterisirt ihn noch in diesem Sinne. Wenn der furchtbare Blick an den Sonnenblick erinnert, das brennende Auge der Götter, dem Niemand widerstehen kann, namentlich, wenn es auch im Gewitter als Blitz zwischen den Wolken hindurchfunkelt, der goldene Helm uns an die oben entwickelte Anschauung der Sonne als einer goldenen Krone, nur in der mehr für den Helden passenden Modification, gemahnt; so bricht auch bei den Griechen, wie bei den Deutschen, noch eine Anschauung hindurch, welche die Sonnenstrahlen als Haare, und zwar meist als goldene oder goldgelbe, in das Bild des Sonnenwesens hineinzieht. Zu der Sonne, als einer goldhaarigen Maid, wovon schon wiederholentlich geredet, stellen sich folgende Stellen griechischer Dichter, dieselbe Vorstellung auch dort für den Sonnengott erhärtend, gerade wie oben schon von den χρυσότριχε λᾶε Ἡλίου die Rede gewesen, u. A. der Falbe des Indra aus einer ähnlichen, sich an das Himmelsrofs knüpfenden Vorstellung abgeleitet wurde. Ebenso wie im 34. Orphischen Hymnus Apollo - Helios χρυσοκόμης genannt wird, heifst es in des Dionysios Hymnus auf denselben (s. Jacobs Anthologia Graeca. II. p. 230):

Εὐφημείτω πᾶς αἰθήρ·
οὔρεα, τέμπεα σιγάτω,
γῆ καὶ πόντος καὶ πνοιαὶ

ἦχοι, φϑόγγοι τ' ὀρνίϑων·
μέλλει δὲ πρὸς ἡμᾶς βαίνειν
Φοῖβος ἀκερσεκόμης, ἀχέξας.

Χιονοβλεφάρου πάτερ Ἀοῦς.
ῥοδόεσσαν ὃς ἄντυγα πώλων
πτανοῖς ὑπ' ἴχνεσι διώκεις,
χρυσέαισιν ἀγαλλόμενος κόμαις
περὶ νῶτον ἀπείριτον οὐρανοῦ.

Vergl. Apollonius Rhodius Argon. II. v. 674 sqq.:

τοῖσι δὲ Λητοῦς υἱός, ἀνερχόμενος Λυκίηϑεν
τῆλ' ἐπ' ἀπείρονα δῆμον Ὑπερβορέων ἀνϑρώπων,
ἐξεφάνη· χρύσεοι δὲ παρειάων ἑκάτερϑεν
πλοχμοὶ βοτρυόεντες ἐπερρώοντο κιόντι·

Und so sagt auch schon Macrobius, Saturn. I. 17, Apollo Chry-
sokomes cognominatur a fulgore radiorum, quas vocant comas
aureas solis. unde et ἀκερσεκόμης·

Der Mythos dieses goldhaarigen Sonnengottes ist aber ein
uralter und weit verzweigter. Schon gelegentlich habe ich bei
der Sonne, als einer solchen Himmelsfrau, neben der goldhaarigen Jungfrau der deutschen Sage auf die ebenso ausgestattete nordische Sif, so wie auf die ξανϑή[1]) Δημήτηρ hingewiesen, und wenn sich die Verbindung der Sif und des Thor
nun als eine ganz analoge mit der der Aphrodite und des Hephaest erweist, so giebt es auch von der ξανϑὴ Δημήτηρ einen
Mythos, der auf dasselbe Naturelement, nämlich die Vermählung
der Sonnengöttin im Gewitter, hindeutet. Mit dem Jasion
soll sich nämlich Demeter, nach Homer, auf dreimal geacker-
tem Brachfeld vermählt haben, wofür ihn Zeus mit dem
Blitzstrahl, nach Anderen Dardanos ihn tödtet, während
Ovid ihn als alternden Gemahl der Demeter hinstellt[2]). Das
dreimal geackerte Brachfeld ist aber auch nur der von

---

[1]) ξανϑός ist „nach Arist. de color. die Farbe des Feuers in der
Sonne; nach Philostr. procem. gloss. χρυσωειδής also goldgelb." Pape, Grie-
chisches Wörterbuch unter ξανϑός.

[2]) Metam. IX. v. 421 f. Wenn dies Volkssage gewesen, könnte ein
alternder Tithonos dahinter, als ein passender Gemahl der Sonnengöttin
Demeter, stecken, s. oben über das Verhältniß des Tithonos zur Eos.

Blitzen, wie wir auch noch sagen, durchfurchte Himmel, mit einer Anschauung, auf die ich schon Urspr. p. 188. 211. 240. 245 bei verschiedenen Mythen, namentlich bei dem Pflügen des Jason mit den feuerschnaubenden, erzfüfsigen Gewitterstieren hingewiesen habe.

Was aber die männlichen goldhaarigen Sonnenwesen bei den Griechen anbetrifft, so gehört also vor Allem hierher der Apollo χρυσοκόμης, dann Dionysos, Eros und Zephyros, in denen auch sonst Beziehungen zur Sonne hervortreten[1]). Von Helden werden Achill, Odysseus und Menelaos besonders als ξανθοί gefeiert; am deutlichsten spricht aber für die ganze Deutung und das Fortleben des betreffenden alten Mythos vom goldhaarigen Sonnengotte in den Stammsagen noch die Sage von den Aleuaden. Hochblondes Haar in der Familie ward als zusammenhangend mit dem goldhaarigen Ahnherrn Aleuas angesehen. Dieser habe, heifst es weiter, wie Anchises am Ida, so am Ossa seine Heerden geweidet. Indem nun das Vieh bei der Quelle Hämonia weidete, habe sich ein ungeheuer grofser Drache in den Aleuas verliebt, habe sich gewöhnlich an ihn herangewunden, sein Haupthaar geküfst, mit umherleckender Zunge sein Gesicht gereinigt und von eigener Jagd ihm viele Geschenke mitgebracht. Aelian, der diese Sage berichtet, meint, das goldene Haupthaar sei ohne Zweifel nur in's Wunderbare gezogen, Aleuas wohl nur ξανθός gewesen, und dazu stimmt auch gewissermafsen der Pythia Spruch, der bei der Königswahl der Thessaler nach Plutarch von derselben angewandt sein soll:

Τὸν πυῤῥόν τοί φημι, τὸν Ἀρχεδίκη τέκε παῖδα[2]).

Mannhardt machte mich auf diese Sage, in Bezug auf die im Gewitter gebornen, glänzenden Himmelskinder, bei denen

---

[1]) Die Stellen, wo diese Götter χρυσοκόμης genannt werden, sind zusammengestellt in Pape's Griech. Wörterb. unter χρυσοκόμης, vergl. Urspr. p. 152. In Betreff der Beziehung des Dionysos auf die Sonne erinnere ich an das oben p. 18 vom Sonnenherzen des Dionysos-Zagreus Beigebrachte. Ueber Eros s. Urspr. p. 215. Der goldhaarige Zephyros ist gleichsam eine Vereinigung des Frühlingswind- und des Frühlingssonnengottes.

[2]) Die betreffenden Stellen s. Buttmann, Mythologus. II. p. 246 ff.

der Gewitterdrache in irgend einer Weise auftritt, aufmerksam, wie ich sie im Urspr. der Myth. an verschiedenen Stellen nachgewiesen hatte: nach den letzten, hierherschlagenden Analogien dürfte es keinem Zweifel unterliegen, daſs wir in dem Aleuas den die Wolkenheerden weidenden, goldhaarigen Sonnengott haben, in den der Gewitterdrache sich, wie in so manchem Märchen noch hervortritt, verliebt, aber nur eben der Genosse, ja Jagdhund gleichsam jenes wird, wie ja ein solcher u. A. auch den Lokrischen Ajax begleitet haben sollte (s. Urspr. p. 40). — Schließlich füge ich zu diesen, bei den Heroen hervortretenden, hierherschlagenden Momenten noch hinzu, daſs auch des ξανϑὸς Ἀχιλλεύς Sohn Pyrrhos heiſst, wie anderseits, daſs wenn nun auch Ganymed, den ich oben p. 42 als den Sonnenmundschenk nachgewiesen habe, charakteristisch ξανϑύς und χάρωψ genannt wird, dies auch eine Beziehung auf das funkelnde Auge und das strahlende Haar der Sonne haben dürfte[1]).

Wie aber Ganymed durch den dunklen Wolkenvogel entführt wird, wurde das Gewitter auch speciell mit dem Sonnenhaar in Verbindung gebracht. Im Urspr. der Myth. habe ich an verschiedenen Stellen nachgewiesen, daſs die flatternden Blitze in den Mythen als eiserne Locken, Schlangenhaare, wirres-verfilztes Haar gedeutet wurden. Bei aller selbstständigen Ausbildung derartiger Vorstellungen, die ich noch immer festhalte, dürften doch, bei dem auch sonst vielfach besprochenen Einrücken der Sonne mit den daran sich schließenden Anschauungen in das Gewitter, die Sonnenstrahlen, als Kopf- oder auch Barthaare des Sonnenwesens gefaſst, immerhin den ersten Anstoſs zu derartigen Bildern gegeben haben. Zunächst denke ich dabei an Thors rothen Bart, in den er beim Gewitter bläst, an den Bart des mythischen, im Wolkenberge verzaubert schlummernden, deutschen Kaisers, dann aber daran, daſs gerade ein besonderer Zug des Mythos sich darin offenbart, daſs dies wunderbare Haupthaar im Gewitter abgeschnitten, nach der nordischen Sage aber auch wieder während desselben neu geschmiedet wird, was offenbar

---

[1]) Vergl. Urspr. p. 200, wo ich es auf den Blitz bezogen habe.

doch auf das Sonnenhaar geht. Den hierher gehörigen Mythos von der Sif, der Loki das Haar abscheert, worauf die Schwarzelfen (d. h. 'die Gewitterelfen) ihre Haare von Gold machten, die wie anderes Haar wachsen sollten, habe ich schon im Urspr. p. 144, als hierher gehörig, besprochen und mit ähnlichen deutschen Sagen zusammengestellt. Nach dem, was ich oben p. 30 über den mythischen Charakter des Simson beigebracht habe, gehört auch die zauberhafte Geltung seiner Haare hierher. Als ungeschoren stellt er sich so ganz zu dem goldhaarigen Apollo ἀκερσεκόμης und zum Zeus, wenn das Wallen des Haupthaares dieses (im Gewitter ursprünglich) den ganzen Olymp erschüttert, wie Donar durch das Blasen in seinen Bart den Donner erzeugt[1]. In dem vollen Schmuck der Sonnenstrahlen sitzt des Gottes Kraft, wie anderseits der Regenbogengürtel als Thors Stärkegürtel galt (s. Urspr. p. 118). Seiner Haare aber beraubt ist Simson dem in den Herbstwettern vom Typhon verstümmelten Zeus vergleichbar, der erst in den Frühlingswettern dann seine volle Kraft mit den eingesetzten Flechsen wiedergewinnt, nur dafs eben Simson als Heros, in einer anderen Wendung der Naturanschauung und des Mythos, mit dem Einsturz des Himmelsgewölbes sich rächt und seinen Tod findet, gerade wie jenem erwähnten Zeus-Mythos Analoges auf heroischem Gebiete in der Achill-Sage gegenübersteht[2]. Auch seine Blendung deutet auf den im Gewitter geblendeten Sonnengott, den geblendeten Sonnenriesen Polyphem, Orion oder den blinden Phineus hin, wie ich diese Wesen im Urspr. der Myth. gedeutet habe. So knüpfen alle in der Erzählung vom Simson hervortretenden mythischen Elemente an denselben Naturkreis

---

[1] Analog der Wirkung, welche das Wallen der Haare des Zeus hervorbringt, — denn von der poetisch erhabenen Wendung, die Homer der Sache giebt, mufs man absehen und nur an den volksthümlichen Glauben, der im Hintergrunde steht, denken, — ist es übrigens, wenn die Kamtschadalen die Stürme aus dem Schütteln der langen und krausen Haare ihres Luftgottes erklären (Mcincrs im göttingischen historischen Magazin. Hannover. 1787. I. p. 119).

[2] Ueber des Simson Ende s. oben p. 131 Anm. Ueber die angezogene Zeus- und Achilles-Mythe vergl. Urspr. der Myth. p. 95 ff. und 140.

an[1]). — Diese behauptete doppelte Beziehung der Strahlen oder
vielmehr der Haare des Sonnengottes, einmal zu dem einzelnen
Gewitter, dann auch zur winterlichen Jahreszeit überhaupt in
mehr calendarischer Wendung des Mythos, kann ich noch durch
zwei significante Stellen belegen. So sagt zunächst Festus
Avienus (Aratea Prognost. v. 300 sqq.):

> Sed cum radiis marcentibus ardor
> Languet et in tenui tenduntur acumine frustra
> Phoebei crines, nimbos aget atra procella.

Da haben wir doch noch sichtbar fast die Grundlage zu den
oben erwähnten mythischen Gebilden von den Wirkungen oder
Schicksalen der Haare des Sonnengottes speciell im Gewitter!
Anderseits berichtet Macrobius (Sat. c. 20) aus Aegypten, dafs
man dort den Apollo (oder Sol) Horus genannt und mit auf der
linken Seite wegrasirtem Haupthaar dargestellt habe. (Iidem
Aegyptii, volentes ipsius Solis nomine dicare simulacrum, figu-
ravere raso capite, sed dextra parte crine remanente).
Von den verschiedenen Deutungen, die er davon giebt, werden
wir uns unbedenklich nach den obigen Untersuchungen derjenigen Ansicht anschliefsen und sie nur noch volksthümlich-
plastischer gedacht glauben, nach welcher dadurch, wie er u. A.
sagt, bezeichnet werden sollte: tempus, quo angusta lux est,
cum velut abrasis incrementis, angustaque manente exstantia,
ad minimum diei sol pervenit spatium; quod veteres appella-
vere brumale solstitium, brumam a brevitate dierum cognomi-
nantes, id est βραχὺ ἦμαρ. ex quibus latebris vel angustiis rursus
emergens, ad aestivum hemisphaerium tamquam enascens in
augmenta porrigitur.

Doch kehren wir nach dieser Abschweifung von der Ausstattung des Sonnengottes zu den Kämpfen desselben zurück,

---

[1]) Steinthal fafst den Simson auch, wie schon oben p. 130 Anm. erwähnt, als den Sonnengott, doch bewegt er sich im Einzelnen noch meist in
der bisher üblichen symbolischen Deutung der Mythen, wenn er z. B. in der
Zeitschrift für Völkerpsychologie. 1862. p. 141 von seinen Haaren sagt:
„Wenn das Haar das Symbol (?) des Wachsthums der Natur (!) im Sommer
ist, so ist eben das Abschneiden des Haares das Schwinden der Zeugungskraft der Natur im Winter.“

wie römische Dichter sie noch hervortreten lassen. So heifst es
bei Ovid. Met. XIV. 769 sqq.:

   — talisque apparuit illi,
  Qualis ubi oppositas nitidissima Solis imago
  Evicit nubes, nullaque obstante reluxit;

ferner V. v. 569 sqq.:

  Nam modo quae (Proserpina) poterat Diti quoque maesta videri,
  Laeta deae frons est, ut sol, qui tectus aquosis
  Nubibus ante fuit, victis e nubibus exit.

Wenn diese Stelle an das aus den himmlischen Wassern hervorkommende Blitz- oder Sonnenwesen erinnert, so gemahnt sie namentlich lebhaft an die oben citirte hebräische Anschauung von der
Sonne, nur läfst die Beziehung zu den feindlich gedachten Wolken
das Sonnenwesen hier noch lebendiger als einen im Strahlenkranze
des Sieges hervortretenden Helden erscheinen. Dieselbe Vorstellung vibrirt auch noch bei uns hindurch, wenn wir trotz der
weiblich gedachten Sonne noch sagen: „Die Sonne bricht hervor," „zertheilt die Wolken" (wie ein feindliches Heer, ein Wol-
kenheer), „zertheilt den Nebel" und dergl. Hinter diesen Wolken,
hinter diesem Nebel schien nämlich meist zur heidnischen Zeit
der oder die bösen Dämonen, der Gewitterdrache und dergl.
verborgen, den oder die man sich dann nach anderen, sichtbar
werdenden Symptomen so oder so gestaltet dachte. Dieses Bild
entwickelt noch ganz vortrefflich ein altes Räthsel aus dem
Norden, wenn auch mit der Modification, dafs noch der Wind
hineingezogen wird. Mannhardt bringt es in seinen Germ. Mythenf.
p. 219 bei: „Wie lange noch bei unseren skandinavischen Stamm-
verwandten," sagt er, „die Vorstellung lebendig blieb, dafs der
Wind die sonne- und mondverschlingende Finsternifs vertreibe,
dieselbe Vorstellung, welche dem Helferamt der Maruts in Indra's
Kämpfen zu Grunde lag, geht aus einem, dem Stoff nach, uralten Räthsel in der Getspecki Heidrecks Konûngs hervor:

  Gestiblindr:

    Wer ist der Dunkele,
    Der über die Erde fährt,
    Verschlingt Wasser und Wälder?
    Vor dem Wind er sich fürchtet,

Nicht vor den Menschen,
Und ruft die Sonne zum Kampfe.
König Heidreck,
Merk auf das Räthsel.

Heidrek:

Leicht ist dein Räthsel,
Blinder Gast,
Auszudeuten.
Nebel (myrkvi, eigentlich Finsternifs) erhebt sich
Aus Gymirs Wohnung (dem Meer),
Hindert des Himmels Anschaun,
Verbirgt die Strahlen der Zwergüberlisterin
(der Sonne),
Flieht nur vor Fornjôts Sohne (Kâri, dem Wind)."

Hier haben wir einmal den Kampf des Sonnenhelden mit
dem finsteren Gewitterwesen, dem thierisch oder menschlich
gedachten Mummelack, wobei alle Gewittererscheinungen dem
einen oder dem andern Gestalt geben konnten; dann erscheint
anderseits der Sturm, in besonderer Persönlichkeit gedacht,
als Helfer, wie er auch dann geradezu allein als der Kämpfer
gefafst werden konnte, während um die Sonnen- (oder Mond-)
Jungfrau der Kampf stattzufinden schien. Ich habe im Urspr.
der Myth. in dem Capitel „der Gewitterdrache und die himmlische Jungfrau" eine Reihe griechischer und deutscher Sagen,
in denen zwischen dem Gewitterhelden und dem Gewitter-
unthier ein Kampf um ein weibliches Wesen stattzufinden
schien, klar gelegt; die Beziehung des letzteren auf die Sonne
oder den Mond, welche ich dort nach einer Stelle aus Goethe's
Hermann und Dorothea nur andeutete, wo es heifst:

Aber lafs uns nunmehr hinab durch Weinberg und Garten
Steigen, denn sieh, es rückt das schwere Gewitter herüber,
Wetterleuchtend und bald verschlingend den lieblichen Voll-
mond.

diese Beziehung liegt jetzt klar vor. Die himmlische Sonnenjungfrau ist es namentlich, um die der Kampf geführt wird, der
Drache will sie fressen, wie wir oben auch ähnliche Versionen
gehabt haben von den Hexen, die das himmlische Drachen-
herz ausfressen, oder von dem Wolkenadler, der des Himmels-

riesen Prometheus Herz ausweidet, und dergl. Wenn Herakles dann auf ihn den Bogen spannt, so ist es in dieser Version des Mythos der Regenbogengott, der dem Sonnenwesen zu Hülfe kommt, wie oben in dem Räthsel der Sturmesheld es war, dem übrigens ganz natürlich bei weiterer Ausstattung auch der Regenbogen mit dem Blitzpfeil oder die Blitzlanze als Waffe in die Hand gegeben werden konnte, während, wenn das Sonnenwesen selbst der Kämpfer war, auch dieser ebenso ausgestattet erscheinen konnte; gerade wie bei den weiblichen Sonnenwesen der Regenbogen z. B. auch als ihr Schmuck, als ihr Gürtel gefaſst wurde (s. Urspr. unter Regenbogen als Gürtel). Welches von den einzelnen Wesen jedem Mythos zu substituiren, läſst sich nur aus der speciellen Sage, wenn besondere, kennzeichnende Elemente hinzukommen, bestimmen, oft ist dies aber kaum möglich. Dies genüge zur allgemeinen Orientirung in Betreff der Entwickelung dieser Mythen, zumal ich im Urspr. schon des Ausführlicheren alle diese Kämpfe mit den verschiedenen Gewitterthieren, je nach den an diese sich knüpfenden Anschauungen, behandelt habe.

Aber nicht bloſs mit den finstern Wolkenwesen hat Helios, um uns mythisch auszudrücken, es zu thun, vor ihm fliehen auch die Sterne; gerade, wie sie umgekehrt, wie wir oben p. 67 f. gesehen, nach griechischer und deutscher Vorstellung, die Sonne heraufzuführen schienen. So sagt Eurip. Jon v. 82 sqq.:

Ἅρματα μὲν τάδε λαμπρὰ τεθρίππων
Ἥλιος ἤδη κάμπτει κατὰ γῆν,
Ἄστρα δὲ φεύγει πυρὶ τῷδ᾽ αἰθέρος
εἰς νύχθ᾽ ἱεράν.

In dasselbe Verhältniſs zu den Sternen werden wir nachher die Aurora treten sehen. Neben der freundlichen Beziehung konnte sich so in der Anschauung eine feindliche entwickeln, zumal die Sterne als die Nachtgeister dann, wie wir es auch beim nächtlichen Mondgeist gesehen, in die Gewitternacht einzurücken schienen, wodurch ihr Gegensatz zur Sonne sich dann noch plastischer gestalten muſste.

Ueberall in der Natur ist Leben und Kampf, wie in der Menschenwelt. Freilich erscheint Sol oder Ἥλιος nicht immer als

Sieger, wie wir auch oben schon Stellen römischer und deutscher Dichter angeführt haben, welche von einem Fliehen, Sichverbergen oder dergl. sowohl in Betreff der Sonne als auch des Mondes reden, und auf die Beziehungen hingewiesen haben, welche namentlich die Winterszeit mit dem Zurücktreten und dem Verschwinden der Sonne für allerhand mythische Gestaltungen in dieser Hinsicht gegeben haben dürfte. Ich gehe noch etwas näher darauf ein. Wie wir vom Sonnenuntergange sagen: „Die Sonne verschwindet," und dies noch persönlicher gefaſst klingt, als „sie geht unter," und rohe Völker, wie die Hụronen, geradezu glaubten „die Sonne sterbe oder falle in's Meer," wenn sie untergeht (Meiners im Götting. histor. Magazin. I. p. 116), so stellen sich dazu folgende, noch auf lebendige mythische Anschauungen und zum Theil auch noch auf die Gewitterscenerie hinweisende Ausdrücke. Ebenso wie man vom abnehmenden Monde ὁ μὴν φϑίνει, σελήνη φϑινάς sagte, ich oben p. 175 die mannigfachsten alten Vorstellungen von dem kranken, sterbenden Mondwesen entwickelt habe, spricht Aesch. Pers. v. 228 auch vom täglichen Untergang der Sonne im Westen, als von Ἡλίου φϑινάσματα. Anderseits heiſst es in der Vision des Theoklymenos bei Homer Od. XX. v. 351 sqq.:

> Ἥλιος δὲ
> οὐρανοῦ ἐξαπόλωλε, κακὴ δ' ἐπιδέδρομεν ἀχλύς·

und Ilias. XVII v. 366 sqq.:

> Ὣς οἱ μὲν μάρναντο δέμας πυρός· οὐδέ κε φαίης
> οὔτε ποτ' Ἥλιον σόον ἔμμεναι, οὔτε Σελήνην.
> ἠέρι γὰρ κατέχοντο μάχης ἔπι, — — —

Fühlte Homer — oder seine Zeit — auch nicht mehr dabei, als wir, wenn wir in ähnlichen Bildern reden, immerhin weist es auf analoge, lebensvollere Vorstellungen der älteren mythischen Zeit hin. Reproduciren sich doch auch dieselben immer wieder. Ich führe zwei Stellen moderner Dichter vor allen an, die vom täglichen Sterben und Auferstehen der Sonne reden. (Rückert Gedichte. Frankf. a. M. 1847. p. 389) sagt:

> Wenn Abendrot den Purpur webt,
> Darin die Sonne sich begräbt,
> Schließt sich befriedigt jede Blüthe
> Und Sehnsucht schlummert im Gemüthe.

Umgekehrt Klopstock, Oden, Leipzig. 1846. p. 292:

> Schon wehen sie, säuseln sie, kühlen,
> Die melodischen Lüfte der Frühe,
> Schon wallt sie einher, die Morgenröthe, verkündiget
> Die Auferstehung der todten Sonne.

Zu dem Ἥλιος δὲ οὐρανοῦ ἐξαπόλωλε stellt sich hinwiederum, wenn Chr. E. v. Kleist (Berlin. 1766. p. 96) vom Arist sagt:

> Auf einer langen Reis' Arist's war stets
> Die Sonn' im Dunst versteckt. — — —
> — — — — — — — — Er hofft umsonst,
> Die Sonne wiederum am Firmament
> Zu sehen, die daraus verschwunden schien.

Besonders hielt man die angedeutete Vorstellung von einem Vergehen von Sonne und Mond im Volksglauben noch bei Sonnen- und Mondfinsternissen fest; aber ursprünglich schien diese Gefahr bei jedem Unwetter einzutreten, namentlich aber dann im Winter die Sonne gestorben zu sein. So heißt es auch im Habermuſs von Hebel in Bezug auf diese Zeit:

> 'S wartet herbi Zit uſs Chiimli. Wulken an Wulke
> Stöhn am Himmel Tag und Nacht, und d'Sunne verbirgt si.
> Uf de Berge schneits, und witer niede hurniglet's.
> Schocheli schoch, wie schnatteret iez und briegget mi Chiimli,
> Und der Boden isch zu, und's het gar chündigi Nahrig.
> „Isch denn d'Sunne gestorbe, seit es, aſs sie nit cho will?"

Wie ich im Urspr. d. Myth. in vielen griechischen und deutschen Mythen nachgewiesen, waren es besonders die Herbstgewitter, welche die plastische Gestaltung für den Tod oder die Schädigung, namentlich Blendung oder Lähmung des Sonnenwésens hergaben; im Frühling, wo die Sonne wieder neu strahlt, war sie entweder neu geboren oder zu neuer Kraft erwacht, gesundet, zurückgekehrt oder der Verzauberung entronnen. Die Vorstellung des Erwachens, Gesundens knüpfte sich wieder speciell an die genauere Beobachtung, daſs die Sonne im Winter nicht ganz verschwindet, sondern nur matter ist. Wie wir auch sagen, „die Sonne hat keine Kraft mehr," „ist zu schwach," „hat wieder schon mehr Kraft," so steht bei den Römern der Sommersonne der

Sol languidus des Winters gegenüber, von dem Lucretius V. v. 758 berichtet. So tritt also nun bei der Sonne auch die Vorstellung einer Schwächung oder Lähmung ein, die wir oben als etwas Eigenthümliches zunächst dem hinter der Sonne zurückbleibenden Monde vindicirt haben. Der nächtliche Gewitterschmied ist immer hinkend, Achill aber, so wie Zeus erscheinen gleichsam nur periodisch an den Füfsen schwach. In reicher Mannigfaltigkeit und Stufenfolge entwickeln sich aber die hierher gehörigen, an die Wandlung von Sonn- und Gewitterwesen anknüpfenden Mythen. Wie man von des Zeus und Apollo Grab erzählte, ist Zeus anderseits dann vom Typhon überwunden und gelähmt, der Wolkendrache herrscht gleichsam im Winter; wenn Zeus seine Kraft wiedererhält, wird auch Apollo geboren und besiegt den Drachen[1]). In den Frühlingswettern wird die verzauberte Brunhild, Dornröschen u. s. w. erlöst, gerade wie die Mahrt dann gefangen wird, sieben Jahre (d. h. die sieben Sommermonate) als schöne Jungfrau bei dem, welcher sie gefangen, weilt, bis sie in den Herbstgewittern wieder das heimathliche Donnerläuten hört und verschwindet[2]). Ebenso gehört hierher, wenn Zeus zu den Aethiopen geht, wie Odhin zeitweise abwesend ist, während welcher Zeit dann um die Himmelsgöttin, d. h. die Mondgöttin oder die Morgenröthe, die Freier, d. h. die Stürme, buhlen, bis der Gott, wie die Odysseus-Sage zeigt, zurückkehrt, seinen Bogen, d. h. den Regenbogen, spannt und jene erlegt. Die Vorstellung des Verzaubertseins hat sich besonders in der deutschen Mythologie entwickelt und tritt uns daselbst in den Mythen vom männlichen und weiblichen Sonnenwesen, dem verzauberten Kaiser sowohl als der Brunhild und ähnlichen Gestalten entgegen. Die climatischen Verhältnisse, der gröfsere Gegensatz des Winters und Sommers in der Natur dürften namentlich zur Entwickelung dieser Vorstellung beigetragen haben.

Auch die Vorstellung des Alten dürfte sich, wie schon erwähnt, an die Wintersonne angelehnt haben und so Kronos

---

[1]) Die Ausführungen aller dieser Vorstellungen s. im Ursp. d. M.

[2]) S. oben p. 73 ff. Ueber die 7 Jahre, d. h. die 7 Sommermonate, vergl. Heutigen Volkssgl. p. 65.

speciell dann z. B. die winterliche Sonne geworden und mit dem Sturm einerseits, der im Süden vor Allem den Winter charakterisirt, in die engste Beziehung getreten sein gleichsam als eine Art gewordenen Gegenbildes zu dem jugendlichen Frühlingsgotte, dem goldhaarigen Apollo oder dem goldhaarigen Zephyros. Als solcher wäre er dann auch anderseits in Parallele zu dem Wolkendrachen getreten, der in jedem Gewitter wieder zur Herrschaft kommen zu wollen schien, aber wieder in die Blitzesfessel geschlagen wurde. Ebensolche Parallele bestände dann auch zwischen ihm und dem verhüllenden Wolkengott Varunas (Ούρανός), der einmal diese Natur in seiner Gestaltung als Wasser-, d. h. Regengott bewährt, dann aber bei den Griechen mehr eine Verbindung zu dem Nachthimmel als Ούρανός άστερόεις zeigt, während jener mehr in dieser Hinsicht blofs den grauen, winterlichen Sturmesalten in dieser seiner Begränzung repräsentirte. Die Vorstellung des Altwerdens des Sonnengottes und seiner Verjüngung finde ich übrigens in ein Paar Mythen speciell ausgesprochen. Vom Herakles wird nämlich erzählt, dafs, als er seinen Bogen, d. h. den Regenbogen, nicht mehr habe spannen können, er sich selbst den Tod gegeben habe (Ptol. Heph. init.). Wenn dies zunächst einen Gegensatz bietet zu dem Moment, wo, wie vorhin erwähnt, Odysseus im Frühling wieder seinen Bogen spannt, jenes also in den Herbst zu versetzen wäre, da bekanntlich im Süden Frühling und Herbst die Gewitterzeiten sind, wo also neben dem Regenbogen auch die Blitzpfeile sichtbar werden, dieser dann wirklich gebraucht zu werden schien (s. Urspr. p. 97), so dürfte dazu eine andere Anschauung stimmen, in so fern nämlich der Regenbogen ohne Blitze, wie er im Winter meist sich im Süden zeigt[1]), die besondere Vorstellung einer

---

[1]) Vergl. Vofs, Myth. Briefe. Königsberg 1794. II. p. 181. „Claudian, sagt Vofs, braucht den farbigen Himmelsbogen zur Ausschmückung des kommenden Winters, der in Italien bekanntlich nur Regenzeit ist:
Nec sic innumeros arcu mutante colores
Incipiens redimitur Hiems, cum tramite flexo
Semita discretis interviret humida nimbis."
Ebenso Plinius nat. hist. II. 59. Fiunt autem (arcus) hieme maxime ab aequinoctio autumnali die decrescente. Quo rursus crescente ab aequinoctio

Sichel, wie sie gerade die Kronos- und Demeter-Mythen aufweisen, veranlafst haben dürfte. Dafs Herakles aber in den
letzten Gewittern des Jahres seinen Tod findet, darauf weist
auch in anderer Fassung der Sage, aufser seiner Apotheose überhaupt, noch sein Tod im Gewitter selbst hin. Wenn jene deutlich auf den wieder am Ende des Sommers in den
Himmel aufgenommenen Sonnengott des Hesiod geht,
wie ich ihn oben p. 25 ff. und Urspr. p. 145. 147 gedeutet habe,
wie denn auch Herakles ja nach thebanischer Sage als Sohn
des Zeus und der Hera galt, so deutet der Tod durch ein
zauberhaftes Gewand auch auf den Gewittertod hin. Es
brennt wie Feuer, gerade wie der finnische Ukko auf dieselbe Wolkenscenerie hindeutend ein feuriges Gewand trägt,
wir auch noch von feurigen Wolken sprechen und dergl.[1]).
Das zauberhafte Gewand bewirkt ebendasselbe, was, wie wir
oben p. 18 gesehen, die Titanen in anderer Weise durch Zerreifsen beim Zagreus hervorbringen. Wenn in diesem Herakles-
mythos so das Altwerden des Sonnengottes zur Winterszeit
und vom heroischen Standpunkt, damit verbunden, sein Tod
hervortritt, so zeigt uns in anderer Weise die Medea-Sage den
Glauben an eine mögliche Verjüngung durch Aufkochen
des betreffenden Himmelswesens, was wohl auch ursprünglich
auf das Kochen im Gewitter und das verjüngt dann Hervorgehen des Sonnenwesens gehen möchte. Während nämlich
nach Apollodor, Bibl. I, 9. in der Sage von der Sonnenenkelin
Medea und dem Jason einerseits das feurige Gewand des He-
rakles-Mythos wiederkehrt, nur mit dem Unterschiede, dafs
Medéa dasselbe nicht dem Jason aus Eifersucht sendet, sondern
der Glauke, die er heirathen will, und diese nun durch dasselbe
ihren Tod findet, wie Herakles[2]); soll Jason selbst von Medea

---

verno non existunt, nec circa solstitium longissimis diebus, bruma vero,
hoc est brevissimis diebus, frequentes.

[1]) Ueber das feurige (feuersprühende) Hemd des Ukko vergl. Castrén,
Finnische Myth., herausg. von Schiefner. p. 33.

[2]) οἱ δὲ (Medea und Jason) ἧκον εἰς Κόρινϑον καὶ δέκα μὲν ἔτη διε-
τέλουν εὐτυχοῦντες, αὖϑις δὲ τοῦ τῆς Κορίνϑου βασιλέως Κρέοντος τὴν ϑυγατέρα
Γλαύκην Ἰάσονι ἐγγυῶντος παραπεμψάμενος Ἰάσων Μήδειαν ἐγάμει. ἡ δὲ οὓς
ὤμοσεν Ἰάσων ϑεοὺς ἐπικαλεσαμένη καὶ τὴν Ἰάσονος ἀχαριστίαν μεμψαμένη

zerhackt, aufgekocht und so verjüngt sein, „worin sich,"
wie Otfr. Müller, Orchomenos. 1844. p. 263 sagt, „für den
Tieferblickenden sogleich die mystische Legende von des Kadmilos,
Bakchos, Melikertes Kochung kund giebt: wie auch der dreifüfsige Wasserkessel (λέβης τρίπους), der diesem λόγος ἱερός
eigenthümlich ist, in jener Sage genau wiederkehrt." Während
für die Bedeutsamkeit der Sage auch noch ihre häufige Wieder-
holung zeigt, da sie in analoger Grundlage auch beim Aison,
Absyrtos und Pelias wiederkehrt, so weist uns der dreifüfsige
Blitzkessel auch anderseits auf das Gewitter, als die zur Ausführung gehörige Scenerie hin, indem man bei seinem Feuer
auch in anderen Sagen den himmlischen Dreifufs im Anschlufs an das trisulcum fulmen wahrzunehmen pflegte (s. Ursp.
p. 225). — Wenn aber in allen diesen Phasen der Betrachtung
und Mythenbildung, wie wir sie in der Kürze hier vom Sonnengotte skizzirt, wir gleichsam eine Stufenleiter in der Entwickelung der Natur der betreffenden Gottheit bis zum Begriff des
Dauernden, ja Ewigen haben, dem die Vorstellung des Ab-
wesendseins während des Winters schon sehr nahe stand, so ist
nach allen vorgehenden Erörterungen die Vorstellung einer Identität des betreffenden Wesens überhaupt die erste und gröfste
Stufe der Entwickelung gewesen. Je allseitiger und weiter hinauf wir aber die Sache verfolgen, desto mehr tritt die oben
ausführlich besprochene Mannigfaltigkeit und Unbestimmtheit
der Anschauung und Betrachtung uns entgegen, welche, dem
einfachen Eindruck des himmlischen Vorganges und dem sich
daran knüpfenden Bilde ohne weitere Begründung der Ansicht
folgend, bald dies oder jenes Ereignifs aus der andern Welt
dort oben wahrzunehmen glaubte, indem es dann, wie es gerade pafste, die Sonne als ein Moment einfügte.

Auf eine der angezogenen Mythen will ich nur schliefslich
noch etwas näher eingehen. Ich habe schon im Urspr. p. 206 ff.
und an verschiedenen Stellen auch in diesem Buche auf den

πολλάκις, τῇ μὲν γαμουμένῃ πέπλον μεμαγισμένον φαρμάκῳ ἐπέμ-
ψεν, ὃν ἀμφισαμένη μετὰ τοῦ βοηθεῦντος πατρὸς πυρὶ λάβρῳ
καταφλίγει cet.

Brunhild-, Menglada-, Dornröschen- und Schneewittchen-Mythos hingewiesen, und die Waberlohe, Gewitterburg und Dornhecke nur als aus verschiedenen Anschauungen der Gewitterscenerie hervorgegangen erklärt. Es war die bräutlich geschmückte Frühlingssonne, die in die Scenerie des Gewitters eingerückt war und daher auch ihren, zum Theil kriegerischen Charakter erhalten hatte, welche erlöst wurde. Wenn das eheliche Verhältnifs von Sonne und Mond und so manche andere Bezüge uns veranlafsten, ursprünglich an den Mond dabei, als den Erlöser, zu denken, so wies doch Anderes wieder dabei auf den Sturmeshelden hin, ja in specialisirter, anderer Entwickelung schien der Held gleichsam, wie die Sage vom Schwanritter namentlich zeigt, zum kräftigen Sommersonnenhelden selbst zu werden, so dafs die ihm zur Seite tretende, analoge Göttin mehr eben blofs die Morgenröthe war. Ich habe von diesen Wandlungen schon oben gesprochen. Ein charakteristisches Moment dabei, welches diese Unbestimmtheit und verschiedene Entwickelung gleichsam erklärt, ist, dafs der erwartete Erlöser, der auch den Menschen die schöne Zeit bringt, unerkannt, verkleidet auftritt. Wie Swipdagr, der erwartete Bräutigam, unerkannt vor Menglada's Burg erscheint und sich Windkaldr nennt, seinen Vater Warkaldr, d. h. Frühlingskalt, seinen Grofsvater Fiölkaldr, d. h. Vielkalt (s. Urspr. p. 206), spielt Siegfried in seiner Tarnkappe bei der Werbung um Brunhild nach der deutschen Sage eine Hauptrolle. Verkleidet als Freya holt Thor gleichfalls sich im Frühling vom Riesenkönig Thrym seinen Hammer wieder, im Bettlergewand erscheint Odysseus unerkannt zum himmlischen Bogenkampf um die Penelope. Wenn die Verkleidung auf das hüllende Wolkengewand geht, so galt anderseits auch sonst noch der Sturm gerade als der Frühlingsbringer. Eigenthümlich ist zunächst, dafs man fast noch in vollständiger Analogie zu den Namen Windkaldr, Warkaldr und Fiölkaldr den Frühling noch heut zu Tage erst vollständig mit den drei kalten Tagen des Mai, welche man „die gestrengen Herrn" nennt, einziehend annimmt; dann aber feiern Dichter noch überhaupt häufig die Frühlingsstürme als die Frühlingsbringer. So heifst es zunächst bei Geibel in dem Gedicht „Hoffnung" (bei Schenkel. p. 23):

Blast nur, ihr Stürme, blast mit Macht,
Mir soll darob nicht bangen,
Auf leisen Sohlen über Nacht
Kommt doch der Lenz gegangen;

wozu sich in fast noch anschaulicherer Weise für unseren Windkaldr Uhland's Märznacht (in seinen Gedichten, Stuttgart. 1841.
p. 146) stellt:

Horcht, wie brauset der Sturm und der schwellende Strom in
der Nacht hin.
Schaurig süfses Gefühl! lieblicher Frühling, du nahst!

Wir sahen oben, gemäfs anderen Anschauungen, in Süddeutsch-
land an die Frühlingszeit das Einholen des Wasservogels,
das Lenzwecken und dergl. sich anschliefsen, nach den an der
Sonne entwickelten anthropomorphischen Anschauungen werden
wir nun nicht anstehen, die mittel- und norddeutschen Gebräuche
vom Einholen des Mai- oder Pfingstkönigs, der Mai-
oder Pfingstkönigin, wie Kuhn und ich sie namentlich in
der Altmark so reichhaltig gesammelt und in den Märkischen
und Norddeutschen Sagen mitgetheilt haben, daran zu reihen.
Es liegt überall ihnen zu Grunde die Nachahmung des himmlischen Einzugs des neuen Sommersonnenkönigs oder
der Königin im Gewitter[1]). Namentlich schliefst sich charakteristisch die Verhüllung, unter welcher jene Wesen stets auftreten, den vorhin entwickelten Vorstellungen an. Eine Figur
fällt bei diesen Gebräuchen aber noch besonders auf, nämlich
der in Erbsstroh gehüllte, sogenannte Bär. Wir bezogen
schon oben, und noch an anderen Beispielen läfst es sich nachweisen, das himmlische Stroh auf die zackigen Blitze;
ist nun jener Bär in Erbsstroh nicht nach Allem eine rohe
Nachahmung des in Blitzstroh gehüllten, grummelnden

---

[1]) So fafste es auch im Allgemeinen schon mein leider zu früh ver-
storbener Freund Sommer, nur dafs er die Beziehung auf die Sonne und
die Gewitterscenerie in die Gebräuche noch nicht hineinbrachte und diese
mehr poetisch-ästhetisch dann deutete. S. Sommer, Sagen, Märchen und
Gebräuche aus Sachsen und Thüringen. Halle 1846. p. 180: „Das Braut-
paar ist deutlich der Frühlingsgott und die Frühlingsgöttin, der Maikönig
und die Maibraut, die, wie noch schüchtern nahend, sich vor den Menschen verbergen; doch von ihnen aufgesucht und in die Dörfer geführt
werden" (?).

Donnerthiers, (denn als solches dürfte sich der mythische
Bär ergeben[1]), welches hier den 'Einzug begleitet? Von derartigen Einzügen der himmlischen Wesen reden je auch sonst die
deutschen Mythen in den mannigfachsten Formen und immer
im speciellen Anschluſs an die Gewitter, wie von dem der Frau
Gode, der Berchtha u. s. w.[2]).

Auch das Spinnen und Weben der Himmelskörper,
von dem vorher schon bei der Sonne des Besonderen die Rede
gewesen ist, verlangt noch eine eingehendere Betrachtung und
ergiebt sich als ein weit verzweigtes mythologisches Element.
Wie nach der Edda der Himmel den Namen Windweber
führt, spinnen Sonne und Mond und weben die Wolken,
d. h. die himmlischen Gewänder. Die Anschauung der letzteren als einer Haut, eines Gewandes, ist eine uralte und
dürfte wohl den Ausgangspunkt der ganzen Vorstellung gegeben
haben[3]), wobei dann die Sonnen- und Mondstrahlen, welche
die Hirten bei Uebertragung ihres Standpunkts auf die Himmelserscheinungen als die Milchstrahlen der himmlischen Kühe auf-
faſsten, als die Fäden des himmlischen Gespinnstes angesehen

---

[1]) So würde sich auch erklären, wenn Björn ein Beiname des Thor
war, und nach der welschen Sage König Arthur als Bär und Gott dargestellt wurde. Grimm, Myth. p. 633. Der Bär schläft auch im Winter,
und somit erwacht gleichzeitig, wenn diese Deutung richtig, zur Zeit der
Frühlingswetter, der irdische und der himmlische Bär.

[2]) Wenn jener Bär sonst mehr neben dem Schimmelreiter, d. h. dem
Wodan, bei den Umzügen zur Zeit der Wintersonnenwende, d. h. zu Weih-
nachten, auftritt, so ändert dies in der Sache nichts, denn auch diese Um-
züge sind in ihrer mythologischen Gestaltung meist nur Nachahmungen
des im Gewitter geglaubten Einzugs der Frühlingsgottheiten und nur auf
die Zeit des neuen Jahres-Anfangs, wo die Tage wieder länger wurden,
die Sonnenwesen sich wieder der Erde zuzuwenden, wieder in's Land ein-
zuziehen und so die Hoffnung auf die Wiederkehr der neuen, schönen Zeit
zu wecken schienen, übertragen worden. s. Heutiger Volksglaube. p. 84 ff.
Uebrigens kommt ebenso auch der Schimmel wie der Bär bei den Früh-
lingsgebräuchen vor. s. Norddeutsche Sagen. Geb. I. 61 f. 64. vergl. Sommer,
Sagen u. s. w. p. 155.

[3]) Meine Abhandlung über die Sirenen und den nordischen Hrace-
velgr in der Berliner Zeitschrift für Gymnasialwesen. Jahrg. XVII. 1863.
p. 473.

wurden, die Sonnenscheibe speciell dann aber als die himmlische Spindel, wie wir oben gesehen, gegolten hat. Diese
Beziehung zu den Sonnen- und Mondstrahlen fand schon Castrén,
Finnische Myth. p. 58, wo er von der Sonnentochter Païvätar, der Mondtochter Kuutar, der Tochter des grofsen
Bären Otavatar und der Sternentochter Tähetär berichtet,
dafs sie als junge und schöne, im Weben ausnehmend geschickte
Jungfrauen geschildert würden. „Die Vorstellung von ihrer Ge-
schicklichkeit im Weben gründete sich," sagt er, „offenbar auf
die Aehnlichkeit, welche die Strahlen der Sonne, des Mondes
und der Sterne mit dem Aufzug des Gewebes haben. Païvätar war übrigens auch eine Meisterin im Spinnen, denn in
der Kalewala Rune 24. v. 81 f. heifst es von einem Gewebe,
dafs es so schön sei, als wäre es vom Mond gewebt und von
der Sonne gesponnen[1])." Ich habe dies Letztere gleich hier
angeführt, um darauf aufmerksam zu machen, dafs, wenn man
zwischen Spinnen und Weben unterschied, die breiter, wie
ein Webeaufzug, sich ergiefsenden Mondstrahlen, verbunden
mit dem oft zarteren Aussehen der nächtlichen Wolken, bei denen wir auch gern den Ausdruck Wolkenflor
gebrauchen, dem Mondschein verhältnifsmäfsig mehr das Weben,
der Sonne das Spinnen zu vindiciren schien, wie ja auch die
Lappen, wie wir oben p. 12 erwähnt, die Sonne mit ihren
Strahlen ausdrücklich durch einen Spinnrocken characteri-
sirten, und die Sonnentochter Païvätar besonders spinnt, die

---

[1]) Wenn Castrén p. 68 angiebt, dafs die Finnen auch der Wind-
tochter dies Amt des Webens beilegten, so beweist die von ihm dafür aus
der Kalewala, Rune 48. v. 121 ff. beigebrachte Stelle nach meiner Meinung
zunächst nichts, denn in dieser ist nur die Rede von dem Schilf- und Meeres-
schaum, welchen die Windestochter der Meeresgöttin gleichsam als Decke
zusammengeweht; denn es heifst einfach dort:

„Wellamo, des Wassers Wirthin,
Wasseralte mit der Schilfbrust;
Komm das Hemd jetzt einzutauschen,
Deinen Rock jetzt zu verändern, —
Hast ein Hemd aus Schilf bereitet,
Hast des Meeres Schaum als Decke,
Die gemacht die Windestochter,
Die Dir gab die Fluthentochter u. s. w.

Sonnenscheibe auch speciell dann als himmlische Spindel-scheibe galt.

Analog zeigt uns das deutsche Alterthum die Vorstellung des Spinnens von Sonne und Mond; statt der Sternentochter tritt dann aber significant die Windgöttin ein, entweder in gesonderter Persönlichkeit oder so, dafs, wie so oft, jene in diese übergegangen, d. h. in das Gewitter eingerückt sind. Wie in dem Hebelschen Gedicht die Sonne das Gewölk strickte, haben wir schon im deutschen Märchen die Sonne als die goldhaarige Jungfer nachgewiesen, welche stumm als Jungfer Mundelos im Wolkenwalde spinnend sitzt, der Er-lösung harrend. Wie die griechische Mythe Göttinnen offenbar in Bezug auf die goldene Sonnenscheibe den Beinamen χρυσηλάκατος giebt, wovon nachher noch des Weiteren die Rede sein wird, weifs auch unsere Sage und unser Kinderlied noch von solchen goldspinnenden Frauen zu erzählen[1]). Wie Frau Hulle oder kurzweg die Ausgeberin im Kyffhäuser goldene Flachsknotten austheilt (Nordd. S. p. 215 und 219) und ähnliche Züge bei den von J. Grimm M. p. 914 ff. zusammen-gestellten Sagen von der Jungfrau, die sich sehen läfst, wieder-kehren, läfst sich die weifse Frau bei Biesenthal geradezu mit einem goldenen Spinnrad sehen[2]). Wenn diese Bezüge ent-schieden auf die Sonne gehen, so heifsen die sogen. Sommer-fäden, welche namentlich im Herbst fliegen, einmal Marien-fäden in Bezug auf die Jungfrau Maria, wie wir oben gesehen, als Sonnengöttin; dann aber auch werden sie mit dem Monde stellenweise in Verbindung gebracht, in welchem der Volksglaube auch eine Spinnerin zu erblicken wähnt[3]). Also auch an ihm ist noch so die Vorstellung des Spinnens haften geblieben. Characteristisch ist aber besonders ein Märchen, welches wir in den Märk. Sagen p. 282 wiedergegeben haben, vom Schwester-chen, welches seine Brüder sucht, dabei zu Mond, Sonne und

---

[1]) S. die von Mannhardt in s. Germ. Mythenf. mitgetheilten Kinder-lieder.

[2]) Heutiger Volksgl. p. 108. vergl. Mannhardt, Germ. Mythenf. p. 660.

[3]) Mannhardt, Germ. Mythenf. p. 639 f. Schönwerth aus der Ober-pfalz. II. p. 69. Niederhöffer, Mecklenburgs Volkssagen. Leipzig. 1862. IV. p. 271 f. Nach Letzterem kann man sie besonders am Ostermorgen sehen.

Wind kommt, um dort nach ihnen nachzufragen. Ueberall ist
der Sohn nicht zu Hause, der ächt alterthümlich noch als böser
Menschenfresser erscheint[1]), seine Mutter aber — was in
der Sache doch dasselbe ist — sitzt vor der Thür und spinnt.
Hier haben wir zunächst die Dreiheit von Sonne, Mond und
Wind als solcher spinnenden Wesen bestimmt ausgesprochen[2]),
und dafs im Unwetter speciell dann auch dies himmlische Schar-
werken sich zu entfalten schien, im Blitz man die geworfene
Spindel oder das dahinfahrende Webeschiff, so wie die
eiserne Kette, mit der genäht wird, zu erblicken glaubte,
habe ich schon Urspr. p. 245 f. an allerhand rohen Naturbildern,
wie sie sich besonders an die Frau Berchtha anschliefsen, nachgewiesen. Stellt sich doch andererseits auch schon als Analogie
dazu das Werfen mit dem Sonnendiskos oder den Sonnenscheiben im Gewitter nach griechischem Mythos s. oben p. 99.
Allerdings könnte das zunächst nur ein Uebergehen der spinnenden Sonnenfrau in die Gewitterscenerie bedeuten, wie ich ja
oben auch auf den Uebergang der freundlichen, gnädigen Sonnenfrau in die zürnende, keifende Gewitteralte hingewiesen habe,
und jenes märkische Märchen könnte darnach eben nur Sonne,
Mond und Wind so getrennt haben; wenn aber anderseits dasselbe Wesen, die Berchtha, einmal der spinnenden Sonnenjungfrau
gegenübertritt, sie blendet, ihren Wocken verwirrt oder
im Schwefelgeruch des Blitzes besudelt (s. Urspr. ebendas.), dann aber auch mit blutiger Hand selbst ihre Spindel
schleudert, so haben wir in Parallele zu dem Wurf des Zeus
(rubente dextera jaculatus arces) hier ganz speciell die im
Blitzwurf ihre Spindel schleudernde Blitzgöttin in

---

[1]) Ueber diesen menschenfressenden Charakter der Himmelskörper
vergl. oben p. 136. 177 und meine Abhandlung über die Sirenen und den
nordischen Hraesvelgr in der Berliner Zeitschrift für das Gymnasialwesen
v. J. 1863. p. 473. 475.

[2]) Socben kommen mir noch Vernaleken's Oesterreichische Kinder-
und Hausmärchen. Wien. 1864. zu Gesicht, wo er auch noch p. 344 eine
Parallele zu dem angeführten Märchen beibringt, was meine Auffassung
bestätigt. Nach einer Version desselben aus der Gegend von Pisek in
Böhmen gelangt das Mädchen nämlich zuerst zum Mond, dann zur Sonne
und endlich zum Gewitterhäuschen; da treten doch in Betreff des
angeführten Märchens die drei behaupteten Momente noch entschiedener
nebeneinander in besonderer Selbstständigkeit hervor.

besonderer Persönlichkeit gefaſst[1]). Eine derartige Selbstständigkeit der Personification, die an und für sich nichts Auffälliges hat, die wir aber nur zu unserm Zweck als eine selbstständige, ursprüngliche Anschauung soweit als möglich begründen müssen, ergiebt sich auch aus anderen Umständen. Mannhardt hat eine reiche Fülle von Kinderliedern beigebracht im Anschluſs an seine Untersuchungen über die Nornen, in welchen meist von drei spinnenden Jungfrauen die Rede ist, wie diese Dreiheit auch bei den Nornen sowohl als bei den Mören neben der Einheit hervortritt. Wenn er nun die Beziehung derselben im Allgemeinen zu den Wolkenregionen nachgewiesen, namentlich die eine der drei Jungfrauen oder Nornen als die Gewitterfrau zu charakterisiren geneigt ist[2]), so finde ich noch in dem von ihm unerklärt gelassenen Zug, daſs die eine Haberstroh spinnen soll[3]), einen deutlichen Hinweis auf den Blitzzickzack, den wir schon, als Dornhecke, Reisigbündel, Stroh und dergl. gefaſst, kennen gelernt haben. Denn das Verwirrtsein ist eben das Charakteristische des Haberstrohs, und in dieser Bedeutung erscheint es auch sonst auf mythischem Gebiet. Das Verwirrte tritt aber, ganz gewöhnlich an den Blitz sich knüpfend, auf. So läſst es bei der Anschauung desselben als Haare dieselben als verwirrt, verfilzt gelten, worauf ich schon im Urspr. p. 226 und 252 f. die fliegenden Haare der Hexen oder das Verfilzen der Haare durch Frau Holle, die Elbe, den Pilwiz und den damit zusammenhangenden sogenannten Weichselzopf in Verbindung gebracht habe, wie auch die Mahrtenlocken dahin gehören. Wenn Rückert in dem im Urspr. p. 143 zunächst zu anderm Zweck citirten Gedicht den Gewittermann mit den Worten schildert:

„Hin wallt des Hauptes wirres Haar,“

so haben wir die Vorstellung, von der ich rede. Nach dieser Analogie stellt sich also ganz einfach zu dem schon oben berührten Bilde der Zickzackblitze als Stroh, das z. B. statt des Herzens dem Sonnenwesen im Gewitter eingenäht wird, die Anschauung vom Haberstroh, was im Gewitter gesponnen

---

[1]) Vergl. Heutiger Volksgl. p. 96.
[2]) Germ. Mythenf. p. 649. Vergl. auch p. 707.
[3]) Ebendas. p. 540 f.

und das noch significant stellenweise in Gold übergehend gedacht wird. Ich gehe auf diese Sache noch etwas näher ein
und entnehme das Material aus Mannhardt, Germ. Mythenf.
p. 538. „Nicht minder schwierig," sagt er, „ist die Erklärung
des Haferstrohspinnens. Indessen bieten sich mir folgende
Anhaltspunkte. Im Volksliede „von îdel unmogeliken dingen,"
das sehr viele mythische Bestandtheile enthält, heißt es:

> Ik wêt mi êne schône magd,
> De mînem harten wol behagt;
> Ik naeme se gêrn to wiwe,
> Konde se mî von haferstroh
> Spinnen de klêne (zierliche) sîde.

Wie in demselben Liede u. a. die Bedingung gestellt wird: „so
schast do mî de glasenborg mit ênem pêrd uprîden," welche
Forderung einer sehr vielen Märchen gemeinsamen Legende
entnommen ist, so findet auch das Spinnen des Haferstrohs
im Märchen seine Verwirklichung. Eine Müllerstochter soll drei
Kammern voll Stroh zu Gold spinnen und, wenn sie das kann,
den König heirathen. Der Zwerg Rumpelstilzchen hilft ihr, und
sie gewinnt den König. Dieselbe Geschichte wird von frû Frêen
mit dem grôten dûme, d. h. der Göttin Frikka, erzählt. Diese
spinnt für ein Mädchen Roggenstroh zu Gold (Pröhle, Unter-
harz. Sagen. p. 210. 211). Das Mädchen wird dadurch die Gemahlin des Königs. Endlich knüpft sich dieselbe Erzählung an
drei alte Jungfrauen, die drei Schicksalsgöttinnen, wie wir
weiterhin zu erweisen versuchen werden, welche als Gegengabe
für ihre Leistungen sich ausbedingen, zur Hochzeit geladen zu
werden. Es scheint nach diesen Zeugnissen das Haferspinnen
in einer, noch nicht klar zu durchschauenden Beziehung zur
Hochzeit und dem Eheleben (?) zu stehen. Die drei Schicksals-
jungfrauen, die Göttin Frîa (Frikka) oder ein Zwerg spinnen
das Schicksal der Ehe, Gold aus Stroh(?!)." So Mannhardt.
Wir sehen nach unserer Deutung in diesen Märchen nur einmal
die in das Gewitter übergegangene Sonnenbraut, die im
Blitzeszickzack ihr Haberstroh spinnt, dann aber eben bei
der Dreiheit der himmlischen Jungfrauen speciell in ihr die
im Gewitter selbstständig auftretende Windsbraut oder
Windin der deutschen Sage.

Auch die Vorstellung des Webens im Gewitter zeigt uns deutsche Mythe in mannigfachen Variationen, und ich greife ein Bild heraus, was an die Vorstellung des Gewitters, als eines Leichenfeldes, anknüpft, wie ich es in der Sage von den Sirenen und dem nordischen Hraesvelgr für griechische und deutsche Mythe nachgewiesen habe, und es auch noch in der ebendaselbst besprochenen Mythe vom menschenfressenden Kyklopen und der stets von Blut triefenden Wolkenhöhle des Cacus, die mit Menschenköpfen garnirt war, hindurchbricht. „Das Schicksal der kommenden Schlacht verkünden die Valkyrien voraus," sagt Mannhardt, „indem sie ein blutrothes Gewebe weben. Nach der Njâlssaga sah am Tage der Schlacht von Dublin im J. 1014 ein Mann auf Katanes zwölf Jungfrauen zu einer Kammer reiten und dort verschwinden. Er guckte durch ein Fenster in das Gemach und gewahrte da, daſs die Frauen ein Gewebe aufgeführt hatten; Menschenhäupter hingen statt der Gewichte herab, und Gedärme dienten statt des Zettels und Einschlags, ein Schwert vertrat das Schlagbrett, ein Pfeil den Weberkamm. Dazu sangen die Jungfrauen:

> Weit ist geworfen — zum Beginn der Schlacht —
> Des Webestocks Aufzugwolke, es regnet Blut;
> Schon ist über die Gere das graue Gewebe
> Der Krieger gespannt, das die Freundinnen füllen
> Mit des Schlachtenwerks blutrothem Einschlag.

— — — — — — — — — —

> Wir weben, wir weben das Gewebe der Schlacht,
> Das der junge König vor sich hat;
> Fern sollen wir gehen und in die Schlachtreihen stürzen,
> Wo unsere Freunde die Waffen wechseln.

Von einem ähnlichen Gewebe träumt Îngibjörg, der Gattin Pâlnis, in Vorahmung kommenden Kampfes. Das Gewebe ist grau. Ein Gewichtstein fällt herab, Îngibjörg hebt ihn auf, und siehe da, es ist ein Menschenhaupt, das Haupt des Königs Haraldr Gormssonr." „Da in den alten eddischen Volksliedern," fährt Mannhardt fort, „die Valkyrien niemals in so grausenhafter Weise, wie hier, auftreten, müssen wir als Zuthat der getrübten Sage des XI. Jahrhunderts die Menschenhäupter und Gedärme aus diesen Schilderungen entfernen, dann bleibt

als alte und ächte Grundlage der Sage stehen, daſs die Valkyrien
ein Gewebe verfertigen, an welches das Schicksal der Schlacht
geknüpft ist." Ich kann Mannhardt in diesem Letzteren nicht
beistimmen, das Ganze ist vielmehr ein ächt ursprüngliches,
rohes Bild der Auffassung der Gewitterscenerie, in welcher die
himmlischen Wolkenmädchen zu wirthschaften und zu weben
scheinen, wie die ihnen nahe verwandten, schwarzen aber
weiſszahnigen Keren ja auch an den Leichen zerren[1]),
die Sirenen von hinschwindenden Häuten und Knochen
umgeben zu sein schienen. So weben also, mit der Hineinziehung eines derartigen Bildes, die Valkyrien unter dem
Sturmesgesang, der ja auch die Sirenen charakterisirt, das
graue, dann aber auch blutigrothe Wolkengewand der kommenden Schlacht. Wenn das Schwert, welches das Schlagbrett, und der Pfeil, der den Weberkamm vertrat, uns an
analoge, ganz gewöhnliche Anschauungen des Blitzes erinnert,
werden wir auch Donner und Blitz anderseits in den Men-
schenhäuptern und Gedärmen nicht verkennen. Wie der
Donner ganz gewöhnlich als rollende Kugel aufgefaſst wird,
habe ich schon im Heutigen Volksgl. p. 105 die rollenden
Todtenköpfe in so vielen, auch ursprünglich am Himmel
spielenden Spukgeschichten auf denselben bezogen, und wie sie
des Cacus Höhle garniren, galten sie hier als Gewichte, wobei
noch significant das Herunterfallen des einen hervortritt,
gerade wie Thors Wetzstein auch herabfällt auf die himmlischen Regenbogenmähder, daſs sie darüber in Streit gerathen, Kadmos Steine unter die aus den Drachenzähnen

---

[1]) Grimm, Myth. p. 398, sagt von den Keren: „Hesiod (sc. Herc. 249—254)
läſst die dunklen, weiſszahnigen Keren um fallende Krieger
streiten, jede schlägt ihre Klauen um den Verwundeten, begierig sein Blut
zu trinken, gerade wie er den Moeren Klauen und Blutgier beilegt,
wodurch sich von Neuem die Identität der Nornen und Valkyrien bestätigt." Wenn die Schwärze und Weiſszahnigkeit der Keren auf die
dunklen Gewitterwolken und die blendendweiſsen Blitze geht, so
stellen sich in letzterer Hinsicht die Keren auch wieder zu den Gräen, den
drei Schwestern mit dem einen fabelhaften Zahn (s. Urspr. p. 192), und
den Gorgonen mit den Eberzähnen. Apollodor, Bibl. II. 3. 4 (vergl.
Heutigen Volksgl. p. 69).

im Gewitter erwachsenden Wesen wirft[1]). Die Eingeweide
erinnern übrigens wieder an das Verfilztsein, wie es vorhin bei
den Haaren und dem Haberstroh als charakteristische Auffassung
der Blitze hervortrat, und stellen sich dazu als Analogon, sobald man eben an Theile des menschlichen Körpers bei der
Gewitterscenerie dachte, so daſs Alles sich zu dem Bilde zu-
sammenfügt, wie wir es deuten.

Analoge Naturbilder vom Spinnen und Weben der himmlischen Wesen treten nun auch in der griechischen Mythologie
hervor, nur sind sie lieblicher und schöner meist in der Auffassung, obgleich, wie schon oben angedeutet, auch deutscher
Glaube nicht lauter so grausige Vorstellungen, wie die eben erwähnte, producirte. An den aus dem Finnischen nachgewiesenen
Glauben von der Sonne als einer Spindel erinnert zunächst,
wenn gerade mehrere der bedeutendsten Göttinnen den Beinamen
χρυσηλάκατος führen und ihnen so eine goldene Spindel
beigelegt wird: wir werden es auf dieselbe Anschauung der
Sonne und der Sonnenstrahlen, wie ja jene auch bei den Griechen
als ein δίσκος galt, zurückführen. So haben also zunächst Artemis
und Leto, des goldhaarigen Sonnengottes Schwester und
Mutter, den Beinamen χρυσηλάκατος, wieder ein deutlicher Be-
weis, daſs neben einander männliche und weibliche Auffassungen
sich an die Sonne geknüpft, Apollo und Artemis sich in dieser
Beziehung zu einander verhalten wie Helios und Eos, wenn selbige neben einander den Tag über am Himmel auftreten, während
anderseits doch wieder eine andere Anschauung scheint zu Grunde
gelegen zu haben, wenn bei ihrer Zwillingsgeburt Artemis als
die erstgeborene galt. Wenn man dies nämlich zunächst auch
auf Morgenröthe und Sonne beziehen könnte, so greift doch auch
hier wohl, wie noch sonst, dieser hervortretende Dualismus weiter.
Denn schon in der im Gewitter eingetretenen Geburt des Gottes
und der Göttin, worin sie eben als die erstgeborene auftritt, erscheint sie durch die Parallele mit der regenbogengeschmück-
ten Eileithyia, wie ich es im Urspr. p. 114 f. gedeutet habe, zunächst gerade auch so, als die dem Sturmesgott Apollo voraneilende und das Gewitter zur Entwickelung bringende
Windsbraut, wie auch Anderes dann bei Apollo und Artemis

---

[1]) Ueber die Deutung dieser Mythen s. Ursprung p. 136 f. 277.

auf die oben p. 188 ff. den himmlischen Zwillingen zu Grunde gelegte Vorstellung von Sonne und Mond als himmlischen Lichtkindern hinweist; so dafs wir in der Artemis überhaupt wohl ursprünglich eine dem Sonnenwesen nach Art der Lampetia voraneilende Mondgöttin hätten, die dann als die Lichtbringerin mit der Morgenröthe und der Sonne in Verbindung gekommen wäre (s. p. 212 u. 146 f. 170. 173). Dies würde auch hier wieder als das Ursprüngliche, das Hineinwachsen in die Gewitterscenerie als eine besondere Phase in der Entwickelung beider Gestalten, wie bei den Dioskuren, anzunehmen sein.

Wie aber Artemis und Leto erscheint nun auch Amphitrite, die Gemahlin des himmlischen Wassergottes Poseidon, den Pindar Ol. VI s. f. daher χρυσηλακάτου πόσις Ἀμφιτρίτης nennt, mit goldener Spindel, also in Beziehung zur Sonne. Dasselbe gilt dann in analoger, verallgemeinerter Weise von der ganzen Schaar der ihr verwandten Nereiden, d. h. der himmlischen Wasser- und Regengottheiten, wodurch in anderer Weise auch bestätigt wird, dafs ihr Terrain, wie das des den Blitzzack schwingenden Poseidon, ursprünglich der Himmel war[1]. So spinnen und weben dann endlich alle Nymphen überhaupt, d. h. alle Wolken-, Wind- und Wassergöttinnen des Himmels in der allgemeinsten Bedeutung (s. die Stellen in Damms Lex. Hom. Pind. unter χρυσηλάκατος). Ihr eigentliches Gebiet ist nämlich, nach Preller. I. p. 565, „jenes dämonische Stillleben der Natur in der verborgenen Einsamkeit der Grotten und entlegenen Thäler (d. h. nach meiner Deutung ursprünglich in den Wolkenhöhlen und zwischen den Wolkenbergen), wo sie spinnen und weben, bezaubernde Lieder singen und baden (d. h. im Sturm und im Regenwolkenbade), der ihnen anvertrauten Götterkinder (d. h. der im Gewitter geborenen Wesen) pflegen, mit der Artemis (recht eigentlich als Windgottheiten) jagen, mit Dionysos schwärmen, mit Apollo und Hermes der Liebe huldigen, mit dem zudringlichen Geschlecht der Satyrn in einem beständigen Kampfe leben." Wenn jenes Buhlen besonders, wie ich im Urspr. an den betreffenden Stellen nachgewiesen, an Anschauungen anknüpft, welche sich an die Ge-

---

[1] Ueber Poseidon s. Urspr. u. A. p. 127. 164 f.

wittererscheinungen angeschlossen haben, wo alle Augenblicke der Coitus geübt, die Wolken schwanger zu werden oder immer vor den buhlenden Winden in Flucht zu sein schienen, so ist das uns hier besonders von den Nymphen Interessirende und zugleich auch das Allgemeinste, daſs sie unter Gesang spinnen und weben, d. h. stets 'bilden sich unter des Windes Wehen Wolken, und demgemäſs erscheint Spinnen und Weben als die vorzüglichste Thätigkeit der himmlischen Mädchen.

Auch bei den Griechen scheint speciell das Weben, wie auch natürlich, sich besonders an das Gewitter angelehnt zu haben. Die Anschauung klingt auch noch bei Nonnus (Dion. XIV. v. 292 sqq.) hindurch, wenn es heiſst:

πάννυχος ἀστερόεντα πυρίτροχον ὁλκὸν ὑφαίνων
οὐρανὸς ἐβρόντησεν, ἐπεὶ τότε μάρτυρι πυρσῷ
νίκης Ἰνδοφόνοιο τέλος μαντεύσατο Ῥείη.

Im Allgemeinen erinnere ich in Betreff der hergehörigen Mythen an die Ἀθήνη Ἐργάνη, welche der Hera das Gewand gewebt haben sollte, das sein Analogon in dem χιτών des νεφεληγερέταο Διός findet, d. h. dem Gewittergewande, welches Athene dann auch, zum Kampf ausziehend, selbst anlegt (s. Urspr. p. 246. 118). Dann denke ich aber besonders dabei an die homerischen Bilder von der webenden Kalypso und Kirke, der hüllenden Wolkengöttin und der namentlich an das Gewitter sich anschlieſsenden schlimmen Sonnentochter, welche sich zur Athene verhält, wie die freundliche Berchtha zur bösen Hexe, unter deren Form jene auch, wie die ihr analogen Holda und Frick, auftritt. So heiſst es von der Kalypso also Od. V. v. 61 sq.:

— ἡ δ' ἔνδον ἀοιδιάουσ' ὀπὶ καλῇ
ἱστὸν ἐποιχομένη χρυσείη κερκίδ' ὕφαινεν·

von der Kirke Od. X. v. 221 sqq.:

Κίρκης δ' ἔνδον ἄκουον ἀειδούσης ὀπὶ καλῇ,
ἱστὸν ἐποιχομένης μέγαν, ἄμβροτον· οἷα θεάων
λεπτὰ καὶ χαρίεντα καὶ ἀγλαὰ ἔργα πέλονται.
τοῖσι δὲ μύθων ἦρχε Πολίτης, ὄρχαμος ἀνδρῶν,
ὅς μοι κήδιστος ἑτάρων ἦν, κεδνότατός τε·
Ὦ φίλοι, ἔνδον γάρ τις ἐποιχομένη μέγαν ἱστὸν
καλὸν ἀοιδιάει, — δάπεδον δ' ἅπαν ἀμφιμέμυκεν. —

16*

Hier haben wir doch deutlich, im Anschluſs an die vorhin entwickelten Anschauungen und Bilder, die unter hallendem Gesang, daſs die himmlische Halle dröhnt, mit goldenem
Webeschiff, d. h. wie in der Valkyrien-Sage mit dem hin-
und herfahrenden Blitz, webenden Göttinnen des sich entwickelnden Unwetters, wozu namentlich dann die ganze Mythe von
des Odysseus Ankunft bei der Kirke und sein dortiges Abenteuer,
wie ich es im Urspr. p. 269 entwickelt habe, vortrefflich paſst.

Eine besonders charakteristische Gestalt sind in der griechischen Mythe noch in dieser Hinsicht die Moiren, bei denen
wieder das Spinnen significant hervortritt. Wie ich schon
oben den im Gewitter das blutige Schlachtgewebe webenden
Valkyrien die Keren zur Seite stellte, gelten die Moiren bald
als die Schwestern der Keren und Kinder der Nacht, bald
werden sie mit den Erinnyen zusammengebracht, diesen Ge-
wittergeburten mit ihren Schlangenhaaren[1]). Aber nicht blofs
in dieser Hinsicht, auch sonst sind sie entschieden Gewitterwesen wie jene, und ihr Bild ist, wie das der Valkyrien,
dieser Scenerie entlehnt, besonders, wenn sie als die unglück-
seligen, verderblichen, übergewaltigen Geburts- und Todes-
göttinnen erscheinen, denn beiderlei Vorstellungen knüpften
sich, wie ich im Urspr. d. Myth. nachgewiesen, ganz gewöhnlich an das Gewitter. So wurden sie zu Schicksalsgöttinnen überhaupt. Wenn sie sich hierin ganz zu den
nordischen Nornen stellen, denen sie auch in ihrer ethischen

---

[1]) Ueber die Beziehung der Moiren zu Keren und Erinnyen s. Jacobi,
Mythol. Wörterbuch. p. 630 f. und Preller, Griech. Myth. I. p. 414: „Die
Moiren treten auch“, sagt der Letztere, „persönlich in das Getümmel der
Schlacht, wo die Moire, nach den Schilderungen Homers, an die Kämpfen-
den dicht herantretend, würgt und tödtet, den Fallenden packt und zu
Boden reifst, seine Glieder bindet, seine Augen umnebelt, daher (?) sie
nach Apollodor I, 6. 2 auch in der Gigantomachie mitkämpfen, die wilden
Riesen mit ehernen Keulen zu Boden schlagend. Also sind die Keren
und Moiren sehr nah verwandte Begriffe, wie sie auch im Bilde vereinigt
werden.“ In ihrem Antheil am Gigantenkampfe finde ich natürlich eine
ursprüngliche Beziehung auf die Gewitterscenerie, und die ehernen
Keulen gehen meiner Meinung nach auf den im Blitz leuchtenden,
Alles niederschmetternden Donnerschlag. Darum trägt auch Herakles
eine solche Keule.

Entwickelung gleichen, weist aber auch anderseits, neben dem
beiden gemeinsamen Charakter des Spinnens, die beiden gewöhnlich beigelegte Dreizahl, bei der sonst verschiedenen Deutung derselben, auf einen gemeinsamen natürlichen Hintergrund hin, der sich dann eben nur verschieden bei beiden
Völkern entwickelt hat. Nun könnte man bei dem zunächst
entwickelten Hintergrunde an eine Trilogie denken, wie sie
etwa im Arges, Brontes und Steropes hervortritt; wenn aber
auch möglicher Weise sich die Dreizahl an diese drei Symptome
des Unwetters oder an Sturm, Blitz und Donner angelehnt
haben mag, halte ich doch dies nicht für das Ursprüngliche.
Wir sahen nämlich durchgehends doch die Vorstellung des
Spinnens von der Sonne und den Sonnenstrahlen ausgehen,
wenn auch dieselbe dann im Gewitter zu eigenen Bildern und
selbstständigen Persönlichkeiten sich entwickelte. Nun tritt
neben den drei Moiren eine $K\lambda\omega\vartheta\acute{\omega}$ besonders hervor, wie auch
anderseits die Eileithyia, die Gebärmutter $\varkappa\alpha\tau'$ $\grave{\epsilon}\xi o\chi\acute{\eta}\nu$, den
Moiren nahe tritt und auch im Bilde des Spinnens sich mit
ihnen berührt (Preller, Griech. Myth. I. p. 402. 414). Ich habe
im Urspr. darauf hingewiesen, daß die letztere bei der Gewittergeburt die zu derselben eilende und dieselbe zeitigende Windsbraut zu sein scheine, welche deutscher Volksglaube noch daran anklingend die fahrende Mutter oder anderseits die barende Vrouwe selbst nennt (s. Urspr. p. 115).

Anderseits deutet aber wieder mir der Beiname derselben
als die gute Spinnerin ($\epsilon\ddot{v}\lambda\iota\nu o\varsigma$) nach Allem auf die Sonne
hin, und auch dieses würde in die Scenerie einer Gewittergeburt
passen. Wie die Sonne in das Gewitter einrückt, könnte sie
ebenso die Geburten zeitigende Eileithyia, wie die Hebamme
der deutschen Sage geworden sein, welche zur Entbindung der
gewitterschwangeren Wolke im Reich der himmlischen
Wasser- oder Zwerggeister geholt wird (Urspr. p. 251). Wenn
nämlich die umwobene Sonnengöttin Metis oder Thetis in
Wasser, Feuer und Wind sich zu wandeln schien, könnte auch
die dahineilende Windsbraut als ein jener Vorstellung sich
anschließendes Bild gedient haben, so daß man eben in dieser
Wandlung die zur Entbindung des Gewitters dahineilende
Göttin wahrzunehmen meinte, wie nach anderem Bilde im

Blitz z. B. der silberfüfsigen Göttin Fufsspuren leuchteten[1]). So meine ich also, dafs die eine Klotho, die Eileithyia
aber namentlich als die gute Spinnerin, uns auch hier auf die
Sonne als Ausgangspunkt zurückführe, als überhaupt auf die
Quelle der Vorstellung vom Spinnen des Lebensfadens, der
dann im Gewitter sein Ende findet, indem, wie die Sonnenhaare im Gewitter abgeschnitten zu werden schienen, auch im
Blitz der Lebensfaden zu reifsen schien. Und halten wir nun
dazu schliefslich das oben, freilich aus anderen Mythologien,
über die spinnenden himmlischen Wesen Beigebrachte, so
meine ich, nach dem ganzen Gang der Untersuchung und den
übereinstimmenden Elementen, dafs die drei himmlischen Moiren,
Parcen und Nornen ursprünglich die drei spinnenden Son-
nen-, Mond- und Gewitter- (oder Sturmes-) Jungfrauen
gewesen, wie Plut. de facie in orbe lunae XXX. auch die Atropos mit der Sonne, die Klotho mit dem Monde ausdrücklich
noch in Verbindung bringt; dafs aber die eigentliche Ausführung
des ganzen Bildes sich meist an das Gewitter angeschlossen,
die Mondjungfrau namentlich bald in den Hintergrund getreten
sei, wefshalb sich auch die zuweilen auftretende Zweizahl
dann erklären würde. Unter Ausführung des Bildes verstehe ich
u. A. auch das Werfen des Looses, was einmal daran erinnert, dafs Apollo und Zephyros im Gewitter, wie wir oben
gesehen, mit dem Sonnendiscos spielen, Ganymedes und Eros
in den himmlischen Gefilden Würfelspiel treiben[2]), Hermes

---

[1]) Ueber das Letztere s. Urspr. p. 167, über die Wandlungen der
Himmelsgöttin ebend. p. 123, dem ich noch folgende Stelle hinzufüge. Bei
Quint. Smyrn. III. 619 sqq. sagt Thetis von sich:

ἀλλ' ὁτὶ μὲν ζαὴς ἄνεμος πέλω, ἄλλοτε δ' ὕδωρ,
ἄλλοτε δ' οἰωνῷ ἐναλίγκιος ἢ πυρὸς ὁρμῇ.

[2]) Apollonius Argon. III. Als Aphrodite auf Veranlassung der Hera
den Eros sucht, heifst es das. v. 114 sqq.:

εὖρε δὲ τόν γ' ἀπάνευθε Διὸς θαλερῇ ἐν ἀλωῇ,
οὐκ οἶον, μετὰ καὶ Γανυμήδεα, τόν ῥα ποτὲ Ζεὺς
οὐρανῷ ἐγκατένασσεν ἐφέστιον ἀθανάτοισιν,
κάλλεος ἱμερθείς. ἀμφ' ἀστραγάλοισι δὲ τώ γε
χρυσείοις, ἅτε κοῦροι ὁμήθεες, ἑψιόωντο.

Der goldene Ball des Zeus, welchen sie ihm verspricht, und mit dem jener
als Kind gespielt haben sollte, knüpft deutlich an die Erscheinung des
Regenbogens an, wenn es heifst:

dann und Wodan, die Gewittergötter, speciell als Vorsteher
oder Erfinder des Spiels gelten[1]), wie auch die deutschen
Götter im alten Idafelde „heiter mit Würfeln spielten,“ und in
dem nach der Wiedergeburt erneuten die wundersamen,
goldenen Scheiben im Grase wiedergefunden werden[2]), deutscher Aberglaube endlich noch Kegelspiel im Gewitter geradezu annimmt[3]), die Substitute des in den Wolkenberg
gebannten Kaisers Karten dann spielen[4]), Alles Vorstellungen,
die auch eine Anschauung wahrscheinlich machen, nach welcher
im Donner die geworfenen Würfel dahin zu rollen und
so das Loos über jemanden geworfen zu werden schien, was
dann für den Betreffenden zum Todesloos wurde.

An die drei an Sonne, Mond und Wind sich knüpfenden himmlischen Wesen, wie sie in den eben besprochenen Mythen als drei Spinnerinnen und namentlich als die drei
Moiren des griechischen Glaubens uns entgegentraten, schließt
sich aber noch ein anderes Moment. Die Dichter schildern
nämlich die Moiren als alte und häßliche Frauen, als veteres und γεραιαί (Jacobi, Mythol. Wörterbuch. p. 633), wozu
die ihnen nahestehenden einzahnigen Graeen passen. Und wie
diese wieder, in Rücksicht auf den fabelhaften „einen“ Zahn,
sich zu den weißzahnigen Keren stellten und auch in dieser
Hinsicht an die Gewittererscheinungen sich schlossen, könnte
zunächst aus diesem natürlichen Substrat auch ihr Charakter

$$\sigma\varphi\alpha\tilde\imath\varrho\alpha\nu\ \dot\epsilon\dot\upsilon\tau\varrho\acute o\chi\alpha\lambda o\nu,\ \tau\tilde\eta\varsigma\ o\dot\upsilon\ \sigma\acute\upsilon\ \gamma\epsilon\ \mu\epsilon\acute\imath\lambda\iota o\nu\ \check\alpha\lambda\lambda o$$
$$\chi\epsilon\iota\varrho\tilde\omega\nu\ \overset{'}{H}\varphi\alpha\acute\iota\sigma\tau o\iota o\ \varkappa\alpha\tau\alpha\varkappa\tau\epsilon\alpha\tau\acute\iota\sigma\sigma\eta\ \check\alpha\varrho\epsilon\iota o\nu.$$
$$\chi\varrho\acute\upsilon\sigma\epsilon\alpha\ \mu\acute\epsilon\nu\ o\acute\iota\ \varkappa\acute\upsilon\varkappa\lambda\alpha\ \tau\epsilon\tau\epsilon\acute\upsilon\chi\alpha\tau\alpha\iota\cdot\ \dot\alpha\mu\varphi\grave\iota\ \delta^{'}\ \dot\epsilon\varkappa\acute\alpha\sigma\tau\omega$$
$$\delta\iota\pi\lambda\acute o\alpha\varsigma\ \dot\alpha\psi\tilde\imath\delta\epsilon\varsigma\ \pi\epsilon\varrho\iota\eta\gamma\acute\epsilon\varsigma\ \epsilon\acute\iota\lambda\acute\iota\sigma\sigma o\nu\tau\alpha\iota\cdot$$
$$\varkappa\varrho\upsilon\pi\tau\alpha\grave\iota\ \delta\grave\epsilon\ \dot\varrho\alpha\varphi\alpha\acute\iota\ \epsilon\acute\iota\sigma\iota\nu\cdot\ \check\epsilon\lambda\iota\xi\ \delta^{'}\ \dot\epsilon\pi\iota\delta\acute\epsilon\delta\varrho o\mu\epsilon\ \pi\acute\alpha\sigma\alpha\iota\varsigma$$
$$\varkappa\upsilon\alpha\nu\acute\epsilon\eta.\ \dot\alpha\tau\grave\alpha\varrho\ \epsilon\check\iota\ \mu\iota\nu\ \dot\epsilon\alpha\tilde\iota\varsigma\ \dot\epsilon\nu\grave\iota\ \chi\epsilon\varrho\sigma\grave\iota\ \beta\acute\alpha\lambda o\iota o,$$
$$\dot\alpha\sigma\tau\grave\eta\varrho\ \dot\omega\varsigma\ \varphi\lambda\epsilon\gamma\acute\epsilon\vartheta o\nu\tau\alpha\ \delta\iota^{'}\ \dot\eta\acute\epsilon\varrho o\varsigma\ \dot o\lambda\varkappa\grave o\nu\ \check\iota\eta\sigma\iota\nu.$$

[1]) Jacobi, Mythol. Wörterb. p. 441. Grimm, Myth. p. 136. 145.
[2]) Simrock, Edda. 1851. p. 4. 11. vergl. Simrock, Myth. p. 173.
[3]) Nordd. Sagen. p. 455.
[4]) So spielen im Muschwillensee, d. h. dem (untergegangenen) Gewittersee (s. Urspr. p. 261 f.), bärtige Männer. Die wilde Jagd spielt
Karten, Nordd. S. p. 58; in Nobiskrug, der altmärkischen Unterwelt, spielen
die Todten Karten, der Wirth von Nobiskrug ist durch Würfelspiel
reich geworden, Nordd. S. p. 131. Auch der christliche Teufel tritt in Beziehung dann zum Würfelspiel. Grimm, Myth. p. 958.

„als Alte" stammen, wie ich einen solchen vorher schon im Allgemeinen als eine oft wiederkehrende Eigenthümlichkeit der Gewitterwesen, nämlich als finsterer, grummelnder, keifender Alten, erwähnt habe. Aber auch eine andere selbstständige und allen drei Wesen in ihrer. Gesondertheit gleichmäfsig zukommende Anschauung möchte hier Platz gefunden haben, sahen wir doch auch oben schon, wie nicht blofs auf jener Basis sich die Vorstellung alter himmlischer Wesen entwickelt zu haben schien, sondern auch anderseits z. B. das Matterwerden der Sonne im Winter (der sol languidus) ein derartiges Bild hervorrufen und mit den winterlichen Wesen verknüpfen konnte. Ebenso liegt die Annahme nun ziemlich nahe, dafs auch speciell die ewig dort oben an den Wolken spinnenden himmlischen Wesen von Hause aus als uralte gedacht wurden[1]). Es wäre das gleichsam ein Prototyp der ihm später beigelegten Ewigkeit selbst gewesen. Erschien dann die Sonne in besonders jugendlicher Gestalt, so im Frühjahr z. B., hatte die Alte selbst entweder diese Gestalt angenommen oder sich durch Zauber wirklich verjüngt, oder es war die Sonnentochter und dergl. mehr.

Ich kann von dem oben gewonnenen Bilde der Eileithyia aber nicht scheiden, ohne noch auf eine höchst eigenthümliche Uebereinstimmung in der griechischen und deutschen Uranschauung bei aller Wandlung der Elemente aufmerksam zu machen. Im Volksgl. p. 43 f. habe ich nämlich eine Sage aus Mecklenburg mitgetheilt folgender Art: „Ein Bauer hat mal die wilde Jagd gesehen. Er war über Land gewesen, und wie er zurückkam, setzte er sich, müde wie er war, unterwegs auf einen Baumstamm, um sich etwas auszuruhen. Wie er so da safs, die Beine über Kreuz geschlagen, kam ein ganz kleines Männchen zu laufen, das huschte ihm unter die Beine. Während er noch so dachte, was das wohl zu bedeuten habe, kam der wilde Jäger dahergejagt, ein gewaltiger Riese hoch zu Rofs. Der hielt vor ihm und rief ihm zu: „Stofs es von dir." Der Alte safs aber ganz ruhig, auch als er es zum zweiten Male rief; wie er es aber zum dritten Male schrie, da wurde

---

[1]) Von den hierher schlagenden Sagen der Jungfrau, welche verwünscht ist, „ewig zu leben," habe ich schon im Heutigen Volksgl. p. 99 gehandelt.

ihm ganz angst zu Muthe, und er that es. Da sah er, wie das
Männchen einen Berg hinauflief, so schnell wie eine Kugel
läuft, und hinter ihm her jagte die wilde Jagd, und das war
ein Geschiefse und ein Bellen der Hunde, das war furchtbar.
Und nicht lange dauerte es, da kam der wilde Jäger zurück,
der hatte zwei mit den Haaren zusammengebunden
vorn kreuzweis über dem Pferde zu liegen." Ich habe a. a. O.
nachgewiesen, dafs, wie nach christlichem Glauben des Mittelalters unser Herrgott im Gewitter den Teufel verfolgt, und nach
nordischem, heidnischem Glauben Thor die Riesen, welche sich
dann im Blitz als Knäuel die Wolkenberge hinabrollen und
hinter dem Regenbogen, als einer Sichel in der Hand himmlischer Mähder, Schutz suchen, so die obige Sage uns die Verfolgung eines im Blitz dahinlaufenden kleinen Wesens durch
den Donner zeige, ähnlich wie in Agricola's Sprichwörtern sich
für den Blitz die Bezeichnung findet, „das Blaue, was vor
dem Donner herläuft," und verweise im Allgemeinen auf
die dort gegebene Darstellung. Nur als eine Art paralleler Anschauung vom Spiel des Donners und des Blitzes im Gewitter,
welche freilich umgekehrt endet, will ich noch eine bei anderer
Gelegenheit schon von Mannhardt, Germ. Mythenf. p. 570 angezogene Stelle aus Talvj's Volksliedern der Serben anführen,
wo die Vila sich einen Wolkenthurm baut, und es weiter heifst:

> Sitzen will sie da und zuschauen,
> Wie der Blitz spielt mit dem Donner,
> Und lieb Schwester mit zwei Brüdern,
> Und die Braut mit ihren Führern.
> Blitz besiegt im Spiel den Donner u. s. w.

Die obige Scenerie mit den kreuzweis mit den Haaren zu-
sammengebundenen Zwergen, welche auch sonst in diesen Ge-
witterbildern wiederkehrt, erinnert nun, wie ich ebendas. p. 47
angeführt, an die sich kreuzenden Blitze, als die Haar-
flechten himmlischer Wesen, und läfst das über dem Wolkenrofs
liegende Jagdstück eines zurückkehrenden Gewitters —
in der grandiosesten Weise, wie stets, aufgefafst, — so erscheinen.
Hierzu bietet nun zunächst die griechische Sage ein kleines
Analogon, wenn der griechische Gewitterheld Herakles in
der Sage mit den Kerkopen diese beiden Zwerge fängt

und an einen Stock über den Rücken hängt und so fort geht, der Unterschied ist nur der, dafs der wilde Jäger reitet, jener geht[1]). Wenn übrigens daran in jener Sage sich der Zug knüpft, dafs die Kerkopen gelacht, weil sie den Herakles als μελάμ-πυγος erkannt, so führt das nur die gedachte Scenerie aus. Denn wenn das Erstere an das koboldartige Lachen und so an die Vorstellung einer gewissen Art von Donner als eines Lachens anknüpft, von der ich im Urspr. p. 109 f. des Ausführlicheren geredet habe, so weist das Letztere auf die schwarze Gewitterwolke deutlich hin. Denn wenn nach griechischem Glauben an den Schwefelgeruch und andere Art von Donner sich die Vorstellung des Hofirens anschliefst[2]), so pafst es doch ganz dazu, wenn die Wolke, welche sonst als Euter oder Brust je nach Umständen galt[3]), unter solchem Reflex als Hinterer gefafst wurde, und die schwarze Farbe hebt noch charakteristisch genug die Wolkenfarbe hervor. Als Hinterer erscheinen auch sonst die Wolken, z. B. in dem Aberglauben, dafs, wenn Jemand das Mittel hat, die Hexen in der Kirche zu erkennen, d. h. also am Hexensabbath bei ihren himmlischen Wolkenversammlungen, sie dann,

---

[1]) Westermann, Mythogr. 1843. p. 375. Δύο τινὲς ἀδελφοὶ κατὰ γῆν πᾶσαν ἀδικίαν ἐνδεικνύμενοι ἐλέγοντο Κέρκωπες, ἐκ τῆς τῶν ἔργων δριμύτητος τὴν ἐπωνυμίαν λαχόντες. ὁ μὲν γὰρ αὐτῶν ἐλέγετο Πάσσαλος, ὁ δὲ ἕτερος Ἀκλήμων, ὥς φησι Διὸς ὁ ὑπομνηματιστής. τούτους δὲ ἡ μήτηρ, Μεμνονὶς τῷ ὀνόματι, ἑωρακυῖα κατὰ γῆν πολλὰ δεινὰ ἐργαζομένους αὐτούς, εἶπε, μὴ περιτυχεῖν μελαμπύγῳ. καί ποτε τοῦ Ἡρακλέους ὑπὸ δένδρον κοιμωμένου καὶ τῶν αὐτοῦ ὅπλων ὑποκεκλιμένων τῷ φυτῷ, πλησιάσαντες οὗτοι τοῖς ὅπλοις ἐπιχειρῆσαι ἐβουλήθησαν. εὐθὺς δὲ ὁ Ἡρακλῆς αἰσθόμενος, λαβὼν αὐτοὺς καὶ καταχέφαλα ἐπὶ ξύλον δεσμεύσας ἐβάστασεν ἐξόπισθεν. καὶ τότε ἐκεῖνοι τῆς ἐντολῆς τῆς ἑαυτῶν μητρὸς ἐμνήσθησαν κρεμάμενοι, τοῦ Ἡρακλέους τὴν πυγὴν μέλαιναν θεασάμενοι ἐκ τῆς τῶν τριχῶν δασύτητος. οἱ δὲ πρὸς ἀλλήλους αὐτὸ τοῦτο διαλεγόμενοι γέλωτα πολὺν προσῆψαν τῷ Ἡρακλεῖ. καὶ εὐθὺς κατὰ τοῦτο τῶν δεσμῶν ἐλυτρώσατο καὶ ἀπέλυσεν αὐτούς.

[2]) Vergl. im Urspr. der Myth. p. 6. 65. 74. 78. 196—198. 225. 246, dazu stelle ich noch jetzt die von Sandvofs im Programm des Friedländischen Gymnasiums v. J. 1863 p. 4 Anm. aus Grimm's Wörterb. angeführte Stelle des Erasmus Alberus, der zu Götzenhain in der Dreieich Pfarrer gewesen, wo man von dem Gestank, der aus Sümpfen oder schwefelichten Wassern aufsteigt, sagt: Der Alp feistet also (incubus pedit).

[3]) Mannhardt, Germ. Mythenf. p. 176. 163. 188. Anm. 5.

wie sie sonst Wolkenmilchkübel auf dem Kopfe zu haben scheinen, ärschlings, dem Hochaltar zugekehrt, sitzen sollen. Denn dafs dies nicht etwa blofs ein obscöner Scherz ist, zeigt die Sage, welche Leoprechting aus dem Lechrain. München. 1855. p. 13 dazu mittheilt, wo es heifst, dafs die Hexen den verfolgen, welcher sie so überrascht, und wenn sie ihn auf offener Strafse noch finden, ihn jämmerlich zerkratzen, um ihn wo möglich blind zu machen, was sich ganz zu ähnlichen Scenerien bei der wilden Jagd des Gewitters stellt und das Ganze auch in dieser Hinsicht an dieselbe himmlische Scenerie anknüpft. So steckt umgekehrt nach Litthauischer Sage der Jäger seinen Hintern in die Versammlung der (im Regen) waschenden Hexen und läfst einen streichen, worauf ihn die Hexen verfolgen und seinen Rock zerreifsen, den sie erhaschen, was sie sonst mit ihm gethan haben würden, gerade wie es der Werwolf thut (s. Heutigen Volkssgl. p. 120); Alles Bilder, welche an die Wolkenversammlung unter den verschiedensten Scenerien, bald eines Hexensabbaths, bald einer Waschversammlung, anknüpfen und darin die im Gewitter stattfindend geglaubte Verfolgung dem Anfang entsprechend ausführen, wo namentlich in den angeführten Sagen das Reifsen in den Wolken, wie schon oben p. 20 bei den himmlischen Katzen angeführt ist, bedeutsam noch neben dem Erblindenmachen hervortritt. Wenn aber so der Herakles $\mu\varepsilon\lambda\dot\alpha\mu\pi\nu\gamma o\varsigma$ recht eigentlich den Gewittergott in roher Weise charakterisirt, so wird man unwillkürlich daran erinnert, dafs, wie so mancher kleine Aberglauben in hohes Alterthum hinaufreicht, und die alten Traditionen sich ergänzen, auch nach deutschem Aberglauben noch heut zu Tage die Adligen, deren Geschlechter ja das Alterthum so vielfach mit dem Himmel in Verbindung brachte, sie selbst namentlich dorther stammen liefs, — wobei dann die Gewitterscenerie auch sonst die Bilder abgab[1]), schwarzen Hintern haben sollen; gerade wie die Merowinger noch in den Borsten am Rücken das Wahrzeichen ihres himmlischen Ahnherrn angeblich an sich tragen, oder die thessalischen Aleuaden, wie wir gesehen, im Anschlufs an ihren

---

[1]) Heutiger Volkssgl. 23. 41. 43 f. 46.

goldhaarigen Sonnenahn hochblonde Haare haben sollten.
Wenn diese Deutung richtig, hätten also deutsche Sagen in
diesem Falle in der Geschichte von der wilden Jagd und den
Gewitterzwergen die Naturanschauung im rohen Bilde bewahrt
und erschlossen, griechischer Mythos liehe ihm in der Verbindung mit dem Herakles den heldenmäſsigen Charakter, und
wieder stimmte dazu ein ganz abgelegener, deutscher Aberglaube noch der heutigen Zeit; ein charakteristisches Merkmal
für das wunderbare Weben und Haften der Traditionen selbst
in den rohesten Formen.

Fast noch überraschender aber und nicht in einen so ab-
gelegenen Kreis wie die Kerkopen-Sage, sondern in die höchsten
Götterkreise hinaufreichend ist noch ein zweiter charakteristischer Zug der vorhin angeführten Mecklenburgischen Sage. Die
kreuzweis übergeschlagenen Beine wehren dem wilden
Jäger und schützen das Blitzkerlchen, das sich unter
ihnen birgt. Uebertragen wir nämlich diese Momente in die
Auffassung des Gewitters als einer himmlischen Geburt, die
ich so in vielen Mythen im Urspr. d. Myth. nachgewiesen habe,
so bekommen wir umgekehrt, im Anschluſs an eben dies Bild
der sich kreuzenden Blitze, die so versuchte Verhin-
derung des Hervorkommens des im Gewitter erwar-
teten Kleinen als ein ganz natürliches Gegenstück. Man muſs
nicht dabei das Kreuzen gerade der Beine urgiren, es ist
nur die allgemeine Vorstellung, daſs sich dort oben am Himmel
etwas kreuze und so hinderlich werde der weiteren Entwickelung
des Gewitters. Ebenso wie die Kreuzung, vom Standpunkt des
Blitzes als eines Weges, denselben als Kreuzweg gelten ließ,
über den der wilde Jäger, wie es in andern Sagen heißt, nicht
kann; muſste es vom Standpunkt des Blitzes als eines Armes
(als der rubens dextera des Donnerwesens) als sich kreu-
zende Arme (oder Finger) und sofort, für einen Sitzenden gedacht, als gekreuzte Beine erscheinen. Nun, denke ich, verstehen wir den Aberglauben, welchen Plinius berichtet, daſs neben
Gebärenden mit gekreuzten Händen zu sitzen Hexerei ist[1]);

---

[1]) Nat. hist. XXVIII. 6, 17. Adsidere gravidis, vel cum reme-
dium alicui adhibeatur, digitis pectinatim inter se implexis, ve-
neficium est, idque compertum tradunt Alcmena Herculem pariente. Pejus,

er ist von der Gewittergeburt und den dabei stattfindenden, angedeuteten Erscheinungen entlehnt und wie stets dann auf irdische Verhältnisse übertragen. Ganz derselben Art ist das angebliche Unfruchtbarmachen der deutschen Hexen, das **Nestelknüpfen, Senkelknüpfen, Schlofsschliefsen, Binden,** wovon Grimm, Myth. p. 1127 gesprochen; das **Kreuzen** oder **Knotenschlingen** schien nämlich, in Analogie zu dem angeblich wahrgenommenen Wirthschaften dort oben mit den **Blitzesfäden,** wie ich es auch in anderer Weise beim **Windzauber** (s. Urspr. p. 233 f.) für griechische und deutsche Sage nachgewiesen habe, omnem actum impediens, wie Plinius sagt. Die weite Ausdehnung und Uebertragung, welche dieser Aberglaube überhaupt hat, zeigt uns schon der rohe Scherz, den man oft bei Hunden angewandt sieht, die heftig **drücken.** Man meint, wenn man sich ihnen mit **verschlungenen Fingern** gegenüberstelle, sie brächten nichts zu Stande. So sagt auch Muchar, Das römische Norikum. Grätz. 1826. II. p. 36: „Wer in Steyermark, Kärnthen, Tyrol, Salzburg, Bayern u. s. w. kennet nicht den allverbreiteten Aberglauben an das sogenannte **Nestelknüpfen,** um Liebe oder Hafs, Gesundheit oder Krankheit zu Stande zu bringen? — Die Ligaturam furum et latronum, dafs Diebe nicht einbrechen oder gezwungen sein sollten, geraubte Dinge von selbst wieder zurückzubringen; die Ligaturas Mercatorum, Venatorum, Aucupum, auf dafs dem Kaufmann, dem Jäger, dem Vogelsteller ihr Werk einmal durchaus nicht gelinge, die Ligaturas molendini et barbadarum, dafs der Müller nicht mahlen und die geladene Büchse nicht losgehen könne; die Ligaturam vel Indurationem corporum, die Ligaturam Neonymphorum, das Nestelknüpfen im vorzüglichen Sinne aus Eifersucht oder rachgierigem Neide, Beraubung alles männlichen Vermögens zur ehelichen Beiwohnung." Dasselbe Moment nun aber, was so als ein allgemeiner Volksglaube erscheint, tritt speciell in der Herakles-Sage, wie auch Plinius schon anführte, hervor, und so kommen wir zur Eileithyia zurück und werden, denke ich, auch

---

si circa unum ambove genua; item poplites alternis genibus imponi. Ideo haec in conciliis ducum potestatumve fieri vetuere majores, velut omnem actum impedientia. Vergl. die dazu von Grimm, Myth. p. 1128 aus Ovid beigebrachten Stellen.

alle diese Darstellungen und Bilder, in denen sie hier auftritt, von der himmlischen Scenerie entlehnt sehen. Am schlagendsten sind dafür noch die Einzelheiten der betreffenden Sage selbst, welche uns lebhaft an eine Variante der mecklenburgischen Sage, von der wir ausgegangen, durch ein drittes, höchst eigenthümliches Moment erinnert. Als die Geburt der Alkmene bevorsteht, setzt sich also Eileithyia auf den Altar vor der Thür, schlägt das rechte Bein über das linke, verschränkt die Hände in einander und murmelt Zaubersprüche, um die Geburt zu hindern. Galinthias, die Dienerin der Alkmene, bemerkt dies und redet sie plötzlich mit der Nachricht an, daſs Alkmene entbunden sei. Darüber erschrocken, springt die Göttin auf, löst die Hände und Knie, und sofort gebiert Alkmene. Galinthias, ihrer List lachend sich freuend, wird von der zürnenden Göttin in ein Wiesel verwandelt (s. Jacobi, Myth. Wörterb. p. 292 nach Ovid. Met. IX. 285 sqq.). Antoninus Liber. Transf. XXIX berichtet dieselbe Sache, nur treten noch neben der Eileithyia die Moeren auf, und es werden bloſs die Hände gefaltet; Beides stimmt zu dem, was ich oben über die Verbindung beider Wesen und über das Kreuzen, als das Hauptmoment, gesagt habe. Antoninus sagt: Προίτου θυγάτηρ ἐν Θήβαις ἐγένετο Γαλινθιάς. αὕτη παρθένος ἦν συμπαίκτρια καὶ ἑταιρὶς Ἀλκμήνης τῆς Ἀλεκτρύωνος. ἐπεὶ δὲ Ἀλκμήνην ὁ τόκος ἤπειγε τοῦ Ἡρακλέους, Μοῖραι καὶ Εἰλείθυια πρὸς χάριν τῆς Ἥρας κατεῖχον ἐν ταῖς ὠδῖσι τὴν Ἀλκμήνην. καὶ αὗται μὲν ἐκαθέζοντο κρατοῦσαι τὰς ἑαυτῶν χεῖρας, Γαλινθιὰς δὲ δείσασα μὴ Ἀλκμήνην ἐκστήσωσι βαρυνομένην οἱ πόνοι, δραμοῦσα παρά τε τὰς Μοίρας καὶ τὴν Εἰλείθυιαν ἐξήγγειλεν, ὅτι Διὸς βουλῇ γέγονε τῇ Ἀλκμήνῃ παῖς κόρος, αἱ δὲ ἐκτείνων τιμαὶ καταλέλυνται. πρὸς δὲ τοῦτ' ἔκπληξις ἔλαβε τὰς Μοίρας καὶ ἀνῆκαν εὐθὺς τὰς χεῖρας, Ἀλκμήνην δὲ καὶ ἔλιπον εὐθὺς αἱ ὠδῖνες, καὶ ἐγένετο Ἡρακλῆς. αἱ δὲ Μοῖραι πένθος ἐποιήσαντο καὶ τῆς Γαλινθιάδος ἀφείλοντο τὴν κορείαν, ὅτι θνητὴ τοὺς θεοὺς ἐξηπάτησε, καὶ αὐτὴν ἐποίησαν δολερὰν γαλῆν καὶ δίαιταν ἔδωκαν ἐν τῷ μυχῷ καὶ ἄμορφον ἀπέδειξαν τὴν εὐνήν. — — — ταύτην Ἑκάτη πρὸς τὴν μεταβολὴν τῆς ὄψεως ᾤκτειρε καὶ ἀπέδειξεν ἱερὰν αὐτῆς διάκονον cet.

Halten wir nun die verschiedenen Scenerien in diesen ver-

schiedenen und doch im gewissen Sinne analogen Gewitter-
bildern fest, hier den Bauer, welcher mit gekreuzten Bei-
nen das Blitzkerlchen zurückhält, dort die Eileithyia und
die Mören mit gekreuzten Händen, die Geburt hem-
mend, so haben wir zu der Galinthias, wenn wir sie uns als
Wiesel dahinlaufend ($\delta\varrho\alpha\mu o\tilde{v}\sigma\alpha$) denken, ein vollständiges
Analogon in anderen Versionen der angezogenen mecklenburger
Sage. Mannhardt führt sie bei anderer Gelegenheit, German.
Mythenf. p. 197, an. „Ein Weib in Grofs-Harja, erzählt die Sage
der Inselschweden auf Worms und Nuckoe, trug bei einem
Gewitter etwas in einer Schürze. Da kam eine Stimme
aus einer Wolke: „Lafs deine Schürze herunter" (das ist
das obige „Stofs ihn von dir" in passender Deutung des Don-
nerrufs). Sie that es und ein kleines, schwarzes Thier,
kleiner als eine Katze (ein Troll, Riese, ilaka), lief heraus, wurde
aber auf der Stelle von einem Blitzstrahl zerschmettert."
Nach einer anderen Sage ebendas. „ging ein Weib in Worms in
die Badstube und kleidete sich vor der Thür aus. Da bemerkte sie ein Thier unter ihrer Schürze, welches sich unter
den Kleidern versteckte. Ehe sie es vertreiben konnte, schlug
der Blitz dahinein, aber es war nichts mehr von ihm zu
sehen." Ich habe im Ursp. p. 275 schon darauf aufmerksam
gemacht, dafs, wenn in Sagen öfters die Seele eines Entschla-
fenen aus seinem Munde als ein Thierlein, besonders als eine
rothe Maus huscht, in den Wolkenberg geht und dergl. und
dann wieder ebenso zurückkehrt, dies eine Anschauung des
gleichsam zwischen den Wolken dahinhuschenden Blitzes
als eines Thierleins, namentlich einer rothen Maus, noch
in specieller Beziehung auf seine Farbe, sei. Ich möchte diese
Anschauung nach dem, was ich oben in Bezug auf den himmlischen Dachs, den in den Wolkenberg als Schlange schlüpfenden Odhin und ähnlichen Momenten beigebracht, entschieden
festhalten gegenüber den sonst trefflichen und reichhaltigen
Untersuchungen Grohmanns über die himmlischen Mäuse, der
mehr Nachdruck auf das Weifszahnige legt, sonst aber das Naturelement und das betreffende Thier in seiner von mir behaupteten
Beziehung zu einander bei Indern, Griechen und Deutschen an
vielen Beispielen bestätigt. Wie nun das in den beiden zuletzt

angeführten Sagen aus der Schürze, d. h. der Wolke, heraus-
laufende Thierlein sich gleichsam zu der Kugel stellt, als
welche in dem Moment, wo die Kreuzung sich löst, das
Blitzkerlchen herausläuft, haben wir darin, denke ich,
einen deutlichen Hinweis auf die Γαλινϑιάς, das Wiesel, welches gelaufen kommt und worauf dann umgekehrt erst die
Kreuzung sich löst. Es ist dies mythische Element eben nur
als ein besonderes Moment in seiner thierischen, der dahin
huschenden Maus analogen Deutung, der Scenerie entsprechend,
verwandt worden, und wenn die Galinthias als eine Jungfrau
und Freundin der Alkmene anderseits gedeutet wurde, so erklärt das theils die Wendung der Sage überhaupt, wie ja auch
jenes verfolgte Thierlein in der schwedischen Sage eigentlich
als ein Troll, ein Riese galt, dann aber mußte diese Fassung
um so natürlicher eintreten, als sich ja auch an sie das bei den
Kerkopen eintretende, hier noch mehr schadenfrohe Donner-
gelächter knüpfte, was doch eben mehr auf einen menschen-
ähnlichen Charakter hinwies. Wenn übrigens schließlich Antoninus das Wiesel überhaupt als heiliges Thier der Hekate
hinstellt, so bestätigt dies nur unsere Deutung. Es stellt sich
so das Wiesel ganz zur Hekate, wie die Blitzmaus zum
Apollo Smintheus (s. Grohmann, Apollo Smintheus. Prag. 1862),
denn Hekate verhält sich zur Artemis ganz, wie die düstere,
finstere Frau Berchtha oder Holda zur freundlichen, gü-
tigen Göttin, von welchem Gegensatz ich schon oben p. 211
geredet habe.

Bis hierher hatte ich die obige Auseinandersetzung schon
geschrieben, als ich bei einem Ausfluge im vorigen Jahre nach
dem Havellande von einem Schäfer in Hohennauen eine Sage
hörte, welche schlagend zu den vorhin angeführten Scenerien
paßt. „War einmal,“ sagte mein Schäfer, „ein Junge draußen
bei den Schaaf-Hürden, der konnte es gar nicht mehr aus-
halten, denn alle Nacht kam der wilde Jäger und hatte da
sein Wesen an den Hürden, daß die Schaafe immer auseinander-
gesprengt wurden. Da schickten sie einen andern hin. Der
machte sich einen Kranz und stellte sich hinein, wie die wilde
Jagd kam. Da rollte mit einem Male ein witt Klût hinein
in den Kreis. (Ein witt Klût ist im Havellande ein gewöhnlicher

Spuk in den Kindergeschichten). Da konnte die wilde Jagd nun nicht an, der wilde Jäger forderte deſshalb, daſs der Junge es herausstieſse. Der aber sagte, das thäte er nicht, er hätte es satt, daſs die wilde Jagd immer an seine Hürden käme, und wolle nichts damit zu thun haben. Da versprach ihm der wilde Jäger, daſs er nicht wieder an seine Hürden kommen würde, wenn er das witte Klût herausstieſse, es sei das ein Frauensmensch, was das und das verbrochen und deſshalb verwünscht sei, und nun so verfolgt werde. Da that es denn doch der Junge, und sofort wirbelte das witte Klût fort, daſs es nur so eine Art hatte, und die wilde Jagd hinterher, und das war ein Gekliffe und Geklaffe der Hunde, das war entsetzlich. Bekommen haben sie es aber nicht. An die Hürden ist der wilde Jäger aber auch nicht wieder gekommen.“ Die Geschichte ist doch wie zur Bestätigung der für die Galinthias-Sage gegebenen Deutung geschaffen. Sie stellt sich einmal zu der andern, auch im Havellande vor Jahren mir erzählten Sage von dem wilden Jäger, der im Unwetter einem Weibe nachjagt, nämlich der Windsbraut (oder Sonnenjungfrau). S. Nordd. S. p. 99. Vergl. Heutigen Volksgl. p. 23. 64 ff. 101 ff. Die Hürden gehen in der obigen Sage, wie die Koppeln in der in den norddeutschen Sagen mitgetheilten, auf das himmlische Blitzgehege, eine Deutung, wie ich sie schon ähnlich in der Menglada-Sage (s. Urspr. p. 207) gegeben. Dem Kreuzweg in der schon früher mitgetheilten Sage entspricht der Kranz in der jetzt gehörten, der auch in den Katzensagen in gleicher Weise wiederkehrt und dort gegen den Hexenspuk schützt (s. Urspr. p. 230). Was aber uns nun hier besonders in der überraschendsten Weise paſst, das ist, daſs nebeneinander in der Scenerie Beides, ein Weib und ein sich fortwirbelndes witt Klût, auftritt, indem wir nicht anstehen werden, diese Fassung im Anschluſs an das Thierlein, kleiner als eine Katze, wie es vorhin hieſs, in die nächste Parallele zur Jungfrau Galinthias, die dann in ein Wiesel verwandelt wird, zu bringen. Die Elemente beider Sagen decken sich fast vollständig, und jene jüngst gehörte märkische, an sich fast nichtssagend erscheinende Sage gewinnt durch die Umstände eine interessante Bedeutung und zeigt,

dafs auch das scheinbar Geringfügigste gerade in der mythologischen Wissenschaft im Zusammenhang die gröfste Bedeutung
erhalten kann.

Ueberblicken wir aber noch einmal die betrachteten Mythen,
sowohl die Herakles- und Kerkopen-Sagen, als auch die Eilei-
thyia-Sage bei des Herakles Geburt, so tritt in ihnen, trotz
aller Verschiedenheit in der Ausbildung, doch wahrlich eine
solche Uebereinstimmung gerade in den minutiösesten Elementen
mit analogen Anschauungen aus den Mythenkreisen der wilden
Jagd uns entgegen, dafs solche Parallelen, wie diese und die
z. B. vom Rinderaustreiben des sogenannten Daufäjer's
mit dem Busch am Schwanz und der bunten oder rothen
Kuh einerseits, und des Apollo Treiben der Wolkenrinder
mit den Tamariskenbüschen an den Füfsen, und das Auftreten der purpurnen Iris mit dem Stierkopf des Regenbogens anderseits[1]), schon allein auf gewisse, gemeinsame Grund-
lagen in den mythischen Gebilden beider Völker führen würden;
denn wenn sonst auch ähnliche Naturanschauungen bei den verschiedensten Völkern und Zeiten sich der Natur der Sache nach
wiederfinden können, in den kleinen analogen Zügen jener Mythen dürfte sich mehr als blofs analoge, allgemein menschliche
Anschauung wiederspiegeln.

Um aber auch in den behandelten Mythen schliefslich
noch die colossalen Dimensionen anschaulich zu machen, in
welchen sich diese Uranschauungen bewegten, ziehe ich die
Minos-Sage heran, wo wir ein Unfruchtbarmachen ausführlich
an einem himmlischen Wesen geschildert finden, wie es
beim Nestelknüpfen, als auch hierher gehörig, vorhin erwähnt wurde. Nach Apollod. III, 15, 1 hatte nämlich Pasiphaë, des Helios Tochter, also eine Art Kirke, den Minos aus
Eifersucht so geschädigt (ἐπειδὴ πολλαῖς συνηυνάζετο γυναι-
ξὶν, ἐφαρμάκευσεν αὐτόν), dafs, wenn er mit einem Weibe ver-
kehrte, diese statt des Samens Thiere von ihm empfing und
so starb (καὶ ὁπότε ἄλλῃ συνηυνάζετο, εἰς τὰ ἄρθρα ἐφίει θηρία
καὶ οὕτως ἀπώλλυντο). Antoninus Lib. XLI. stellt die Sache
etwas anders dar, insofern er nicht die Verzauberung als durch

---

[1]) Heutiger Volksgl. Anhang I.

die Pasiphaë veranlafst erwähnt. Denn auch sie würde sterben, wenn sie nicht eben unsterblich wäre, sie empfängt defsbalb aber keine Kinder. Als Prokris nämlich zum Minos kommt, heifst es, findet sie ihn zeugungsunfähig, weil er Schlangen, Scorpione und Würmer von sich gab. Sie ersinnt ein Mittel; sie macht aus einem Ziegenschlauch eine Art Weib, mit dem er eher verkehrt, ehe er zur Pasiphaë geht (*καταλαβοῦσα δ' αὐτὸν ἐχόμενον ὑπ' ἀτεκνίας ὑπισχνεῖτο καὶ ἐδίδασκε τὸν τρόπον αὐτῷ, εἰ γένοιντο παῖδες. ὁ γὰρ Μίνως οὔρεσκε ὄφεις καὶ σκορπίους καὶ σκολοπένδρας, καὶ ἀπέθνησκον αἱ γυναῖκες, ὅσαις ἐμίγνυτο. Πασιφάη δ' ἦν Ἡλίου θυγάτηρ ἀθάνατος. ἡ γ' οὖν Πρόκρις ἐπὶ τῇ γονῇ Μίνωος μηχανᾶται τοιόνδε· κύστιν αἰγὸς ἐνέβαλε εἰς γυναικὸς φύσιν, καὶ ὁ Μίνως τοὺς ὄφεις πρότερον ἐξέκρινεν εἰς τὴν κύστιν, ἔπειτα δὲ παρὰ τὴν Πασιφάην εἰςιὼν ἐμίγνυτο*). Wir haben hier eine Vermählung mit der Sonnentochter, wie ich derartige, am Himmel vorgehende Vermischungen mehrfach im Urspr. d. Myth. nachgewiesen habe. Der Ziegenschlauch, in den die Schlangen und andere Thiere fliefsen, ist offenbar, wie oft, die Wolke[1]), in die bei der Vermählung im Gewitter sich zunächst die Blitzesschlangen und andere ähnliche Thiere zu ergiefsen scheinen. Es ist doch nur eigentlich eine Modification desselben Mythos, wenn aus den Samentropfen, die dem Hephaest entfallen, als er die Athene verfolgt, der schlangenfüfsige Erichthonios entsteht, oder aus den abgeschnittenen Schamtheilen des Uranos die schlangenhäuptigen Erinnyen (s. Urspr. p. 139). Und mit dem Harnen in der Minossage kommt nur die ganz rohe Auffassung des Regens als ein derartiges Factum in das Bild hinein, welches ich schon im Urspr. p. 7 und Heutigen Volksgl. p. 78 im Allgemeinen als mythisches Element erwähnt habe, auf das ich hierbei aber noch etwas ausführlicher eingehen will. Wie ich nämlich an letzterem Ort es in der Sage von der Frau Harke deutete, wenn sie Wasser läfst, und anführte, dafs in der Oberpfalz bei starkem Regen die bäurische Redensart üblich sei, „die Gäste im himmlischen Wirthshause hätten zuviel getrünken und pifsten nun hinunter";

---

[1]) Urspr. d. Myth. p. 232 f. 257 f. Vergl. meine Abhandlung über die Sirenen in der Zeitschr. f. Gymn. 1863. p. 473.

so hört man auch am Rhein noch, wenn es am 10. Juni regnet,
„Margareth pifst in die Nüsse" (Wolf, Beitr. z. D. M. II. p. 103).
Wenn derartige Redensarten zunächst aber nur obscöne Scherze
sein könnten, wie die im Urspr. a. a. O. aus Aristophanes angeführte Stelle, wo Strepsiades sagt, er hätte früher geglaubt,
dafs im Regen Zeus durch ein Sieb harne, so tritt es
uns bei den Kamtschadalen noch als roher Glaube direct entgegen, indem diese wirklich meinen, dafs die Luftgötter zur
Zeit von Regengüssen ihr Wasser liefsen (Meiners nach
Steller im Götting. hist. Magazin. Hannover. 1787. I. p. 119).
Dieselbe Analogie, wie die Minos-Sage in dieser Hinsicht, zeigt
uns aber bei den Griechen auch noch eine andere, nämlich die
Entstehung vom wilden Jäger Orion. Zeus, Hermes und Poseidon sollen nämlich, heifst es, um dem Hyrieus oder Oinopion
auf seine Bitte einen Sohn zu erzeugen, in die Haut eines
ihnen geopferten Stieres geharnt haben, die Haut sei dann
vergraben worden und daraus Orion entstanden (s. d. Stellen
bei Jacobi, Mythol. Wörterb. p. G83 Anm.). Die Deutung ist
einfach. Aus der aus der Tiefe am Horizont heraufkommenden
Regenwolke entsteht der Sturm, die Wolke aber selbst
schien durch das Wasser der Himmlischen geschwängert,
wie Minos in dem obigen Bilde seinen Harn und Schlangen-
samen in die Wolke fliefsen liefs.

Doch zurück noch einmal zur Sonne. Wir haben in dem
Vorhergehenden in den verschiedensten Versionen verfolgt, wie
sich an dieselbe, neben dem Kampf gegen die dunklen Mächte
des Himmels, besonders die Vorstellung vom Weben der Wolken
reihte. Wenn dies aber auch eine der gewöhnlichsten Ansichten
in dieser Hinsicht wohl war, so mufsten doch neben ihr sofort
andere Platz greifen, sobald die Wolken eine andere Gestalt zu
zeigen schienen. So ist es z. B. natürlich, dafs auch die Sonne
als himmlische Baumeisterin galt, wie sonst der Wind (s.
Urspr. p. 16), wenn man die sich aufthürmenden Wolken
ihr und nicht diesem zuschrieb. So sagt Zeller in dem „Vetter
aus d'r Palz." Mannheim. 1863. p. 57:

Dann, wann die Sunn in d'r Früh de Newwel vertreibt als,
do baut se
Manchmal sich Luftschlösser draus, die sehe grad aus wie die
Wolke;
'S halt se aa Mancher d'rvor, wo nit weefs, dafs efs Muschder
for Leut sinn,
Wo d'r vor Langweil nicks dhun uf d'r Welt, als wie Luft-
schlösser baue.
Die wo die Sunn awwer baut, die halte gewönlich vil länger;
Awwer sie werre doch aach, wie d'n anner Leut ihrie, zu Wasser.
Oftmals do mache se 'r Gschbafs, sie hot de ganze Dägweis ihr
Freed drän;
Geht emol raus, emol neiñ; ball dhut se zum Fenschder
rausgucke
Odder zum Kellerloch, gar, zum Dachladen oder zum
Schornschde.
Manchmol verschdeckelt se sich aach ganz, wie d'r Schütz
in die Hecke,
Wann 'r de Buwe abbafst; —

An diese Scenerie lassen sich die verschiedensten mythischen
Elemente knüpfen. Denn einmal wird man also daran erinnert,
wenn die Kyklopen, die Sonnenriesen, als himmlische Baumeister auftreten (s. Urspr. p. 16) oder die serbische Vila sich
ihren Wolkenthurm baut, wie es in dem vorhin citirten Liede
hiefs, um dem Spiel von Donner und Blitz von dort aus zuzu-
sehen, dann stellt sich das Bild der bald hier, bald dort
herausguckenden Sonne vom anthropomorphischen Standpunkt als Parallele zu dem durch die Wolkenberge kriechen-
den Thier, dem Dachs, wovon oben p. 121 gehandelt ist. Wenn
es ferner heifst, „sie verstecke sich, wie der Schütz in der Hecke,
wann er die Buben abpafst", so ist das wieder eine Parallele
zu dem Sonnenvogel, der im Frühling aus seinem Versteck
im Unwetter hervorgejagt zu werden schien, welchen Vorgang
der deutsche Gebrauch, wie wir oben p. 113 gesehen, nachahmt.
Und wenn endlich die wolkigen Luftschlösser zu Wasser
werden, so erinnert das an die im Wasser untergegangenen
Wolkenburgen und Wolkenstädte, von denen ich Urspr.
p. 263 als selbstständigen Mythenmassen des Ausführlicheren
gesprochen habe. Zu den dort angeführten Sagen will ich übri-

gens noch eine characteristische hier nachholen. Wenn nämlich
bei nebligem Wetter es noch von Arcona heifst „die alte
Stadt wafelt" oder am Ostermorgen Wineta wieder aus
dem Wasser hervorkommen soll, so zeigt ebenso deutlich
auf dasselbe Naturelement und die in den Frühlingswettern
wieder heraufkommende Gewitterstadt hin, wenn Herrlein in
den Sagen des Spessart p. 139 berichtet: die Wetterburg,
welche in einem Gewitter untergegangen, erscheine alle sieben Jahre wieder in der Tiefe des Mains, denn die sieben
Jahre sind offenbar, wie bei der wilden Jagd, dem Donnerkeil u. s. w., wieder die sieben winterlichen Monate, nach
denen die Stadt sich wieder sehen läfst. Und wenn das letzte
Zimmer dieser Burg nun neben den glänzenden, strahlenden
Prunkgemächern, die sonst in den Blitzen zu leuchten schienen,
nur Todtengebein und Verwesung enthält (s. auch Baader
bei Mannhardt, Germ. Mythenf. p. 446), so gemahnt dies in anderer Weise an die Gewitterscenerie, wie ich sie am Hraesvelgr,
den Sirenen oder der Höhle des Gewitterriesen Cacus im Anschlufs an die Zickzackblitze als Knochenhaufen nachgewiesen habe (s. Zeitschr. f. d. Gymnasialwesen. Berlin 1863.
p. 465 ff.). Dafs aber diese ganze Vorstellung nicht blofs eine
deutsche ist, sondern weiter verzweigt, zeigen ein Paar Beispiele. So kennt z. B. die indische Mythologie auch ausdrücklich
eine in der Luft schwebende Goldstadt Paulomâh, welche
schon Weber, Indische Studien. Berlin 1850. I. p. 416 auf
„electrische Erscheinungen" bezogen hat. Die Analogie geht
aber noch weiter, und diese sagenhafte Stadt gewinnt noch einen
zauberhafteren Charakter, wenn sie nicht blofs als unterirdisch
dann bezeichnet wird, sondern es heifst, sie könne beliebig ihren
Platz wechseln (s. Weber, ebend. Anm.). Noch näher fast aber
in der Form steht den deutschen Sagen von diesen Städten, die
man zu Zeiten im Wasser, d. h. ursprünglich in den Wolken-
wassern, wafeln sieht, eine altrömische Sage. Ich habe schon Urspr.
an verschiedenen Stellen darauf hingewiesen, wie der Glaube im
Unwetter einen Wettstreit zweier Wesen annahm, und das eine
dann überwunden und den Himmelserscheinungen gemäfs ge-
züchtigt schien. So erklärte ich die Sage vom Salmoneus, des
Aeolos, d. h. des Windgotts, Sohn, der Donner und Blitz nach-

ahmen wollte und deshalb vom Zeus erschlagen ward (s. Ursp.
p. 36 und 76 Anm.). Apollodor I. 9, 7 schliefst seinen Bericht
davon mit den Worten: *Ζεὺς δὲ αὐτὸν κεραυνώσας τὴν κτισθεῖ-
σαν ὑπ' αὐτοῦ πόλιν καὶ τοὺς οἰκήτορας ἠφάνισε πάντας.* Wenn
das Letztere uns schon an die im Gewitter untergegangenen
Städte deutscher Sage erinnert, so erzählte man fast dasselbe
vom Romulus Silvius oder Aramulius am Albaner-See, und
da heifst es noch ausdrücklich, er sei mit seinem ganzen
Hause in denselben versunken, und die Römer, die an dem
See wohnten, glaubten noch in der Tiefe des Wassers die
Säulen von der untergegangenen Königsburg zu erblicken, gerade wie unsere Schiffer es von Wineta erzählen[1]).
Ich habe diese letztere Sage absichtlich angeführt, da man nur
zu geneigt ist, gerade in den dahin schlagenden Sagen etwas
specifisch Germanisches zu suchen, dem classischen Alterthum
sie namentlich abzusprechen.

Nachdem wir so die hauptsächlichsten an die Sonne sich
anschliefsenden männlichen und weiblichen Anschauungen verfolgt haben, will ich noch nachträglich Einiges über die an
Mond und Sterne sich knüpfenden anthropomorphischen Anschauungen, welche in den Dichtern hervortreten und noch nicht
im Lauf der übrigen Untersuchungen berührt sind, anreihen.
Im Ganzen fallen sie in Betreff des Mondes dürftiger aus, wie
er denn auch, wie wir gesehen, in den Urmythen zwar bedeutsam sich bemerkbar gemacht zu haben, namentlich stellenweise
als der böse Nachtgeist überhaupt gefafst worden zu sein scheint,
indem man ihn einfach als das Auge der Nacht ansah, welche
Beziehung aber allmählich schwand, und womit auch dann der
Mond vor den lebensvoller sich entfaltenden Sonnen- und Gewitterwesen, welche letzteren auch den Nacht- und Unterweltswesen
die plastischen, wunderbaren Gestalten verliehen, in den Hintergrund trat, während er dann anderseits freilich zu der calendarischen Entwicklung der Himmelsbetrachtungen den ersten Anstofs
gab, daneben aber auch in vielem an den ab- und zunehmenden Mond bei genauerer Betrachtung sich schliefsenden Aberglauben und namentlich in der Beziehung, welche man beim

---

[1]) S. Diod. Bibl. hist. ed. Wessel. II. 546. 56. und Eusebius, Chronik;
Auchers Ausg. Th. I. p. 386.

Neu- und Vollmond in Betreff der Regulirung des Wetters wahrzunehmen glaubte, seine Geltung noch behauptete, ja stellenweise noch fester fast begründete.

Wenn jener männliche Mondgott bei den Griechen auch
noch in dem ἀγανὸς Τίθωνος und in manchen anderen Gestalten, wie wir gelegentlich gesehen, hindurchblickte, so galt doch
also in historischer Zeit der Mond Griechen und Römern nur
als weiblich; zur Selene stellt sich Luna, vielfach dann mit
Artemis und Diana in späterer Zeit gerade in Punkten identificirt, die · schwerlich ursprünglich auf den Mond zu beziehen
sein dürften, ebenso wenig, wie Apollo mit seinem Bogen und
Pfeil ursprünglich auf die Sonne zu deuten ist (s. Ursp. p. 101 ff.),
auf welche Beziehungen jener Göttinnen ich jedoch hier keine
Veranlassung habe einzugehen. Dafs aber, was die natürlichen
Anschauungen betrifft, an den Mond sich die Vorstellung des Silbernen knüpft, obwohl nicht ausschliefslich, indem auch von
einer aurea Luna die Rede ist, ist schon gelegentlich besprochen
worden, wie der ganze Vorstellungskreis, nach welcher er zum
Zwillingsbruder oder Gemahl der Sonne wurde oder als der
lahme Schmied erschien, dessen Esse im Wetterleuchten
und in den sprühenden Sternenfunken sich zunächst sichtbar macht. Ebenso ist darauf hingewiesen worden, dafs, je mehr
der Glaube an himmlisches Feuer in Sonne und Mond die
Vorstellung vom himmlischen Licht überhaupt in abstracto
weckte, der Mond neben der Morgenröthe mehr als Dienerin
des höchsten Sonnengottes gefafst werden konnte, bis dann die
Ansicht zur Geltung kam, dafs er sein Licht von der Sonne
entlehne, womit der letzte mythische Hintergrund fast schwand.
An Mondfinsternisse sich knüpfend, sahen wir stellenweise
noch einen Theil des alten Glaubens fortleben, ihn der Sonne
gegenüber treten, oder, wie andere Mythen es darstellen, von
Ungeheuern angefallen werden, ebenso wie bei den Dichtern in
seiner Beziehung zu dem Treiben der Wolken sich ganz analoge
Vorstellungen an ihn, wie an die Sonne schliefsen, nur dafs sie
im Ganzen matter und monotoner auftreten. Er watet durch die
Wolken, wird vom Winde gejagt, versteckt sich, wie es in
den oben citirten Gedichten hiefs; wie wir sagen „der Mond durch-
bricht die Wolken", sagt Nonnus Dionys. X. 186 sq. vom Ampelos:

καὶ σέλας ἠκόντιζε λιπόσκιος, οἶά τε λάμπει
μεσσοφανὴς νέφος ὑγρὸν ἀνασχίζουσα Σελήνη,

während umgekehrt Horat. Od. II. 16. 2 sagt: atra nubes condi-
dit Lunam, was gemäfs der aus Hermann und Dorothea citirten
Goethischen Stelle dann im Volksglauben zu dem Bilde eines den
Mond verschlingenden Ungeheuers sich erweiterte, welche
Vorstellung in dem beschränkteren Kreise von Mondfinsternissen, wie vorhin erwähnt, noch lange fortlebte, und wozu sich
z. B. das laboranti Lunae subvenire des Juvenal (VI. 442) oder
das vince Luna stellt, wovon Grimm M. p. 668 redet. Dafs
der Neumond gegenüber dem hingeschwundenen, alten
wirklich ein neuer war, das bricht auch noch z. B. in dem
nascente Luna des Horat. Od. III. 2 hervor. Was seine Erscheinung anbetrifft, so wird ihm ein wechselndes Antlitz
beigelegt, neque uno Luna rubens nitet Voltu sagt Horat. Od.
II. 11, 10, namentlich haben wir als besonders charakteristisch
für die Σελήνη dann aber die Beiwörter κύκλωψ, βοῶπις,
γλαυκῶπις notirt; für die Ausführung des Bildes von der
βοῶπις bringe ich nachträglich die Stelle des Nonnus Dionys.
X. 191 sq. noch bei, wo es vom Ampelos heifst:

εἰ δὲ βοογλήνων φαέων εὐφεγγέι κύκλῳ
ὀφθαλμοὺς ἐλέλιζεν, ὅλη σελάγιζε Σελήνη.

Manchmal erscheint ihr Antlitz furchtbar, wie auch Plut. de
facie lunae c. XXIX sagt: *ἐκφοβεῖ δ' αὐτοὺς* (d. h. die Seelen)
*καὶ τὸ καλούμενον πρόσωπον, ὅταν ἐγγὺς γένωνται, βλοσυρόν
τι καὶ φρικῶδες ὁρώμενον. ἔστι δὲ οὐ τοιοῦτον·* wefshalb man
auch versucht hat die Vorstellung des Gorgonenhauptes daran
anzuknüpfen, vergl. Preller, Griech. Myth. I. 153[1]); dann ist Luna
wieder freundlich und schön, die *ἱλάειρα Σελήνη*[2]), wie auch
v. Platen (bei Grube, Buch der Naturlieder p. 30) sagt:

— Des Rauchs tiefschattige Wolke umdüstert,
Holder Mond, dein ruhiges, friedenreiches,
Silbernes Antlitz.

So begrüfst moderne Anschauung namentlich gern im Monde,

---

[1]) Ueber das Gorgonenhaupt s. Urspr. d. Myth. p. 83 ff.
[2]) Empedokles bei Plut. de facie lunae. II.

als dem freundlichen Lichtspender in dunkler Nacht, den guten, lieben Gefährten der Menschen:

„Guter Mond," heifst es in einem bekannten Volksliede, „du gehst
so stille
Durch die Abendwolken hin u. s. w."

Das Mondlicht bezeichnen römische Dichter wie Horaz als ein purum und tremulum lumen und reden analog dem von einer candida, nivea Luna; moderne Anschauung entwickelte im Anschlufs an ähnliche Vorstellungen und in Anknüpfung an die jungfräuliche Diana, welche man als Mondgöttin fafste, mit einer gewissen Vorliebe das Bild der keuschen Luna, welches eigentlich namentlich dem griechischen Alterthum ferner lag, indem besonders die Sonne in den Mythen ihre Keuschheit in den Gewitterkämpfen zu bewahren schien, die Nachtgewitter mehr andere Bilder erzeugten.

Was nun aber die besonderen Charaktereigenthümlichkeiten betrifft, die das Alterthum dem Monde beilegte, so war den Alten besonders auffallend des Mondes stets wechselnder Wandel neben seiner mannigfachen Erscheinung an den verschiedenen Stellen des Himmels. So sagt Plinius nat. hist. II. c. 9: Multiformi haec (Luna) ambage torsit ingenia contemplantium et proximum ignorare maxime sidus indignantium, crescens semper aut senescens. Et modo curvata in cornua facie, modo aequa portione divisa, modo sinuata in orbem, maculosa, eademque subito praenitens, immensa orbe pleno, ac repente nulla, alias pernox, alias sera, et parte diei Solis lucem adjuvans, deficiens, et in defectu tamen conspicua, quae mensis exitu latet, cum laborare non creditur. Jam vero humilis et excelsa, et ne id quidem uno modo sed alias admota caelo, alias contigua montibus, nunc in Aquilonem elata, nunc in Austros dejecta, cet. An das Letztere schliefst sich an, wenn Luna, bei Horat. serm. I. VIII. 21, das Beiwort vaga erhält[1]):

---

[1] Darauf bezieht man gewöhnlich ohne Weiteres die Jo-Sage. Die analogen Mythen mit den durch Bremsen rasend gemachten Kühen weisen aber speciell für diesen Zug des Mythos mehr auf das Rasen der Gewitterwolkenkühe, wie die vom Pegasos und dem Esel des Silen auf das Donnerrofs und den Donneresel, hin; s. oben p. 58 und Urspr. d. Myth. p. 183.

— Simulac vaga Luna decorum
Protulit os.

Daſs, wie die Sonne den Griechen als ein himmlischer Späher erschien, so Sonne und Mond von den Deutschen auch als himmlische Wächter gefaſst wurden, ist schon oben erwähnt worden, und ich stellte dazu den himmlischen doppelköpfigen Janitor Janus. Wie ferner Helios mit seinem Sonnenauge Alles sieht (ὃς πάντ᾽ ἐφορᾷ καὶ πάντ᾽ ἐπακούει), ist auch die nachtwandelnde (νυκτιδρόμος) Selene Alles sehend (πανδερκής) s. Orph. hymn. IX. 2, 7, und so wäre auch vom griechischen Standpunkt aus bei früherer männlicher Auffassung des Mondes eine Anschauung desselben als Späher und Wächter der Nacht natürlich gewesen. Ich bemerke dies, um den Gedanken daran zu knüpfen, ob nicht, wenn Hermes in dem hom. hymn. v. 15 νυκτὸς ὀπωπητήρ, d. h. der Späher der Nacht, genannt wird, dies auf den Mond als Nachtgeist zu beziehen sein dürfte, woran sich dann auch andere Verhältnisse dieses Gottes knüpfen würden, wie wenn man ihm z. B. vor'm Schlafengehen als Gott des Schlafes und der Träume spendete. Es würde dann auch bei ihm der alte Satz sich wiederholen, daſs er als Nachtgeist in die Gewitternacht übergegangen wäre, in der ein groſser Theil seines Wesens dann, namentlich als des mit dem Blitzstab dahinziehenden Sturmesgottes, sich augenscheinlich entwickelt (s. Urspr. d. M. p. 125 f.). Besonders würde sich von diesem Ausgangspunkt auch vielleicht sein Verhältniſs zum Sonnengott Apollo, sowie die Sagen von seinen Wanderungen mit Zeus ursprünglich fassen lassen, indem Sonne und Mond, die wir oben als himmlische, in der Welt herumziehende Lichtbrüder des deutschen Märchens kennen gelernt, auch im letzteren Falle dann die himmlischen Wanderer wären, wobei freilich auch wieder der Uebergang in das Unwetter und das Auftreten beider in Sturm und Blitz, oder Blitz und Donner, wie bei den Dioskuren, nicht ausgeschlossen, ja im Gegentheil als Ausführung des Bildes hinzuzunehmen wäre. Doch dies sind nur Andeutungen, deren Verfolgung späteren Untersuchungen vorbehalten bleiben muſs. Um aber wieder auf den Mond als Wächter zurückzukommen, berührt er sich in dieser Beziehung nicht bloſs mit der Sonne im

Allgemeinen, sondern, wie auch schon früher gelegentlich erwähnt, im Speciellen dann mit der Morgenröthe, der griechischen Eos (oder Hore) oder der vigil Aurora, quae purpureas
aperit fores (Ovid Metam. II. v. 112 sq.), wie mit dem im Blitz
den Himmel öffnenden Thürhüter, so dafs es schwer ist, in
den einzelnen Mythen, wenn nicht andere Umstände hinzukommen, die jedesmalige Beziehung zu fixiren.

Eine neue Anschauung entwickelt sich bei dem Monde wie
bei der Sonne, zunächst wenigstens für das Deutsche, unter dem
Bilde eines himmlischen Hirten. Wie Nonnus Dionys. XL. 370
den Helios als ποιμήν bezeichnet, schon im Homer die Sonnen-
töchter die Wolkenkühe weiden, so erscheint der Mond gemäfs
seinem männlichen Charakter den Wolken und Sternen gegenüber bei deutschen Dichtern noch oft in der Gestalt eines Hirten gedacht. So sagt Geibel, Ged. Berlin 1840. p. 192:

> Schon fängt es an zu dämmern,
> Der Mond als Hirt erwacht,
> Und singt den Wolkenlämmern
> Ein Lied zur guten Nacht.

In Beziehung zu den Sternen heifst es ähnlich in einem Wiegenliede bei Menzel, Gesänge der Völker. Leipzig 1854. Nr. 517:

> Schlaf, Kindlein, schlaf,
> Am Himmel ziehn die Schaf,
> Die Sternlein sind die Lämmerlein,
> Der Mond, der ist das Schäferlein,
> Schlaf, Kindlein, schlaf.

In den alten Mythen erscheint freilich überwiegend der Wind
als der himmlische Hirt, der die Wolken vor sich her-
treibt, „wie wenn der Wolf die Heerde scheucht", und es ist
auch hier schwer zu bestimmen, inwiefern den obigen Bildern
entsprechend Sonne oder Mond in die einzelnen Mythenkreise vom
Wolkentreiben mit hineingezogen worden sind und zur lebens-
volleren Entwicklung noch beigetragen haben. Das Weiden der
Sterne als einer Heerde klingt übrigens auch bei griechischen
und römischen Schriftstellern an, so werden z. B. vom Callim. h.
in Delum v. 176 die zahllosen Feinde verglichen:

τείρεσιν, ἡνίκα πλεῖστα κατ' ἠέρα βουκολέονται,

wozu Spanheim in Parallele stellt Lucretius I. v. 232:

— 'unde aether sidera pascit.

Was aber den weiblichen Mond der Alten anbetrifft, so erscheint, ähnlich wie dem deutschen Dichter die Sonne als Mutter der Sterne gilt, Luna als ihre Königin:

Siderum regina bicornis audi
Luna puellas! sagt Horatius c. saec. 35 sq.,

woran ich schon oben bei der βασίλεια als der Gemahlin des Hyperion erinnert habe, und wie auch der Orph. Hymn. (X) anfängt:

Κλῦϑι, ϑεὰ βασίλεια, φαεσφόρε, δῖα Σελήνη.

Halten wir dazu eine Stelle wie:

Nox erat, et caelo fulgebat Luna sereno
Inter minora sidera.

Horat. Epod. 15 init.

so haben wir in der Auffassung der Sterne als zwergartiger Wesen, von denen noch gleich in's Besondere die Rede sein wird, in diesen an den Mond sich knüpfenden Anschauungen den Ansatz z. B. zu einer Zwergkönigin, wie sie oft prägnant in deutschen Mythen in den Vordergrund tritt, an die man aber auch bei der grofsen Göttermutter erinnert wird, wenn ihre Umgebung die Daktylen bilden, deren Name und Charakter offenbar auf die himmlischen Zwerge hinweist, und deren Zahl nur später im Anschlufs an die Deutung auf die Finger modificirt wurde.

Mit dem weiblichen Charakter des Mondes hängt nämlich sowohl der des Jugendlichen, als anderseits der des Mütterlichen zusammen. In dieser Hinsicht war die Mondgöttin sowohl, wie wir gesehen, im Märchen namentlich des Helios Schwesterchen, als auch dann seine Gattin. Ebenso liegt, wenn seine Töchter dann Phaethusa und Lampetia genannt werden, wie oben p. 212 bemerkt, die Vermuthung nahe, erstere auf die Sonnentochter, letztere auf die Mondtochter zu beziehen; es hatten eben beide als himmlische Lichtkinder gegolten, von denen das eine des Tags, das andere des Nachts das himmlische Feuer wahrte oder, nach anderer Fassung der Sage, des Vaters Wolkenheerden weidete. Wenn aber in solcher Beziehung noch speciell wieder der jugendliche Charakter hervorträte, würde die Mondgöttin anderseits sofort mütterlicher, ja der Mond geradezu als eine Urmutter gefaſst worden sein, sobald man ihn als Auge der Nacht und die Göttin selbst so als Nachtgöttin faſste, womit auch wieder der Uebergang in die Gewitternacht und für die Göttin selbst der Typus als Gewitter- und Unterweltsgöttin da war, den ich vorhin auch sofort bei der Deutung der groſsen Göttermutter und der Daktylen als selbstverständlich annahm. Die angezogene Auffassung der Nacht kehrt übrigens in griechischen und deutschen Dichtern wieder. Wie Herder sein Lied an die Nacht anfängt:

„Kommst du wieder, heil'ge, stille Mutter
Der Gestirn'" — und es weiter heiſst:
„Sternenreiche, goldgekrönte Göttin,
Du, auf deren schwarzem, weitem Mantel
Tausend Welten funkeln, die du alle
Sanft gebahrest", — —

heiſst es im VII. orph. Hymnus an die Sterne:

Ἀστέρες οὐράνιοι, Νυκτὸς φίλα τέκνα μελαίνης,

wie auch Euripides in der Electra v. 54 sagt:

ὦ Νύξ μέλαινα, χρυσέων ἄστρων τροφέ.

Nun noch Einiges in's Besondere von den Sternen in ihrer anthropomorphischen Auffassung, denn von anderer ist schon gelegentlich die Rede gewesen. Ich gehe dabei von dem Volksglauben der Griechen und Römer, welcher die Sterne in Beziehung zu den Menschen brachte, aus, welcher Glaube also noch über den in bestimmten Sternbildern gleichsam dann organisirten Sternenhimmel, die letzte mythische Schöpfung, die schon einen sehr abstracten Charakter hat, hinausgreift. Von demselben berichtet Voſs z. Virg. Georg. I. v. 32 folgendermaſsen: „Nach Plinius II. 8. p. 6 glaubte der gemeine Römer, jeder Mensch habe seinen eigenen Stern, der mit ihm geboren, seinem Schicksal gemäſs, hell oder dunkel scheine und bei seinem Tode vom Himmel falle. Nur die Sterne auſserordentlicher Männer, wie des Jul. Caesar (Ecl. IX. 47) schienen ihm nach ihrem Tode noch heller zu entbrennen. Hier aber (v. 32) gilt, wie IV. 225, die griechische Vorstellung, deren Aristophanes Pax v. 832 gedenkt, daſs die Seele nach dem

Tode in einen Stern verwandelt werde. Je feuriger also, je ätherischer die Seele, desto vorstrahlender der Stern." Die erstere Vorstellung macht Lucian. in seinen veris hist. I, 29 lächerlich, indem er sie zu einer Sternenstadt erweitert. Πλεύσαντες δὲ, heifst es, τὴν ἐπιοῦσαν νύκτα καὶ ἡμέραν περὶ ἑσπέραν ἀφικόμεϑα ἐς τὴν Λυχνόπολιν καλουμένην, ἤδη τὸν κάτω πλοῦν διώκοντες· ἡ δὲ πόλις αὕτη κεῖται μεταξὺ τοῦ Ζωδιακοῦ. ἀποβάνιες δὲ, ἄνϑρωπον μὲν οὐδένα εὕρομεν, λύχνους δὲ πολλοὺς περιϑέοντας, καὶ ἐν τῇ ἀγορᾷ καὶ περὶ τὸν λιμένα διατρίβοντας, τοὺς μὲν μικροὺς, καὶ ὥςπερ εἰπεῖν, πένηιας· ὀλίγους δὲ, τῶν μεγάλων καὶ δυναστῶν, πάνυ λαμπροὺς καὶ περιφανεῖς. οἰκήσει δ᾽ αὐτοῖς καὶ λυχνεῶνες ἰδίᾳ ἑκάστῳ πεποίηντο, καὶ αὐτοὶ ὀνόματα εἶχον ὥσπερ οἱ ἄνϑρωποι καὶ φωνὴν προϊεμένων ἠκούομεν καὶ οὐδὲν ἡμᾶς ἠδίκουν, ἀλλὰ καὶ ἐπὶ ξένια ἐκάλουν· ἡμεῖς δὲ ὅμως ἐφοβούμεϑα· καὶ οὔτε δειπνῆσαι οὔτε ὑπνῶσαι τις ἡμῶν ἐτόλμησεν. ἀρχεῖα δ᾽ αὐτοῖς ἐν μέσῃ τῇ πόλει πεποίηται, ἔνϑα ὁ ἄρχων αὐτῶν δι᾽ ὅλης νυκτὸς κάϑηται, ὀνομαστὶ καλῶν ἕκαστον. ὃς δ᾽ ἂν μὴ ὑπακούσῃ, καταδικάζεται ἀποϑανεῖν, ὡς λιπὼν τὴν τάξιν· ὁ δὲ ϑάνατός ἐστι σβεσϑῆναι. παρεστῶτες δὲ καὶ ἡμεῖς, ἑωρῶμεν τὰ γιγνόμενα καὶ ἠκούομεν ἅμα τῶν λύχνων ἀπολογουμένων καὶ τὰς αἰτίας λεγόντων, δι᾽ ἃς ἐβράδυνον. ἔνϑα καὶ τὸν ἡμέτερον λύχνον ἐγνώρισα καὶ προςειπὼν αὐτὸν, περὶ τῶν κατ᾽ οἶκον ἐπυνϑανόμην, ὅπως ἔχοιεν, \
ὁ δέ μοι πάντα διηγήσατο. καὶ τὴν μὲν οὖν νύκτα ἐκείνην αὐτοῦ ἐμείναμεν. Ich habe die ganze Schilderung ausführlich wiedergegeben, weil sie abgesehen von ihrem humoristisch-sarkastischen Charakter die Sternenwelt uns in plastischer Anschauung als eine Welt oder Stadt gleichsam voll himmlischer Lüchtemännchen schildert, eine Vorstellung, welche ich in allgemeiner Fassung überhaupt als den Ausgangspunkt für den Glauben an himmlische Zwerge ansehen möchte. Es entwickelte sich eben dieser Glaube an der Vorstellung der Sterne als leuchtender, himmlischer Augen kleinerer Wesen neben dem grofsen Sonnen- und Mondauge der Sonnen- und Mondriesen, worauf ich schon im Urspr. d. M. u. oben p. 144 f. hingewiesen habe. Bei Griechen und Deutschen trat zunächst, wie wir gesehen, diese Anschauung zum Theil noch im Volksglauben hervor, die Kleinheit aber der betreffenden Wesen, die sich eigent-

lich schon von selbst ergiebt, zeigten uns auch noch ausdrücklich die oben p. 66 erwähnten Bezeichnungen derselben als
Sonnenkälbchen, Sonnenjunges u. dergl. Dann aber entwickelt
sich die betreffende Anschauung stets von Neuem aus ihrem
Verhältniſs zur Sonne oder Nacht als deren Kinder. Von ihnen
als Kindern der Nacht ist schon vorhin geredet worden; dasselbe
Verhältuiſs zur Sonne bezeichnet Rückert, wenn er sagt:

> „Die Mutter Sonne spricht:
> Ihr Wort ein Strahl von Licht:
> Zu ihrer Kindlein Ilaufen:
> Wohin seid ihr entlaufen?"

und nun läſst der Dichter sie die einzelnen Sterne anreden.
Ebenso heiſst es bei Herder:

> „Jünglinge des Himmels, süſse Kinder,
> Der verklärten Nacht." —

ja in einem Liede von Tieck (bei Grube p. 53) heiſst es geradezu
von ihnen:

> Ihr kleinen goldenen Sterne u. s. w.

Das sind alles Vorstellungen, die sich in Analogie stellen zu
dem vorhin erwähnten:

> Nox erat, et caelo fulgebat Luna sereno
> Inter minora sidera;

und zu dem orphischen Νυκτὸς φίλα τέκνα μελαίνης, so wie
namentlich zu dem Euripideischen: ὦ Νύξ μέλαινα, χρυσέων
ἄστρων τροφέ.

Als Glaubenssatz hat sich diese Vorstellung aber auch noch,
wie oben p. 145 erwähnt, speciell in dem deutschen Aberglauben
erhalten, daſs man nicht mit Fingern nach den Sternen zeigen
dürfe, sonst steche man einem Engel die Augen aus. Diese
Beziehung vibrirt aber auch noch in dem ganzen Engelglauben
des Mittelalters nach, der sich neben den an das alte und neue
Testament sich anschlieſsenden Vorstellungen von den Engeln,
als Dienern Gottes, die in Wind und Blitz sich offenbaren, an-
reihte. Gerade die Kleinheit der Engel, ihre Auffassung als
Kinder, also in kleiner, sich den Zwergén anschlieſsender
Gestalt, ist in dieser Hinsicht charakteristisch. „Das Mittelalter,
sagt J. Grimm p. 418, dachte sich die christlichen Engel in
dieser Kleinheit der Elbe und Zwerge: ein iegelich engel

schînet. alsô gestalter als ein kint in jâren vieren in der jugende. Tit. 5895 (Hahn); juncliche gemâlet als ein kint daz dâ vünf jâr alt ist. Berth. 184 u. s. w." Mit der Verbindung der Sterne übrigens mit den Seelen der Verstorbenen, wie sie die oben citirte Stelle des Aristophanes auch zeigt, war zugleich Grund und Boden gewonnen zur Anknüpfung der Vorstellung einer seligen Geisterwelt gegenüber dem Todtenreich der Finsternifs im Unwetter, wie es in den Mythologien anderseits hervorbricht. Von den seligen Sternen zu reden ist ein ganz gewöhnliches Bild, und dem analog sagt Salis (bei Grube p. 56):

> „Gottes Pracht am Himmelsbogen
> Ist in Sternen aufgezogen!
> Welch' ein heilig stiller Chor!

Dem gegenüber steht dann die volksthümliche Ausdrucksweise, welche bei einem Unwetter sagt: „Es ist, als wäre die Hölle losgelassen", und dafs Griechen, Römer und Deutsche dies wirklich so ansahen, habe ich im Urspr. d. M. an vielen Beispielen dargethan. Derselbe Gegensatz tritt aber auch ohne die Beziehung auf die Seelen der Verstorbenen u. A. in der nordischen Mythologie bei den Lichtelben gegenüber den döckalfar hervor, wie denn auch überhaupt diese Zwergwelt in griechischen und deutschen Sagen, wenn sie besonders als kunstreiche Schmiede vor Allem geschildert werden, auf beide Naturkreise gleichermafsen hinweist, indem, wie oben p. 102 ff. ausgeführt, das Schmieden im Himmel zuerst sich besonders an den Nachthimmel angelehnt, dann aber in dem Gewitter überhaupt seine Entfaltung gefunden zu haben scheint. Dafs aber auch bei den Griechen dann im Gewitter in den dahineilenden Blitzen besonders noch zwerghafte Wesen sich zu documentiren schienen, wie ich es schon Ursp. p. 246 f. allgemein ausgesprochen, zeigt auch noch die Uebereinstimmung in der Sage von den deutschen Gewitterzwergen und den Kerkopen, wovon ich oben p. 249 geredet habe. Diesen Uebergang vermittelte schon vor Allem die auch am Nachthimmel zuerst auftretende, Griechen, Römern und Deutschen gemeinsame Vorstellung der Nebelkappen, d. h. der Wolken, indem, wenn es im Gewitter auch bei Tage nachtete, man zwar auch Himmelsriesen bei überwiegend grofsen einzelnen Wolkenbildungen, dann aber vor Allem auch die Kinder der Nacht in ihren Nebelkappen konnte heraufkommend wähnen, die dann in den Blitzen hinhuschten u. s. w. Daher entwickelten sich die Mythenmassen von den Zwergen, und darum zeigen sie auch, worauf ich schon Urspr. a. a. O. aufmerksam gemacht, so viele Analogien zu den Elementen der Riesensagen, wie sie sich anderseits auch mit den himmlischen Wassergeistern, den Nixen, berühren.

Die Sterne erscheinen in ihrer Menge übrigens als ein Volk, eine Versammlung, daher besonders nahe lag jene oben berührte Vorstellung des Mondes (eventuell auch wohl der Sonne) als einer Sternenkönigin, z. B. Ἄστρων κάτοιδα νυκτέρων ὁμήγυριν sagt Aesch. Agam. v. 4, sie werden versammelt: Οὐρανὸς ἀθροίζων ἄστρ’ ἐν αἰθέρος κύκλῳ. Eurip. Jon v. 1147. Und wenn Dichter noch von ihnen, wie wir gesehen, als einem heiligen, stillen Chor reden, so erinnert das sofort an das stille Volk, wie sie irische Sagen namentlich schildern. Gesang und Tanz knüpft sich noch besonders gern dann an dieses himmlische Wesen; wenn Ersteres auf des Windes Wehen, so geht Letzteres wohl auf die veränderte Stellung der Sterne zu einander (den Tanz der Sphären, die χοροὶ ἄστρων)[1], wobei freilich auch an der Wolken und der Winde Treiben, denen auch ein Tanzen beigelegt wird, zu denken wäre; jedenfalls dürfte das Letztere, als das Rohere, unmittelbarer Hervortretende, das Ursprünglichere sein, namentlich da öfter von Störungen solcher Versammlungen in den Hexensagen die Rede ist, die dann auf Blitz und Donner zu beziehen.

Einen Stern bezeichnet heutige volksthümliche Vorstellung in Deutschland noch gerade zu als Däumling; was an die gemeinsame Bezeichnung der Daktylen lebendig erinnert. Man nennt nämlich den kleinsten, kaum sichtbaren Stern auf der

---

[1] Vergl. Eurip. Jon v. 1078 sqq.:

ὅτι καὶ Διὸς ἀστερωπὸς
ἀνεχόρευσεν αἰθήρ,
χορεύει δὲ Σελάνα cet.

wie auch Papo noch besonders in seinem griechischen Wörterbuch unter χορός bei der Stelle: εὔδιος ἀστέρων χορὸν χορεύει hervorhebt, „wo die Sterne noch im eigentlichen Sinne als Reigentänze am Himmel aufführend zu denken sind.“

Deichsel des grofsen Wagens dümker Fuhrmann (Grimm, Myth. p. 688. Nordd. S. p. 457), obgleich freilich nicht unberücksichtigt dabei bleiben darf, dafs er diesen Namen speciell nur wegen seiner relativen Kleinheit den übrigen Nachbarsternen gegenüber bekommen hat.

Vor Allem tritt aber ein Stern noch mit so besonderem Glanze hervor, dafs er sich fast überall eine eigenthümliche Individualität gleichsam bewahrt hat, dies ist der Morgenstern, der Sohn des Asträos oder Eos in der griechischen Sage. Wir sahen ihn ja auch oben p. 164 schon in dem litthauischen Naturmythos von Sonne und Mond auftreten, wo er, weiblich gedacht, zur Liebsten des Mondes wurde. In beiderlei Beziehung, als Morgen- und als Abendstern, wird er in gleicher Weise von den Dichtern gefeiert. So sagt schon Homer von ihm: Ἕσπερος, ὅς κάλλιστος ἐν οὐρανῷ ἵσταται ἀστήρ. Iliad. XXII. v. 318. Wie an dieser Stelle seinem Glanz das Blitzen der Lanze des Achill verglichen wird, erscheint er auch sonst als passendes Bild für einen in Waffen strahlenden Helden, so Quint. Smyrn. V. v. 130 sqq.:

Αἴας, ὅς μέγα πάντας ὑπείρεχεν ἐν Δαναοῖσιν,
ἀστήρ ὡς ἀρίδηλος ἀν᾽ οὐρανὸν αἰγλήεντα
ἕσπερος, ὅς μέγα πᾶσι μετ᾽ ἀστράσι παμφαίνῃσι·
τῷ εἴκελος τεύχεσσι παρίστατο Πηλείδαο·

sein plötzliches Hervortreten läfst ihn aus seinem Hause gleichsam hervorspringen.

Τῇσι δὲ νισσομένῃσι συνήντετο Ἕσπερος ἀστήρ,
θρώσκων ἐκ μεγάροιο· διεσσυμένη δὲ καὶ αὐτὴ
ἀρτιφανὴς ἀνέτελλε βοῶν ἐλάτειρα Σελήνη.

Nonnus., Dionys. XII. v. 3 sqq.

Ebend. heifst es XXVI. v. 145 von ihm:

Ἕσπερος, ἑσπομένης λιποφεγγέος ἄγγελος ὄρφνης.

Wie er hier als Bote, der das Nahen der Nacht verkündet, erscheint er umgekehrt als Vorläufer und Bote der Eos:

Εὖτ᾽ ἀστήρ ὑπερέσχε φαάντατος, ὅςτε μάλιστα
ἔρχεται ἀγγέλλων φάος Ἠοῦς ἠριγενείης.

Hom. Od. XIII. v. 93.

oder wenn Eos (Eurip. Ion 1158) oder Aurora die Sterne
vertreibt:

Postera depulerat stellas Aurora micantes (Ovid, Met. VII. 100).

. weicht er als der letzte vom Posten:

— Ecce vigil rutilo patefecit ab ortu
Purpureas Aurora fores, et plena rosarum
Atria. Diffugiunt stellae: quarum agmina cogit
Lucifer, et coeli statione novissimus exit.

Ovid, Met. II. 112 sqq.

Dafs er in jener Beziehung zur Sonne als Morgenstern mit
weifsen oder rosigen Fittigen dem griechischen und römischen Dichter wie die Morgenröthe selbst ausgestattet erschien,
ist schon oben p. 107 erwähnt werden. Anderseits läfst ihn
sein Strahlenglanz dem deutschen Dichter wie die Sonne
mit goldenen Locken ausgestattet erscheinen:

„Woher so früeih, wo ane scho,"

heifst es bei Hebel, Allem. Ged. 1827. p. 47,

„Her Morge-Stern enanderno,
In diner glitzige Himmels-Tracht,
In diner guldige Locke Pracht,
Mit dinen Auge chlor und blau
Und sufer g'wäschen im Morgen-Thau?"

Geradeso fafst den Morgenstern die mythische Auffassung z. B.
in Peru, wenn sie ihn Langhaar nennt, wobei sie ihn auch
in Analogie zu den oben entwickelten Anschauungen zum Edel-
knappen der Sonne macht, der dieser bald voranleuchtet,
bald nachfolgt. Die übrigen Sterne gelten dann bald als Diener
oder Dienerinnen der Sonne, bald des Mondes (s. J. G.
Müller, Geschichte der amerik. Urreligionen. p. 364).

Die letzte Zeile des vorhin citirten Hebel'schen Gedichtes
kann uns übrigens daran erinnern, dafs auch die Sterne ganz
naturgemäfs in ihrer steten Frische sich im Wolkennafs, d. h.
im Jungbrunnen des Himmels, wie wir es bei den Sonnenjungfrauen besonders gesehen, zu baden scheinen. Dafs aber
poetische Anschauung, nebenbei bemerkt, sich nie, auch heut
zu Tage nicht, um den sachlichen Zusammenhang der Dinge
kümmert, sondern nur einzelne Momente gleichsam herausgreift,
an denen die Phantasie weiter spinnt, das zeigt uns in kleinem

Beispiel aufser jener Hebel'schen Stelle, wo der blau- und goldig-
leuchtende Stern dem betreffenden Wesen blaue Augen und
goldene Locken beilegen läfst, eine andere, wo derselbe Dichter
Morgen- und Abendstern sondert und als Brüder bezeichnet:

> Vo alle Sterne grofs und chlei
> Isch er der liebst (nämlich der Mutter, der Sonne) und er ellei,
> Si Brüderli, der Morgenstern,
> Sie het en nit ums halb so gern; (ebendas. p. 223).

Um so mehr konnten aber sich noch in den alten Mythologien
Ansätze zu bestimmter Persönlichkeit an den Morgenstern
ansetzen, als er anderseits mit dem Morgenwind in Beziehung gebracht werden konnte, wie überhaupt mit dem Erscheinen der Morgenröthe dann die Winde geboren zu
werden schienen und defshalb auch z. B. den Griechen als Kinder
der Eos und des Astraeos galten[1]). Von solchen alten Anschauungen aus schildert Nonnus (Dionys. VI. v. 18 sqq.) den
himmlischen Haushalt des Astraeos, in der lebendigsten Weise
ausgestattet; der Abend- oder Morgenstern ist eine Art
Edelknappe dabei, wie in der peruanischen Mythe, die Winde
sind die Söhne des Astraeos, die aufwarten. Als Deo nämlich
zum Hause des Astraeos kommt, heifst es:

> τὴν μὲν ἰδὼν ἤγγειλεν Ἐωσφόρος· εἱςαίων δὲ
> ὦρτο γέρων Ἀστραῖος;

weiter dann:

> — — — διεσσυμένων δὲ μελάθρου
> Ἕσπερος ἡγεμόνευε καὶ εἰς θρόνον ἴδρυε Δηὼ
> πατρὸς ἑοῦ παρὰ θῶκον· ὁμοσιόργω δὲ μενοινῇ
> νεκταρέου κεράσαντες ἀπὸ κρητῆρος Ἀῆται
> δαίμονα λυσιπόνοισιν ἐδεικανόωντο κυπέλλοις
> υἱέες Ἀστραίου·

und schliefslich:

> νεκταρέῳ δὲ κύπελλα παρὰ κρητῆρι τεταίνων
> Εὖρος ἐῳνοχόει, προχόῳ δ' ἐπιδόρπιον ὕδωρ

---

[1]) Rückert erweitert die Anschauung in seinem Gedicht „Die Winde
im Dienst der Sonne", indem er die Letztere überhaupt zur Königin jener
macht (Gedichte. Frankfurt a. M. 1847. p. 498).

εἶχε Νότος, Βορέης δὲ φέρων ἐπέθηκε τραπέζῃ
ἀμβροσίην, Ζέφυρος δὲ περιθλίβων θρόον αὐλοῦ
εἰαρινοῖς δονάκεσσι μελίζετο θῆλυς Ἀήτης·
καὶ στεφάνους ἔπλεξεν Ἑωσφόρος ἄνθεα δήσας
ὀρθρινοῖς κομόωντα δροσιζομένοισι κορύμβοις·

Dafs Astraeos übrigens hierbei als der γέρων gefafst ist, habe
ich oben schon als Parallele zu dem alten Tithonos erwähnt;
wie er auch als Gemahl der Eos galt, ist er gleichsam sein
alter Ego, jener blofs mehr nach meiner Deutung der altwer-
dende Mond, er der Sternengreis.

Alle derartige Anschauungen von den Sternen liegen aber
oder setzen sich wenigstens, wenn sie jünger sind oder sich
reproduciren, aufserhalb der Organisation, welche der beobach-
tende Geist schon frühzeitig unter den Sternen vornahm, indem
er sie nach Sternbildern gruppirte. Bemerkenswerth ist in dieser
Hinsicht vor Allem, dafs wir die Anfänge davon schon in den
ältesten historischen Zeiten der Griechen vorfinden, also damals
schon dieser Theil der Naturbetrachtung zu dieser Abstraction
von jeder Persönlichkeit der Sterne und zu einem äufseren Spiel
der Phantasie, verbunden mit der genauesten Beobachtung ihrer
Stellungen, gelangt war. Ich verweise in dieser Hinsicht auf
J. Grimm's Mythologie und bemerke nur, dafs eine Auffassung
wie die der Sterne als himmlischer Nägel, welche dort
oben gefestigt, die auch bei den Griechen hervortritt, eine
derartige Ansicht am ehesten vermittelt haben dürfte, dann aber
auch andere sachlichere Anschauungen, welche sich frühzeitig
an den Sternenhimmel, in Bezug auf die Nacht namentlich, geschlossen, wovon ich noch einige Beispiele beibringen will.
Wie es gewöhnliche Auffassung noch heut zu Tage ist, von
einem Sternenmantel der Nacht zu reden, ist auch Nonnus
dieser Anschauung nicht fremd, wie folgende Stellen zeigen:

Ἀστροχίτων Ἡρακλες, ἄναξ πυρός, ὄρχαμε κόσμου,
Ἥλιε. —
— — εἰ πέλες Αἰθήρ
ποικίλος, Ἀστροχίτων δὲ φατίζεται, — ἐννύχιοι γὰρ
οὐρανὸν ἀστερόεντες ἐπαυγάζουσι χιτῶνες —

Dion. XL. 369 sqq.

Ebenso heifst es in einem Gedicht von Zirndorfer z. B. (bei Wander. p. 109):

> Wenn die Nacht den Sternenmantel
> Ueber Berg und Thäler breitet, —

An diesen ποικίλος χιτών knüpft eine merkwürdige Stelle an, welche des Dionysos Tracht schildert, wo der Nachthimmel mit seinen Streifen und Flecken, und namentlich der Milchstrafse, einem Fell eines Dammhirsches verglichen wird:

> Αὐτὰρ ὑπερθε νεβροῖο παναιόλου εὐρὺ καθάψαι
> Δέρμα πολύςτικτον θηρὸς κατὰ δεξιὸν ὧμον
> Ἄστρων δαιδαλέων μίμημ' ἱεροῦ τε πόλοιο.

(bei Macrobius Sat. I. c. 18).

An die Sternenpracht des Himmels knüpft auch endlich an, wenn später der Hera als Himmelskönigin, angeblich auf Samos zuerst, der Pfau geheiligt ward:

> Junonis volucrem, quae cauda sidera portat.

Ovid, Met. XV, 385.

Die Sage brachte denselben dann mit dem vieläugigen Argos in Verbindung, dem Himmelsriesen, der die Sterne als Augen an seinem Leibe trug (s. oben p. 145); als nämlich Hermes diesen getödtet hatte, heifst es, verwandelte ihn Hera in einen Pfau und nahm ihn als heiliges Thier fortan in ihren Schutz. Juno Argum, centum oculos habentem (omnibus membris oculatum), Joni custodem praefecit, quem Mercurius jussu Jovis interemit. Juno Argum, quia ob custodiam sibi mortuus erat, in pavonem transformavit, et receptum in suam tutelam pennis insignibus amissa lumina exornavit. Bode, Mythogr. Lat. l. p. 6. cf. p. 76 und 106.

Die Milchstrafse.

Von der Milchstrafse haben sich ursprünglich selbstständige Anschauungen gebildet, welche dieselbe als eine für sich bestehende, nicht den Sternen analoge Masse betrachteten. Einzelne dieser Vorstellungen sahen wir schon gelegentlich in andere Mythenmassen eingreifen, wie z. B. p. 50 f., wo ich aus

dem Namen Windstrêk, Wetterbaum mit herleitete, dafs sie ursprünglich auch als die Wurzel des Wolken-Wetterbaumes
gedacht sei; die übrigen Bezeichnungen stelle ich jetzt hier zusammen; sie sind meist von der Farbe derselben hergenommen.
Die Griechen nannten sie bekanntlich γαλαξίας (sc. κύκλος, was
auch oft dabei steht), διὰ τὴν λευκόχροιαν οὕτως ὀνομαζόμενος
sagt Plut.de placit. phil. III. 1. Sie galt ihnen gewöhnlich für einen
Milchstrahl, gerade wie auch in Deutschland eine derartige
Bezeichnung auftritt; so fanden wir in Ramsloh im Saterlande für
dieselbe die Bezeichnung molkstrâle (s. Nordd. S. Geb. No. 425).
Der griechischen Sage nach ist es die verschüttete Milch der
Götterkönigin Hera oder nach der römischen die der Ops. Zeus
Söhne hätten nämlich, heifst es, nicht der himmlischen Ehren
theilhaftig werden können, wenn sie nicht an der Hera Brust
gesogen, defshalb wurde heimlich Herakles oder Hermes ihr an-
gelegt. Als sie es bemerkte, stiefs sie das Kind von sich; die
Milch ward verschüttet, und daher sollte dann die Milchstrafse
rühren. οὐ γὰρ ἐξῆν, sagt Eratosth. Catast. 44, τοῖς Διὸς υἱοῖς
τῆς οὐρανίου τιμῆς μετασχεῖν, εἰ μή τις αὐτῶν θηλάσει τὸν τῆς
Ἥρας μαστόν. διόπερ φασὶ τὸν Ἑρμῆν ὑπὸ τὴν γένεσιν ἀνακο-
μίσαι τὸν Ἡρακλέα καὶ προςσχεῖν αὐτὸν τῷ τῆς Ἥρας μαστῷ,
τὸν δὲ θηλάζειν· ἐπινοήσασαν δὲ τὴν Ἥραν ἀποσείσασθαι αὐτὸν
καὶ οὕτως ἐκχυθέντος τοῦ περισσεύματος ἀποτελεσθῆναι τὸν Γα-
λαξίαν κύκλον. Vom Hermes sowie anderseits von der Ops
berichtet Hygin, poët. astron. II. p. 43, wo er von dem circulus
(orbis) lacteus spricht: Mercurio infanti puero insciam Junonem
dedisse lac: sed postquam eum rescierit Majae filium esse, re-
jecisse eum a se et ita lactis profusi splendorem inter sidera
apparere. — Alii dicunt, fährt er fort, quo tempore Ops Sa-
turno lapidem pro partu attulit, jussisse ei lac praebere: quae
cum pressisset mammam, profuso lacte circulum deformatum cet.
Daneben klingt aber auch schon bei den Griechen die allgemeinere Vorstellung eines Weges an. Die Milchstrafse ist nämlich nach einigen griechischen Philosophen die alte oder die eigentliche Sonnenstrafse (Plut. de placit. philos. III. 1), gerade wie
deutsche Volksansicht sie auch wohl noch mit der Sonne in Be-
ziehnng bringt. In der Gegend von Wolfenbüttel nennt man sie
z. B. die Himmelsstrafse und meint, die Sonne stehe am

Mittag regelmäfsig in derselben oder sie drehe sich nach der Sonne, und erscheine da zuerst, wo jene untergegangen (Kuhn, Westph. Sagen. p. 86 f.). Wenn Plutarch ferner sagt: „Andere Philosophen halten sie für eine spiegelartige Erscheinung, indem die Sonnenstrahlen vom Himmelsbogen zurückgeworfen werden,“ so stimmt mit ihnen jener Bauer aus Loccum überein, der Kuhn erklärte, „sie rühre vom Widerschein der Sonne her.“ (Westph. S. a. a. O.) Neben diesen eben erwähnten Ansichten berichtet endlich auch Plutarch a. a. O., dafs nach den Pythagoreern sie vom Weltbrande, den Phaethon verursacht, herrühren solle, τῶν Πυθαγορείων οἱ μὲν ἔφασαν ἀστέρος εἶναι διάκαυσιν, ἐκπεσόντος μὲν ἀπὸ τῆς ἰδίας ἕδρας, δι᾽ οὗ δ᾽ ἐπέδραμε χωρίου κυκλοτερῶς αὐτὸ καταφλέξαντος, ἐπὶ τοῦ κατὰ Φαέθοντα ἐμπρησμοῦ.

Den Römern war die Lactea via ein Götterpfad:

> Est via sublimis, coelo manifesta sereno:
> Lactea nomen habet: candore notabilis ipso.
> Hac iter est Superis ad magni tecta Tonantis
> Regalemque domum. Dextra laevaque Deorum
> Atria nobilium valvis celebrantur apertis.

Zu dieser Anschauung bringt J. Grimm, M. p. 331 folgende Parallelen: „Auch irokesisch hiefs sie Weg der Seelen, türkisch: hadjiler juli (Weg der Waller), jeder Pilger nach Mecca und Medina heifst hadji, hadschi.“ Bei dem Letzteren dürfte wohl die locale Richtung der Milchstrafse von NW. nach SO. hauptsächlich in Anschlag zu bringen sein, wie auch bei dem Folgenden. „Im christlichen Mittelalter nannte man sie nämlich via sancti Jacobi, schon im Catholicon des Joh. von Genua (13. Jahrh.): camino de Santiago, chemin de saint Jaques, Jacobsstrafse, slov. zesta v' Rim (Weg nach Rom) von den Pilgerfahrten nach Gallizien oder Rom.“ J. Grimm, der dies im Anschlufs an das Obige bringt, scheint mehr hierin zu suchen, wenn er die letzteren Namen in eine Art von specieller analoger Beziehung mit der türkischen Bezeichnung bringt und hinzusetzt: „von den Pilgerfahrten nach Gallizien oder Rom, „die zum Himmel führten.“ Mir scheint in allen diesen Fällen nämlich die Gewohnheit nur einen in der Richtung der Milchstrafse liegenden Punkt, nach dem gleichsam ein bestimmter Zug der Menschen stattfand, zur Bezeichnung ihrer Richtung heranzuziehen, „als führe sie speciell dahin,“ gerade umgekehrt, wie man volksthümlich den Wind oft nach einer Stadt nennt, die in der Richtung liegt, wo er herkommt, man z. B. in Berlin oder Charlottenburg, statt vom Westwind, vom Spandauer Wind redet. Ganz ähnlich sind überdies auch für die Milchstraße die Namen gewählt, welche Kuhn noch in den Westph. Sagen ·II. p. 85 anführt, wie: Straße nach Aachen, Frankfurter Straße, Kölsche sträte. Analog ist es auch, wenn die Ungarn sie hadakuttga (via belli) nennen, weil sie bei ihrer Einwanderung ihrer Richtung folgten (J. Grimm. Myth. p. 331).

In Amerika begegnen uns wieder der römischen und irokesischen Ansicht analoge Vorstellungen. Die Milchstraße ist den Rothhäuten der Pfad der Geister; nach dem Glauben der Patagonier und Karaiben sind die Sterne alte Indianer, die Milchstraße der Pfad, auf dem dieselben Straußejagen, nach andern der Pfad eines Jägers, der dem Strauß folgt, und das Sternbild der drei Könige waren einst drei Wurfkugeln, welche er nach diesem Vogel warf, dessen Füße das südliche Kreuz bilden (J. G. Müller, Geschichte der amerikanischen Urreligionen p. 54 und 256). Vielleicht ist dem auch anzuschließen die finnische und litthauische Bezeichnung linnunrata und paukszcziû, d. h. Vogelweg, indem, wie J. Grimm dabei bemerkt, Seelen und Geister in Gestalt von Vögeln ziehen.

Die übrigen Bezeichnungen gehen meist einfach von der Vorstellung einer Straße am Himmel aus, die sie, ähnlich wie der römische Name lactea via oder unser hochdeutsches Milchstraße, nach der Farbe bezeichnen. Die Bezeichnung „Sandpfad,“ ssûnpät, welche wir gleichfalls im Saterlande neben der molkstrâte fanden, ist schon oben p. 65 erwähnt; ähnlich heißt sie in Siebenbürgen „der Mehlweg,“ auch in Westphalen Mühlenweg (s. oben p. 65 und Kuhn, Westph. Sagen p. 86 f.), arabisch: tarik al thibn (via straminis); syrisch: schevil tevno (via paleae); neuhebräisch: netibat theben (semita paleae); persisch: rak kah keshan (via stramen trahentis); coptisch: pimoit ente pitoh (via straminis); arab. auch derb ettübenin (Pfad der Heckerlingträger); türk. auch saman ughrisi (paleam rapiens, paleae für); armen. hartacol oder hartacogh (paleae fur); alle diese Namen, sagt J. Grimm, der dieselben Myth. p. 331 zusammenstellt, laufen auf verzettelte Spreu hinaus, ein flüchtiger Dieb hat sie fallen lassen.

Eine besondere mythologische Beziehung liegt noch dem Namen kaupat für Milchstraße zu Grunde, wie sie im Groningerlande genannt wird (s. Nordd. S. Geb. 423 und Anm. das.). Eine solche findet auch Kuhn in dem Namen Nierenberger pat. (ebendas. und Westph. Sagen. II. p. 86). Als die große himmlische Heerstraße, wie man sie kurzweg auch Hiërstrâte nennt (s. Kuhn a. a. O.), wurde sie mit Helden in Verbindung gebracht, die göttlichen Charakter angenommen; wie diese an der Spitze der wilden Jagd ziehen, ist es ihre Straße, auf der sie herziehen. So heißt den Dänen die Milchstraße Waldemarsweg, wie Waldemar auch an der Spitze der wilden Jagd zieht (s. Simrock, D. M. p. 253). Hierher gehört auch der englische Name Vaetlingastraet (s. ebendas.), so wie der deutsche Iringeswec (s. Grimm, Myth. p. 333). Der mnl. Name Vroneldenstraet zieht noch direct eine Gottheit hinein in die Bezeichnung; es ist „Frauen Hilde oder Hulde Straße,“ auf der sie umzieht (s. Grimm, Myth. p. 263). Wie man den großen Bären bei den Griechen und den Deutschen auch „den großen Wagen“ nannte, heißt die breite Milchstraße auch endlich kurzweg „der wagenpat“ (s. Nordd. S. G. 425). Naive Anschauung producirt derartige Vorstellungen immer wieder, daß es ein Weg sei, der als himmlische große Heerstraße benutzt werde; so führt Meier in seinen schwäbischen Sagen. I. p. 236 an: In Dornhan sagte ein alter Mann: Die Milchstraße oder Himmelsstraße sei der Weg am Himmel, auf welchem Gott mit seinem Heere hinziehe und die Sterne regiere.

REGISTER.

19

Sterne.
Sternenhonig 87.
Sterne = junge Sonnen 155.
— = Käfer 66 ff. 86.
— = Kinder der Sonne 269. cf. 155,
der Nacht 270. 272. cf. 21.
— = Knaben 68.
Sternenkönigin 10. 269. 274.
— = Lämmer 268.
Sternenmantel 278.
Sterne = Nägel 5. 65. 85. 103. 277.
— = Perlen 3.
— = Scarabeen s. Käfer.
— = Schmetterlinge 86.
— schwimmen 11.
— = Seelen 86. 273.
— = Splitter, goldene 93.
Sternenstadt 271.
Sterne = Steine 3.
Sternentochter 234.
Sterne, Treiben derselben 274.
—, Verhältnifs zur Sonne 67. 148. cf.
Kinder [bringen die Sonne herauf,
fliehen vor der Sonne.]
—, verschlossene Kammer, St. in der-
selben 63.
— = Zwerge 62. cf. 270 ff.

Wolke.
Wolkenbad 36. 67. 75. 116. 242.
— baum 42. 77. 88. 202. cf. 18 ff.
— berg 45. 64. 78. 120 ff. 128. 131.
181. 242. 249.
Wolke = Blatt 43.
Wolkenblume 42. 99. 136. 184. 209.
s. Blitz (rankenartig).
— brunnen 67.
— burg 261; Wolkenkönigsburg 170;
Wolkenschlofs 261.
— drache 19. s. Schlange.
Wolke = Euter 250 ff.
Wolkenfedergewand 116.
— fisch 123.
— flor 234.
— frau 180. s. weifse Frau.
Wolke, gemolken 38. s. Wolkenmilch.
Wolkengewand u. —gewebe 12. 70.
75 f. 233 ff. 243.
Wolke = Glasberg 77 ff. 238.
Wolkengöttinnen 242.
Wolke, graue 10.
Wolkengrotte 242.
— haupt s. Grummelkopf, Haupt.
Wolke = Haut 233. 240. 260.
Wolkenheerden 212.
Wolke = Hinterer 250 ff.
Wolkenhöhle 121 f. 242.

Wolke.
Wolke = Horn 36.
Wolkenhülle s. Verhüllter Wolkengott.
— inseln 33.
— jungfrau 45.
Wolke = Kammer 64.
Wolkenkönigsburg s. Wolkenburg.
— kühe 44 s. Regenbogenkuh, Stierkopf, Melken.
— lämmer 268.
— meer 128.
— milch 40. 54. 87. Wolkenmilchkübel 251.
— nebelkappe 273.
Wolke = Ochsenauge 146.
Wolkenrosse 117.
— sack 122.
— schaale 36.
— schiff 4. 87.
— schleier 116.
— schlofs s. Wolkenburg.
— schwan 116. s. Sonnenschwan.
Wolke, schwangere 97. 245.
Wolkenthäler 120 ff.
— thurm 6. 184.
Wolke = Tuch 78.
Wolkenversammlungen 250.
Wolke, verzehrt 136. vergl. Gewitter-
thier geschlachtet.
Wolkenvogel 5. 16. 18 f. 42. 81. 88.
108. 113. 223; frifst Sonnenherz 16 f.;
entführt die Sonne 218.
— wald 181.
— wasser 64. 116. s. Regen.

Wind vergl. Sturm.
—, Baumeister (thürmt Wolken auf) 260.
— bekämpft den Nebel 222 f.
— = blasende Häupter 127.
—, buhlerisch 70.
—, gefräfsig 136 ff.; W. fressen das
Sonnenherz 19.
— gott (göttin) ruht 25. 72.
— jagt den Wolken nach 138.
Winde melken die Wolken 38.
Windsack 74.
— = Windsbraut (Windin) 61. 122.
174. 182. 192. 238. 241. 245. 257.
— singt 242 f.
— sohn 236.
Winde spielen mit d. Sonnendiskos 99.
Wind spinnt 236. 242.
— stofs = Flügelschlag eines Adlers 17.
— sucht den Mond in den Wolken
112, den Frühling 114.
— tochter 234.
— = Vogel 108. cf. 17.

Berichtigungen und Nachträge.

p. 35 Anm. Z. 9 von unten lies: Schaale oder Becher statt: Schaaleo der Becher.

p. 46 Z. 19 von oben lies: Sonnenriesen statt: Himmelsriesen.

p. 68 Z. 20 von oben lies: Eos statt Eros.

p. 216 Z. 9 von unten lies: χρυσότριχε statt: χρυσότριχε.

p. 267 Z. 7 von oben lies: janitor statt: Janitor.

p. 159. Von dem Schwanken in der Auffassung von Sonne und Mond in Rücksicht auf das Geschlecht fand ich noch jüngst hier in Ruppin ein Zeugniß aus alter Zeit. In der aus dem XIII. Jahrh. stammenden und 1841 restaurirten Klosterkirche findet sich auf der äußern Westseite ein altes Steinbild, dessen unterer Theil fast unkenntlich geworden, welches oben aber in zwei Feldern Sonne und Mond und zwar die Erstere als ein männliches Flammenhaupt, den Letzteren als ein jugendliches, weibliches Antlitz zeigt. — Auf der Ostseite nach dem See zu steht übrigens auch eine Linde, wo im XVII. Jahrh. die Pest hineingebannt sein soll; vergl. das Verkeilen der Pest p. 84. — Als ich übrigens in diesen Tagen in Lisch's Jahrb. blätterte, um im XVI. Bde. J. Grimm's Ansicht von dem räthselhaften Bronzewagen nachzulesen, den das hiesige Gymnasium aus dem Gräfl. Zietenschen Vermächtniß besitzt, wurde ich p. 269 an folgende Notiz aus J. Grimm's Myth. p. 1167 erinnert, daß der jarknastein in der Edda, der heilige Stein, in welchem Grimm den eirunden, milchweißen Opal vermuthet, von dem kunstfertigen Schmied Völundr aus Kinderaugen gefertigt sein sollte. Bei der vielfach hervortretenden Beziehung der Sterne zur Sonne, daß sie selbige heraufbringen, junge Sonnen heißen und daneben als Augen der in Kindergestalt auftretenden Engel gelten, dürfte jener Mythos auf die Vorstellung gehen, daß der eirunde, milchweiße Sonnenstein aus den Kinderaugen der Sterne geschmiedet sei, wie der Volksscherz noch umgekehrt die Sterne aus den alten Monden geschnitzt werden läßt; cf. oben p. 1 f. u. 155.

Berlin, Druck von Gustav Schade.
Marienstrasse No. 10.